O LIVRO VERMELHO
DE C.G. JUNG
PARA O NOSSO TEMPO

Dados Internacionais de Catalogação na Publicação (CIP)
(Câmara Brasileira do Livro, SP, Brasil)

O Livro Vermelho de Jung para o nosso tempo : em busca da alma sob condições pós-modernas : vol. 1 / Murray Stein, Thomas Arzt, (orgs.) ; tradução de Markus A. Hediger. – Petrópolis, RJ : Vozes, 2022.

Vários autores.
Título original: Jung's Red Book for our time
Bibliografia.
ISBN 978-65-5713-375-0

1. Jung, C.G. (Carl Gustav), 1875-1961 2. Psicologia junguiana
I. Stein, Murray. II. Arzt, Thomas.

21-79338   CDD-150.1954

Índices para catálogo sistemático:
1. Psicologia junguiana 150.1954

Cibele Maria Dias – Bibliotecária – CRB-8/9427

O LIVRO VERMELHO
DE C.G. JUNG
PARA O NOSSO TEMPO

Em busca da alma sob condições pós-modernas

Volume 1

MURRAY STEIN e THOMAS ARZT
(organizadores)

Tradução de Markus A. Hediger

Petrópolis

© Chiron Publications 2017.
Direitos de tradução ao português intermediados por Chiron Publications LLC
Asheville, N.C.

Tradução realizada a partir do original em inglês intitulado *Jung's Red Book for Our Time: Searching for Soul Under Postmodern Conditions Volume 1*

Direitos de publicação em língua portuguesa:
2022, Editora Vozes Ltda.
Rua Frei Luís, 100
25689-900 Petrópolis, RJ
www.vozes.com.br
Brasil

Todos os direitos reservados. Nenhuma parte desta obra poderá ser reproduzida ou transmitida por qualquer forma e/ou quaisquer meios (eletrônico ou mecânico, incluindo fotocópia e gravação) ou arquivada em qualquer sistema ou banco de dados sem permissão escrita da editora.

CONSELHO EDITORIAL
Diretor
Gilberto Gonçalves Garcia

Editores
Aline dos Santos Carneiro
Edrian Josué Pasini
Marilac Loraine Oleniki
Welder Lancieri Marchini

Conselheiros
Francisco Morás
Ludovico Garmus
Teobaldo Heidemann
Volney J. Berkenbrock

Secretário executivo
Leonardo A.R.T. dos Santos

Diagramação: Raquel Nascimento
Revisão gráfica: Alessandra Karl
Capa: Editora Vozes

ISBN 978-65-5713-375-0 (Brasil)
ISBN 978-1-63051-477-8 (Estados Unidos)

Editado conforme o novo acordo ortográfico.

Este livro foi composto e impresso pela Editora Vozes Ltda.

Sumário

Introdução, 7
  de Murray Stein

1 "O caminho do que há de vir": À procura da alma sob condições pós-modernas, 15
  de Thomas Arzt

2 "O caminho do que há de vir": A visão de Jung da Era de Aquário, 44
  de Liz Greene

3 Abraxas: O demiurgo gnóstico de Jung no *Liber Novus*, 79
  de Stephan A. Hoeller

4 C.G. Jung e o enigma do profeta, 96
  de Lance S. Owens

5 Num mundo que enlouqueceu, o que precisamos é realmente... um *Livro Vermelho*? Platão, Goethe, Schelling, Nietzsche e Jung, 115
  de Paul Bishop

6 Confrontando Jung: *O Livro Vermelho* fala ao nosso tempo, 132
  de John Hill

7 Sobre o impacto de Jung e seu *Livro Vermelho*: Uma história pessoal, 150
  de J. Marvin Spiegelman

8 Encontrando o espírito das profundezas e a criança divina, 167
  de Andreas Schweizer

9 Imaginação para o mal, 184
  de Liliana Liviano Wahba

10 Movimentos da alma no *Livro Vermelho*, 198
  de Dariane Pictet

11 Encontros com a alma animal: Uma voz de esperança para o nosso mundo precário, 218
   de Nancy Swift Furlotti

12 O *Livro Vermelho* para Dionísio: Uma interpretação literária e transdisciplinar, 236
   de Susan Rowland

13 *Appassionato* pela imaginação, 255
   de Russel A. Lockhart

14 "A questão incandescente": Tremor, brilho, gaguejo, solidão, 275
   de Josephine Evetts-Secker

15 "O *tempora!* O *mores!*", 296
   de Ann Casement

16 O *Livro Vermelho* de Jung – Uma imagem compensatória para a nossa cultura contemporânea: Uma perspectiva hindu, 313
   de Ashok Bedi

17 Por que o *Livro Vermelho* é "vermelho"? Reflexões de um leitor chinês, 332
   de Heyong Shen

18 O *Livro Vermelho* e o pós-humano, 344
   de John C. Woodcock

Bibliografia, 363

Sobre os colaboradores, 381

Introdução

Murray Stein

Quando Thomas Arzt me abordou com a ideia de reunir uma coleção de ensaios originais sobre o *Livro Vermelho* de Jung para o nosso tempo, eu não tinha certeza se isso era uma boa ideia ou até mesmo viável. Já não bastava o que havia sido escrito sobre o *Livro Vermelho*? Parecia redundante acrescentar ainda mais ao que já havia sido dito e publicado. O que mais poderíamos dizer? E os analistas e estudiosos junguianos já não estavam cansados de discutir o *Livro Vermelho* e prontos para seguir adiante? Mas à medida que nos aprofundamos no conceito, vim a entender o que ele tinha em mente. A maioria dos artigos e livros escritos sobre o *Livro Vermelho* até então se concentravam em considerações daquilo que o livro significava para o próprio Jung ou o que ele significa para a história da psicologia analítica como campo. De um lado, é um tipo de diário fabuloso, um registro das experiências interiores de Jung durante um tempo crítico de sua vida em que ele rompeu com Freud e a psicanálise e buscava uma maneira de construir um tipo de futuro novo e diferente para si mesmo. Em muitos sentidos, o *Livro Vermelho* é um resumo de como Jung deixou de ser freudiano e se tornou junguiano. É um relato de sua crise de meia-idade e sua transição para ser um pensador independente que ele seria durante o resto de sua vida. É uma história pessoal. Além disso, o livro pode ser visto como fundamento para as teorias que viriam nos escritos e seminários posteriores de Jung. Mas isso é tudo? Existe algo nele para nós nos dias de hoje, algo que devemos contemplar enquanto encaramos os desafios de viver "sob as condições da pós-modernidade"? O *Livro Vermelho* é também para hoje e não apenas para ontem, para a história? O *Liber Novus* ainda é novo?

Uma das coisas surpreendentes que Jung descobriu sobre sua jornada interna pessoal, que começou em 1913 com visões arrasadoras de devastação, foi que ela não tratava apenas dele. Essa realização veio como um choque, mas também como um alívio. Pois significava que, ao mesmo tempo em que ele passava por um enorme processo de transformação em sua meia-vida e enfrentava o risco de enlouquecer, toda a cultura da qual ele fazia parte – a Europa – estava passando pelo mesmo tipo de crise profunda. Ele percebeu isso quando a Grande Guerra irrompeu em 1914. Ele lembrou as visões que teve enquanto viajava de trem de Schaffhausen para Zurique, quando viu um mapa da Europa inundado de sangue. Uma visão posterior semelhante, da Europa coberta de gelo, enrijecida pelo frio, também lhe veio à mente quando viu o que estava acontecendo no continente nos primeiros anos da guerra que mudaria a Europa de maneira tão decisiva. Na verdade, o mundo europeu estava enlouquecendo e caindo num vórtice de brutalidade desenfreada e massacre sem sentido de seus jovens, seu futuro. À medida que Jung procedia com seu próprio processo interior, encontrando um caminho para seguir adiante e emancipando-se do passado para construir um futuro novo, deve ter passado por sua mente que aquilo que ele estava fazendo poderia servir à cultura como um todo e não só a ele mesmo. Na verdade, foi essa convicção que o levou a fazer um esforço enorme para converter suas visões em uma linguagem que falaria ao público. Era a linguagem da psicologia profunda, uma extensão adicional daquilo que Freud tinha iniciado em Viena uma geração antes.

A pergunta que fiz a mim mesmo e que discuti com Thomas Arzt foi esta: o *Livro Vermelho*, publicado agora, mais de cem anos após sua concepção, pode oferecer um recurso de orientação em nosso mundo conturbado e transtornado de hoje? A nosso ver, este é um mundo de desafios enormes, de realinhamentos geoestratégicos, de mudanças climáticas severas e da necessidade urgente de uma transição fundamental de energia, de ameaças de pandemias globais, de escassez de recursos e ameaças de uma derrocada financeira. O mundo de Jung era semelhantemente conturbado em 1913, mas existem também diferenças grandes entre suas condições culturais e sociais herdadas e as nossas. Seu período na história cultural do Ocidente é designado como "moderno", o nosso, como "pós-moderno". Os problemas com os quais ele lutava em seu tempo são semelhantes o bastante com os nossos hoje para tornar suas soluções ainda viáveis e relevantes? Thomas Arzt e eu decidimos pedir a um grupo global de analistas e estudiosos junguianos que refletissem sobre essa pergunta. Nos os convidamos a escrever um ensaio sobre o tema: "O *Livro Vermelho* de Jung para o nosso tempo: Em busca da alma sob condições pós-modernas". A reação que recebemos a esse convite foi muito positiva e entusiasmada. Os resultados serão publicados numa série de vários volumes, o primeiro dos quais se encontra agora nas mãos do leitor.

Segue a proposta que enviamos aos autores para orientar suas reflexões ao redigirem os ensaios para esta coleção:

> Atualmente, muitas pessoas compartilham a impressão de que vivemos numa fase histórica de volatilidade global em combinação com uma profunda incerteza em relação ao futuro. Muito provavelmente, esse sentimento de desconforto continuará conosco durante anos. O problema é que não entendemos de maneira suficiente o processo de transformação global no qual entramos muitos anos atrás, como já foi registrado e contemplado por Jung em seu *Livro Vermelho* no início do século XX.
>
> Algumas pessoas têm especulado que a publicação do *Livro Vermelho* em 2009 foi um evento sincrônico. O momento foi extraordinário. Quando Jung embarcou em sua jornada interior de exame de sua alma, ele se encontrava em tempos semelhantemente voláteis. Voltando-se para dentro, ele criou uma obra que deu ao seu trabalho e à sua vida um senso de sentido e direção com um amplo significado cultural. Estamos convencidos de que sua obra nos oferece orientação em nossos tempos atuais turbulentos e incertos. Hoje, poderíamos especular, o *Livro Vermelho* tem um potencial enorme para se tornar uma obra epocal para um mundo que vive na condição pós-moderna do século XXI. Assim, sua publicação nesse momento foi inesperadamente significativa.

> O nosso projeto *O Livro Vermelho de Jung para o nosso tempo* não se concentra, em primeira linha, em olhar para trás e analisar questões biográficas pessoais que Jung enfrentou em sua própria vida ao compor a obra, mas em considerar como o *Livro Vermelho* pode ser útil para gerações atuais e futuras desorientadas que precisem de orientação psicológica para si mesmas, individual e culturalmente. Com esse objetivo em mente, gostaríamos que os ensaios no livro refletissem sobre questões como estas (entre outras): o *Livro Vermelho* de Jung pode nos ajudar a navegar de forma significativa as águas agitadas em que nos encontramos hoje, tanto individual, quanto profissional, política e culturalmente? Quais são os "espíritos deste tempo" hoje, e como o "espírito das profundezas" pode ser encontrado de uma maneira que seja significativa em nosso mundo contemporâneo? O *Livro Vermelho* pode nos ajudar a formular uma nova visão do mundo e uma imagem de Deus capaz de sustentar pessoas na crise atual em que o mundo se encontra? Com sua ajuda, queremos avaliar a importância do *Livro Vermelho* para o nosso tempo e seu possível valor como recurso em nosso mundo pós-moderno. Os ensaios podem abarcar perspectivas desde a clínica e terapêutica até a cultural e literária, a religiosa e espiritual, a política e econômica e outras. Qualquer que seja a esfera que o *Livro Vermelho* toque com impacto útil e transformador pode ser incluída nestas reflexões.

A esse desafio, uns 50 estudiosos junguianos responderam de forma positiva, e agora apresentamos os primeiros frutos de seus esforços.

Os ensaios incluídos neste primeiro volume da série variam bastante em termos de perspectiva e abordagem. Começamos com um ensaio do coorganizador Thomas Arzt, que explica as suposições gerais operantes no projeto como um todo. Como junguianos, compartilhamos a convicção de que os seres humanos possuem o que Jung chamou um "instinto religioso", que é uma propensão forte de buscar sentido além dos desafios imediatos do dia a dia. Inevitavelmente, isso leva a uma busca por transcendência. Tradicionalmente, instituições religiosas e mitologias coletivas têm fornecido esse senso de sentido último e orientação para as pessoas, mas hoje, na pós-modernidade, o mito é, no melhor dos casos, considerado uma metáfora e, no pior, uma ficção supersticiosa, e as instituições religiosas não são convincentes nem eficientes para indivíduos modernos e pós-modernos que cresceram em culturas seculares com atitudes e valores predominantemente científicos e antiespiritualistas. Isso gerou o fenômeno global da "mente desabrigada", para usar a expressão memorável do teólogo e sociólogo Peter Berger. Como sabemos, Jung sentiu isso na própria pele e escreveu sobre esse problema da espiritualidade moderna muito mais cedo, famosamente em ensaios como "O homem moderno em busca da alma". As alternativas para conduzir essa busca por sentido são poucas e raras em nosso mundo pós-moderno. Onde e como devemos procurar uma "alma" se a cultura nega já em suas raízes a realidade de tal "coisa"?

É claro, Jung não estava procurando uma "coisa" quando partiu em sua jornada interior. Na verdade, não sabia o que estava procurando. Mas ele encontrou sua imaginação poderosamente despertada, e isso o impeliu a se abrir para experiências psíquicas convincentes. O resultado foi que, no fim de sua vida, quando, na famosa entrevista "Face a face", lhe perguntaram se ele acreditava em Deus, ele pôde afirmar que ele "não acreditava" em tais questões transcendentais, mas que tinha "conhecimento" sobre elas. Foi uma busca que terminou em conhecimento, *gnosis*. Além de inserir sua discussão da modernidade, pós-modernidade e "*post-histoire*" no contexto mais amplo da especulação de Jung de uma virada epocal, Thomas Arzt oferece uma reflexão sobre o *Livro Vermelho* que pode ajudar indivíduos de hoje a fazer algo semelhante para si mesmos e também a encontrar um chão psíquico sob seus pés e um teto sobre sua cabeça. É uma maneira para a mente de superar a falta de abrigo na pós-modernidade.

No ensaio seguinte, a altamente respeitada astróloga psicológica e analista junguiana Liz Greene apresenta um ensaio acadêmico detalhado sobre a constelação planetária daquilo que costuma ser chamado "a nova era" ou "a Era de Aquário". No *Livro Vermelho*, Jung demonstra sua consciência astuta das implicações do crepúsculo da Era de Peixes e a aurora da Era de Aquário e associa a turbulência e o transtorno dos tempos a essa importante transição na história humana. Liz Greene preenche essa imagem com detalhes eruditos brilhantes. Os ensaios seguintes se apoiam nessa percepção – ou seja, de que estamos entrando num novo capítulo da cultura humana. Os conhecidos estudiosos do gnosticismo, Stephan Hoeller e Lance Owens, apontam uma nova direção de espiritualidade que emerge de raízes antigas. Essa é uma posição totalmente em linha com as intuições de Jung e observada em muitas passagens do *Livro Vermelho*. Depois de seu ensaio, Paul Bishop nos convida a pecar com ousadia e a seguir nossa "loucura" numa tradição que se estende até Platão e que se espelha vividamente nas obras de Goethe, Schelling, Nietzsche e, é claro, Jung. Devemos lembrar que Jung realmente temia enlouquecer durante sua descida para o submundo do inconsciente coletivo, mas foi ricamente recompensado por assumir o risco.

Numa linha mais pessoal, John Hill fala em "confrontar Jung" como resultado de representar os papéis de vários personagens do *Livro Vermelho*, que fez o mesmo numa apresentação teatral realizada com colegas no ISAP, em Zurique. Nisso ele descobre também como o *Liber Novus* fala ao nosso tempo de modo significativo. Marvin Spiegelman, cujo ensaio segue a este, discute seu empenho longo e dedicado na imaginação ativa e como a mera existência do *Livro Vermelho*, mesmo muitos anos antes da sua publicação em 2009, o orientou em sua jornada psicológica e espiritual pessoal para a idade avançada. Sua história é um modelo de como o *Liber Novus* pode ser usado como guia para o desenvolvimento psicológico e espiritual pessoal em nosso tempo ou em qualquer tempo. O método é atemporal, mesmo que os conteúdos mudem de acordo com circunstâncias pessoais e coletivas. "Foi um prazer fazer isso e me ajuda a não ter que escrever uma autobiografia", Spiegelman me escreveu após completar seu ensaio. Em certo sentido, é um resumo de sua vida e trabalho.

Andreas Schweizer ecoa alguns dos temas apresentados nos ensaios anteriores e se concentra no nascimento de uma nova imagem de Deus no *Liber Novus*. Numa manifestação apaixonada de erudição, ele fala de modo pessoal e comovente daquilo que o renascimento da espiritualidade exige em tempos pós-modernos, que envolve nada menos do que a morte do "herói" em cada um de nós, um sacrifício de magnitude enorme, especialmente em nossos tempos titânicos. Liliana Wahba reflete sobre os potenciais sombrios dentro da psique se o sacrifício proposto por Andreas Schweizer não é feito. A partir de sua leitura do *Livro Vermelho*, ela conclui que Jung estava plenamente ciente da realidade do mal que se estende para além do pessoal até as camadas coletivas e arquetípicas da psique.

Dariane Pictet e Nancy Furlotti voltam sua atenção para o feminino e para a natureza, à medida que esse tema surge ao longo da jornada de Jung pelo mundo interior. Esses ensaios nos levam para o território da *anima* e dos níveis somáticos da psique como Jung os experimentou. Eles exigem urgentemente atenção em nossos tempos. As experiências e desenvolvimentos de Jung no *Livro Vermelho* oferecem uma dica, na opinião dessas autoras, de como podemos proceder hoje para elevar a nossa consciência conforme a nossa cultura global emergente e nossa sobrevivência como espécie exigem.

Susan Rowland se dedica aos temas propostos pelas duas autoras anteriores num modo literário, analisando o *Livro Vermelho* através das lentes da crítica e teoria literária. Ela também acata, sob outro aspecto, o tema sugerido por Paul Bishop, pois Dionísio e loucura, poesia e inspiração apresentam uma relação profunda. Uma pergunta urgente levantada na pós-modernidade diz respeito à própria criatividade. Criatividade é possível sob condições pós-modernas? A frenesi da desconstrução determinou o fim de possibilidades criativas? Ou seria isso um precursor necessário para um novo mundo? Tudo que vale a pena já foi dito e feito? O que nos resta? Russell Lockhart fala sobre isso em seu ensaio, que segue ao ensaio de Susan Rowland. O caminho à frente leva para dentro, para baixo, para uma interação radical com os poderes da imaginação. Este é o caminho que Jung escolheu ao seguir o "espírito das profundezas" em seus dias. Este caminho ainda está disponível ao indivíduo corajoso nos dias de hoje, a despeito das condições pós-modernas. O tom sentimental desse caminho se manifesta vividamente no ensaio poético de Josephine Evetts-Secker. É o sentimento classicamente descrito pelo teólogo Rudolf Otto em sua discussão da experiência numinosa. Como descobre e compartilha Josephine Evetts-Secker, o tema do numinoso percorre vividamente o *Livro Vermelho* e se expressa fortemente também nestes ensaios.

Ann Casement dá um salto ousado para a cultura clássica com sua referência aos últimos dias da República Romana. As comparações com aqueles tempos de outrora, quando um consenso cultural fugia cada vez mais ao alcance humano e era substituído por novas energias e forças disruptivas, são incisivas e sóbrias. Então, estendendo-se até uma tradição cultural ainda mais antiga, Ashok Bedi confronta o *Livro Vermelho* com a tradição hindu e sua sabedoria profunda, tão prezada por Jung. Para ele, o *Livro Vermelho* é um guia para pessoas contemporâneas, semelhante à orientação oferecida pelas obras clássicas hindus. A cultura chinesa foi semelhantemente valorizada por Jung, e Heyong Shen direciona um holofote para o significado simbólico da cor vermelha, tão prezada como um sinal de valor último na cultura chinesa tradicional. Esses três ensaios reúnem vários fios profundamente entretecidos no *Liber Novus* e os trazem à nossa consciência como orientação adicional para o uso do *Livro Vermelho* em tempos pós-modernos. Culturas antigas e condições pós-modernas encontram um solo comum nesses ensaios fascinantes.

Por fim, John Woodcock contempla um desenvolvimento futuro que ele chama de "pós-humano". Consideramos adequado concluir este primeiro volume com essa nota de possibilidades, ecoando a última palavra no registro que ele fez no *Livro Vermelho* em 1959: *Möglichkeit* [possibilidade]. O ensaio de John Woodcock abre uma janela intuitiva para um desenvolvimento que segue ao pós-moderno e vincula isso com intimações do *Livro Vermelho*, um salto criativo da imaginação.

Gostaria de expressar nossa gratidão a um número de pessoas que tornaram possível esse trabalho ambicioso. Em primeiro lugar, agradeço profundamente aos autores dos ensaios neste volume por seus esforços diligentes e ponderados ao escreverem sobre esse tema desafiador da relevância do *Livro Vermelho* de Jung para o nosso tempo. Tem sido um prazer trabalhar com eles, e, sem exceção, eles cumpriram sua promessa em tempo útil. Também quero expressar minha gratidão à editora da Chiron Publications, Jennifer Fitzgerald, por seu cuidado escrupuloso com uma multiplicidade de textos de tantos autores tão diferentes, cada um com sua voz e seu estilo singulares. E a Steve Busert e Len Cruz, os publicadores na Chiron, quero expressar minha gratidão sincera por sua reação positiva imediata e espontânea à nossa proposta daquilo que será um grande investimento de tempo e finanças por sua parte. Finalmente quero agradecer a Thomas Arzt, meu coorganizador nesta série, e dizer que esta série não teria sido realizada sem seu entusiasmo constante e inspirador por um projeto que, à primeira vista, parecia improvavelmente ambicioso e, aos poucos, se tornou uma realidade.

I
"O caminho do que há de vir"
À procura da alma sob condições pós-modernas

Thomas Arzt

> "Nossa época está buscando uma nova fonte de vida. Eu encontrei uma e bebi dela e a água tinha gosto bom".[1]
> C.G. Jung

Um espectro assombra hoje o nosso mundo; seu nome é *Angst*. Não é de se admirar. Como comentou recentemente o ex-secretário de Estado da Alemanha Frank-Walter Steinmeier: "O mundo está fora do eixo".[2] Ao mesmo tempo, diplomatas alemães como, por exemplo, Wolfgang Ischinger têm observado que a desintegração de estruturas de segurança internacionais acelerou e que tomadores de decisões na política e no comércio são surpreendidos diariamente por eventos inesperados. Diagnosticadores dos nossos tempos como o filósofo alemão Peter Sloterdijk veem o mundo "se lançando à frente".[3] O *Relatório de riscos globais* de 2017, do Fórum Econômico Mundial, identifica uma paisagem planetária de risco que não incita animação e serenidade. Nossa era atual, que podemos chamar de "pós-modernidade" é caracterizada por um nível esmagador de fluidez e volatilidade tanto numa escala global quanto no nível da vida cotidiana dos indivíduos. Contemporâneos cínicos falam até de uma "corrida parada" – mesmo que nada permaneça igual, na verdade, nada de substancial muda.[4] Mesmo que não consigamos reconhecer ainda a direção para a qual essa locomotiva desenfreada chamada globalização nos levará, o mundo de hoje está obviamente passando por transformações globais que, provavelmente, são únicas em tamanho e escala. "*Pourvu que cela dure*" ("contanto que isso acabe bem a longo prazo"), como comentou a mãe de Napoleão ao testemunhar a coroação de seu filho.[5]

Fato é que sempre houve pressões, fissuras, talhas turbulentas e "estados sociais febris" – normalmente, historiadores contemporâneos os atribuem de modo excessivo exclusivamente à mudança e inovação tecnológica. Contemplemos, por exemplo, a década anterior ao ano 1914. Como mostra de modo impressionante a obra *The Vertigo Years: Change and Culture in the West 1900-1914*, de Philipp Blom, os primeiros 14 anos do século XX testemunharam rápidos desenvolvimentos socioeconômicos que colocaram os indivíduos e muitas sociedades europeias num estado altamente agitado.[6] O "espírito dessa época", como C.G. Jung se referiu a isso em seu *Livro Vermelho*, então levou os europeus – como que sonâmbulos – a uma guerra de trincheiras exaustiva e a uma mobilização tecnológica, provocando realinhamentos geopolíticos. O que preocupa é a observação de Blom:

> Na época como agora, mudanças rápidas em tecnologia, globalização, tecnologias de comunicação e mudanças no tecido social dominavam as conversas e os artigos em jornais; na época como agora, culturas de consumo em massa impuseram sua marca ao tempo; na época como agora, a sensação de viver num mundo acelerado, de estar correndo para o desconhecido, era esmagadora.[7]

Os tremores da Primeira Guerra Mundial levaram à Segunda Guerra Mundial. No nosso tempo, a "mobilização total"[8] alcançou o nível planetário – apenas um giro da espiral a mais. Mais uma vez, estamos desorientados numa "época de *angst*",[9] e agora, cem anos após *a Era da Ansiedade*, encontramo-nos novamente agitados na *era do burnout*.[10]

Artistas e contemporâneos sensíveis que viviam entre 1880 e 1914, como, por exemplo, o filósofo alemão Friedrich Nietzsche, intuíram a mudança sismográfica que estava prestes a ocorrer. Desconcertadas com os desenvolvimentos sociais e a fadiga geracional, confinadas na "prisão da razão" e ansiando por um sentido ausente, as melhores mentes procuraram novos caminhos para escapar do mal-estar espiritual de seu tempo. O dadaísta Hugo Ball descreveu a condição coletiva de sua geração da seguinte forma:

> O mundo e a sociedade em 1913 pareciam assim: a vida está completamente confinada e algemada. Um tipo de fatalismo econômico prevalece; cada indivíduo, quer ele resista ou não,

é encarregado de um papel específico e com ele seus interesses e seu caráter. A Igreja é encarada como uma "fábrica de redenção" de pouca importância, a literatura como uma válvula de escape... A pergunta mais incandescente noite e dia é: haverá em algum lugar uma força potente o suficiente para acabar com este estado de coisas? E, se não, como escaparmos?[11]

"Deus está morto", como anunciou Nietzsche, e a "jaula de ferro" da modernidade (tendo se transformado no meio tempo em um "Gestell"[12] digitalizado onipresente) estava rigidamente estabelecida. Contemporâneos sentiam as implicações severas da erosão do mito cristão: não sentir-se mais em casa em seu próprio tempo. Na época, como também agora, a situação coletiva forçou a busca por transcendência e sentido a fim de resistir à ressaca do caos pós-moderno que, sem dúvida alguma, revelou uma assinatura niilista.

O psicólogo suíço C.G. Jung realizou o talvez mais desafiador "mergulho profundo" para buscar respostas às perguntas apresentadas pela época. Alarmado por visões e sonhos que refletiam as tensões de sua era e pressagiavam a Guerra Mundial iminente, Jung procurou com ousadia a sua alma num "experimento" para conhecer seu "mito pessoal". Após a descida, Jung não só formulou seu próprio mito, mas foi capaz de sugerir a estrutura para um novo mito coletivo. Como será ilustrado mais adiante, o *Livro Vermelho: Liber Novus* de Jung é, ao mesmo tempo, um testemunho altamente íntimo e uma referência à estrutura desse novo mito coletivo.

Mesmo que seja difícil definir o termo "pós-modernidade" e ele contenha um alto grau de ambiguidade devido à sua ausência notória de clareza conceitual, tentativas de análises diagnósticas têm demonstrado várias características gerais, como desconstrução, pluralidade radical, arbitrariedade, liquidez, fragmentação, descanonização, aceleração, improviso, aumento de complexidade, ambiguidade e "pistas escorregadias". Em poucas palavras, o autor alemão Hans Magnus Enzensberger retrata com maestria a nossa condição pós-moderna contemporânea, na qual o aumento de entropia pode ser testemunhado até mesmo no nosso próprio jardim:

>Cidades comerciantes da Baixa Baviera, aldeias rurais na Eiffel, pequenas cidades em Holstein estão sendo habitadas por figuras que ninguém teria conseguido imaginar trinta anos atrás. Açougueiros que praticam golfe, esposas importadas da Tailândia, policiais à paisana em jardins loteados, mulás turcos, mulheres farmacêuticas em comitês para a Nicarágua, vagabundos que dirigem uma Mercedes Benz, antiautoritários com jardins orgânicos, oficiais da receita que colecionam armas, fazendeiros que criam pavões, lésbicas militantes, vendedores de sorvete tamúlicos, filólogos clássicos que negociam futuros sobre mercadorias, mercenários de folga, ativistas de direitos animais extremistas, traficantes de cocaína com salões de beleza, dominatrixes com clientes da alta diretoria, nerds de TI que passeiam entre bancos de dados californianos e reservas naturais em Hessen, carpinteiros que entregam portas feitas de ouro na Arábia Saudita, falsificadores de arte, estudiosos especializados em Karl May, guarda-costas, peritos em jazz, médicos para tratamento paliativo e produtores de pornografia. Os solitários e idiotas da aldeia, os esquisitos e desajustados foram todos substituídos pelo desviado medíocre, que nem mais se destaca entre os milhões de sua espécie.[13]

Os diagnósticos do nosso tempo parecem convergir num aspecto importante – e esse é o ponto essencial em relação ao *Livro Vermelho* de Jung: segundo o filósofo e sociólogo francês Jean-François Lyotard, um marxista decepcionado, como ele mesmo admite, não existe mais nenhuma metanarrativa grande, significativa e integradora, nenhuma "grande narrativa" que seja capaz de transmitir uma concepção abrangente do papel da humanidade no mundo.[14] Para qualquer "grande narrativa", como a oferecida, por exemplo, pela Epopeia de Gilgamesh, a Bíblia, a Odisseia, o Iluminismo, a crença na ciência ou o marxismo, vale a seguinte análise pós-moderna:

>Simplificando ao extremo, defino o pós-moderno como incredulidade em relação a metanarrativas. Essa incredulidade é, sem dúvida, um produto do progresso nas ciências: mas esse progresso, por sua vez, a pressupõe. À obsolescência do aparato da metanarrativa de legitimação corresponde notavelmente a crise da filosofia metafísica e da instituição da universidade, que, no passado, se apoiava nele. A função narrativa está perdendo seus funtores, seu grande herói, seus grandes perigos,

> suas grandes viagens, seu grande objetivo. Ela se dispersa nas nuvens da linguagem narrativa – que narra, mas também denota, prescreve, descreve etc. Cada nuvem comunica valências pragmáticas específicas ao seu tipo. Cada um de nós vive na intersecção de muitas destas.[15]

De um ponto de vista espiritual, o horizonte de sentido oferecido por uma ordem divina – a "grande ordem de ser" – aparentemente se perdeu, ao mesmo tempo em que, do ponto de vista do sujeito pós-moderno, o mundo e a própria vida deixaram de ser legíveis, compreensíveis ou moldáveis.[16] Enquanto épocas anteriores tinham uma "grande narrativa" significativa – vêm à mente aqui a *Divina Comédia* de Dante, o *Fausto* de Johann Wolfgang von Goethe e *Assim falava Zaratustra* de Nietzsche – o homem moderno e pós-moderno ficou sem um mito oportuno, central e vívido. Segundo a avaliação de Edward Edinger, essa condição de desabrigo espiritual e metafísico, um estado representado pelo "Último homem" de Nietzsche ou pelo "Eles" de Martin Heidegger, só se aprofundou nos tempos recentes:

> Para pessoas ponderadas, é evidente que a sociedade ocidental não tem mais um mito viável e funcional. Na verdade, todas as culturas mundiais importantes estão se aproximando, em extensão maior ou menor, do estado desprovido de mito. A queda de um mito central é como a destruição de um recipiente que contém uma essência preciosa; [...]. O significado se perde.[17]

Referindo-se à obra de Jung, Edinger continua: "... assim como a descoberta de Jung de sua própria carência de mito correspondia à condição desprovida de mito da sociedade moderna, a descoberta de Jung de seu próprio mito individual provará ser a primeira emergência do nosso novo mito coletivo".[18]

A declaração de Edinger só é compreensível se ignorarmos o discurso de sociólogos acadêmicos, teóricos culturais e filósofos profissionais. Abrindo a esfera da *experiência central* [Kern-Erfahrung] no sentido de Karlfried Graf Dürckheim ou da experiência do si-mesmo de Jung, nós nos aproximamos das esferas psicológica, religioso-espiritual e metafísica da vida que, normalmente, são consideradas fora dos limites pelo estabelecimento acadêmico pós-moderno de hoje. Nada causa um tédio maior e ignora as questões centrais do nosso tempo mais do que a ignorância e a agitação prevalecente testemunhadas nas disciplinas autorreferenciais e obcecadas com detalhes das nossas instituições universitárias. Muito provavelmente, nada revelador virá de seu discurso.

É possível que essa ignorância quase universal das perguntas centrais da nossa era atual esteja por trás de um interesse global cada vez maior em Jung. O século XXI pode tornar-se o "século de Jung",[19] um século em que uma mentalidade pós-moderna e a morte da concepção secular do ser humano estimule a busca intensa por alternativas sustentáveis a uma época dominada pelo positivismo, materialismo, reducionismo e ateísmo.[20] Afinal de contas, num feitiço de "pneumafobia", a entronização da *Déesse Raison* pela modernidade levou a uma opressão de todos os fenômenos do "espírito" ou do "sagrado". Subsequentemente, o espírito (como também a *anima mundi*, segundo o físico vencedor do Prêmio Nobel Wolfgang Pauli) tem desaparecido no inconsciente.[21] Jung descreveu esse processo da seguinte forma em *O problema psíquico do homem moderno*:

> Se existe alguma forma ideal e ritual externa, pela qual se assumem e se expressam todas as aspirações e esperanças da alma – como por exemplo sob a forma de uma religião viva – então podemos dizer que a psique está fora, e que não há problema psíquico, assim como também não há inconsciente no nosso sentido da palavra. Por conseguinte, a descoberta da psicologia se restringe naturalmente às últimas décadas, embora os séculos anteriores já tivessem introspecção e inteligência suficientes para reconhecer as realidades psicológicas. [...] Da mesma forma, foi a *necessidade psíquica* que nos fez descobrir a psicologia. É claro que os fenômenos psíquicos já existiam antes, mas não se impunham e ninguém lhes dava atenção. Era como se não existissem. Mas hoje não se pode mais esquecer a psique.[22]

Dieu se retire – mesmo assim, é preciso seguir a Deus, segundo a opinião do autor alemão Ernst Jünger. Daí o envolvimento com o inconsciente se torna uma necessidade vital não só para o indivíduo, mas para o coletivo social, já que se transformou em uma questão de sobrevivência. Ironicamente, o momento histórico da proclamação da "jaula de ferro" pelo sociólogo e filósofo Max Weber coincidiu com o início da psicologia profunda – talvez uma inesperada "astúcia da razão". Sob a perspectiva da compreensão de Jung da evolução da consciência humana, o projeto da modernidade podia levar apenas ao "escurecimento do mundo" (*die Verdüsterung der Welt*, como disse Heidegger[23]):

> [...] pois em todas as épocas precedentes acreditava-se em deuses de um modo ou de outro. Foi necessário um depauperamento dos símbolos para que se descobrissem de novo os deuses como fatores psíquicos, ou seja, como arquétipos do inconsciente. [...] Desde que as estrelas caíram do céu e nossos símbolos mais altos empalideceram, uma vida secreta governa o inconsciente. É por isso que temos hoje uma psicologia, e falamos do inconsciente. Tudo isto seria supérfluo, e o é de fato, numa época e numa forma de cultura que possui símbolos. Estes são espíritos do alto e assim, pois, o espírito também está no alto. Por isso seria tolice e insensatez para tais pessoas desejar a vivência do inconsciente e investigá-lo, pois ele nada contém além do silencioso e imperturbável domínio da natureza. Nosso inconsciente, porém, contém a água viva, espírito que se tornou natureza, e por isso está perturbado. O céu tornou-se para nós espaço cósmico físico, o empíreo divino, uma encantadora lembrança de como as coisas eram outrora. Mas "nosso coração arde" e uma secreta intranquilidade corrói as raízes do nosso ser.[24]

O "espírito" espera no inconsciente coletivo pelo reconhecimento, pela integração no coletivo consciente dos nossos tempos pós-modernos. Hoje, o espírito está "batendo à nossa porta" ou, nas palavras de Jünger, a "essência primordial está viva".[25] Muitas patologias da nossa época surgem da falta de um "recipiente alquímico" para integrar essas energias arquetípico-espirituais no contexto sociocultural. Se o indivíduo ou a sociedade negar a essas energias a oportunidade de expressão, elas se transformarão em confusão, destruição e violência. *Mercurius duplex*: foi a alquimia que encontrou a expressão adequada para isso – o bem com o bem e o mal com o mal. Por ora, porém, permanece um mistério como as sociedades supersaturadas, excessivamente envelhecidas e reguladas do Ocidente, administradas por guardiões sem orientação e imaginação do *status quo* na política, nas mídias e no comércio devem abordar esse desafio monumental. Não temos nenhuma visão para o futuro. "Aos melhores falta qualquer convicção, enquanto os piores estão cheios de intensidade apaixonada", lamentou William Butler Yeats nos dias de Jung. Entrementes, muito estaria ganho se as turbulências planetárias da pós-modernidade pudessem ser interpretadas como uma fase prenha de iniciação, como *rite de passage*.

Neste sentido, gerações futuras estariam inclinadas a entender retrospectivamente a nossa era pós-moderna como uma fase de *nigredo*, como tempo de desorientação e confusão coletivas, e uma atitude em relação do mundo que oscila entre um desejo barroco pela vida e um presságio apocalíptico de morte. No entanto, do ponto de vista de Jung, é importante encarar a insegurança e o abismo da vida pós-moderna e aceitar nossa "nudez espiritual" e a dissolução evidente do sistema de crenças tradicional. Uma abertura para a psique, para que suas intimidações possam ser percebidas conscientemente, também é crucial. Além disso, devemos aprender a lidar com a insegurança, incerteza e ambivalência existenciais, pois algo no centro da ansiedade pode estar querendo falar conosco. Se nos encontramos num estado de "escuridão", trata-se da "escuridão divina". Se nos sentimos presos num estado de "vazio", trata-se de um "vazio divino". Assumindo um ponto de vista semelhante, o filósofo alemão Leopold Ziegler considera o estado de "Seinsvergessenheit" [esquecimento do ser] uma *Gestalt* de um ser divino *in absconditus*. Dentro da solidão metafísica da consciência moderna, Jung detecta uma "providência divina", ou melhor, uma ocasião para uma experiência renovada de espiritualidade, especialmente quando o espírito vivo tenta ressurgir das ruínas do edifício de crenças cristãs.[26] Neste sentido, a "frenesi de desconstrução" do século XX seria compreensível, como apontou Richard Tarnas: "[...] a destruição enorme e radical do século XX de tantas estruturas – culturais, filosóficas, científicas, religiosas, morais, artísticas, sociais, econômicas, políticas, atômicas, ecológicas – tudo isso sugere uma desconstrução necessária anterior a um novo nascimento".[27] Se Tarnas estiver certo, gerações vindouras talvez sejam capazes de olhar para trás também numa fase de *rubedo*, da emergência de uma nova espiritualidade pós-cristã.

Como continuar agora? Atualmente, estamos vivendo um momento histórico em que todos os aspectos da existência humana devem ser concebidos novamente e, radicalmente, postas à prova no que diz respeito à vida secreta do espírito vivo. Podemos encontrar apoio na "lei psicológica de conservação de energia" de Jung, que afirma que "cada vez que algum aspecto importante é desvalorizado na consciência, vindo a desaparecer, surge por sua vez uma compensação no inconsciente".[28] O que Jung está dizendo é que, se o mundo arquetípico do espírito é ignorado por uma visão do mundo puramente materialista por tempo demais, o primeiro será subsequentemente ativado com um valor energético proporcionalmente alto no inconsciente coletivo. Até para as pessoas de mente simples isso deveria ser plausível, pois os "impulsos religiosos" da alma – *anima naturaliter religiosa* – não podem simplesmente se desfazer em ar; eles são obrigados a se deslocar para outro lugar devido à overdose de racionalidade moderna. "Poderá, porventura, reprimi-los, sem conseguir alterá-los em sua essência; aquilo que tiver sido reprimido, voltará a manifestar-se em outro lugar e sob uma forma modificada, mas desta vez carregado de um ressentimento que transforma o impulso natural, em si inofensivo, em nosso inimigo".[29] Visto que o mundo arquetípico não pode ser reprimido sem consequências substanciais e visto que sociedade e cultura contemporânea não são capazes de encarar os problemas reais, muito menos apresentar soluções razoáveis, é o indivíduo que terá que enfrentar esse conflito. Contemporâneos sensíveis, sensitivos e até mesmo "loucos" são, mais uma vez, obrigados a restaurar o enraizamento espiritual que foi minado por categorias pós-modernas de interpretação gerando a crise psicológica subsequente.

O desafio de hoje é, portanto, de um lado, não descartar nossa tradição e herança cristã e, de outro, encarar o estado de *nigredo* para o qual descemos. Na visão de Jung, nós nos encontramos no início de uma nova cultura e era psicológica, mesmo que ainda sem imagens, símbolos, rituais ou mitos coletivos orientadores. Entrar em território desconhecido dentro dessa cultura nova anda de mãos dadas com os seguintes desenvolvimentos necessários já em andamento: novos esforços de integração referentes à inclusão do "mal" na compreensão de integridade, além do desagradável e banal; integração do feminino e da natureza como dimensões significativas reprimidas e negligenciadas pelo cristianismo; reinterpretação das escrituras religiosas como poéticas e simbólicas e não como puramente históricas e literais; reinterpretação da figura de Cristo como expressão simbólica do dinamismo interior da alma.[30] A essa altura, parece claro que, sob condições pós-modernas, apenas um caminho permanece viável: se interpretamos corretamente os sinais do nosso tempo, a "metamorfose dos deuses" exigirá o compromisso máximo do indivíduo com um processo continuado para o qual Jung sugeriu o termo "individuação". A narrativa para isso está contida no *Livro Vermelho*, e com ela começa o novo mito de Jung mostrando "*O caminho do que há de vir*".

***

"Minha alma, onde estás? Tu me escutas? Eu falo e clamo a ti – estás aqui?"[31] Em 12 de novembro de 1913, Jung iniciou seu trabalho interior que, eventualmente, se tornaria seu *Livro Vermelho*. Essa passagem dramática ocorre no capítulo intitulado de "O reencontro da alma". Numa observação preliminar, Jung tinha observado que ele tinha sido capaz de alcançar "fama, poder, riqueza, saber e toda a felicidade humana", enquanto a angústia em seus mundos interior e exterior o enchiam de "pavor".[32] Dada a sua ruptura com Sigmund Freud e o estado resultante de questionar seu entendimento anterior da psique, a angústia de Jung se torna compreensível. O que pesava também fortemente era uma série notável de sonhos, visões e fantasias em estado acordado, que o deixou perplexo ao ponto de levá-lo a temer uma psicose iminente. Lentamente, porém, Jung começou a perceber que, por exemplo, suas fantasias acordadas em outubro de 1913, em que a Europa era destruída por uma enchente, descreviam de forma pré-cognitiva eventos que estavam prestes acontecer não só a ele mas à Europa toda com a irrupção da Primeira Guerra Mundial.[33] Dentro desse estado mental pessoal e altamente perturbado e dentro da situação mundial catastrófica, outra coisa que já tinha perturbado Jung após a redação final de *Wandlungen und Symbole der Libido* voltou a ser dolorosamente evidente para ele, ou seja, que "aquele que pensa viver sem mito ou fora dele constitui uma exceção. Ele é, na verdade, um erradicado, que não tem contato verdadeiro nem com o passado, a vida dos ancestrais (que sempre vive em seu seio), nem com a sociedade humana do presente". Então, descrevendo seu próprio dilema pessoal, ele continua:

> Eu me senti compelido a perguntar-me com toda seriedade: "O que é o mito que você vive?" Não achei a resposta e tive de confessar-me que na verdade eu não vivia nem com um mito nem dentro de um mito, e sim numa nuvem insegura de possibilidades de conceitos, que eu olhava, aliás, com desconfiança crescente. Eu não sabia que vivia um mito e, mesmo se soubesse, não teria reconhecido o mito que minha vida tecia por cima de minha cabeça. Veio-me então, naturalmente, a decisão de conhecer "meu mito". E considerei isto como tarefa por excelência, pois – assim eu me dizia – como poderia prestar contas corretamente de meu fator pessoal, de minha equação pessoal, diante de meus pacientes, se nada sabia a respeito, e sendo isto, no entanto, tão fundamental para o reconhecimento do outro? Eu precisava saber que mito inconsciente e pré-consciente me moldava, isto é, de que rizoma eu provinha.[34]

Assim, em novembro de 1913, durante um experimento de autodescoberta, "meu experimento mais difícil", Jung se lançou na busca de seu próprio mito. Essa busca o levaria para uma "nova fonte de vida",[35] sobre a qual ele escreveria mais tarde a Victor White: "Eu queria a prova de um espírito vivo e eu a recebi. Não me pergunte a que preço".[36]

Inicialmente, Jung anotou suas fantasias e imaginações ativas nos chamados *Livros Negros*, que são considerados um protocolo pessoal de sua autoexperimentação. De lá, foram transferidas para um fólio de capa de couro vermelho, para o qual ele revisou o material e também o completou com comentários e imagens cuidadosamente desenhadas e meticulosamente arranjadas.[37] Na visão sumária de Sonu Shamdasani, o *Livro Vermelho* apresenta

> [...] uma série de imaginações ativas junto com a tentativa de Jung de compreender seu significado. Este trabalho de compreensão abrange muitos fios entrelaçados: uma tentativa de compreender-se a si mesmo e de integrar e desenvolver os vários componentes de sua personalidade; uma tentativa de compreender a estrutura da personalidade humana em geral; uma tentativa de compreender a relação do indivíduo com a

sociedade de hoje e com a comunidade dos mortos; uma tentativa de compreender os efeitos psicológicos e históricos do cristianismo; e uma tentativa de compreender a futura evolução religiosa do Ocidente. Jung discute muitos outros temas na obra, entre os quais: a natureza do autoconhecimento, a natureza da alma, as relações entre pensar e sentir e os tipos psicológicos, a relação entre a masculinidade e a feminilidade interiores e exteriores, a união dos opostos, a solidão, o valor do conhecimento e da instrução, o *status* da ciência, o significado dos símbolos e como eles devem ser entendidos, o sentido da guerra, a loucura, a loucura divina e a psiquiatria, como a Imitação de Cristo deve ser entendida hoje, a morte de Deus, a importância histórica de Nietzsche, e a relação entre magia e razão.[38]

Wolfgang Giegerich argumenta que o *Livro Vermelho* deve ser lido como a resposta de Jung a Nietzsche.[39] Como muitos outros de sua geração, Jung tentou encarar de frente as implicações da modernidade – aqui, diga-se de passagem, lembramo-nos da disputa de Heidegger e Jünger, *Over the Line*, onde ambos navegam no encalço de Nietzsche no que diz respeito à questão do niilismo. Mas Jung não via sua solução representada no *sobre-homem* de Nietzsche. Ela se encontrava antes na formulação de uma nova espiritualidade. O título dessa solução é o processo da individuação:

> O tema geral do livro é como Jung recupera sua alma e supera o mal-estar contemporâneo da alienação espiritual. Isto é finalmente alcançado possibilitando o renascimento de uma nova imagem de Deus em sua alma e desenvolvendo uma nova cosmovisão na forma de uma cosmologia psicológica e teológica. O *Liber Novus* apresenta o protótipo da concepção junguiana do processo da individuação, que ele considerava a forma universal do desenvolvimento psicológico individual. O próprio *Liber Novus* pode ser compreendido, por um lado, como descrevendo o processo de individuação de Jung e, por outro, como a elaboração que ele fez deste conceito como um esquema psicológico geral.[40]

Juntamente com a narrativa da individuação de Jung, muitas questões filosóficas, teológicas e psicológicas referentes a temas como Deus, conhecimento, língua, lógica, sentido, caos, morte e o mal são levantadas no *Livro*

Vermelho. Diversos temas e conceitos distintos circunscrevem a tentativa de Jung de conceber uma nova cosmologia.[41] Entre outros, estes incluem:

Encontrando a alma: No início de sua autoexperimentação, o "espírito das profundezas" instrui Jung a abandonar o "espírito dessa época", que representa a visão do mundo científico-materialista, e a seguir o "espírito das profundezas", que, como regente das profundezas dos assuntos do mundo, "desde sempre e pelo futuro afora, [possui] maior poder do que o espírito dessa época que muda com as gerações".[42] A alma não devia ser considerada um objeto da ciência, um objeto de um "sistema morto" ou uma "fórmula morta, mas um "ser vivo e subsistente em si mesmo".[43] O caminho da alma é difícil e cheio de perigos, pois "os indicadores do caminho caíram, trilhas indeterminadas estão diante de nós. [...] Cada qual anda o seu caminho".[44] E: "Meus amigos, é sábio alimentar a alma, senão criareis dragões e demônios em vossos corações".[45] O *Livro Vermelho* documenta a jornada de Jung até a redescoberta de sua alma perdida e também seu método de imaginação ativa usado para entrar em diálogo com o que ele descobre.

Alma e experiência de Deus: A visão de que a alma é um "lugar" para a experiência de Deus permeia todo o *Livro Vermelho*. "Nada sei de teu mistério. Perdoa se falo como em sonho, como um bêbado – tu és Deus?"[46] No encontro de Jung com a alma, "Deus" não é o "Deus dos teólogos", que está "morto" e precisa ser renovado, mas em experiências esmagadoras de dicotomias paradoxais encontradas no interior. Por exemplo, o "Deus que ainda está por vir" é a mistura de "sentido e do absurdo"[47] no "sentido supremo", e "assim como o dia pressupõe a noite, e a noite, o dia, assim o sentido pressupõe o absurdo, e o absurdo, o sentido".[48] Assim, o divino abrange sentido e absurdo, o maior e o menor, e "o sentido supremo é grande e pequeno, é amplo como o espaço do céu estrelado e estreito como a célula do corpo vivo".[49] O "novo Deus" é uma *coincidentia oppositorum*, e o nascimento de Deus ocorre no mundo interior: "Eu vi um novo Deus, um menino [...]. Deus mantém em seu poder os princípios separados e os une. Deus vem a ser em mim através da união dos princípios. Ele é sua união".[50] Num contexto mais amplo da história intelectual do Ocidente, no final do século XIX Nietzsche proclama a morte de Deus, enquanto Jung, no *Liber Novus*, apresenta o renascimento de Deus no início do século XX.[51]

Renovação da imagem de Deus: Uma chave para a obra de Jung está no encontro com a figura mítica ferida de Izdubar, que Jung gostaria de curar. Como o homem moderno, Izdubar é paralisado pelo veneno da ciência, porque essa "magia abominável" só deixa palavras no lugar dos deuses. A ciência destruiu a capacidade de crer:

> Iz: "Mas este conhecimento científico é precisamente a magia abominável que me paralisou. Como é possível que ainda estejais vivos, se todo dia tomais desse veneno?"
>
> Eu: "Nós nos acostumamos a ele com o tempo, assim como o ser humano se acostuma a tudo. Mas já estamos algo paralisados. Contudo, este conhecimento científico proporciona por outro lado um grande benefício, como tu viste. O que perdemos em força, nós o recuperamos muitas vezes através da dominação sobre as forças da natureza". [...]
>
> Eu: "Como vês, não tivemos escolha. Tivemos de engolir o veneno da ciência. Se não aconteceria a nós todos o que aconteceu a ti: estaríamos totalmente paralisados se tivéssemos tido contato com ele inadvertida e despreparadamente. Este veneno é tão invencivelmente forte, que cada qual, mesmo o mais forte, e mesmo os deuses eternos a ele sucumbem. Se amamos a vida, sacrificamos de preferência um pedaço de nossa força vital, a expor-nos à morte certa".[52]

Jung sabe que ele precisa ficar do lado do Izdubar paralítico e doente, que é seu irmão, para curá-lo.[53] Após colocar Izdubar num ovo e guardá-lo em seu bolso, Jung consegue curar e transformá-lo, levando assim a um renascimento da sensibilidade mítica. No ensinamento do *Livro Vermelho*, o ser humano representa uma "porta pela qual se espreme para passar o comboio dos deuses e o vir a ser e desaparecer de todos os tempos".[54] Com o renascimento de Izdubar, se torna visível uma compreensão da alma, do si-mesmo e de Deus, que, muito mais tarde, Jung formularia em *Resposta a Jó* como o desejo de Deus de encarnar continuamente, mas já em seu *Livro Vermelho* isso se expressa da seguinte forma:

> Assim como os discípulos de Cristo reconheceram que o Deus se tornara carne e que morava entre eles como uma pessoa humana, também nós reconhecemos agora que o Ungido dessa época é um Deus que não aparece na carne, não é pessoa humana, e assim mesmo é um Filho do Homem, não na carne, mas no espírito, e por isso só pode nascer através do espírito do ser humano na condição de útero concebedor de Deus.[55]

O "novo Deus" de Jung é, portanto, um "Deus pneumático", como Jung explica numa carta a Joan Corrie em 29 de fevereiro de 1919:

> O criador primordial do mundo, a cega libido criadora, vê-se transformada em homem através da individuação; e deste processo, que se assemelha à gravidez, surge uma criança divina, um Deus renascido, já não mais disperso nos milhões de criaturas, mas sendo um só e esse indivíduo e ao mesmo tempo todos os indivíduos, o mesmo em você e em mim. A dra. L[ong] tem um livrinho: VII *Sermones ad mortuos*. Ali você encontra a descrição do Criador disperso em suas criaturas e, no último sermão, você encontra o início da individuação, da qual surge a criança divina [...]. A criança é um novo Deus, nascido concretamente em muitos indivíduos, mas estes não o sabem. Ele é um Deus "espiritual". Um espírito em muitas pessoas, no entanto um só e o mesmo em toda parte. Mantenha-se fiel ao tempo de você e você experimentará suas qualidades.[56]

Imitatio Christi: Visto que o *Livro Vermelho* identifica o processo de individuação como estrada real para a redescoberta da alma e de "Deus", Jung faz uma revisão do ensinamento cristão tradicional da *imitatio Christi*. Agora já não basta mais ser simplesmente um cristão devoto. A nova forma de espiritualidade exige a busca pelo *Cristo interior*, que representa o sacrifício e a disposição exigidos para tomar sua *própria vida* em suas *próprias mãos*, permanecendo fiel à sua essência e seu amor.[57] Em vez de permanecer numa atitude infantil de imitação, o indivíduo deve agora encontrar um lugar para Cristo em seu coração e então seguir seu caminho independente durante um processo de crescimento pessoal, vivendo sua própria vida como Cristo viveu a sua.[58] "O novo Deus ri da imitação e do seguimento. Ele não precisa de repetidor e de nenhum discipulado".[59] Além da dimensão individual, há também uma dimensão escatológica relevante, quando Jung escreve:

> [...] acredito que tu completaste tua obra, pois quem entregou sua vida, toda sua verdade, todo seu amor, toda sua alma, este completou sua obra. [...] Agora chega o tempo em que cada um tem de fazer sua própria obra da redenção. A humildade envelhece, e um novo mês começou.[60]

Nos escritos posteriores de Jung, como, por exemplo, em *Mysterium Coniunctionis* e *Aion*, o símbolo de Cristo como símbolo do si-mesmo exercerá um papel significativo.

A união dos opostos: O tema da unificação de opostos é um motivo central no *Livro Vermelho* e, como o símbolo de Cristo, é desenvolvido nos trabalhos posteriores de Jung. Esse tema trata do reconhecimento de aspectos negligenciados e ignorados da psique e também da consideração do oposto como a parte ausente da completude. "Tu começas a vislumbrar o todo quando dominas teu contraprincípio, pois o todo repousa sobre dois princípios que nascem de uma só raiz".[61] O próprio Jung vê a formulação psicológica do problema dos opostos como uma "renovação". No *Livro Vermelho*, encontramos numerosos pares de opostos: sentido e absurdo; plenitude e vazio; criação e destruição; amor e ódio; espírito e matéria; insanidade e sanidade; no alto e embaixo; ordem e caos. As fases de ordem psíquica seguem fases de caos psíquicos, que desafiam qualquer forma de racionalidade ou controle, permanecendo ao mesmo tempo a *conditio sine qua non* para o mistério transformador que é a individuação:

> Nós reconhecemos que o mundo consistia de razão e insensatez, e nós entendemos que nosso caminho precisava não só da razão, mas também da insensatez. [...] Mas pode-se ter certeza de que sempre a maior parte do mundo ainda nos é incompreensível. Incompreensível e irracional devem ser idênticos para nós, ainda que não o sejam necessariamente em si, pois uma parte do incompreensível só é atualmente incompreensível, podendo amanhã ser talvez racional. Mas enquanto não o entendemos, é também irracional. À medida que o não compreensível em si é racional, pode-se tentar imaginá-lo com êxito, mas à medida que é irracional em si, precisa-se da prática mágica para explorá-lo. [...] Quando a gente deu o melhor de si para dirigir o carro e então percebe que um outro maior o dirige, nesse caso produz-se o efeito mágico [...]. Mas a condição é que a gente

se aceite totalmente e nada desperdice, a fim de transferir tudo para o crescimento da árvore.[62]

"A questão fundamental", escreve Shamdasani, "foi como o problema dos opostos poderia ser resolvido através da produção do símbolo de união ou reconciliação. Isto constitui um dos temas centrais do *Liber Novus*".[63] Ambos os polos de cada par de opostos – o bem *e* o mal, espírito *e* matéria, sensatez *e* insensatez etc. – devem ser reconhecidos na vida a fim de obter uma visão holística do mundo durante o misterioso processo de individuação. O mundo é uma pintura de opostos. A perspectiva de Jung aqui recorre, em primeiro lugar, a Heráclito e Nicolau de Cusa. Juntamente com os princípios da *enantiodromia* e da função transcendente, o conceito dos opostos e a unificação dos opostos representam o fundamento das elaborações posteriores de Jung na psicologia analítica.

O aion vindouro: Jung assume um tom profético em seu *Livro Vermelho*. No entanto, apesar de ter certeza de que seja uma obra importante de caráter revelador que, eventualmente, conquistará um público mais amplo para seus elementos visionários, Jung não se vê como profeta. "Não quero ser para vós nenhum salvador, nenhum legislador, nenhum educador. Já não sois crianças".[64] Uma segunda leitura da primeira imagem de Jung no início do capítulo "O caminho do que há de vir" aponta para sua noção de pensar em termos astronômicos e astrológicos. Sua narrativa do processo de individuação corresponde diretamente à percepção de que a Era Cristã, a Era de Peixes, está chegando ao fim e que a humanidade está à porta de uma nova era, a era de Aquário. A humanidade está experimentando dores de parto com o desdobramento de uma nova imagem de Deus.

O *Livro Vermelho* é um volume altamente complexo e, de fato, enorme de leitura nada fácil. Ele não pode ser folheado rapidamente, mas cresce em substância para aquele que persiste como que em pequenas mordidas e doses homeopáticas. Apesar de suscetível a muitas perspectivas e interpretações, já é evidente que o *Livro Vermelho* exigirá uma nova visão da vida e obra de Jung. Além do mais, podemos afirmar com confiança que a posição de Jung na história intelectual do século XX deve ser reavaliada, visto que sua busca por seu "próprio mito" ocorre num ponto de virada epocal na história humana e na história da consciência humana. Nesse sentido, o *Livro Vermelho* serve como um documento da descoberta de Jung de seu mito muito pessoal – *a vida como o desdobramento do processo de individuação* – que representa, simultaneamente, um relato das condições necessárias para o desenvolvimento de um novo mito coletivo tão necessário. Expressando isso na forma de uma tese: o "processo de individuação pessoal" de Jung pode se parecer com o "*petit récit*" de Lyotard, enquanto o novo mito de um "processo de individuação coletivo" possui o potencial de se tornar o "*grand récit*" de Lyotard, uma "grande narrativa".

***

Numa carta a Sir Herbert Read, que data de 2 de setembro de 1960, Jung escreve:

> O grande problema do nosso tempo é que não entendemos o que está acontecendo no mundo. Somos confrontados com a escuridão da nossa alma, o inconsciente. Ele traz à tona instintos sombrios e irreconhecíveis. Ele esvazia e destrói as formas da nossa cultura e seus dominantes históricos. Não temos mais dominantes, eles estão no futuro. Nossos valores estão mudando, tudo perde sua certeza, até a *sanctissima causalitas* desceu do trono dos axiomas e se transformou em mero campo de probabilidade. Quem é o convidado imponente que prodigiosamente bate à nossa porta? O medo o precede, demonstrando que valores últimos já fluem em sua direção. Nossos valores em que acreditamos até agora estão decaindo, e nossa única certeza é que o novo mundo será algo diferente daquilo ao que estávamos acostumados.[65]

Parece que sensibilidades, perplexidades e intuições pós-modernas já transparecem nessa carta. Semelhantemente, em meio à atonia espiritual e filosófica do Ocidente após o colapso da metafísica ocidental e de ideologias políticas padrão, Jean-François Lyotard chegou à percepção filosófica de que a pós-modernidade não oferece mais uma metanarrativa integradora que ofereça sentido. Depois do "fim da modernidade", ele não conseguiu encontrar uma "grande narrativa" que oferecesse às pessoas uma explicação abrangente de sua posição no mundo. Do ponto de vista de hoje, poderíamos argumentar que, num nível psicológico, o *Livro Vermelho* com seu protótipo do conceito do processo da individuação se qualifica como modelo para o desenvolvimento de um novo mito coletivo na sociedade pós-moderna. O *Livro Vermelho* encoraja a descoberta do cosmos do mundo interior e o nascimento de um "novo deus". com a ajuda de descobertas fornecidas pela psicologia junguiana, somos apoiados no "desenvolvimento" de nosso próprio mito pessoal e na redescoberta da alma. A máxima fundamental de Graf Dürckheim da "vida cotidiana como exercício espiritual" pode servir como um sinalizador a ser seguido nessa trilha.[66]

"É terrível cair nas mãos do Deus vivo".[67] Em sua autoexperimentação, Jung encontrou não só seu "próprio mito", mas também o "novo Deus" e uma "nova religião", sobre a qual ele se calaria durante décadas. O *Livro Vermelho* foi apresentado apenas a alguns membros selecionados da família de Jung e de seu círculo mais íntimo e, durante anos, permaneceu escondido em sua biblioteca pessoal. Em retrospectiva, as experiências dos anos de 1912 a 1928 se transformaram eventualmente no fundamento da psicologia analítica, como Jung escreveria no final da sua vida em *Memórias, sonhos, reflexões*:

> Levei praticamente 45 anos para destilar no recipiente do meu trabalho científico as coisas que experimentei e anotei naquele tempo. Como jovem, meu objetivo fora realizar algo em minha ciência. Mas então deparei-me com essa correnteza de lava, e o calor de seu fogo remodelou a minha vida. Essa foi a matéria primordial que me compeliu a trabalhar com ela, e minhas obras são o esforço mais ou menos bem-sucedido de incorporar essa matéria incandescente na imagem contemporânea do mundo.
>
> Os anos em que segui minhas imagens interiores foram os mais importantes na minha vida. Tudo começou com isso; os detalhes posteriores são apenas suplementos e esclarecimentos do material que irrompeu do inconsciente, e, a princípio, fui inundado por ele. Era a *prima matéria* para a obra de uma vida.[68]

Mesmo que, de alguma forma, o *Livro Vermelho* tenha sido escrito para um público futuro, Jung hesitava no que dizia respeito à sua publicação. Foi apenas após sua experiência de quase-morte em 1944 e as visões que testemunhou nessa ocasião que ele decidiu desenvolver seu diálogo com a alma em sua publicação *Aion*:

> Antes da minha doença (em 1944) eu me perguntava com frequência se eu tinha a permissão de publicar ou até mesmo falar sobre o meu conhecimento secreto. Mais tarde, registrei tudo em *Aion*. Percebi que era meu dever comunicar esses pensamentos, mas eu duvidava se tinha a permissão de expressá-los. Durante minha doença, recebi a confirmação, e agora sei que tudo tinha sentido e que tudo era perfeito.[69]

Portanto, *Aion* pode ser lido como comentário de Jung sobre suas experiências registradas em seu *Livro Vermelho*.[70] A primeira pintura de Jung no *Liber Novus*, encontrada no início do primeiro capítulo, "O caminho do que há de vir", ilustra esse "conhecimento secreto": após mais ou menos 2150 anos, o éon cristão, a Era de Peixes, está se aproximando de seu fim. A humanidade enfrenta agora um período de transição epocal, a aurora de uma nova era. Uma análise mais minuciosa da pintura na primeira página do *Liber Novus* revela a visão de Jung do universo e da jornada do homem através do tempo. No centro da imagem, um navio velho está prestes a levantar âncora; uma cidade medieval se apresenta no fundo. Sob a superfície da água, discernimos os habitantes da profundeza do oceano; abaixo deles encontra-se o "basalto fogoso-fluído" do interior vulcânico da terra. No topo da pintura, vemos um sol de quatro raios nos céus, seguindo sua trilha elíptica e passando pelos signos do zodíaco. Na ilustração de Jung, o sol se encontra entre os signos de Peixes e Aquário, enquanto um dos quatro raios avança até o signo astrológico de Aquário, a era vindoura. Aqui, Jung claramente se refere ao fenômeno astronômico da "precessão dos equinócios". A cada 2150 anos, aproximadamente – conhecidos como "mês platônico" – essa precessão astronômica causa uma transição gradual do equinócio vernal para o signo precedente do zodíaco.[71] Na era helenística tardia, calculou-se que o equinócio passaria – ou "precederia" – por todo o ciclo das doze constelações do zodíaco num período de aproximadamente 25.800 anos. Esse período veio a ser chamado "ano platônico". (Recentemente, a União Astronômica Internacional calculou que a precessão pelo zodíaco inteiro dura exatamente 25.771,58 anos.)[72] Na última virada dos tempos – que ocorreu por volta de 200 a.C. – o equinócio vernal passou de Áries para Peixes; este foi o início da Era de Peixes. Agora, mais de dois milênios mais tarde, alcançamos o fim da Era de Peixes. Contemplando esses fenômenos astronômicos através de uma abordagem sincrônica não causal, Jung viu que a humanidade se encontrava no limiar de uma nova era – a Era de Aquário. Nessa fase de difícil transição epocal, dificuldades imensas poderiam ser esperadas. Jung percebeu que essas transições epocais entre os "meses platônicos" acompanham uma "metamorfose dos deuses". O período de transição entre os éons é, portanto, sempre acompanhado de ansiedade, confusão e melancolia pronunciadas:

> Meus pensamentos sobre "este mundo" não eram – e não são – agradáveis. O impulso do inconsciente em direção ao assassinato em massa em uma escala global não é exatamente uma perspectiva animadora. As transições entre os éons sempre parecem ter sido tempos de melancolia e desespero, como, por exemplo, o colapso do velho reino no Egito [...] entre Touro e Áries, ou a melancolia da era augustina entre Áries e Peixes. E agora estamos entrando em Aquário. [...] E estamos apenas no início desse desenvolvimento apocalíptico! Já tenho dois bisnetos e vejo como crescerão aquelas gerações distantes, que, após termos morrido há muito tempo, passarão sua vida naquela escuridão.[73]

> O desenvolvimento [...] com sua tendência aparentemente niilista de dissolução deve ser entendido como sintoma e símbolo de um espírito universal de decadência e de renovação do nosso tempo. Esse espírito se manifesta em todos os campos, tanto político como social e filosófico. Vivemos no *kairós* da "transfiguração dos deuses", dos princípios e símbolos fundamentais. Essa preocupação do nosso tempo, que não foi conscientemente escolhida por nós, constitui a expressão do homem inconsciente em sua transformação interior. As gerações futuras deverão prestar contas dessa modificação e de suas graves consequências, caso a humanidade queira se salvar da autodestruição ameaçadora de seu poder, técnica e ciência.[74]

A Era Cristã está chegando ao fim, e nós somos testemunhas desse ponto de virada epocal na consciência humana. A nova era, *o caminho do que há de vir*, corresponde à formulação de uma nova imagem de Deus. A perspectiva de Jung aponta para o Paráclito, o Espírito Santo, que

> é o Espírito da geração física e espiritual, que, a partir de então, deve fixar sua morada no homem criatura [...]. A futura inabitação do Espírito Santo nos homens equivale a uma progressiva e continuada encarnação de Deus. [...] O Paráclito, o "Espírito da Verdade", tem como tarefa habitar os indivíduos humanos e fazer com que eles se recordem dos ensinamentos de Cristo e conduzi-los à claridade.[75]

Assim, a *incarnatio continua*, a encarnação continuada do Espírito Santo no homem mortal, se torna o distintivo de uma nova espiritualidade no éon vindouro:

> Ainda estamos olhando para trás, para os eventos de Pentecostes, de maneira atordoada em vez de olharmos para a frente, para o destino para o qual o Espírito está nos levando. Por isso a humanidade está totalmente despreparada para as coisas que hão de vir. Forças divinas compelem o homem a avançar em direção a uma consciência e cognição cada vez maior, afastando-se cada vez mais de seu pano de fundo religioso porque ele não o entende mais. Seus mestres e líderes religiosos ainda estão hipnotizados pelos inícios de um éon de consciência ainda novo na época em vez de entendê-los e suas implicações. O que outrora era chamado o "Espírito Santo" é uma força impulsionadora, que cria uma consciência e responsabilidade maiores e assim uma cognição enriquecida. A história real do mundo parece ser a encarnação progressiva da deidade.[76]

A era do Espírito Santo: Certamente valeria a pena investigar a medida de influência que o abade Joaquim de Fiore, da Calábria, teve sobre os escritos de Jung. Com sua "Teoria das três eras", a perspectiva escatológica de Fiore exerceu uma influência significativa sobre a história das ideias no Ocidente. Numa carta, o próprio Jung se refere à era do Espírito Santo:

> O avanço posterior do éon cristão para o éon do S. spiritus tem sido chamado o *evangelium aeternum* por Gioacchino da Fiori, num tempo em que o grande despedaçamento acabara de começar. Tal visão parece ser concedida pela graça divina como um tipo de *consolamentum*, para que o homem não seja deixado num estado de completa falta de esperança durante o tempo de escuridão. Na verdade, nós nos encontramos no estado de escuridão do ponto de vista da história. Ainda estamos no

éon cristão e apenas começamos a perceber a era de escuridão, quando precisaremos *ao extremo* de virtudes cristãs.[77]

E levando as observações de Jung mais adiante, Edinger comenta em suas *Aion Lectures*:

> Como as pessoas percebem uma a uma que a transformação de Deus não é só uma ideia interessante, mas uma realidade viva, ela pode começar a funcionar como um novo mito. Aquele que reconhecer esse mito como sua própria realidade pessoal colocará sua vida a serviço desse processo. Tal indivíduo se oferece como recipiente para a encarnação da deidade e assim promove a transformação em curso de Deus dando-lhe uma manifestação humana. Tal indivíduo experimentará sua vida como dotada de sentido e será um exemplo da afirmação de Jung: "A inabitação do Espírito Santo, a terceira pessoa divina, no homem, ocasiona uma cristificação de muitos".[78]

O processo de individuação – em termos psicológicos – se parece com a "inabitação do Espírito Santo" no "recipiente" do indivíduo. Jung não só inscreveu seu "próprio mito" em seu *Livro Vermelho*, mas também formulou uma nova narrativa, que pode ser o valor especial do *Livro Vermelho* de Jung para o nosso tempo, visto que essa nova narrativa pode ser considerada o antídoto contra a análise de nossa época feita por Lyotard. Já que a obra da vida de Jung oferece a cura para o mal-estar espiritual atual, o que resta para nós como "tarefa das tarefas" – para aqueles que conseguem sentir e assim subscrever à perda de "substância espiritual" dentro das contingências de uma pós-modernidade que se tornou caótica? Ao tentar ajudar uma paciente a encontrar um caminho para o processo de individuação dela e a redescoberta da alma, Jung sugeriu criar um *Livro Vermelho* pessoal:

> Eu deveria aconselhá-la a registrar tudo isso da maneira mais bela que você puder – em algum livro belamente encadernado. Vai parecer como se você estivesse banalizando as visões – mas você precisa fazer isso – então você fica livre do poder delas. Se você fizer isso com este olhar, por exemplo, elas deixarão de atrair você. Você nunca deve tentar fazer estas visões voltarem novamente. Pense nisto em sua imaginação e procure pintá-lo. Depois, quando estas coisas estiverem em algum livro precioso, você poderá ir ao livro e virar as páginas e para você será

sua igreja – sua catedral – os lugares silenciosos de seu espírito onde você encontrará renovação. Se alguém lhe disser que isso é mórbido ou neurótico e você lhe der ouvidos, você perderá sua alma – porque nesse livro está sua alma.[79]

"Sua catedral" – a "igreja própria" como uma *ecclesia spiritualis* – essa é, segundo Jung, a questão urgente no dia de hoje. Nós nos encontramos num período de transições agitadas, num ínterim da história. No entanto, em que medida a "pluralidade radical" pós-moderna e a *incarnatio continua* estão entrelaçadas permanece um mistério. Talvez essa contradição lógica seja o sinal de uma verdade mais profunda. Mesmo que levasse séculos, como Jung suspeitava, até que uma nova imagem de Deus se constituísse, o novo mito coletivo já está delineado e o indivíduo é consequentemente convocado para contribuir ativamente para a fundação de uma "nova religião" na forma de uma "igreja invisível", como é descrito num sonho e numa conversa subsequente de Max Zeller com Jung:

> Um templo de dimensões vastas estava sendo construído. Pelo que eu podia ver, à frente, atrás, à esquerda e à direita havia números incríveis de pessoas construindo em colunas gigantescas. Eu também estava construindo numa coluna. Todo o processo de construção estava em seus primórdios, mas a fundação já estava lá, o resto do prédio estava sendo levantado, e muitos outros estavam trabalhando nele.[80]

Jung disse: "Sim, sabe, este é o templo que todos nós estamos construindo. Não conhecemos as pessoas porque, acredite, elas constroem na Índia, na China e na Rússia e no mundo inteiro. Essa é a nova religião. Você sabe quanto tempo levará a construção?" Eu disse: "Como poderia saber? Você sabe?" Ele disse: "Eu sei". Perguntei quanto tempo levaria. Ele disse: "Mais ou menos seiscentos anos". "Como você sabe?", perguntei. Ele disse: "Sonhos me disseram. Sonhos de outras pessoas e meus próprios. Pelo que podemos ver, essa nova religião se formará".[81]

Então, onde isso nos deixa? Sloterdijk está definitivamente correto, é claro, quando ele observa que ninguém consegue compreender a situação atual com seu gigantismo tecnológico: não sabemos o que está acontecendo conosco; estamos presos demais no próprio processo para sermos capazes de vê-lo em sua totalidade. Estamos voando às cegas, por assim dizer.[82] "Os complexos acelerados, energizados e interconectados em que vivemos são capazes de fazer outra coisa senão lançar-se à frente? [...] Aquele que fosse capaz de discernir entre andar, vaguear e saltar teria que ter um dom profético. Este é o estado ao qual Heidegger aludiu quando comentou que somente um Deus pode nos salvar".[83] Como o próprio Heidegger explica durante sua famosa entrevista com a revista alemã *Der Spiegel*: "A única possibilidade que temos à nossa disposição é, através de pensamento e poetização, preparar uma prontidão para a aparição de um deus ou para a ausência de um deus em [nosso] declínio".[84] Apontando para uma "metamorfose dos deuses" anterior e famosa, Jean-Luc Nancy, um aluno de Jacques Derrida, afirma:

> Nós nos encontramos na situação em que os romanos estavam durante o século VI depois de Cristo: eles sabiam que algo estava chegando ao fim – a Antiguidade. No entanto, a Idade Média cristã não podia ser prevista nem concebida, da mesma forma como nós não podemos imaginar o que poderá vir após a nossa fase de revolta. E é exatamente isso que gera tanta confusão...[85]

Assim como inserimos aqui as discussões atuais sobre modernidade, pós-modernidade e "*posthistoire*"[86] no contexto mais amplo da especulação de Jung de uma virada epocal, acreditamos também que é seguro dizer que aquele que experimenta a psique objetiva – independentemente daquilo que ela revele – não cairá vítima dos assaltos da desconstrução filosófica. Além disso, do ponto de vista de Jung, mesmo em meio à turbulência catastrófica de uma globalização paradoxal e após o colapso de narrativas importantes, nós contemporâneos ainda temos oportunidades e maneiras de experimentar a esfera divina – novos caminhos para experiências místicas, imaginação ativa, sonhos e mito como modos de percepção que também podem ser encontrados em tempos de niilismo pós-moderno. Formulando essa ideia de forma mais clara, o "próprio mito" de Jung aponta para a antiguidade tardia, e suas escavações psico-históricas finalmente o levaram para uma interpretação gnóstica do mundo, de modo que, como remédio para as turbulências pós-modernas, será a *gnosis* que representa a ponte para aquilo que virá. Nas palavras de Ernst Jünger: "Por enquanto recebemos mais força vital do que conseguimos absorver ou até mesmo administrar: ela não tem qualidades específicas e tem sua origem nas grandes profundezas que se desdobram em múltiplos fenômenos – muitas vezes bem ali onde os prognósticos ou o utopianismo não suspeitam. Só podemos responder a ela e contê-la a partir de profundezas iguais".[87] "O ser humano vive em dois mundos".[88]

Notas

Este ensaio é dedicado à dra. Maria Hippius-Gräfin Dürckheim (1909-2003); à Existential-psychologische Bildungs- und Begegnungsstätte Todtmoos-Rütte, Floresta Negra, Alemanha) e a Walter Schwery (1927-2016, Berna, Suíça). É uma versão traduzida e levemente modificada do meu ensaio em alemão "Der Weg des Kommenden: Das Rote Buch und Jungs Ecclesia Spiritualis", em Thomas Arzt, org., *Das Rote Buch: C.G. Jungs Reise zum "anderen Pol der Welt"*. *Studienreihe zur Analytischen Psychologie*, vol. 5 (Würzburg: Königshausen & Neumann, 2015), p. 13-38. Agradeço também a Fabian Kanthak e Cita Litz pela tradução e a Sonngard Dose pelas inspirações.

1. Citado em C.G. Jung, *O Livro Vermelho*: Liber Novus, org. Sonu Shamdasani, trad. Edgar Orth (Petrópolis, Editora Vozes, 1ª reimpressão, 2016), p. 51.

2. Entrevista com Frank-Walter Steinmeier no jornal alemão *Handelsblatt* (9 de janeiro de 2014).

3. Peter Sloterdijk. *Die schrecklichen Kinder der Neuzeit* (Berlim: Suhrkamp, 2014), p. 221.

4. Hartmut Rosa. *Beschleunigung. Die Veränderung der Zeitstrukturen in der Moderne* (Frankfurt/Main: Suhrkamp, 2005), p. 479.

5. Sloterdijk cita a mãe de Napoleão, Laetitia Ramolino. Veja Peter Sloterdijk. *Die schrecklichen Kinder der Neuzeit*, p. 488.

6. Philipp Blom. *The Vertigo Years*: Change and Culture in the West 1900-1914 (Londres: Orion Publishing Co., 2009).

7. Ibid., p. 2.

8. "Total Mobilization" é a tradução para o inglês de um ensaio de Ernst Jünger. *Die totale Mobilmachung* (1930). Como um distintivo da modernidade e também do "progresso", Jünger descreve a submissão de todos os recursos da sociedade moderna a um princípio orientador, ou seja, "trabalho" e tecnologia.

9. Heinz Bude. *Gesellschaft der Angst* (Hamburgo: Verlag des Hamburger Instituts für Sozialforschung, 2014).

10. Joachim Radkau. *Das Zeitalter der Nervosität. Deutschland zwischen Bismarck und Hitler* (Munique: Propyläen, 1998).

11. Citado em Jung. *O Livro Vermelho*, p. 2.

12. Heidegger usa "Gestell" para descrever o que está "por trás" da tecnologia moderna. "Gestell" não só representa a essência da tecnologia, o termo descreve também uma visão abrangente da tecnologia e um modo de existência humana. Consulte "Gestell" na Wikipedia.

13. Tradução minha. Veja Hans Magnus Enzensberger. *Mittelmass und Wahn*: Gesammelte Zerstreuungen (Frankfurt/Main: Suhrkamp, 1991), p. 264.

14. Jean-François Lyotard. *The Postmodern Condition*: A Report on Knowledge (Minneapolis: University of Minnesota Press, 1984).

15. Ibid., p. XXIV.

16. Rosa. *Beschleunigung*, p. 334.

17. Edward Edinger. *The Creation of Consciousness. Jung's Myth for Modern Man* (Toronto, Inner City Books, 1984), p. 9.

18. Ibid., p. 12.

19. "Agora, se o século passado tem sido chamado 'o século freudiano', temos razões para pensar que este possa ser o de Jung. Seu tempo parece ter chegado". The Guardian (25 de janeiro de 2012). Veja também Edward Edinger. *The Aion Lectures*. Exploring the Self in C.G. Jung's Aion (Toronto: Inner City Books, 1996), p. 192.

20. David Tacey. *The Darkening Spirit*. Jung, Spirituality, Religion (Londres/Nova York, NY: Routledge, 2013), p. 2.

21. Ibid., p. 130.

22. C.G. Jung. "O problema psíquico do homem moderno" (1933), em *OC* 10/3 (Petrópolis: Editora Vozes, 8ª reimpressão, 2018), § 159.

23. Martin Heidegger. *Einführung in die Metaphysik*. Gesamtausgabe, vol. 40 (Frankfurt/Main: Vittorio Klostermann, 1983), p. 41.

24. C.G. Jung. "Os arquétipos e o inconsciente coletivo" (1954), em *OC* 9/1 (Petrópolis: Editora Vozes, 8ª reimpressão, 2019), § 50.

25. Tradução minha. Ernst Jünger. *An der Zeitmauer*. Sämtliche Werke, vol. 8 (Stuttgart: Klett-Cotta, 1981), p. 639.

26. Veja Tacey. *The Darkening Spirit*, p. 38s.

27. Richard Tarnas. *The Passion of the Western Mind: Understanding the Ideas that Have Shaped Our World View* (Nova York, NY: Random House, 1991), p. 440.

28. C.G. Jung. "O problema psíquico no homem moderno" (1933), em *OC* 10/3 (Petrópolis: Editora Vozes, 8ª reimpressão, 2018), § 175.

29. C.G. Jung. *Aion. Estudo sobre o simbolismo do si-mesmo, OC* 9/2 (Petrópolis: Editora Vozes, 9ª reimpressão, 2019), § 51.

30. Tacey. *The Darkening Spirit*, p. 62.

31. Jung. *O Livro Vermelho*, p. 116.

32. Ibid.

33. Ibid., 96.

34. C.G. Jung. *Símbolos da transformação* (1952), em *OC* 5 (Petrópolis: Editora Vozes, 9ª reimpressão, 2018), prefácio à quarta edição, p. 13.

35. Citado em Jung. *O Livro Vermelho*, p. 51.

36. Ann Conrad Lammers e Adrian Cunningham, orgs. *The Jung-White Letters* (Londres: Routledge, 2007), p. 117.

37. C.G. Jung. *O Livro Vermelho*, p. 40.

38. C.G. Jung. *O Livro Vermelho*, p. 43.

39. Wolfgang Giegerich. "Liber Novus, That Is, The New Bible: A First Analysis of C.G. Jung's Red Book", *Spring: A Journal of Archetype and Culture 83* (primavera de 2010), p. 376.

40. C.G. Jung. *O Livro Vermelho*, p. 43.

41. Lance Owens; Stephan A. Hoeller. "Carl Gustav Jung and The Red Book: Liber Novus", em *Encyclopedia of Psychology and Religion* (Nova York/Heidelberg/Dordrecht/Londres: Springer Reference, 2014), p. 4.

42. C.G. Jung, *O Livro Vermelho*, p. 109.
43. Ibid., p. 117.
44. Ibid, p. 114-115.
45. Ibid., p. 118.
46. Ibid., p. 119.
47. Ibid., p. 126.
48. Ibid., p. 147.
49. Ibid. p. 110.
50. Ibid., p. 182.
51. Ibid., p. 222.
52. Ibid., p. 250-251.
53. Ibid., p. 252.
54. Ibid., p. 472.
55. Ibid., p. 313.
56. Ibid., p. 471, n. 123.
57. Ibid., p. 472.
58. Veja Sanford L. Drob. *Reading the Red Book. An Interpretative Guide to C.G. Jungs Liber Novus* (Nova Orleans: Spring Journal, 2012), p. 251.
59. C.G. Jung. *O Livro Vermelho*, p. 155.
60. Ibid., p. 478.
61. Ibid., p. 164.
62. Ibid., p. 357-358.
63. Ibid., p. 53.
64. Ibid., p. 115.
65. Gerhard Adler. *C.G. Jung Letters*. Trad. R. F. C. Hull. Vol. 2, 1951-1961 (Princeton, NJ: Princeton University Press, 1975), p. 590.
66. Karlfried Graf Dürckheim. *Alltag als Übung* (Berna: Huber, 2012).
67. Hebreus 10,31.
68. C.G. Jung. *Memories, Dreams, Reflections*, org. Aniela Jaffé (Nova York, NY: Vintage, 1963), p. 199.
69. Citado em Edinger. *The Aion Lectures*, p. 13.
70. Lance S. Owens. "Jung and Aion: Time, Vision, and a Wayfaring Man", em *Psychological Perspectives: A Quarterly Journal of Jungian Thought* 54:3 (2011), p. 275.
71. Ibid., p. 271.
72. Capitaine, N., Wallace, P. T. e Chapront, J. "Expressions for IAU 2000 precession quantities", em *Astronomy & Astrophysics*, 2003, p. 412, 567-586. Veja também https://en.wikipedia.org/wiki/Axial_precession (acessado em 17 de julho de 2017).
73. Adler. *C.G. Jung Letters*, vol. 2, 1951-1961, p. 229.
74. C.G. Jung. *Presente e futuro* (1958), em OC 10/1 (Petrópolis: Editora Vozes, 10ª reimpressão, 2019), § 585.
75. C.G. Jung. *Resposta a Jó* (1952), em OC 11/4 (Petrópolis: Editora Vozes, 11ª reimpressão, 2019), § 692-696.

76. Adler. *C.G. Jung Letters*, vol. 2, 1951-1961, p. 436.

77. Ibid., p. 136.

78. Edinger. *The Creation of Consciousness*. Jung's Myth for Modern Man, p. 113. Em outro lugar, Edinger afirma: "Jung é o novo Aion, ele é o arauto do novo éon – aquilo que chamo e que acredito que será chamado no futuro o éon junguiano. [...] Se minha leitura do simbolismo for correta, o éon de Aquário gerará portadores de água individuais. A realidade numinosa da psique não será mais suportada por comunidades religiosas – a igreja, a sinagoga ou a mesquita – mas será apoiada por indivíduos conscientes. Esta é a ideia que Jung apresenta na noção de uma encarnação continuada, a ideia de que indivíduos se tornarão recipientes encarnadores do Espírito Santo numa base contínua". Veja Edinger. *The Aion Lectures*, p. 192. Russell A. Lockhart adota uma visão semelhante sobre a era vindoura: "A 'Era de Aquário' é a 'era vindoura'? Aquário é retratado como um carregador de água que derrama água num tanque. Gosto de imaginar isso como a imagem do tempo vindouro, quando cada um de nós trará para um tanque comum a água que colhemos de nossas fontes únicas e individuais, de nossos encontros com o inconsciente. Juntando o que trazemos desses momentos, contando uns aos outros o que experimentamos ali, seguindo as dicas que encontramos ali [...] creio que nós começaremos a criar aquele cântico de bem-vindas ao hóspede vindouro". Veja Russell A. Lockhart. *Psyche speaks*. A Jungian Approach to Self and World (Wilmette, Illinois: Chiron Publications, 1987), p. 79.

79. C.G. Jung. *O Livro Vermelho*, p. 69.

80. Tacey. *The Darkening Spirit*, p. 157s.

81. Ibid. No capítulo "As três profecias", no *Livro Vermelho*, Jung fala de 800 anos: "Como posso abarcar dentro de mim aquilo que os 800 anos vindouros vão preencher, até aquele tempo em que o um [mostrará] seu domínio? Só falo do caminho daquele que vem". Veja Jung. *O Livro Vermelho*, p. 333, n. 236.

82. Peter Sloterdijk. *Eurotaoismus*. Zur Kritik der politischen Kinetik (Frankfurt/Main: Suhrkamp, 1989), p. 26 e 298s.

83. Tradução minha. Peter Sloterdijk. *Die schrecklichen Kinder der Neuzeit*, p. 487s.

84. Tradução minha. Entrevista com Heidegger. *Der Spiegel*, nº 23, 31 de maio de 1976.

85. Tradução minha. Jean-Luc Nancy, DIE ZEIT, nº 12/2012, 15 de março de 2012.

86. Além das discussões sobre "modernidade" e "pós-modernidade" que vêm acontecendo desde a Segunda Guerra Mundial, existe uma escola de pensamento mais radical (Arnold Gehlen, Franis Fukuyama, Jean Baudrillard etc.) que proclama o "fim da história" – na "*posthistoire*", a história chegou ao fim e nessa fase da "cristalização cultural" nenhuma inovação é possível, indicando uma exaustão cultural geral. Como Max Weber previu já em 1904 com sua famosa declaração: "Ninguém sabe quem viverá nessa jaula no futuro ou se, no final desse desenvolvimento tremendo, novos profetas surgirão, ou se haverá um grande renascimento de antigas ideias e ideais, ou se ocorrerá uma petrificação mecanizada, embelezada com um tipo de autoimportância convulsiva".

87. Tradução minha. Ernst Jünger. *Typus, Name, Gestalt*. Sämtliche Werke, vol. 13 (Stuttgart: Klett-Cotta, 1981), p. 172.

88. C.G. Jung. *O Livro Vermelho*, p. 205.

2
"O caminho do que há de vir"
A visão de Jung da Era de Aquário

Liz Greene

> Quando falamos do tipo de pessoa da nova Era de Aquário, estamos nos referindo a seres humanos através dos quais serão liberadas [...] as energias, a fé, o entusiasmo fluente e as revelações da nova era [...]. Esses "aquarianos" verdadeiros [...] são porta-vozes do novo espírito, e muitos deles podem quase ser chamados "médiuns" natos para a liberação daquele espírito no início de um novo ciclo.[1]
>
> *Dane Rudhyar*

> Quando havia terminado o mês dos Gêmeos, as pessoas falavam para sua sombra: "Tu és eu" [...]. Assim as duas se tornavam uma só e desse encontro surgiu algo poderoso, isto é, a primavera da consciência, que chamamos de cultura e que durou até o tempo do Cristo. O peixe designava, porém, o momento em que o unido se separou, segundo a lei eterna do movimento contrário, num mundo inferior e mundo superior. Mas o separado não pode ficar separado para sempre. Vai unir-se de novo, e em breve o mês de Peixes estará terminado.[2]
>
> *C.G. Jung*

A ideia da "Nova Era"

Nas décadas recentes, uma quantidade considerável de literatura acadêmica tem sido dedicada à influência de Jung sobre as crenças e práticas da chamada Nova Era.[3] Seguindo Richard Noll, Olav Hammer usa o termo "junguianismo" para descrever uma forma de "psicorreligião moderna" baseada no papel atribuído a Jung como guru da Nova Era.[4] Paul Heelas identificou

Jung como uma de três figuras-chave no desenvolvimento do pensamento da Nova Era, as outras duas sendo Helena Petrovna Blavatsky (1831-1891), fundadora da Sociedade Teosófica, e Georges Ivanovich Gurdjieff (1866-1949), cujo sistema espiritual, chamado o "Quarto Caminho", se concentra no desenvolvimento de estados de consciência mais elevados.[5] Wouter Hanegraaff, também seguindo Noll, vê Jung como "esotérico moderno, que representa um vínculo crucial entre as visões do mundo esotéricas tradicionais [...] e o movimento da Nova Era".[6]

Certamente existem paralelos amplos entre os modelos psicológicos de Jung e aquelas correntes de pensamento da "Nova Era" que ressaltam a ampliação da consciência na aurora de uma nova época. Isso se explica, em parte, com o fato de que tanto Jung quanto o reavivamento oculto no final do século XIX, que forneceu uma base para muitas das ideias mais potentes da Nova Era, recorriam ao mesmo conjunto de fontes: especulações e práticas esotéricas herméticas, platônicas, neoplatônicas, gnósticas e judaicas, juntamente com alguns pensamentos liberais hindus e budistas. Muitas abordagens religiosas da Nova Era já haviam sido completamente desenvolvidas no final do século XIX. Roderick Main, num artigo sobre a relação entre as ideias de Jung e o pensamento da Nova Era, comenta:

> É possível interpretar que a psicologia junguiana, mesmo na forma originalmente apresentada por Jung, pode ter sido influenciada pelo pensamento da Nova Era [...]. Ao mesmo tempo em que Jung certamente influenciou o movimento da Nova Era, é possível que ele mesmo tenha sido influenciado pela religião da Nova Era ou que tenha sido um de seus representantes.[7]

A ideia da Nova Era como uma época astrologicamente definida – sendo, supostamente, em tempos modernos a "Era de Aquário" – começou a tomar forma no final do século XVIII e se cristalizou no século XIX, sendo popular até hoje. O astrólogo norte-americano Dane Rudhyar (1895-1985) acreditava que a Era de Aquário começaria em 2060, mas que seu "período de semente" tinha começado entre 1844-1846.[8] Em sua importante obra *New Age Religion and Western Culture*, o historiador Wouter Hanegraaff se refere à Nova Era *in sensu strictu*: àquelas correntes de ideias que se concentram na expectativa de uma Era de Aquário iminente e numa mudança radical na consciência que reflete o significado da constelação astrológica. Então Hanegraaff discute a Nova Era *in sensu lato*: como movimento inovador "num sentido geral" que não traz necessariamente uma conotação astrológica específica.[9]

Essa é uma abordagem útil para explorar muitas das espiritualidades contemporâneas. Mas é difícil encontrar um consenso entre os autores sobre o que, exatamente, constitui a Nova Era no sentido mais amplo. Muitas das ideias que formam a base do pensamento da Nova Era são muito antigas e não foram significativamente alteradas por outro termo igualmente ambíguo, "modernidade". Elas podem ser vistas também como "Antiga Era", pois refletem certos temas cosmológicos e antropológicos consistentes que possuem grande eficácia e uma imensa adaptabilidade cultural, ao mesmo tempo em que mantêm uma integridade estrutural há mais de dois milênios. Essas ideias não foram necessariamente "secularizadas" no sentido de que seus seguidores atuais tenham se tornado "não religiosos", nem no sentido de que eles evitem uma específica forma organizada de religião. Jung via tais ideias como arquetípicas: elas pertencem ao "espírito das profundezas", como ele o chamou no *Livro Vermelho*, e não, como poderíamos supor, ao "espírito dessa época".

As ideias da Nova Era – especialmente a convicção de que a autoconsciência e a consciência de Deus são indistinguíveis e de que Deus pode ser encontrado no interior – são vistas por alguns estudiosos como únicas às espiritualidades "modernas", incluindo, muitas vezes, nessa mesma categoria as ideias do próprio Jung. Essa suposição não é apoiada por evidências textuais. A equação "conhecimento de Deus" = "autoconhecimento" é expressa claramente na literatura esotérica hermética, neoplatônica, gnóstica e judaica.[10] Neste sentido, a suposição de Hanegraaff sobre a modernidade do pensamento da Nova Era pode ser enganosa, criando divisões artificiais nítidas entre períodos históricos, culturas e esferas de expressão humana onde uma perspectiva mais nuançada poderia ser mais útil. Mas por mais problemática que sejam as definições da Nova Era *in sensu lato*, o pensamento de Jung sobre a Nova Era vindoura pertence claramente à categoria que Hanegraaff chama *in sensu strictu*; pois parece que Jung acreditava de todo coração que uma nova época que refletisse o simbolismo da constelação de Aquário estava prestes a nascer e que sua psicologia poderia fazer uma contribuição significativa para os conflitos que surgiriam inevitavelmente na face de uma mudança tão profunda na psique coletiva.

O deus no ovo

Em 1951, após sofrer dois ataques cardíacos, Jung escreveu uma obra chamada *Aion*.[11] Para o frontispício, ele escolheu uma escultura romana do século II d.C. do deus mitraico conhecido pelos estudiosos sob os nomes Aion, Aeon, Kronos, Chronos ou Zervan:[12] um ser alado com cabeça de leão e corpo humano, cercado por uma serpente e emergindo de um ovo. Quando escreveu *Aion*, Jung já conhecia as crenças e a iconografia mitraica há pelo menos 40 anos. Enquanto trabalhava no *Livro Vermelho*, Jung se apoiou em grande parte na tradução alemã de Albrecht Dieterich e na tradução inglesa de G.R.S. Mead de um antigo texto mágico conhecido como a *Liturgia de Mitra*.[13] Ele também adquiriu dois livros sobre o mitraísmo do historiador religioso belga Franz Cumont, *Die Mysterien des Mithra*, e a obra mais antiga e muito mais longa *Textes et monuments figurés relatifs aux mystères de Mythra*.[14] Jung se referiu a Cumont como "maior autoridade no culto mitraico".[15] Mas Cumont rejeitava a importância central da astrologia no culto mitraico romano, vendo sua iconografia astrológica como pertencendo à forma "caldeana" mais antiga do culto e culpando essa corrente religiosa "oriental" mais antiga por contaminar as crenças ocidentais com a "longa sequência de erros e terrores" da astrologia.[16] Parece que Jung não concordou.

Em anos recentes, Roger Beck e David Ulaney têm desafiado as suposições de Cumont, concentrando-se especificamente nos fundamentos astrológicos do mitraísmo romano.[17] Descobertas arqueológicas mitraicas forneceram uma fonte principal para essas análises; as iniciações do culto eram um segredo bem guardado, e não existe nenhum corpo de literatura produzido diretamente por seus membros. Apenas alusões baseadas em boatos sobreviveram nos escritos de autores antigos tardios como Orígenes e Porfírio.[18] Mas numerosas imagens de Aion sobreviveram aos séculos, descobertas em mitreus romanos espalhados por toda a Europa. Tipicamente apresentam a mesma figura que Jung usou em seu frontispício: uma figura masculina alada com cabeça de leão, normalmente com uma vara nas mãos, e envolto por uma serpente e, frequentemente – mas não sempre – cercado pelos signos do zodíaco ou tendo eles estampados em seu corpo.[19]

A palavra grega *aionos* possui vários significados e usos diferentes, todos os quais são relevantes para o entendimento de Jung da mudança psíquica coletiva iminente que ele vislumbrou no *Livro Vermelho*.[20] Homero e Heródoto usaram a palavra para descrever o tempo de vida de um indivíduo.[21] Eurípedes, concordando com alguns tratados herméticos, personificou Aion como um ser divino, chamando-o a "criança do tempo" que "faz muitas coisas acontecerem".[22] Ésquilo e Demóstenes usaram a palavra para descrever uma época e uma geração.[23] Sófocles entendia a palavra como destino ou sorte de uma pessoa, semelhante à ideia de *moira* ou sina.[24] Hesíodo a usou para definir uma era, como, por exemplo, a Era do Ouro ou a Era do Ferro.[25] Paulo a usou para se referir ao mundo atual e também a uma era ou época.[26] No *Timeu*, de Platão, *aionos* constitui a eternidade, enquanto *chronos* expressa *aionos* temporariamente através dos movimentos dos corpos celestiais:

> Agora a natureza do ser ideal era eterna, mas conceder esse atributo em sua totalidade a uma criatura era impossível. Por isso ele resolveu ter uma imagem da eternidade em movimento [*aionos*], e quando ele ordenou o céu, ele fez essa imagem eterna, mas em movimento, de acordo com o número, enquanto a eternidade em si descansa em unidade; e essa imagem chamamos de tempo [*chronos*].[27]

Jung parece ter favorecido a ideia de um aion como época astrológica – com uma duração de mais ou menos 2165 anos ou 1/12 daquilo que ele acreditava ser o grande "ano platônico" de 26 mil anos – e uma imagem de Deus que emerge da imaginação religiosa humana e representa as qualidades específicas daquela época. Essas épocas astrológicas se refletem no fenômeno astronômico da precessão dos equinócios: a regressão gradual do ponto do equinócio da primavera (o momento anual quando o sol entra no signo de Áries) pelas estrelas das doze constelações do zodíaco.[28]

O texto gnóstico *Pistis Sophia*, que Jung conhecia na tradução para o inglês de Mead, descreve os aions como poderes celestiais que governam sobre regiões específicas do cosmos e como as próprias regiões: constelações do zodíaco com portões pelos quais o deus-redentor passa ao realizar a sua obra de salvação.[29] A *Liturgia de Mitras*, por sua vez, apresenta Aion não como uma constelação do zodíaco, como *archon* planetário ou como época de tempo, mas como deidade primordial feroz, também chamada de Hélios-Mitra: na compreensão de Jung, uma imagem da libido, da força vital.[30] Uma visão desse ser eterno é o objetivo do ritual, que leva à "imortalização" temporária do iniciado.[31]

> Pois hoje contemplarei com Olhos Sem Morte – eu, mortal nascido de um ventre mortal, mas aprimorado [agora] pela Força da Força Poderosa, sim, pela Destra Incorruptível – [hoje verei] pela virtude do Espírito Imortal o Aeon Imortal [*athanatos Aiona*], o mestre dos Diademas de Fogo.[32]

Mais adiante no ritual, orações são oferecidas às "sete Sinas do céu", às deidades planetárias que governam *Heimarmene*, a sina astral. Uma invocação é então dirigida a Aion, que recita seus atributos e funções primários:

> Doador de luz e Semeador de fogo; Libertador do fogo, cuja Vida está na Luz; Agitador do fogo, que põe a Luz em Movimento; Vós, Despertador de trovões; Vós, Glória da Luz, Aumentador da luz; Controlador da Luz empírea; Vós, Domador de estrelas![33]

Aion, o Domador de estrelas, emana e controla as esferas celestiais, e a visão concedida ao iniciado na *Liturgia de Mitra* permite uma identificação com a deidade que, pelo menos por um tempo, quebra o poder de *Heimarmene*.[34] Jung associava essa liberdade das amarras da compulsão astral à potência integradora de uma experiência direta do si-mesmo; mas como a *Liturgia*, ele não dava nenhuma garantia da permanência desse estado. Uma comparação de Aion na *Liturgia* com as palavras do gigante Izdubar no *Livro Vermelho*, que surge de um ovo de fogo revelado como o deus-sol, sugere como a *Liturgia de Mitra* afetou profundamente a compreensão de Jung do poder solar como símbolo de um cosmocriador divino e um si-mesmo individual central.

> Torrentes de fogo irrompiam de meu corpo brilhoso –
> Eu mesmo flutuava em chamas vivas –
> Eu mesmo nadava em mar bem apertado contra mim de fogo cheio de vida –
> Todo luz, todo desejo, todo eternidade –
> Antiquíssimo e eternamente me renovando – [...]
> Eu era todo sol.[35]

A descrição de Jung de Aion incluía o nome Kronos (Saturno), mas ele o omitiu com *chronos* (tempo) e destacou os atributos leoninos da figura:

> Na religião mitraica, deparamo-nos com um Deus estranho do Tempo, Aion, chamado Kronos ou Deus Leontocephalus, porque sua representação estereotipada é um homem com cabeça de leão, que, em atitude rígida, é envolto por uma serpente. [...] Além disso, às vezes a figura contém o zodíaco em seu corpo. [...] Ele é um símbolo do tempo, interessantemente composto de símbolos da libido. O leão, o signo do maior calor do verão, é o símbolo do desejo mais poderoso.[36]

Paradoxalmente, Jung associou esse "Deus Leontocephalus" não só ao sol, mas também ao *archon* gnóstico Ialdabaoth e a Saturno, o planeta do *archon*.[37] Aion era muitas coisas para Jung: um símbolo feroz da libido que abarcava todos os opostos; um símbolo do tempo que se expressava através da trilha solar da roda do zodíaco; e uma personificação da deidade planetária Saturno-Kronos, seu próprio regente horoscópico, visto que ele tinha nascido com o signo de Aquário regido por Saturno emergindo no leste. Assim, Aion pode ser entendido também como o aspecto universal ou coletivo do "daimon pessoal" de Jung, Filêmon, o "senhor da casa" ou regente do horóscopo na astrologia helênica.[38] E para Jung, Aion também representava uma era astrológica – a Era de Aquário – que combina, em suas imagens e seu significado, a forma humana do portador de água com sua constelação oposta de Leo, o Leão. William Butler Yeats, preocupado com a mesma polaridade no zodíaco, descreveu sua própria visão da aproximação da Nova Era em seu poema *The Second Coming*, escrito pouco tempo após o Armagedom da Grande Guerra, com um pessimismo profético semelhante ao de Jung: um ser aterrorizante com um corpo de leão e cabeça humana, que "se arrasta em direção de Belém para nascer" em meio ao caos e à desintegração da ordem social.[39]

No *Livro Vermelho*, Jung descreveu sua própria transformação em uma deidade leontocefálica cercada por uma serpente, com "os braços abertos como um crucificado".[40] Mais tarde, ele relacionou essa visão explicitamente à iconografia mitraica de Aion:[41]

> O rosto animal em que me senti transformado era o famoso [Deus] Leontocephalus dos mistérios mitraicos. É a figura que é representada com uma serpente que envolve o homem, e a cabeça da serpente descansa na cabeça do homem, e o rosto do homem é o do leão.[42]

Essa alusão sugere um significado profundamente pessoal subjacente à escolha do frontispício para *Aion*. A visão no *Livro Vermelho*, como a da *Liturgia de Mitra*, descreve uma experiência interior transiente, porém profundamente transformadora, que resulta numa consciência ampliada e, na terminologia de Jung, numa integração mais completa da personalidade. No horóscopo natal de Jung, como ele bem sabia, dominam os opostos de Aquário e Leão. Aquário estava em ascensão no momento do nascimento de Jung, e o Sol se encontrava em Leo. Não é surpreendente que ele sentia que o simbolismo de Aion era relevante, não só para a psique coletiva, mas para a sua própria.

A Era de Aquário

A primeira imagem na primeira página do *Livro Vermelho* inclui a letra D, iluminada no estilo de um manuscrito alemão medieval e introduz a primeira frase da obra: *Der Weg des Kommenden* ("O caminho do que há de vir").[43] Uma "faixa" astrológica pode ser vista no topo da imagem; ela é pintada num azul mais claro do que o céu com seus corpos celestiais.[44] Ao longo dessa faixa, as constelações do zodíaco, representadas por seus símbolos tradicionais, se agrupam em sentido anti-horário, começando com Câncer na extrema esquerda, seguido por Gêmeos, Touro, Áries e Peixes e concluindo com Aquário na extrema direita. Uma grande estrela de quatro raios se encontra exatamente no ponto de encontro entre a constelação representada pelo símbolo de Peixes e a constelação representada pelo símbolo de Aquário. Evidentemente, a estrela representa o Sol no momento de seu equinócio anual da primavera. Esse ponto equinocial, que lentamente regride atravessando as constelações ao longo dos séculos, alcançou agora, segundo Jung, o final da constelação de Peixes e está prestes a iniciar sua jornada de 2165 anos pela constelação de Aquário. Jung se referiu a esse evento astronômico como o novo Aion, o "Caminho do que há de vir". Mais tarde, ele chamou isso "*kairós* – o tempo certo – para uma 'metamorfose dos deuses'".[45]

O tema principal do livro *Aion* é a mudança na consciência humana e uma mudança simultânea na imagem de Deus, que se reflete no fim da Era de Peixes. Na visão de Jung, Peixes está associado aos símbolos cristãos de Jesus e satanás como os dois Peixes, e o advento da Era de Aquário está associado a um símbolo novo: a humanidade como portadora da água. No *Livro Vermelho*, o deus que preside sobre esse novo Aion é Fanes, a antiga deidade órfica andrógina que reconcilia todos os opostos. Lance Owens sugere que é necessário comparar *Aion* com o *Livro Vermelho* para entender ambos: *Aion* é o esforço de Jung, já tardio, de fornecer uma exegese racional das revelações do *Livro Vermelho*, e as duas obras estão "fundamentalmente casadas".[46] *Aion* parece oferecer um envolvimento mais impessoal com a astrologia do que a preocupação de Jung com seu próprio horóscopo, uma busca que é evidente em várias interpretações de megas natais e progressivos encontrados em seus arquivos pessoais e fornecidos a ele por astrólogos como John Thorburn e Liliane Frey a seu pedido.[47] Mas a abordagem de Jung aos ciclos coletivos incluía os mesmos modelos psicológicos como sua percepção de dinâmicas psíquicas no indivíduo: arquétipos, tipologias, complexos e significadores astrológicos como símbolos das qualidades do tempo. Jung acreditava que cada uma das grandes mudanças representada por um novo Aion astrológico se reflete nas imagens da constelação dominante no zodíaco e seu regente planetário:

> Ao que parece, são modificações na constelação das dominantes psíquicas, dos arquétipos, dos "deuses", que causam ou acompanham transformações seculares da psique coletiva. Esta

transformação tem aumentado dentro da tradição histórica e deixado as suas marcas. Primeiro, na transição da Era de Touro para a de Áries (Carneiro). Logo depois da Era de Áries para a de Pisces (Peixes), cujo início coincide com o surgimento da era cristã. Agora, estamos nos aproximando da grande mudança que pode ser esperada com a entrada do equinócio da primavera, em Aquarius (Aquário).[48]

Enquanto *Aion* discute a natureza histórica dessas transformações expressadas nas representações religiosas da Era de Peixes, o *Livro Vermelho* revela o entendimento de Jung de seu próprio papel na transição iminente para Aquário, de acordo com sua convicção de que cada indivíduo é parte do coletivo e de que o futuro do coletivo depende da consciência de cada indivíduo.[49]

Tem havido especulações consideráveis em relação a onde Jung adquiriu a ideia de uma Nova Era em relação ao movimento do ponto equinocial vernal. Isso parece ser especialmente importante, pois Jung tem recebido o crédito por ter sido a primeira pessoa em tempos modernos a disseminar a ideia de que a Nova Era tão esperada seria a de Aquário. A ideia de uma Era de Aquário está enraizada no Iluminismo do final do século XVIII, quando várias obras acadêmicas com foco na figura cristã de Jesus como uma na longa linha de deidades solares foram produzidas.[50] Segundo Nicholas Campion, as ideias apresentadas nessas obras podem ser divididas em três categorias distintas. Em primeiro lugar, havia a tentativa de estabelecer uma origem comum para as religiões. Em segundo lugar vinha a teoria de que essa origem comum se encontrava na adoração de corpos celestiais, especialmente do sol. Em terceiro lugar, a precessão dos equinócios foi usada para estabelecer a datação de textos sagrados indianos conhecidos como Vedas.[51] Mesmo que nenhuma dos autores dessas obras do século XVIII tenha fornecido o tipo de interpretações oferecidas por astrólogos contemporâneos a Jung, todos eles destacavam a importância do ciclo da precessão no desenvolvimento histórico de imagens e ideias religiosas.

Em 1775, o astrônomo e matemático francês Jean Sylvain Bailly (1736-1793) sugeriu uma origem astral para todas as formas religiosas.[52] Bailly encontrou um seguidor no advogado e professor de retórica francês Charles François Dupuis (1742-1809), que, em seu livro *Origine de tous les cultes*, argumentou que todas as religiões surgiram a partir da adoração ao sol e que o cristianismo era simplesmente outra forma de mito solar.[53] Dupuis, como o próprio Jung mais de um século mais tarde, percebeu os paralelos entre a constelação astrológica de Virgem e a mãe do messias solar. Descrevendo a gravura que ele tinha encomendado para o frontispício de seu livro, Dupuis observou: "Uma mulher com uma criança nos braços, com uma coroa de estrelas, pisando numa serpente, chamada a Virgem celestial. [...] Sucessivamente, ela tem sido Ísis, Têmis, Ceres, Erígone, a mãe de Cristo".[54]

A gravura do frontispício de Dupuis combina a ideia de uma religião solar universal com temas religiosos relacionados à precessão dos equinócios. No canto esquerdo superior, nos céus, há uma faixa com as imagens das constelações do zodíaco Áries (o Carneiro) e Touro, com o Sol brilhando no centro entre elas. O ponto equinocial vernal está, então, passando de Touro para Áries, refletido na transição de várias formas religiosas taurinas representadas na gravura (Mitra abatendo o touro cósmico, o touro Ápis egípcio, o Bezerro de Ouro) para as de Áries (Zeus entronado como deus do céu, o sumo-sacerdote israelita diante da arca da aliança). No topo do frontispício, no centro, estão os símbolos da dispensação cristã: a "Virgem Celestial" coroada com estrelas, a criança Cristo como Sol renascido. Mesmo que a gravura se concentre primariamente na transição de Touro para Áries, e não de Peixes para Aquário, há uma semelhança surpreendente entre a ilustração de Dupuis do Sol no centro entre as constelações de Touro e Áries e a estrela solar de quatro raios no centro entre as constelações de Peixes e Aquário na página inicial do *Livro Vermelho*. Jung nunca mencionou Dupuis em sua obra publicada, e o catálogo de sua biblioteca também não menciona um exemplar de *Origines*. Mas a semelhança entre as imagens da precessão equinocial é tão grande que é provável que ele tenha conhecido o livro de Dupuis.

Especulações sobre um vínculo entre a precessão do ponto equinocial vernal e a mudança de formas religiosas continuaram durante o final do século XVIII e todo o século XIX. François-Henri-Stanislas de l'Aulnaye (1739-1830), autor de dois livros sobre a maçonaria, produziu um texto em 1791 intitulado de *L'histoire générale et particulière des religions et du cultes*.⁵⁵ Essa obra foi a primeira a contemplar as implicações da precessão do ponto equinocial vernal para Aquário, que, como acreditava l'Aulnaye, tinha ocorrido em 1726.⁵⁶ Godfrey Higgins (1772-1833), um historiador religioso cuja obra exerceu uma influência importante sobre H.P. Blavatsky,⁵⁷ declarou em seu livro *Anacalypsis*, publicado em 1836, que a mudança equinocial de Touro para Áries foi o tempo em que o "cordeiro abatido" substituiu "touro abatido".⁵⁸ No final do século XIX, Gerald Massey (1828-1907), um poeta e egiptólogo autodidata inglês, apresentou um esquema detalhado da evolução das formas religiosas de acordo com a precessão dos equinócios pelas constelações do zodíaco.⁵⁹ É em um dos artigos de Massey, "The Historical Jesus and the Mythical Christ" [O Jesus histórico e o Cristo mítico], publicado privadamente em 1887, que ocorre a primeira referência na língua inglesa à Era de Aquário:⁶⁰

> Os fundamentos de um novo céu foram estabelecidos no signo do Carneiro, 2410 a.C.; e novamente quando o equinócio entrou no signo de Peixes, 255 a.C. Profecia que se cumprirá *novamente* quando o equinócio entrar no signo do Homem de Água por volta do final deste século [XIX].⁶¹

Todos esses autores – Dupuis, Delaunaye, Higgins, Massey – utilizaram imagens míticas para ilustrar vastas mudanças coletivas nas formas e percepções religiosas e vincularam os mitos a constelações específicas no ciclo da precessão. Apesar de Jung não citar nenhum de seus escritos em sua própria obra publicada, as mesmas ideias são centrais tanto em *Aion* quanto no *Livro Vermelho*. O fato de ninguém parecer ter concordado em relação à data do início do novo Aion de Aquário não surpreende. Como afirmou o próprio Jung: "A fixação dos limites das constelações é sabidamente arbitrária".⁶²

Fontes antigas para a Nova Era

Textos que relacionam a aurora de uma Nova Era explicitamente à precessão dos equinócios podem ter surgido apenas na era moderna. Mas Jung acreditava que fontes mais antigas apoiavam sua crença de que um novo Aion astrológico estava prestes a começar. Sua busca por evidências históricas para a ideia da Era de Aquário vindoura o levou, às vezes, a supor conexões que um estudioso do século XXI, nervoso em relação a especulações do tipo "universalista", teria evitado. Mas os saltos intuitivos de Jung parecem ter sido válidos na maioria dos casos, mesmo quando seus dados históricos careciam de precisão. Um exemplo da busca de Jung para encontrar validação para a Era de Aquário em textos alquímicos se encontra no alquimista e médico do século XVI Heinrich Khunrath (1560-1605),[63] que declarou que uma "Era de Saturno" começaria em algum ponto não especificado do futuro não tão distante e que ela inauguraria um tempo em que os segredos alquímicos se tornariam disponíveis a todos.

> A Era de Saturno ainda não é, em que tudo que é privado se tornará propriedade pública: pois ainda não se toma e usa aquilo que é bem-intencionado e bem-feito no mesmo espírito.[64]

Khunrath não menciona nem a precessão dos equinócios nem a constelação de Aquário em qualquer lugar em seu texto. Tampouco a ideia aparece em qualquer outra literatura alquímica do início do período moderno, por mais imerso que estivesse na astrologia. Mas Jung acreditava que Khunrath estava se referindo à Era de Aquário porque, tradicionalmente, essa constelação é regida por Saturno. Numa palestra feita na ETH em Zurique, em 1940, Jung citou a declaração de Khunrath e então comentou:

> Khunrath quer dizer que a Era de Saturno ainda não nasceu [...]. A pergunta óbvia é: ao que Khunrath se refere com a Era de Saturno? É claro que os antigos alquimistas também eram astrólogos e pensavam de modo astrológico. Saturno é o regente do signo de Aquário, e é bem possível que Khunrath estivesse se referindo à era vindoura, à Era de Aquário, o portador de água, que agora está prestes a chegar. É concebível que ele pensava que a humanidade seria transformada naquele tempo e seria capaz de entender o mistério dos alquimistas.[65]

Jung encontrou na obra desse alquimista de influência aquilo que ele percebia como evidência de que a Era de Aquário trataria de revelações de uma natureza esotérica e psicológica, de "segredos" que ou tinham sido perdidos ou nunca tinham sido conhecidos, e cuja emergência no consciente coletivo resultaria numa transformação importante da autoconsciência humana. A despeito de seu pessimismo em relação à capacidade de autodestruição global inerente à interiorização do arquétipo de Deus, Jung era reservadamente otimista em relação ao potencial psicológico da Nova Era.

É possível que Jung tenha encontrado "evidências" semelhantes de uma crença na precessão como arauto de grandes mudanças religiosas na literatura gnóstica – mesmo que aqui, como nos escritos de Khunrath, não haja referências explícitas aos aions astrológicos em relação à precessão do ponto equinocial. O texto gnóstico conhecido como *Protenoia Trimórfica* fala de uma grande perturbação nos domínios dos *archons* e seus poderes. Horace Jeffrey Hodges, num artigo que discute a preocupação gnóstica com *Heimarmene*, sugere que essa profecia de grande mudança nas esferas celestiais reflete o conhecimento gnóstico do movimento do ponto equinocial vernal da constelação de Áries para a constelação de Peixes.[66] Visto que a precessão já tinha sido reconhecida em 130 a.C., gnósticos com inclinação astrológica dos primeiros séculos d.C. podem tê-la conhecido, mesmo que não existisse evidência textual subsistente de que eles a tivessem conectado com o "ano platônico" ou com os aions astrológicos. No entanto, mesmo que a *Protenoia Trimórfica* se refira à precessão, Jung não teria tido conhecimento disso nas primeiras décadas do século XX, visto que a única cópia subsistente do tratado foi encontrada em Nag Hammadi em 1945. Mas dois outros textos gnósticos aos quais Jung tinha acesso tratam da grande "perturbação" nas esferas celestiais. O *Apócrifo de João*, descrito pelo heresiólogo cristão Ireneu do século II,[67] fala do rompimento das correntes do destino astral pelo advento do Redentor:

Ele [Cristo] desceu pelos sete céus [...] e gradualmente os esvaziou de seu poder.[68]

Pistis Sophia também fornece descrições de uma grande "perturbação" nos céus. Mas como já no *Apócrifo de João*, não há referência explícita à precessão equinocial no texto.

David Ulaney argumentou que a precessão dos equinócios fornecia a base para a imagem central dos mistérios mitraicos: a tauroctonia, o abate do touro cósmico.[69] Mas o trabalho de Ulaney só foi publicado em 1989,

28 anos após a morte de Jung. No entanto, ainda antes de sua ruptura com Freud, Jung tinha vinculado o simbolismo do touro nos mistérios mitraicos à polaridade de Touro e sua constelação oposta, Escorpião, descrevendo-os como "sexualmente destruindo a si mesmo" na forma de uma "libido ativa" e uma "libido resistente (incestuosa)".[70] Quando publicou *Transformações e símbolos da libido* (*Wandlungen und Symbole der Libido*) em 1912,[71] Jung já estava ciente da transição do ponto equinocial pelas constelações:

> Touro e Escorpião são signos equinociais, que indicam claramente que a cena sacrificial [a tauroctonia] se refere primariamente ao ciclo solar [...]. Touro e Escorpião são os signos equinociais para o período de 4300 a 2150 a.C. Esses signos, há muito ultrapassados, foram retidos até mesmo na Era Cristã.[72]

Em 1912, Jung já tinha começado a alcançar certas percepções em relação à precessão dos equinócios em relação ao significado da iconografia mitraica. Mas a literatura acadêmica sobre o mitraísmo disponível na época – sobretudo as obras de Cumont e Richard Reitzenstein[73] e a tradução de Dieterich da *Liturgia de Mitra* – não discutia a precessão. Tampouco o fez Mead em sua própria exegese do mitraísmo. Mesmo assim, Jung parece ter nutrido a convicção de que Touro e Escorpião – os aions astrológicos que, como ele acreditava, tinham regido o período de 4300 a 2150 a.C. – eram, apesar de "há muito ultrapassados", ainda relevantes como símbolos potentes de geração e regeneração até mesmo na Era de Peixes, quando o culto romano de Mitra surgiu pela primeira vez.

O chamado "ano platônico" de 26 mil anos nunca tinha sido descrito por Platão, pois a precessão ainda não havia sido descoberta em seu tempo. Platão definiu o "ano perfeito" como o retorno dos corpos celestiais e a rotação diurna das estrelas fixas para a sua posição original no momento da criação.[74] O astrólogo romano Júlio Fírmico Materno, ecoando Platão, discutiu o grande ciclo de 300 mil anos após o qual os corpos celestiais retornarão para aquelas posições que ocupavam quando o mundo foi criado.[75] Fírmico Materno parece ter combinado o "ano perfeito" de Platão com a crença estoica de que o mundo passa por conflagrações sucessivas de fogo e água, após as quais ele é regenerado. Mas os estoicos não descreveram quaisquer transformações de consciência como fez Jung – apenas uma replicação precisa daquilo que tinha vindo antes.[76] Vários outros autores da antiguidade ofereceram diversas outras durações para o Grande Ano, que variavam entre 15 mil a 2484 anos. Mas nenhuma dessas especulações se baseava no movimento do ponto equinocial vernal pelas constelações.[77] Mesmo que Jung tenha conhecido a obra de Fírmico Materno e a de muitos outros autores antigos, foi na literatura astrológica, teosófica e oculta moderna que ele encontrou a inspiração para sua própria interpretação altamente individual do Aion de Aquário.

Fontes novas para a Nova Era

O entendimento singular de Jung do significado de Aquário como constelação do Aion vindouro não pode ser remetido a nenhuma fonte antiga ou medieval. Sua percepção principal do Aion de Aquário se apoiava na ideia da união dos opostos, da interiorização da imagem de Deus e da luta para reconhecer e reconciliar o bem e o mal como dimensões da psique humana.

> Assim surge um novo símbolo, em lugar do peixe, ou seja, um conceito psicológico da totalidade do homem.[78]

Numa carta a Walter Robert Corti, escrita em 1929, Jung profetizou um tempo de confusão que antecederia a nova consciência:

> Vivemos na era do declínio do cristianismo, quando as premissas metafísicas da moralidade entram em colapso. [...] Isso causa reações no inconsciente, inquietude e anseio pelo cumprimento dos tempos. [...] Quando a confusão estiver em seu auge, virá uma nova revelação, i.e., no início do quarto mês da história do mundo.[79]

O "quarto mês da história do mundo" é o Aion de Aquário; "história do mundo", no contexto de Jung, começou com a história registrada no Aion de Touro, que, como Jung acreditava, tinha ocorrido entre 4300 e 2150 a.C. Na visão de Jung, a transformação coletiva iminente exigirá um longo processo potencialmente perigoso de integração, pois deve ocorrer em cada indivíduo. O *Livro Vermelho*, com sua imagem inicial do movimento do ponto equinocial para Aquário e suas referências frequentes a Fanes-Abraxas, o deus andrógino escuro-claro do novo aion, pode ser entendido como uma narrativa altamente pessoal daquele processo integrador no próprio Jung. É provável que o interesse de Jung na obra de Nietzsche tenha contribuído para a ideia de que o Portador de água celestial – uma de apenas três imagens do zodíaco com forma humana[80] – poderia ser um símbolo do *Übermensch*, do "sobre-homem" que transcende os opostos. A convicção de Nietzsche de que a humanidade estava progredindo em direção de um objetivo que se encontra "além do bem e do mal" aponta para a ideia do ser humano completamente individuado que, como Jung esperava, emergiria no novo Aion.[81] Mas Nietzsche nunca associou seu *Übermensch* a Aquário.

Uma fonte moderna óbvia para a expectativa de Jung de uma transformação de consciência baseada na precessão dos equinócios parecem ser os teosofistas, que certamente promulgaram a ideia de uma Nova Era iminente. Blavatsky conhecia autores como Higgins e Massey. Mas ela não igualou sua Nova Era à entrada do ponto equinocial vernal na constelação de Aquário, preferindo usar o que ela chamava "a ideia hindu da cosmogonia" (o conceito dos Yugas) em combinação com certas estrelas fixas em relação ao ponto equinocial.[82] Segundo Blavatsky, ocorrerão doze transformações do mundo, após uma destruição parcial por água e fogo (um empréstimo dos estoicos) e a geração de um novo mundo com um novo ciclo de doze períodos. Ela identificou essa ideia como "a verdadeira doutrina astrológica sabeia", que descreve essas doze transformações como reflexos das doze constelações do zodíaco.[83] Mas essa abordagem não envolve a precessão, e as doze transformações não formam um ciclo de precessão de 26 mil anos; abarcam toda a história do planeta ao longo de milhões de anos.

Num artigo sobre a história da ideia da Nova Era, Shepherd Simpson observa que Jung, a quem ele atribui o mérito de ter sido o primeiro a promulgar a ideia de uma "Era de Aquário" em tempos modernos, não pode ter recebido a ideia de Blavatsky.[84] O esotérico alemão Rudolf Steiner, cuja Sociedade Antroposófica rejeitava as inclinações orientais dos teosofistas, mas reteve muitas de suas ideias, também aderiu à ideia de uma Nova Era e se referiu a ela como a "Era da Segunda Vinda de Cristo". Mas essa Nova Era, que, segundo Steiner, começou em 1899, não é a Era de Aquário.

> Há muita conversa sobre períodos de transição. Estamos de fato vivendo justamente no tempo em que a Era da Escuridão chegou ao fim e uma nova época está apenas começando, em que os seres humanos, lenta e gradualmente, desenvolverão novas habilidades. [...] O que está começando agora preparará, aos poucos, a humanidade para novas faculdades da alma.[85]

Essas "novas faculdades da alma" realmente pertencem à Era de Aquário, mas estão apenas sendo preparadas. Segundo a percepção idiossincrática de Steiner, a Era de Aquário só começará em 3573, e, atualmente, o mundo ainda está vivendo a Era de Peixes, que começou em 1413.[86] Steiner escreveu muito sobre o problema do mal; como Jung, ele acreditava que o mal era uma realidade e não uma mera "privação do bem" e, também como Jung, ele estava fascinado, mas também se sentia repelido pelas ideias de Nietzsche.[87] Steiner também entendia a necessidade de os humanos assumirem a responsabilidade pelo mal:

> Até agora, os deuses têm cuidado dos seres humanos. Agora, porém, nesta quinta época pós-atlanteana, nosso destino, nosso poder de bem e mal, será entregue cada vez mais a nós mesmos. Portanto é necessário saber o que significa bem e mal e reconhecê-los no mundo.[88]

Mas Steiner estava muito mais próximo das percepções gnósticas do que Jung e entendia o mal como pertencente ao mundo encarnado e a potências espirituais sombrias (Lúcifer e Arimã) que, como os *archons* gnósticos, trabalham para inflamar o egoísmo e a destrutividade inatos ao ser humano. Tampouco Steiner associou a integração do bem e do mal a uma Era de Aquário iminente. Apesar de Jung conhecer bem a obra de Steiner, é improvável que Steiner tenha sido uma fonte do entendimento de Jung do novo Aion, tão improvável quanto Blavatsky.

Em 1906, Mead apresentou sua própria versão da Nova Era:

> Eu também aguardo a aurora daquela Nova Era, mas duvido que a gnose da Nova Era será nova. Certamente será apresentada em formas novas, pois as formas podem ser infinitas. [...] Na verdade, se eu estiver certo, a essência da gnose é a fé de que o homem pode transcender os limites do dualismo que faz dele um homem e se tornar um ser conscientemente divino.[89]

Essa ideia de uma resolução do problema do dualismo se aproxima muito mais da formulação de Jung, e Mead pode ter contribuído com ideias importantes para a visão de Jung do "Caminho do que há de vir". Em *Aion,* Jung discutiu a descrição de Mead num contexto psicológico:

> Com a aproximação do mês platônico imediato, isto é, de Aquário, coloca-se o problema da união dos opostos. Já não se trata mais de volatilizar o mal como mera *privatio boni,* mas de reconhecer sua existência real. Mas este problema não será resolvido nem pela filosofia, nem pela economia de Estado, nem pela política ou pelas confissões históricas, mas unicamente a partir do indivíduo, isto é: a partir da experiência original do Espírito vivo.[90]

A visão de Jung do novo Aion vindouro era repleta de presságios e apresenta pouca semelhança com as apresentações sentimentalizadas da "Era de Aquário" que surgiram durante a década de 1960, exemplificadas no primeiro musical "conceito" da Broadway, *Hair,* em que a aurora da Nova Era será uma de "harmonia e compreensão, simpatia e confiança em abundância".[91] O idealismo romântico dessas letras e seu contexto cultural pertencem a uma era mais otimista e menos cínica. Não surpreende que Jung –, em 1913, um ano antes da irrupção da Grande Guerra, experimentou uma visão aterrorizante de "rios de sangue" que cobriam todo o norte da Europa,[92] esperava que a abertura do novo Aion seria uma luta mortal que exigia o reconhecimento da "existência real" do mal. Mas mesmo que Mead tenha se referido aos "ciclos do Éon",[93] ele não conectou esses ciclos com a precessão dos equinócios em sua obra publicada. A Nova Era, o que quer que fosse, não era, aparentemente, uma Era de Aquário para Mead. Enquanto Jung recorria à obra de Mead em busca de informações sobre muitos dos textos da antiguidade tardia, parece que ele buscou em outro lugar as ideias sobre o significado do Portador de água.

Duas fontes muito mais prováveis para as ideias de Jung sobre a Era de Aquário eram dois astrólogos com inclinação teosófica que forneceram a Jung grande parte de seu conhecimento sobre astrologia: Alan Leo e Max Heindel.[94] Leo acatou a ideia de Blavatsky de que a humanidade estava a meio caminho de seu ciclo evolucionário milenar. Mas, como astrólogo, ele não podia ignorar a importância da precessão dos equinócios, e ele associou a Nova Era diretamente à constelação de Aquário. Em *Esoteric Astrology*, publicado originalmente em 1913 – o ano em que Jung começou a trabalhar no *Livro Vermelho* – Leo declarou:

> Eu sou atuado pelo motivo primário de expressar o que eu acredito ser astrologia verdadeira, para a Nova Era que agora está nascendo sobre o mundo.[95]

Essa declaração não faz menção a Aquário. Mas dois anos antes, Leo tinha declarado explicitamente que ele acreditava que a Era de Aquário começaria em 21 de março de 1928.[96] Leo fez o que pôde para reconciliar a ideia de Blavatsky dos Yugas hindus com a precessão, mas, no fim, suas conclusões eram mais próximas das de Jung:

> A constelação de Touro estava no primeiro signo do zodíaco [i.e., Áries] no início do Kali Yuga, e consequentemente o ponto equinocial caiu nele. Nesse tempo, Leão estava no solstício de verão, Escorpião no equinócio de outono e Aquário no solstício de inverno; e esses fatos formam a chave astronômica para a metade dos mistérios religiosos do mundo – incluindo o esquema cristão.[97]

Na visão de Leo, o grande ciclo da precessão diz respeito à evolução espiritual, e a aurora da Era de Aquário demarcará o ponto de virada do ciclo: o início da lenta ascensão da humanidade de volta para a esfera do espírito puro.[98] Mesmo que Jung tenha usado modelos psicológicos e tenha escrito sobre integridade e integração de opostos e não sobre um retorno para um mundo perfeito de espírito puro, parece que, em princípio, ele concordava.

Leo descreveu a Era de Aquário em termos gerais. Max Heindel foi mais específico. Sua declaração sobre o propósito de sua Sociedade Rosacrucianista, feita em 1911, destaca o caráter aquariano da Nova Era:

> Ela [a Sociedade Rosacrucianista] é o arauto da Era Aquariana, quando o Sol, através de sua precessão pela constelação de Aquário, trará à tona todas as potências intelectuais e espirituais no homem simbolizadas por aquele signo.[99]

Essas "potências intelectuais e espirituais" florescentes não envolviam, na visão de Heindel, o problema psicológico da integração do bem e do mal.

63

Em *The Rosicrucian Cosmo-Conception*, publicado em 1909, Heindel forneceu uma explicação detalhada da precessão dos equinócios, chamando o ciclo completo um "ano mundo".[100] Em conformidade com a tendência geral de discordar sobre quando a Nova Era começaria, Heindel declarou que a Era de Aquário não começaria por outras "centenas de anos".[101]

O livro *The Message of the Stars*, de Heindel, pode ter sido mais útil para Jung, pois descreve as eras astrológicas em relação à polaridade de cada constelação do zodíaco com seus opostos. A visão de Heindel de que a Era de Aquário contém os atributos de Leão, a constelação oposta, deve ter sido de interesse considerável para Jung, que tendia a ver o mecanismo da astrologia e a psicologia humana como uma tensão dinâmica entre opostos. Heindel tinha apresentado esse tema em 1906, em *Message of the Stars*:

> Existem dois conjuntos de três pares de signos, o primeiro sendo Câncer e Capricórnio, Gêmeos e Sagitário, Touro e Escorpião. Nesses pares de signos podemos ler a história da evolução e religião humanas. [...] Isso pode ser dividido também em três períodos distintos, ou seja: a ERA ARIANA, de Moisés até Cristo, que ocorre sob Áries-Libra;[102] a ERA PISCEANA, que abarca os últimos dois mil anos sob o catolicismo de Peixes-Virgem; e os dois mil anos à nossa frente, chamados a ERA AQUARIANA, onde os signos de Aquário e Leão serão iluminados e vivificados pela precessão solar.[103]

Heindel também discutiu o simbolismo religioso das eras astrológicas:

> No Novo Testamento, vemos como outro animal, o peixe, alcança grande proeminência, e os apóstolos eram chamados "Pescadores de homens", pois na época, pela precessão, o sol estava se aproximando do limiar de Peixes, e Cristo falou do tempo em que viria o Filho do Homem (Aquário). [...] Um novo ideal será encontrado no Leão de Judá, o signo de Leão. Coragem de convicção, força de caráter e virtudes relacionadas farão do homem verdadeiramente o Rei da Criação.[104]

O "Filho do Homem" de Heindel, com sua "coragem" e "força" leonina, está repleto de ecos do *Übermensch* de Nietzsche. Jung, como Heindel também, desenvolveu a ideia de que uma era astrológica reflete o simbolismo de duas constelações opostas.[105] Mas ele não era tão otimista quanto

Heindel no que dizia respeito ao novo éon. Jung não supôs que a união dos opostos seria uma passagem fácil para um estágio mais elevado e mais amoroso de consciência espiritual, ao contrário dos teosofistas e advogados da "Nova Era" do final do século XX. Ele previu "um novo avanço no desenvolvimento humano",[106] mas via a transição para o Aion Aquariano como um tempo perigoso ameaçado pelo potencial autodestrutivo humano. Numa carta ao Frei Victor White, escrita em abril de 1954, Jung afirmou que a mudança para o Aion de Aquário

> [...] significa que o homem será essencialmente deus; e deus, homem. Os sinais que apontam nessa direção consistem no fato de que o poder cósmico de autodestruição é colocado nas mãos do homem.[107]

Com um pessimismo ainda mais evidente, ele escreveu um ano mais tarde a Adolf Keller:

> E agora estamos entrando em Aquário, sobre o qual os livros sibilinos dizem: *Luciferi vires accendit Aquarius acres* (Aquário inflama as forças selvagens de Lúcifer). E nós estamos apenas no início desse desenvolvimento apocalíptico.[108]

À luz da história do século XX e das primeiras décadas do século XXI, parece que a profecia sombria de Jung era desconfortavelmente relevante.

A datação do novo éon

Jamais houve qualquer consenso entre os autores referente à data de início da Nova Era. No final do século XVIII, de l'Aulnaye acreditava que o Aion Aquariano tinha começado em 1726. No final do século XIX, Gerald Massey insistiu que a Era de Peixes começara em 255 a.C. com o nascimento "real" de Jesus, e que o ponto equinocial entraria na constelação de Aquário em 1901.[109] Alan Leo sugeriu uma data muito específica, 21 de março de 1928 – o dia do equinócio vernal naquele ano – enquanto Dane Rudhyar, escrevendo em 1969, sugeriu que a Era Aquariana tinha começado em 1905.[110] E Rudolf Steiner, nas primeiras décadas do século XX, tinha certeza de que a Era de Aquário não começaria antes de 3573.

Inicialmente, Jung foi igualmente preciso e igualmente independente em relação à data em que o novo Aion começaria. Em agosto de 1940, ele escreveu a H.G. Baynes:

> Este é o ano fatídico pelo qual tenho esperado há mais de 25 anos. [...] 1940 é o ano em que nos aproximamos do meridiano da primeira estrela em Aquário. É o terremoto premonitório da Nova Era.[111]

Essa data não vinha da literatura esotérica, mas de uma jovem astrônoma judia holandesa chamada Rebekka Aleida Biegel (1886-1943), que tinha se mudado para Zurique em 1911 para fazer seu doutorado em Astronomia na universidade.[112] "Betty" Biegel se tornou paciente de Jung e depois treinou com ele, apresentando estudos na Associação de Psicologia Analítica em Zurique entre 1916 e 1918. Um desses artigos, apresentado em 1916, era intitulado de "Die Mathematische Parallele zur Psychoanalyse" [O paralelo matemático com a psicanálise]; com base nas observações feitas em seu artigo, Jung atribuiu a Biegel o termo "função transcendente",[113] que ele descreveu logo depois, num ensaio escrito no mesmo ano, como "comparável com uma função matemática homônima" e que ele definiu como "a união de conteúdos conscientes e inconscientes".[114] Em 1917, ele observou ainda que ele tinha descoberto apenas recentemente "que a ideia da função transcendente ocorre também na alta matemática".[115]

Em 1918, enquanto Biegel estava trabalhando no observatório de Zurique, então localizado na Gloriastrasse no centro da cidade, ela enviou a Jung, a pedido dele, um envelope com materiais no qual ele escreveu "Astrologie" e guardou em sua escrivaninha em casa.[116] Biegel fez um esforço considerável para compor uma longa lista de cálculos para indicar quando o Sol entra no primeiro grau do signo de Áries – cada ano se alinhava com cada uma das estrelas nas constelações de Peixes e Aquário. Juntamente com esses cálculos, a carta de acompanhamento de Biegel oferecia três datas possíveis para o início do Aion Aquariano: 1940 (quando o ponto equinocial se alinhava com o ponto central entre a última estrela de Peixes e a primeira estrela de Aquário); 2129; e 2245 (quando o ponto equinocial se alinhava com duas estrelas diferentes na constelação de Aquário, cada uma das quais podia ser considerada o "início" da constelação.[117] Aquilo que Jung chamou o "terremoto premonitório" do Aion Aquariano, de acordo com a primeira data de 1940 sugerida por Biegel, coincidiu com alguns dos piores capítulos da Segunda Guerra Mundial. A Alemanha invadiu e ocupou a Noruega, Dinamarca, Bélgica, os Países Baixos e a França; Hitler assinou o Pacto do Eixo com Mussolini; a Blitz começou em Londres; e Auschwitz-Birkenau, o maior campo de concentração, foi inaugurado na Polônia, onde mais de 5 milhões de pessoas seriam assassinadas ao longo dos próximos cinco anos.

Mais tarde, Jung se tornou menos seguro em relação à data do início do Aion Aquariano. Num ensaio intitulado de "O signo de Peixes", escrito em 1958,[118] ele afirmou que o ponto equinocial "entrará em Aquário no curso do terceiro milênio".[119] Numa nota de rodapé a esse parágrafo, Jung explicou que, segundo o ponto inicial preferido, o advento do novo Aion "cairá entre 2000 e 2200 d.C.", mas que essa "data é muito indefinida", pois "a fixação dos limites das constelações é sabidamente arbitrária".[120] Mas a natureza "indefinida" e "arbitrária" da data não impediu Jung de acreditar que o Aion Aquariano viria em breve e que seu impacto inicial sobre a psique coletiva não seria agradável.

O mapa natal de Jesus

Jung se preocupava tanto com a descoberta da data de nascimento de Jesus, que ele acreditava ser o avatar e símbolo-chefe do Aion de Peixes, quanto com a data do início do próprio aion. Ele não estava sozinho nessa busca, mas seu entendimento de sua importância em relação aos padrões arquetípicos no inconsciente coletivo era único. Jung tinha um escopo amplo de referências do final do século XVIII em diante que já tinham deixado claro o vínculo entre Cristo, a imagem do signo de Peixes e o peixe como símbolo importante da crença cristã. Essas referências incluíam uma obra chamada *The Zodia*, de E.M. Smith, publicada em 1906, em que Smith declarou: "A especulação astrológica moderna [...] associa Peixes com Cristo".[121] A busca pela natividade "verdadeira" de Jesus, mesmo que – compreensivelmente – não de interesse especial para os astrólogos pagãos na antiguidade tardia, começou no mundo árabe no século VIII e tem continuidade até os dias de hoje.[122] Mas ela nem sempre tem envolvido a equação do horóscopo de Jesus com o advento da Era de Peixes. Os astrólogos árabes estavam mais interessados no nascimento de Jesus em relação ao "grande ciclo de mutação" de Júpiter e Saturno. Esses planetas se alinham em conjunção ao longo da eclíptica a mais ou menos cada 20 anos, mas levam 960 anos para retornar à conjunção num signo do mesmo elemento. Esse "grande ciclo de mutação", de aproximadamente um milênio, se baseava em antigas teorias astrológicas persa-sassânidas de que as conjunções de Júpiter e Saturno sustentavam os grandes ciclos da história do mundo e a ascensão e queda de reis. Jung conhecia o trabalho de astrólogos árabes como Abu Ma'shar, portanto o ciclo Júpiter-Saturno não escapou de sua atenção.[123]

Jung também não negligenciou os escritos do astrólogo e mago do século XIII Albertus Magnus, que insistia que Virgem estava em ascensão quando Jesus nasceu,[124] ou as especulações do cardeal Pierre d'Ailly, do século XIV, que concordava.[125] Girolamo Cardano, outro astrólogo preferido do início da Modernidade, também preparou um horóscopo para Jesus, usando a data tradicional de 25 de dezembro, logo após o solstício de inverno. Cardano sugeriu 1 a.C. como ano de nascimento, com Libra – e não Virgem – em ascensão.[126] Jung comparou todos esses "horóscopos ideais para Cristo" em *Aion*[127] e concluiu que a data de nascimento "correta" de Jesus era, na verdade, 7 a.C., visto que a conjunção de Júpiter e Saturno em Peixes naquele ano, com Marte em oposição a Virgem, foi "excepcionalmente grande e, portanto, de uma intensidade luminosa impressionante".[128] Mas em vez de aceitar 25 de dezembro como data de nascimento, Jung seguiu os cálculos do astrônomo alemão Oswald Gerhardt e sugeriu 29 de maio, a data em que a configuração de Júpiter, Saturno e Marte tinha sido exata.[129] Isso resultou no signo solar de Gêmeos para Jesus: o motivo dos "irmãos hostis", que Jung acreditava ser um dos temas arquetípicos dominantes do Aion de Peixes.

Nas discussões de Jung sobre o simbolismo de Peixes, ele revelou uma perspectiva sobre imagens astrológicas que se concentra firmemente no significado arquetípico de um símbolo do zodíaco e não em suas qualidades caracterológicas e em sua relação com a imagem de Deus – sinônimo da imagem do si-mesmo – como ela aparece na psique humana.

> Como valor máximo ou como dominante suprema, a imagem de Deus se acha imediatamente ligada ou identificada ao si--mesmo, e tudo o que acontece com a primeira repercute inevitavelmente no último.[130]

Os símbolos religiosos de cada Aion do zodíaco se refletem assim fielmente em forma imaginária o "valor máximo e dominante suprema" na psique coletiva numa época específica da história. No início do *Livro Vermelho*, Jung ressaltou a importância dessa mudança da imagem de Deus:

> É o Deus que vem – não é o próprio Deus, mas sua imagem que se manifesta no sentido supremo. Deus é uma imagem, e aqueles que o adoram devem adorá-lo na imagem do sentido supremo.[131]

Rebekka Biegel tinha indicado o ano 4 a.C. como início do Aion de Peixes, baseando-se no movimento do ponto equinocial. O interesse de Jung na conjunção Júpiter-Saturno de 7 a.C., meros três anos antes, o levou a concluir que essa configuração era a "estrela de Belém" que tinha aparecido como augúrio do nascimento de Jesus:

> Cristo se acha no início do éon de Peixes. Não fica absolutamente excluída a possibilidade se houvesse cristãos instruídos, os quais sabiam da existência da *coniunctio magna* de Júpiter e Saturno em Peixes do ano 7, do mesmo modo que havia, segundo se sabe pelo relato evangélico, caldeus que encontraram até mesmo o local de nascimento de Cristo.[132]

Jung amalgamou a imagem de Cristo como "sentido máximo" do Aion de Peixes emergente com a *coniunctio* máxima de Júpiter e Saturno no signo de Peixes.[133] Ele via o Aion de Aquário como época em que indivíduos interiorizariam a imagem de Deus; assim, ele não tinha a expectativa de um novo avatar para o novo éon que se manifestaria "lá fora". Ele se recusou a adotar a crença de Steiner numa "Segunda Vinda" de Jesus ou a expectativa de Annie Besant de um "Novo Mestre do Mundo".

> [...] reconhecemos agora que o Ungido dessa época é um Deus que não aparece na carne, não é pessoa humana, e assim mesmo

é um Filho do Homem, não na carne, mas no espírito, e por isso só pode nascer através do espírito do ser humano na condição de útero concebedor de Deus.[134]

Fanes, o novo deus do éon do *Livro Vermelho* não é, de forma alguma, humano; essa imagem de deus é andrógina e esférica, como a alma do mundo de Platão.[135] Jung não acreditava que qualquer indivíduo personificaria o espírito da nova dispensação; o Portador de água "aparenta representar o si-mesmo".[136] Foi essa insistência na responsabilidade individual que parece ter afetado as expectativas de Jung com profundos receios sobre a capacidade humana de lidar com a ausência de um objeto divino externo sobre o qual as pessoas pudessem projetar a imagem de Deus. Ele via seu próprio papel como importante, mas como indivíduo, não como avatar, que poderia ajudar a iluminar o difícil processo psicológico de interiorização através de sua obra publicada. A compreensão de Jung do Aion Aquariano espelha a de Alan Leo, que insistia que "a natureza interior e o destino desse signo se expressam na palavra HUMANIDADE".[137]

Parece que Jung entendia a si mesmo como um "recipiente" individual para a polaridade do novo éon, e o trabalho que ele buscou realizar para sua própria integração era também trabalho em nome de um coletivo que, como ele temia, já estava começando a lutar cega e destrutivamente com os mesmos dilemas: a redescoberta da alma; o reconhecimento do bem e do mal como potências interiores e a terrível responsabilidade que acompanha esse reconhecimento; e o reconhecimento de um si-mesmo interior central como único capaz de integrar os opostos. O fato de que Jung levou essa tarefa muito a sério e sentiu que tinha falhado nela à medida que se aproximava do fim de sua vida se reflete numa carta que escreveu a Eugene Rolfe em 1960:

> Falhei em minha tarefa mais importante: de abrir os olhos das pessoas para o fato de que o homem tem uma alma e que há um tesouro enterrado no campo e que a nossa religião e filosofia se encontram num estado lamentável.[138]

Perceber a si mesmo como recipiente não é igual a tentar fundar um culto solar, ao contrário do que alegou Richard Noll. Jung parece ter visto não só a si mesmo, mas todos os indivíduos com os quais trabalhou e todos aqueles que podem ser influenciados por suas ideias no futuro como recipientes possíveis, que, através de seus esforços individuais para alcançar uma consciência maior, ajudam a facilitar a transição coletiva para um éon astrológico em que os seres humanos enfrentariam o desafio aterrorizante de interiorizar e integrar o bem e o mal como dimensões inerentes de uma dualidade previamente projetada de Deus e diabo. Ao tentar definir a natureza de sua psicologia para Aniela Jaffé, Jung comentou:

> O interesse principal do meu trabalho não se preocupa com o tratamento da neurose, mas com a aproximação ao numinoso. [...] A aproximação ao numinoso é a verdadeira terapia.[139]

O *Livro Vermelho*, como é evidente a qualquer leitor perceptivo, documenta uma jornada altamente individual, cheia de conflito e sofrimento, mas também com transformações importantes e a integração de elementos anteriormente rejeitados ou desconhecidos no mundo psicológico pessoal de Jung. Mas o *Livro Vermelho* também retrata uma viagem coletiva, e sua imagem inicial coloca o navio que navega em direção "do que há de vir" sob um céu que revela, clara e inegavelmente, a transição do Aion de Peixes moribundo para o nascimento do Aion de Aquário. Jung não foi encorajador sobre os problemas globais que essa transição traria. Ele depositou suas esperanças não em movimentos políticos ou sociais de massa, mas na capacidade do indivíduo de reconhecer a grandeza da responsabilidade envolvida e de desenvolver a disposição de se empenhar na luta interior para alcançar uma consciência maior. Atualmente, os presságios sombrios de Jung parecem ter sido completamente justificados. Jung não sabia se uma resolução e transformação eventualmente se tornariam possíveis num nível coletivo, pois o destino do coletivo depende, segundo sua visão, de cada indivíduo:

> Se as grandes coisas estão mal, isto se deve exclusivamente ao fato de os indivíduos estarem mal, de eu estar mal.[140]

Notas

1. Dane Rudhyar. *Astrological Timing* (Nova York, NY: Harper & Row, 1969), p. 166-167.
2. C.G. Jung. *O Livro Vermelho: Liber Novus*, org. Sonu Shamdasani, trad. Edgar Orth (Petrópolis: Editora Vozes, 5ª reimpressão, 2019), p. 358-359. Todas as citações de Jung nas páginas

seguintes citam o número de parágrafo e o volume das *Obras Completas* ou o título abreviado no caso de obras de Jung não incluídas nas *Obras Completas*. Detalhes completos são fornecidos na bibliografia.

3. Para um resumo útil, inclusive referências, veja David John Tracey. *Jung and the New Age* (Hove: Brunner-Routledge, 2001).

4. Olav Hammer. *Claiming Knowledge: Strategies of Epistemology from Theosophy to the New Age* (Leiden: Brill, 2004), p. 67-70; veja também p. 437-440 para a discussão de Hammer sobre o conceito de Jung dos arquétipos, que "lembra mais um conceito hermético de correspondência do que uma teoria psicológica no sentido comum da palavra". Richard Noll usa a palavra "junguismo"; veja Richard Noll, *The Jung Cult: Origins of a Charismatic Movement* (Princeton, NJ: Princeton University Press, 1994), p. 7-9 e 291-294.

5. Paul Heelas. *The New Age Movement* (Oxford: Blackwell, 1996), p. 46. Para a trabalho do próprio Gurdjieff, veja G.I. Gurdjieff. *Meetings With Remarkable Men* (Londres: E. P. Dutton, 1964). Veja também P. D. Ouspensky. *In Search of the Miraculous* (Nova York, NY: Harcourt, Brace, 1949).

6. Wouter J. Hanegraaff. *New Age Religion and Western Culture: Esotericism in the Mirror of Secular Thought* (Leiden: Brilol, 1996), p. 497.

7. Veja Roderick Main. "New Age Thinking in the Light of C.G. Jung's Theory of Synchronicity", *Journal of Alternative Spiritualities and New Age Studies* 2 (2006), p. 8-25, na p. 9; Hanegraff. *New Age Religion,* p. 521-522.

8. Rudhyar. *Astrological Timing*, p. 167.

9. Hanegraff. *New Age Religion and Western Culture*, p. 94.

10. Veja Hanegraff. *New Age Religion and Western Culture*, p. 421-513; Alex Owen. "Occultism and the 'Modern Self' in Fin-de-Siècle Britain", em Martin Daunton e Bernhard Rieger (orgs.). *Meanings of Modernity* (Oxford: Berg, 2001), p. 71-96. A ideia de que Deus pode ser encontrado no interior e que "conhecimento de Deus" é "autoconhecimento" é expressada claramente em Plotino, Enéada I:6.7 e Enéada VI:9.11, em Plotino. *The Enneads*, trad. Stephen MacKenna, 6 volumes (Londres: Medici Society, 1917-1930; reimpressão Londres: Faber & Faber, 1956).

11. C.G. Jung. *Aion. Estudos sobre o simbolismo do si-mesmo*, em *OC* 9/2 (Petrópolis: Editora Vozes, 9ª reimpressão, 2019), originalmente publicado como *Aion: Untersuchungen zur Symbolgeschichte* (Psychologische Abhandlungen VIII, Rascher Verlag, Zurique, 1951).

12. *Aeon* é a ortografia latina para a palavra grega *Aion* (Αιων). Kronos (Κρονος), como descrito na *Teogonia* de Hesíodo, é o antigo titã grego que se tornou regente dos deuses após castrar seu pai Ouranos. Kronos foi associado ao rei romano Saturno e é o nome usado para o planeta Saturno em *Tetrabiblos*, de Ptolomeu, que foi escrito em grego. *Chronos* (χρονος) é a palavra grega para tempo. Zervan (ou Zurvan) é uma deidade persa pré-zoroastriana cujo nome significa "tempo", como o *chronos* grego; ele é senhor do tempo finito da história e também do "tempo ilimitado", a luz primordial da qual tudo emanou. Essa deidade apresenta semelhanças com o Fanes órfico; veja Liz Greene. *The Astrological World of Jung's Liber Novus* (Abingdon: Routledge, 2018), capítulo seis.

13. Albrecht Dieterich. *Eine Mithrasliturgie* (Leipzig: Teubner, 1903); G.R.S. Mead. *A Mithraic Ritual*, volume 6 de *Echoes from the Gnosis* (Londres: Theosophical Publishing Society, 1907).

14. Franz Cumont. *Textes et monuments figurés relatifs aux mystères de Mythra* (Bruxelas: Lamertin, 1896).

15. C.G. Jung. *Psychology of the Unconscious*, trad. Beatrice M. Hinkle (Nova York, NY: Moffat, Yard & Co., 1916), § 83.

16. Franz Cumont. *The Mysteries of Mithra*, trad. Thomas J. McCormack (Chicago, IL: Open Court, 1903), p. 125-126.

17. David Ulansey. *The Origins of the Mithraic Mysteries* (Oxford: Oxford University Press, 1991); Roger Beck. *Planetary Gods and Planetary Orders in the Mysteries of Mithras* (Leiden: Brill, 1988); Roger Beck. *The Religion of the Mithras Cult in the Roman Empire* (Oxford: Oxford University Press, 2006).

18. Veja Orígenes. *Contra Celsum*, trad. Henry Chadwick (Cambridge: Cambridge University Press, 1953), 6:21-22; Porfírio. *De antro nympharum*, em Thomas Taylor (org. e trad.). *Select Works of Porphyry* (Londres: Thomas Rodd, 1823), p. 5-6.

19. Veja Cumont. *The Mysteries of Mithra*, p. 105.

20. Veja Lance S. Owens. "Jung and Aion: Time, Vision, and a Wayfaring Man", em *Psychological Perspectives: A Quarterly Journal of Jungian Thought* 54:3 (2011), p. 268.

21. Homero. *Ilíada* 5.685, 16.453, 19.27, 22.58; Homero. *Odisseia*, 5.160; Heródoto. *Histórias*, 1.32. Estas e as seguintes traduções estão disponíveis em http://www.perseus.tufts.edu.

22. Eurípedes. *Heracleidae*, trad. Ralph Gladstone (Chicago, IL: University of Chicago Press, 1955), p. 900; Brian P. Copenhaver (org. e trad.). *Hermetica: The Greek Corpus Hermeticum and the Latin Asclepius in a New English Translation* (Cambridge: Cambridge University Press, 1992), p. 11.

23. Aeschylus. *The Seven Against Thebes*, orgs. e trads. David Grene, Richmond Lattimore, Mark Griffith e Glenn W. Most (Chicago IL: University of Chicago Press, 2013), p. 219; Demosthenes. *On the Crown*, trad. A.W. Pichard-Cambridge, em A.W. Pickard-Cambridge (org. e trad.). *Public Orations of Demosthenes*, 2 volumes (Oxford: Clarendon Press, 1912), 18,199.

24. Sófocles. *Trachiniae*, 34.

25. Hesíodo. *Theogony*, 609.

26. Paulo. Romanos 12,2.

27. Platão. *Timaeus*, 37d.

28. Constelações do zodíaco (compostas de estrelas fixas) e signos do zodíaco (divisões da eclíptica) não são idênticos; os astrólogos têm conhecimento desse fato desde o século II a.C. Para uma explicação do fenômeno da precessão, veja Patricia Viale Wuest. *Precession of the Equinoxes* (Atlanta, GA: Georgia Southern University, 1998).

29. G.R.S. Mead. *Pistis Sophia* (Londres: Theosophical Publishing Society, 1896), p. 14.

30. Veja Jung. *Psychology of the Unconscious*, §§ 104-105; 110-111; 500 n. 21; 420 n. 14.

31. Veja Hans Dieter Betz (org. e trad.). *The "Mithras Liturgy": Text, Translation and Commentary* (Tübingen: Mohr Siebeck, 2003), p. 1

32. Mead. *A Mithraic Ritual*, II.3. Veja também Betz. *The "Mithras Liturgy"*, p. 518-521, 51.

33. Mead. *A Mithraic Ritual*, V.3. Veja também Betz. *The "Mithras Liturgy"*, p. 591-650, 53.

34. "Essa imortalização ocorre três vezes ao ano": Betz. *The "Mithras Liturgy"*, p. 748, 57.

35. C.G. Jung. *O Livro Vermelho* (Petrópolis: Editora Vozes, 5ª reimpressão, 2019), p. 273-274.

36. Jung. *Psychology of the Unconscious*, §§ 313-314. Compare com Mead. *The Mysteries of Mithra*, p. 70-71.

37. Veja Jung. *Aion*, OC 9/2, §§ 128 e 325; C.G. Jung. *Estudos alquímicos*, OC 13 (Petrópolis: Editora Vozes, 9ª reimpressão, 2018), § 275. As observações de Jung sobre Ialdabaoth com cabeça de leão e Saturno foram publicadas originalmente em 1949, mas a identidade do planeta com o *archon* gnóstico é afirmada em Wolfgang Schultz, *Dokumente der Gnosis* (Jena: Diederichs, 1910), p. 103, onde Jung se deparou com ela o mais tardar em 1915, quando pintou Izdubar. Mais tarde, Jung informou como suas referências *Contra Celsum*, de Orígenes, *Hauptprobleme der Gnosis*, de Bousset, e a tradução de Mead de *Pistis Sophia*. Visto que o primeiro foi citado em *Tipos psicológicos* (1921) e os dois outros foram citados em *Psicologia do inconsciente* (1911-

1912), Jung já tinha se familiarizado com a ideia de Saturno como *Deus Leontocephalus* quando trabalhava no *Liber Novus*.

38. Para Filêmon como figura saturniano-solar no *Livro Vermelho*, veja Greene. *The Astrological World of Jung's Liber Novus*, capítulo 6. Para a ideia neoplatônica do regente planetário do horóscopo como daimon pessoal, veja Greene. *The Astrological World of Jung's Liber Novus*, capítulos 3 e 4.

39. William Butler Yeats. "The Second Coming" (1919), em *Collected Poems of William Butler Yeats* (Londres: Macmillan, 1933), p. 211.

40. C.G. Jung. *O Livro Vermelho*, p. 176.

41. Para o ser leontocefálico como Ialdabaoth na iconografia gnóstica, veja M. J. Edwards. "Gnostic Eros and Orphic Themes", *Zeitschrift für Papyrologie und Epigraphik* 88 (1991), p. 25-40.

42. C.G. Jung. *Analytical Psychology: Its Theory and Practice* (Londres: Routledge & Kegan Paul, 1968), p. 98.

43. Imagem em Jung. *O Livro Vermelho*, p. 229.

44. Para a observação de que a imagem retrata a precessão do ponto equinocial de Peixes para Aquário, veja Sonu Shamdasani, *C.G. Jung: A Biography in Books* (Nova York, NY: W. W. Norton, 2012), p. 117; Owens. "Jung and Aion", p. 271.

45. C.G. Jung. "Presente e futuro" (1958), em *OC* 10/1 (Petrópolis: Editora Vozes, 10ª reimpressão, 2019), § 585.

46. Owens. "Jung and Aion", p. 253.

47. Veja Liz Greene. *Jung's Studies in Astrology* (Abingdon: Routledge, 2018), capítulo 2. Para uma compilação das declarações de Jung sobre astrologia, veja C.G. Jung. *Jung on Astrology*, selecionado e introduzido por Keiron le Grice e Safron Rossi (Abingdon: Routledge, 2017).

48. C.G. Jung. "Um mito moderno sobre coisas vistas no céu", em *OC* 10/4, trad. Eva Bornemann Abramowitz (Petrópolis: Editora Vozes, 8ª reimpressão, 2018), § 589.

49. Veja Jung. "Presente e futuro", *OC* 10/1, § 536.

50. Para obras mais recentes que exploram esse tema, veja David Fideler. *Jesus Christ, Sun of God: Ancient Cosmology and Early Christian Symbolism* (Wheaton, IL: Quest Books/Theosophical Publishing House, 1993); Herbert Cutner. *Jesus* (Nova York, NY: The Truth Seeker Co., 1950), p. 129-164.

51. Veja Nicholas Campion. *Astrology and Popular Religion in the Modern West* (Farnham: Ashgate, 2012), p. 22.

52. Jean Sylvain Bailly. *Histoire de l'astronomie ancienne* (1775) ; Jean Sylvain Bailly. *Traite de l'astronomie indienne et orientale* (1787).

53. Charles Dupuis. *Origine de tous les cultes, ou religion universelle* (Paris: H. Agasse, 1795).

54. Charles Dupuis. *Planches de l'origine de tous les cultes* (Paris: H. Agasse, 1795), p. 6.

55. Francois-Henri-Stanislas de L'Aulnaye. *L'histoire générale et particulière des religions et du cultes* (Paris: J. B. Fournier, 1791).

56. Campion. *Astrology and Popular Religion*, p. 22-23. Veja também Joscelyn Godwin. *The Theosophical Enlightenment* (Albany, NY: SUNY Press, 1994), p. 69 e 82.

57. Veja William Emmette Coleman. "The Sources of Madame Blavatsky's Writings", em Vsevolod Sergyeevich Solovyoff. *A Modern Priestess of Isis* (Londres: Longmans, Green, and Co., 1895), apêndice C, p. 353-366.

58. Godfrey Higgins. *Anacalypsis*, 2 volumes (Londres: Longman, Rees, Orme, Brown, Green, and Longman, 1836), II:110-111.

59. Gerald Massey. "The Hebrew and Other Creations, Fundamentally Explained", em *Gerald Massey's Lectures* (Londres: publicação privada, 1887), p. 105-140, na p. 114.

60. Veja Campion. *Astrology and Popular Religion*, p. 24; Hammer. *Claiming Knowledge*, p. 248-249.

61. Gerald Massey. "The Historical Jesus and Mythical Christ", em *Gerald Massey's Lectures*, p. 1-26, na p. 8.

62. C.G. Jung. *Aion*, OC 9/2 (Petrópolis: Editora Vozes, 9ª reimpressão, 2019), §149, n. 84.

63. Para mais sobre Khunrath, veja Peter Forshaw. "Curious Knowledge and Wonder-Working Wisdom in the Occult Works of Heinrich Khunrath", em R. J. W. Evans e Alexander Marr (orgs.). *Curiosity and Wonder from the Renaissance to the Enlightenment* (Farnham: Ashgate, 2006), p. 107-130.

64. Heinrich Khunrath. *Von hyleaischen, das ist, pri-materialischen catholischen, oder algemeinem natürlichen Chaos, der naturgemessen Alchymiae und Alchemisten* (Magdeburgo, 1597), p. 36, citado em Jung, *Modern Psychology*, vol. 5-6, p. 156. Jung adquiriu a obra de Khunrath na edição original de 1597.

65. C.G. Jung. *Modern Psychology: Notes on Lectures Given at the Eidgenössische Technische Hochschule, Zürich by Prof. Dr. C.G. Jung, October 1933-July 1941*, 3 volumes, trad. e org. Elizabeth Welsh e Barbara Hannah (Zurique: K. Schippert & Co., 1959-60), vol. 5-6, p. 156.

66. Horace Jeffery Hodges. "Gnostic Liberation from Astrological Determinism", *Vigiliae Christianae* 51:4 (1997), p. 359-373.

67. Irenaeus. *Irenaei episcopi lugdunensis contra omnes haereses* (Oxford: Thomas Bennett, 1702), I:29-30.

68. Ireneu. *Haer.* I:30.12.

69. Ulansey. *The Origins of the Mithraic Mysteries*, p. 49-51, 76-81, 82-84.

70. Carta a Sigmund Freud, 26 de junho de 1910, em Sigmund Freud e C.G. Jung. *The Freud-Jung Letters*, org. William McGuire, trad. Ralph Manheim e R.F.C. Hull (Londres: Hogarth Press/Routledge & Kegan Paul, 1977), p. 336. Veja também C.G. Jung. *Símbolos da transformação*, em *OC 5* (Petrópolis: Editora Vozes, 9ª reimpressão, 2018), § 665, n. 66; Richard Noll. "Jung the Leontocephalus", em Paul Bishop (org.). *Jung in Contexts: A Reader* (Londres: Routledge, 1999), p. 51-91 na p. 67. Compare a descrição de Jung de Touro com a de Mead em *The Mysteries of Mithra*, p. 63: "O 'deus que rouba o touro' [Mitra] ocultamente significa geração". Veja também a carta de Jung a Sigmund Freud, 22 de junho de 1910, em *The Freud-Jung Letters*, p. 334.

71. *Psychology of the Unconscious* é a tradução original para o inglês, publicada em 1916, de *Wandlungen und Symbole der Libido*, publicado originalmente em alemão, em 1912, mais tarde revisado e retraduzido e publicado em inglês como *Symbols of Transformation* [em português: *Símbolos da transformação (OC 5)*] em 1956. A tradução original para o inglês de Beatrice Hinkle foi publicada como volume complementar B de *The Collected Works*.

72. Jung. *Psychology of the Unconscious*, §§ 226-7 e 523 n. 60. A tauroctonia é a imagem cultual característica de Mitra abatendo o touro.

73. Richard Reitzenstein. *Poimandres: ein paganisiertes Evangelium: Studien zur griechisch-ägyptischen und früh christlichen Literatur* (Leipzig: Teubner, 1904); Richard Reitzenstein. *Die hellenistische Mysterienreligionen* (Leipzig: Teubner, 1910); Richard Reitzenstein. *Mysterienreligionen nach ihren Grundgedanken und Wirkungen* (Leipzig: Teubner, 1910).

74. Platão. *Timaeus*, 39d.

75. Julius Firmicus Maternus. *Of the Thema Mundi*, em Taylor, Thomas (trad.). *Ocellus Lucanus, On the Nature of the Universe; Taurus, the Platonic Philosopher, On the Eternity of the World; Julius*

Firmicus Maternus, Of the Thema Mundi; Select Theorems on the Perpetuity of Time, by Proclus (Londres: John Bohn, 1831).

76. Para a cosmologia estoica, veja A.A. Long. *From Epicurus to Epictetus* (Oxford: Oxford University Press, 2006), p. 256-284; John Sellars. *Stoicism* (Berkeley, CA: University of California Press, 2006), p. 99-100.

77. Macróbio sugeriu 15 mil anos; Aristarco sugeriu 2484 anos. Veja a discussão em J. D. North. *Stars, Mind, and Fate* (Londres: Continuum, 1989), p. 96-115.

78. Jung. *Aion*, OC 9/2, § 286.

79. Jung, carta a Walter Robert Corti, 12 de setembro de 1929, em Gerhard Adler. *C.G. Jung Letters*, 2 volumes, trad. R.F.C. Hull (Princeton, NJ: Princeton University Press, 1973-75), vol. 1, p. 69-70.

80. Os outros dois são Gêmeos e Virgem. Todas as outras constelações são representadas por animais, com a exceção de Libra, a Balança inanimada.

81. Veja Friedrich Nietzsche, *Also sprach Zarathustra* (Chemnitz: Ernst Schmeitzner, 1883-1884). Existem várias traduções para o português dessa obra.

82. Para a discussão de Blavatsky das "eras", veja H.P. Blavatsky. *Isis Unveiled: A Master-Key to the Mysteries of Ancient and Modern Science and Theology*, 2 volumes (Londres: Theosophical Publishing Co., 1877), II:443, 455-456, 467-469; H.P. Blavatsky. *The Secret Doctrine: The Synthesis of Science, Religion, and Philosophy*, 2 volumes (Londres: Theosophical Publishing Co., 1888), II:198-201.

83. Blavatsky. *Isis Unveiled*, II:456.

84. http://www.oocities.org/astrologyages/ageofaquarius.htm, outubro de 2009. Esse URL não está mais disponível, mas está arquivado.

85. Rudolf Steiner. *The Reappearance of Christ in the Etheric* (Spring Valley, NY: Anthroposophic Press, 1983), p. 15-19.

86. Veja Nicholas Campion. *Astrology and Cosmology in the World's Religions* (Nova York, NY: NYU Press, 2012), p. 194-195.

87. Rudolf Steiner. *Friedrich Nietzsche. Ein Kämpfer gegen seine Zeit* (Weimar: E. Felber, 1895).

88. Rudolf Steiner. *Evil*, org. Michael Kalisch (Forest Row: Rudolf Steiner Press, 1997; publicação original, *Das Mysterium des Bösen* (Stuttgart: Verlag Freies Geistesleben, 1993), p. 56.

89. Mead. *Echoes*, I:47.

90. C.G. Jung. *Aion*, OC 9/2, § 142.

91. *Hair* (1967), livro e letras de James Rado e Gerome Ragni, música de Galt MacDermot.

92. Jung. *Memories, Dreams, Reflections*, p. 199-200.

93. Mead. *Echoes*, I:46.

94. Para uma análise detalhada da dependência de Jung das obras de Alan Leo e Max Heindel, veja Greene. *Jung's Studies in Astrology*, capítulo 2.

95. Alan Leo. *Esoteric Astrology* (London: Modern Astrology Office, 1913), p. v.

96. Alan Leo. "The Age of Aquarius," *Modern Astrology* 8:7 (1911), p. 272.

97. Alan Leo. *Dictionary of Astrology*, org. Vivian Robson (Londres: Modern Astrology Offices/L. N. Fowler, 1929), p. 204.

98. Para mais sobre a ideia de Leo da Era Aquariana, veja Nicholas Campion, *What Do Astrologers Believe?* (Londres: Granta Publications, 2006), p. 36.

99. Max Heindel. *The Rosicrucian Mysteries* (Oceanside, CA: Rosicrucian Fellowship, 1911), p. 15.

100. Max Heindel. *The Rosicrucian Cosmo-Conception, or Mystic Christianity* (Oceanside, CA: Rosicrucian Fellowship, 1909), p. 159-160.

101. Heindel. *The Rosicrucian Cosmo-Conception*, p. 305.

102. A elisão de Heindel de "Aryan" com "Arian" pode refletir sua própria agenda sociorreligiosa, mas a primeira ortografia nada tem a ver com a constelação de Áries.

103. Max Heindel. *The Message of the Stars*: An Esoteric Exposition of Medical and Natal Astrology Explaining the Arts of Prediction and Diagnosis of Disease (Oceanside, CA: Rosicrucian Fellowship, 1918), p. 12.

104. Heindel. *Message of the Stars*, p. 25-27.

105. Veja as diversas discussões de Jung de Peixes e sua constelação oposta Virgem, em Jung. *Aion, OC* 9/II.

106. Jung. *Aion, OC* 9/II, § 141.

107. Carta ao Frei Victor White, 10 de abril de 1954, em *C.G. Jung Letters*, II:167.

108. Carta a Adolf Keller, 25 de fevereiro de 1955, em *C.G. Jung Letters*, II:229.

109. Gerald Massey. *The Natural Genesis*, 2 volumes (Londres: Williams & Norgate, 1883), Vol. 2, p. 378-503.

110. Rudhyar. *Astrological Timing*, p. 115.

111. Carta a H.G. Baynes, 12 de agosto de 1940, em *C.G. Jung Letters,* I:285.

112. A dissertação de Biegel sobre a astrologia egípcia, *Zur Astrognosie der alten Ägypter,* foi publicada três anos após sua correspondência com Jung (Göttingen: Dieterichsche Universitats-Buckdruckerei, 1921). Para mais sobre Biegel, veja A.C. Rumke e Sarah de Rijcke. *Rebekka Aleida Beigel (1886-1943): Een Vrouw in de Psychologie* (Eelde: Barkhuism, 2006).

113. Comunicação pessoal de Sonu Shamdasani, 28 de julho de 2014.

114. C.G. Jung. "A função transcendente", em *OC* 8/2 (Petrópolis: Editora Vozes, 11ª reimpressão, 2019), § 131.

115. C.G. Jung. "Psicologia do inconsciente", em *OC* 7/1 (Petrópolis: Editora Vozes, 7ª reimpressão), § 121 n. 1.

116. Esse material nunca foi incluído em nenhum arquivo oficial. Andreas Jung generosamente me permitiu examinar os documentos e afirmou que o material deve ter sido de grande importância pessoal para Jung, pois não tinha sido arquivado juntamente com outros documentos, mas foi guardado num lugar especial em sua escrivaninha.

117. Jung corrigiu os cálculos de Biegel quando escreveu *Aion*. Em Jung. *Aion, OC* 9/2, § 149 n. 87, ele informou a data de 2154 "se nos baseássemos na estrela *Omicron* em Peixes" e 1997 "baseando-nos na estrela *Alpha* 113. [...] Este último corresponde à denominação das longitudes das estrelas como estão no *Almagesto, desde a época de Ptolemeu*". Biegel também afirmou que o ponto equinocial tinha chegado na primeira estrela da constelação de Peixes em 4 a.C., uma data que Jung aceitou inicialmente como data de nascimento "verdadeira" de Cristo, mas que, mais tarde ele corrigiu para 7 a.C.

118. Jung. *Aion, OC* 9/2, §§ 127-149.

119. Ibid., § 149 n. 88.

120. Ibid., § 149 n. 84.

121. E.M. Smith. *The Zodia, or The Cherubim in the Bible and the Cherubim in the Sky* (Londres: Elliot Stock, 1906), p. 280, citado em Jung. *Aion, OC* 9/2, § 149 n. 85.

122. Veja James H. Holden. "Early Horoscopes of Jesus", *American Federation of Astrologers Journal of Research* 12:1 (2001).

123. Para a discussão de Jung do ciclo Júpiter-Saturno e *De magnis coniunctionibus, de* Abu Ma'shar, veja Jung. *Aion, OC* 9/2, §§ 130-138.

124. Para uma tradução para o inglês de *Speculum astrono miae*, de Albertus Magnus, que discute o horóscopo de nascimento de Jesus, veja Paola Zambelli, *The Speculum astronomiae and its Enigma* (Dordrecht: Kluwer Academic, 1992). Para as referências de Jung a Albertus Magnus, veja Jung. *Aion, OC* 9/2, §§ 130, 133, 143, 404.

125. Pierre d'Ailly. *Tractatus de imagine mundi Petri de Aliaco* (Louvain: Johannes Paderborn de Westfalia, 1483). Para o horóscopo de d'Ailly's de Jesus, veja Ornella Pompeo Faracovi, *Gli oroscopi di Cristo* (Veneza: Marsilio Editori, 1999), p. 104. Para as referências de Jung a d'Ailly, veja Jung. *Aion, OC* 9/2, §§ 128, 130 n. 35, 136, 138, 153-154, 156.

126. Faracovi. *Gli oroscopi di Cristo*, p. 130.

127. Veja Jung. *Aion, OC* 9/2, § 130 n. 39.

128. Jung. *Aion, OC* 9/2, § 130.

129. Oswald Gerhardt. *Der Stern des Messias* (Leipzig: Deichert, 1922).

130. Jung. *Aion, OC* 9/2, § 170.

131. Jung. *O Livro Vermelho*, p. 109. Para a distinção de Jung entre a imagem de deus e a existência ontológica de Deus, veja Jung. *O Livro Vermelho*, p. 109, n. 7.

132. Jung. *Aion, OC* 9/2, § 172. "Caldeus" é um sinônimo antigo para "astrólogos", veja Cícero, *De divinatione*, II:44.93.

133. Jung. *Aion, OC* 9/2, §§ 147 e 162.

134. Jung. *O Livro Vermelho*, p. 313 e n. 200.

135. Para a natureza esférica da Alma do mundo, veja Platão. *Timaeus*, 37d.

136. Jung. *Memories, Dreams, Reflections*, p. 372.

137. Alan Leo. *Astrology for All* (Londres: Modern Astrology Office, 1910), p. 44.

138. C.G. Jung. Carta a Eugene Rolfe, em Eugene Rolfe, *Encounter with Jung* (Boston, MA: Sigo Press, 1989), p. 158.

139. Aniela Jaffé. *Was C.G. Jung a Mystic?* (Einsiedeln: Daimon Verlag, 1989), p. 16.

140. C.G. Jung. "A importância da psicologia para a época atual", em *OC* 10/3 (Petrópolis: Editora Vozes, 8ª reimpressão, 2018), § 329.

3
Abraxas
O demiurgo gnóstico de Jung no *Liber Novus*

Stephan A. Hoeller

C.G. Jung se interessava intensa e empaticamente pela tradição cristã alternativa conhecida como gnosticismo. Tanto em seus escritos publicados quanto em suas lembranças privadas, encontramos comentários frequentes e perspicazes sobre a tradição gnóstica, mesmo que, durante grande parte da vida de Jung, o tema do gnosticismo tenha sido praticamente desconhecido a todos, menos a alguns poucos estudiosos da religião.

Um dos documentos-chave que dão um dos primeiros testemunhos do interesse vital de Jung pelo gnosticismo é um livro lindamente projetado, *Septem Sermones ad Mortuos* – "Sete instruções para os mortos". Jung mandou imprimir a obra privadamente em 1916 e, ao longo das décadas subsequentes, deu cópias a um número seleto de amigos e associados. Com a aprovação de Jung, H.G. Baynes traduziu o texto dos sermões para o inglês, e essa edição foi impressa privadamente em 1925.[1] Novamente, Jung distribuiu a edição inglesa apenas a pessoas que ele acreditava estarem adequadamente preparadas para sua mensagem.

O que tem permanecido desconhecido de modo geral é que, por volta de 1917, Jung também transcreveu uma versão muito expandida dos *Septem Sermones*, transformando-os na terceira e última porção de seu esboço para o *Liber Novus*, a seção intitulada de *Aprofundamentos*. Lá, os sermões aparecem como a revelação sumária do *Liber Novus*. Jung nunca revelou publicamente a existência dessa forma mais extensa dos sermões, e até a publicação do *Livro Vermelho: Liber Novus*, essa versão dos sermões permaneceu totalmente inacessível.[2]

Aqueles que tiveram a sorte de se familiarizar com os *Septem Sermones ad Mortuos*, normalmente os acharam intrigantes, mas, muitas vezes, ficaram também perplexos diante de seu conteúdo. A autoria do livro foi atribuída não a Jung, mas a um mestre gnóstico histórico chamado Basilides. E como lugar de sua redação foi informado "Alexandria, a cidade em que Oeste e Leste se encontram". Ao longo dos anos seguintes, aqueles que tinham lido o livro, às vezes se referiam a ele como a revelação gnóstica de Jung. Mas, é claro, durante a vida de Jung, poucas pessoas souberam muito sobre o gnosticismo, tampouco entendiam o que realmente tornava esse pequeno livro "gnóstico". Não obstante, após a publicação de *Liber Novus*, tornou-se evidente que os sermões são, de fato, a revelação do mito gnóstico de C.G. Jung. Os sermões podem até ser vistos como âmago de seu Novo Livro – *O Livro Vermelho: Liber Novus*.

Desde a morte de Jung em 1961, muita informação adicional sobre o gnosticismo tem sido disponibilizada, e ele tem se tornado o objeto de um amplo interesse popular e acadêmico. Um ímpeto importante para essa atenção renovada foi a publicação, em 1977, da biblioteca de escrituras gnósticas de Nag Hammadi, a coleção mais extensa descoberta até hoje de escritos originais dos gnósticos antigos.[3] Os textos de Nag Hammadi lançam uma nova luz sobre muitos detalhes do mito gnóstico que, até então, eram obscuros. Também ajudam a inserir o tratado gnóstico de Jung num contexto mais amplo.

Ao longo dos anos, os *Septem Sermones ad Mortuos* resistiram a uma classificação fácil. Alguns autores o definiram como uma "cosmologia", mas essa é uma formulação inadequada. Talvez o documento possa ser definido mais corretamente como uma "psicocosmologia". Visto que, tipicamente, as escrituras gnósticas abordavam seus temas psicoespirituais na forma de mitos, poderíamos sugerir que os *Septem Sermones* exemplifiquem a formulação contemporânea de um mito gnóstico. Mesmo que o texto de Jung não seja idêntico a nenhum mito gnóstico pré-existente, sua forma apresenta um parentesco com muitos textos gnósticos antigos que vieram à luz ao longo do último século.

Os temas gnósticos nos *Septem Sermones* são ampliados por outro documento criado por Jung durante o período em que ele registrou os sermões. No início de 1916, Jung construiu uma imagem – ou mandala – detalhada e artisticamente impressionante, que representava em forma diagramática muitos dos elementos discutidos subsequentemente nos sermões. Ele a intitulou de *Systema mundi totius*, "o sistema do mundo inteiro". Jung não incluiu essa imagem nas muitas ilustrações de seu *Livro Vermelho*. Muito mais tarde, porém, ele permitiu que fosse publicada – ela apareceu numa edição de 1955 da revista alemã *Du*, dedicada às conferências de Eranos (no entanto, Jung não permitiu que seu nome fosse informado explicitamente como criador da imagem). Subsequentemente, a imagem foi incluída como uma imagem, ocupando uma página inteira, em *C.G. Jung: Word and Image*.[4] O *Systema mundi totius* foi agora lindamente reproduzido no *Livro Vermelho: Liber Novus*, onde aparece no apêndice A.[5] O texto ampliado dos sermões presentes em *Liber Novus* e o diagrama do *Systema mundi totius* fornecem, juntos, um fundamento para a discussão abaixo.

Declarações que substanciam a afinidade de Jung com a tradição gnóstica percorrem todos os seus escritos publicados. Jung defendia a visão de que, durante grande parte da história da cultura ocidental, a realidade da psique e seu papel na transformação do ser humano tinha recebido pouco reconhecimento. Os gnósticos antigos, por sua vez, e sua progênie secreta posterior – que, na visão de Jung, incluía os alquimistas e outros movimentos espirituais alternativos – afirmavam a importância reveladora da psique. Jung afirmou claramente: "Para os gnósticos – e este é o seu segredo real – a psique existia como uma fonte de conhecimento". Como resposta à pergunta recorrente se Jung era ou não um gnóstico, devemos dizer: "Ele certamente era, pois 'gnóstico' significa 'conhecedor', e, segundo sua própria declaração, Jung era *alguém que sabia*". As visões, mitos e metáforas dos gnósticos confirmavam as experiências de Jung documentadas em *Liber Novus*, e essa circunstância criou um laço que o unia com os gnósticos de todos os tempos e lugares.

Mito do demiurgo

O mito do demiurgo tem sua origem em Platão. Em seu *Timeu*, Platão postulou a existência de uma deidade criadora, um "demiurgo", que criou o universo material. O termo *demiurgo* provém da palavra grega que significa "artesão". Apesar de ser um artesão e criador, é preciso entender que o demiurgo não era idêntico à figura do criador monoteísta; o demiurgo e o material a partir do qual o demiurgo criou o universo eram consequências secundárias de outro fator primário. O demiurgo é, portanto, um arquiteto intermediário, não uma fonte suprema.

Em tempos antigos, Platão era visto como paradigma de toda sabedoria, e seu modelo de um demiurgo, ou criador cósmico, foi desenvolvido e adaptado em muitas escolas subsequentes de pensamento, incluindo nos mitos dos gnósticos.[6] Os gnósticos imaginavam o demiurgo como um poder sobrenatural subordinado, que não era idêntico à deidade verdadeira, última e transcendente. A presença de um mito sobre esse demiurgo se tornou uma característica distintiva dos sistemas gnósticos. Tomando conhecimento do caráter e da conduta por vezes repugnante da deidade do Antigo Testamento, os gnósticos identificavam frequentemente este Deus com o demiurgo – um ser que não era mau, mas, mesmo assim, de estatura moral questionável e sabedoria limitada.

Para alguns alunos de Jung, há muito tem sido evidente que, em *Resposta a Jó*, ele caracterizou o tirano divino que atormentou Jó como um demiurgo gnóstico clássico. Essa deidade descrita por Jung era um ser que carecia de sabedoria por ter perdido ou esquecido seu lado feminino – sua *Sophia* ("sabedoria"). Não obstante essa e outras evidências, alguns leitores de Jung argumentaram anteriormente que seu mito nos *Septem Sermones* não incluía a figura gnóstica controversa do demiurgo e que, por isso, não deveriam ser chamados gnósticos. A publicação do *Livro Vermelho: Liber Novus* torna agora abundantemente claro que o demiurgo *está* presente no mito de Jung. Na verdade, *Resposta a Jó* é inconfundivelmente uma reformulação do mito gnóstico revelado a Jung em *Liber Novus* e dentro dos *Septem Sermones*.[7]

Antes da disponibilidade da versão expandida dos sermões encontrada em *Liber Novus*, a figura de Abraxas – como retratada na edição publicada dos sermões de 1916 – permanecia ambígua. Em meu livro *The Gnostic Jung and the Seven Sermons to the Dead*, publicado originalmente em 1982, eu ofereci um comentário inicial sobre o *locus* de Abraxas no mito de Jung.[8] Com o texto de *Liber Novus*, guardado a sete chaves por tanto tempo, finalmente disponível, quero agora corrigir e expandir aqueles comentários anteriores compostos há quase quatro décadas. Com base na documentação em *Liber Novus*, a figura que Jung identificou como "Abraxas" final e indisputavelmente foi revelada como um demiurgo gnóstico clássico.

O ser misterioso chamado "Abraxas" aparece pela primeira vez em *Septem Sermones*, na parte final do segundo sermão; passagens que o descrevem ocorrem também no terceiro e quarto sermões. Inicialmente, lá ele é caracterizado como "um Deus que não conhecíeis, pois os homens o esqueceram". Essa afirmação certamente pode ser vista como aplicável a uma deidade intermediária, como é ubíquo num grande número de escrituras gnósticas.

Durante uns dois mil anos, as culturas do Ocidente e do Oriente Médio têm sido dominadas pela imagem monoteísta de Deus que conhecemos hoje. Antes dos primeiros séculos da era atual, porém, muitas culturas mediterrâneas acomodavam religiões de uma natureza pluralista onde a imagem de uma realidade divina última e impessoal coexistia com um número de deidades inferiores ou intermediárias. Em tais sistemas pluralistas antigos, a imagem de um demiurgo materialmente poderoso, mas moral e espiritualmente debilitado costumava exercer um papel importante.

Muitos estudiosos afirmam agora que a religião cristã incipiente abrigava várias formas alternativas; aqueles movimentos no início do cristianismo que incluíam um mito do demiurgo costumam ser coletivamente categorizados como "gnósticos". O nome de Abraxas ocorre em alguns poucos textos gnósticos antigos (onde ele costuma ser identificado como um grande *archon*), mas não existem evidências de que o demiurgo do gnosticismo clássico era chamado especificamente de Abraxas. A atribuição de Jung do antigo nome Abraxas ao demiurgo foi, portanto, sua própria apropriação imaginativa.[9]

Abraxas e o demiurgo

Então, Abraxas era o demiurgo no mito de Jung? O registro de 16 de janeiro de 1916 nos *Livros Negros* e reproduzido como apêndice C em *Liber Novus* remove qualquer dúvida sobre essa questão: Abraxas era o demiurgo no mito de Jung. Como já observou o dr. Lance Owens, esse registro – escrito por volta do mesmo tempo em que Jung esboçou o *Systema mundi totius* e mais ou menos duas semanas antes de escrever sua versão inicial dos *Septem Sermones* – registra as seguintes palavras ditas por Jung à alma, que assumiu a voz da *Sophia* gnóstica.[10] A fala dela a Jung é, sem dúvida, uma versão do mito gnóstico primordial do demiurgo, chamado, aqui, de Abraxas:

> *Tu deves adorar um único Deus*. Os outros deuses são indiferentes. *O Abraxas deve ser temido*. Por isso foi libertação quando ele se afastou de mim.

Observe que a separação do demiurgo de *Sophia* – "quando ele se separou de mim" – é um elemento-chave do mito gnóstico clássico de *Sophia* e o demiurgo.[11] Então ela exorta:

> Tu não precisas procurá-lo. Ele te encontrará, igualmente como o Eros. Ele é o Deus do universo, extremamente poderoso e terrível. Ele é o impulso criador, é forma e formação, tanto matéria como força, portanto sobre todos os deuses claros e escuros. Ele arrebata a alma e a lança na procriação. Ele é criador e criado. Ele é o Deus que se renova sempre, no dia, no mês, no ano, na vida humana, na época, nos povos, no vivente, nas estrelas. Ele é força, é implacável. Se o venerares, fortalecerás seu poder sobre ti. E assim o poder dele se torna insuportável. Terás grande dificuldade para te livrares dele. [...] Portanto lembra-te dele, não o veneres, mas não penses que podes fugir dele, pois ele está em volta de ti. Tu deves estar no meio da vida, cercado pela morte. Distendido como um crucificado, estás dependurado dentro dele, o terrível, o suprapoderoso.[12]

Esse registro identifica, sem qualquer ambiguidade, a figura de Abraxas, que, algumas semanas depois disso, apareceu na versão inicial de Jung dos sermões, como o demiurgo da mitologia gnóstica clássica. A identificação de Abraxas com o demiurgo é estabelecida adicionalmente no esboço de *Liber Novus*, onde, em várias passagens, Jung substituiu o nome "Abraxas", registrado originalmente em seu *Livros Negros*, pelo termo "regente deste mundo".[13]

Em seu início, a teogonia gnóstica de Jung nos sermões descreve uma fonte última, totalmente transcendente chamada Pleroma e, então, várias deidades intermediárias, incluindo o deus-sol, o diabo, Eros e a árvore da vida. Além dessas figuras, todo o terceiro sermão se dedica à introdução da figura demiúrgica de Abraxas. No quarto sermão, Jung resume:

> Imensurável como a multidão das estrelas é o número de deuses e diabos. Cada estrela é um deus e cada espaço que uma estrela ocupa é um diabo. Mas o vazio do todo é o Pleroma. A atividade do todo é Abraxas, só o irreal se opõe a ele.[14]

A versão dos sermões incluída em *Liber Novus* contém vários acréscimos crucialmente importantes ao texto original impresso em 1916. Nessa versão expandida do manuscrito de 1917, Filêmon é identificado como o orador que apresenta os sermões aos mortos (o orador dos sermões na versão impressa havia sido Basilides). O texto inclui perguntas que Jung faz a Filêmon sobre cada sermão, juntamente com as respostas de Filêmon. Este também acrescenta um comentário homilético extenso ao conteúdo de seus sermões. Todo esse material adicional enriquece e explica o significado dos sermões.

Depois do primeiro sermão, a pergunta inicial de Jung a Filêmon expressa a preocupação de que os sermões possam ser considerados uma "heresia repreensível". Essa pergunta apresenta as características de uma pergunta retórica.) Filêmon responde que o público ao qual os sermões se dirigem – "os mortos" – são cristãos cuja fé agora abandonada declarou muito tempo atrás que esses ensinamentos eram heresias. Esse comentário pode ser interpretado como implicando que um grande número de pessoas na nossa cultura está agora abandonando sua religião tradicional e assim está preparado para dar ouvidos a heresias antigas, nas quais possa encontrar respostas às suas próprias perguntas agourentas. A declaração de Filêmon é clara e vai direto ao ponto:

> Mas por que lhes ensino a doutrina dos antigos? Ensino-lhes dessa forma porque sua fé cristã renegou e perseguiu, certa vez, precisamente essa doutrina. Mas eles mesmos renegaram a fé

cristã e por isso tornaram-se aqueles que a fé cristã também renegou. Isto eles não sabem, e por isso devo ensinar-lhes [...].[15]

As palavras de Filêmon são eminentemente aplicáveis ao problema da religião na cultura ocidental contemporânea. Em grande parte da Europa, a religião tem alcançado um ponto baixo sem precedentes em sua história, e a lealdade à tradição cristã nos Estados Unidos parece estar diminuindo. Com frequência Jung apontou que a imagem de Deus na religião e cultura é de importância crucial para o bem-estar da psique coletiva e, portanto, também para o bem-estar do indivíduo. Um fator importante que está induzindo o declínio da religião cristã no Ocidente é, sem dúvida, a decepção que as pessoas vieram a sentir com o Deus monoteísta tradicional.

Profecia de uma nova era e uma nova imagem de Deus

O *Liber Novus* epocal de Jung é, no consenso de leitores informados, um livro de profecia. No fólio inicial de *Liber Novus*, Jung apresenta uma imagem de uma paisagem complexa com um zodíaco acima dela, que apresenta a passagem do sol do signo de Peixes para o signo de Aquário. Essa imagem aponta para seu título, *O caminho do que há de vir*. Então o leitor encontra várias citações proféticas dos escritos do profeta Isaías e do prólogo ao Evangelho de São João. Assim, o *Liber Novus* prepara o palco para a revelação de sua nova profecia.[16]

Ao longo de todo o *Liber Primus* e *Liber Secundus* do *Liber Novus*, encontramos referências recorrentes à vinda da nova Era de Aquário. Numa seção impressionante à qual Jung deu o título de "As três profecias", sua alma lhe revela três períodos na era vindoura: guerra, magia e religião.[17] Num comentário sobre essa visão, Jung escreveu:

> Essas três significam a libertação do caos e de suas forças, mas as três são igualmente o aprisionamento do caos. A guerra é manifesta e cada qual a vê. A feitiçaria é escura e ninguém a vê. A religião ainda não é manifesta, mas será. [...] Eu sentia o peso do trabalho mais terrível dos tempos vindouros. Eu via onde e como, mas nenhuma palavra conseguia defini-lo, nenhuma vontade pode forçá-lo. [...] Mas eu o vi e minha lembrança não me abandona.[18]

Ao examinar as numerosas passagens proféticas em *Liber Novus*, torna-se evidente que, no centro da experiência de Jung, reside uma visão da formação de uma nova imagem de Deus. Mas quais indicações Jung deu referente à natureza dessa nova imagem de Deus e como as pessoas contemporâneas podem facilitar a ascensão de uma nova imagem de Deus em sua própria natureza e na nova religião que está por vir?

Liber Novus oferece várias declarações que se referem à imagem vindoura de deus. O tom é definido na primeira parte do *Liber Primus*; aqui, Jung relata várias visões que ele experimentou e que previam o tempo "em que estourou a grande guerra entre as nações da Europa". Então ele declara:

> Em nós está o caminho, a verdade e a vida. [...] Os indicadores do caminho caíram, trilhas indeterminadas estão diante de nós. Não sejais gulosos em engolir os frutos de campos estranhos. Não sabeis que vós mesmos sois o campo fértil que produz tudo o que vos aproveita?[19]

Desde o início do misterioso livro profético de Jung, é evidente que a futura imagem de Deus não seria outra senão a natureza essencial e divina do si-mesmo que habita na alma humana. Aqui também precisamos recorrer à versão expandida dos sermões para um comentário esclarecedor. No final do primeiro sermão, Filêmon instrui seu público a buscar aquilo que ele chama suas *essências*. Ele continua:

> Por isso só existe basicamente uma luta, isto é, a luta pela própria natureza. Se tivésseis esta luta, não precisaríeis saber nada sobre o Pleroma e suas qualidades e chegaríeis ao objetivo certo graças à vossa natureza. Mas como o pensar se afasta da natureza, tenho de ensinar-vos o conhecimento com o qual podeis refrear vosso pensar.[20]

Muitos escritos gnósticos afirmam explicitamente que a *essência* do humano é o fragmento da realidade última que reside no centro de seu ser. Quando o humano consegue ganhar acesso a essa essência, todos os outros empreendimentos religiosos ou espirituais se tornam redundantes. É, em grande parte, por causa do demiurgo – ou assim acreditavam os antigos amigos de Jung, os gnósticos – que esse acesso é tão difícil. Nos sermões, Filêmon, o espírito mentor de Jung, oferece conselhos referentes ao caminho judicioso por meio do qual os humanos podem se livrar do jugo do demiurgo. Diferentemente dos gnósticos mais radicais de outrora, Filêmon nos aconselha a não fugir do demiurgo Abraxas, nem buscá-lo. Em uma passagens dos sermões, Filêmon diz sobre Abraxas: "não resistir a ele é liberação".

O demiurgo gnóstico, qualquer que seja seu nome, é onipresente no mundo exterior. Enquanto os humanos estiverem na encarnação terrestre, eles precisam aceitar a presença do demiurgo e buscar igualmente equilibrar sua influência através do contato com sua própria essência que habita neles. Essa essência é descrita no sétimo sermão como a "estrela solitária" nos céus. Essa declaração é complementada pela revelação que Jung registrou em seus *Livros Negros* em 16 de janeiro de 1916, quando sua alma o admoestou:

> Mas tu tens dentro de ti o Deus *único*, o fabulosamente belo e bom, o solitário, semelhante às estrelas, o imoto, aquele que é mais velho e mais sábio do que o pai, aquele que tem uma mão firme que te guia em todas as escuridões e em todos os temores mortais do terrível Abraxas. Ele dá alegria e paz, pois está além da morte e além do mutável. Ele não é servidor nem amigo de Abraxas.[21]

Qual, então, é a deficiência principal do Deus do éon antigo, do Deus que deve ser superado? Usando a nomenclatura dos sermões e outras declarações de Jung, poderíamos dizer que o Deus das religiões monoteístas é uma mistura em que o Deus último (chamado o Pleroma nos *Septem Sermones*) é *inconscientemente* combinado com o demiurgo, que Jung chama de Abraxas.

Com base nos numerosos feitos e declarações paradoxais e até mesmo malignos da deidade do Antigo Testamento e no fato de que essa deidade foi levada adiante para o cristianismo ortodoxo, somos tentados a concluir (como Jung fez em *Resposta a Jó*) que o Deus judaico-cristão é, no melhor dos casos, um ser que representa ambos, arrogância e inconsciência. Parece bastante impossível acreditar que esse Deus é, ao mesmo tempo, onipotente e bom – pois sua bondade teria de ser combinada com impotência ou, alternativamente, sua onipotência teria de ser combinada com sua ausência de bondade. Assim, uma parte considerável da humanidade chegou ao ponto em que ela não consegue mais suportar a tensão inconsciente representada pela crença cega numa imagem de Deus totalmente enigmática e irrisória. Essa circunstância está causando um surto sem precedentes de ateísmo e secularismo na cultura ocidental.

Ao longo do século XX, a humanidade experimentou uma multitude de eventos terríveis; estes minaram a capacidade de muitas pessoas de ter fé num Deus benevolente. A brutalidade medieval dos terroristas modernos motivados por devoção a um Deus monoteísta só reforçou a rejeição de tais imagens tradicionais de Deus na sociedade secular. Nossa era clama por um novo entendimento de divindade e uma nova imagem de Deus. Essa era a profecia de Jung em *Liber Novus*. Como ele observou também, esse desenvolvimento pode levar séculos. Até uma nova imagem de Deus se constelar, passaremos por uma época de caos e violência.

Quando a Cristandade baniu o mito salvífico da gnose em prol de um literalismo nada imaginativo, ele empobreceu espiritualmente. Nosso empobrecimento agora alcançou seu término. Aguardamos a formação do nosso novo mito – um mito que redescobre as imagens e o mito primordial da gnose. Como declarou Jung:

> Não se escandalize o leitor se a minha digressão soa como um mito gnóstico. Movemo-nos aqui no terreno psicológico em que está enraizada a gnose. A mensagem do símbolo cristão é gnose, e a compensação do inconsciente o é ainda mais. O mitologema é a linguagem verdadeiramente originária de tais processos psíquicos e nenhuma formulação intelectual pode alcançar nem mesmo aproximadamente a plenitude e a força de expressão da imagem mítica. Trata-se de imagens originárias cuja melhor expressão é a imagística.[22]

O si-mesmo, o demiurgo e a nova imagem de Deus

A questão da imagem vindoura de Deus cativou a atenção de vários alunos de Jung em décadas recentes. Talvez Edward Edinger tenha feito a afirmação mais completa referente a Jung em seu livro pioneiro *The New God-Image*.[23] Como Edinger observou, Jung expressou uma imagem antiga e esotérica de uma consciência deífica que habita na alma. Essa afirmação está presente no *Liber Novus* e é repetida de várias maneiras em todos os escritos subsequentes de Jung. Em *Liber Novus*, Jung ofereceu uma profecia surpreendente: a imagem inabitante de Deus, negligenciada por tanto tempo, eventualmente se tornaria a imagem orientadora de Deus do futuro. Na primeira página de *Liber Novus*, ele deixou claro que essa predição estava coordenada com a passagem sincrônica do mundo da era astrológica de Peixes para a Era de Aquário.

Agora evidenciou-se que o fundamento essencial da ciência e linguagem psicológica de Jung repousava em seu *Liber Novus*, ocultado por tanto tempo. Uma revelação-chave presente no *Liber Novus* que, mais tarde, emergiu como uma afirmação central em sua psicologia – e como uma declaração espiritual e arquetípica – foi a afirmação da presença dentro da psique humana de um arquétipo central, em torno do qual os outros arquétipos se constelam. Ele chamou esse princípio central ou arquétipo o "si-mesmo". Em *Psicologia e alquimia* – publicado em 1944 e baseado em palestras feitas em 1935 – Jung declarou:

> Senti-me impelido por isso a dar o nome psicológico de *si-mesmo* (Selbst) ao arquétipo correspondente – suficientemente determinado para dar uma ideia da totalidade humana e insuficientemente determinado para exprimir o caráter indescritível e indefinível da totalidade. [...] Por isso, na linguagem científica, o termo si-mesmo não se refere nem a Cristo, nem a Buda, mas à totalidade das formas que representam, e cada uma dessas formas é um *símbolo do si-mesmo*. Este modo de expressão é uma necessidade intelectual da psicologia científica e não significa de modo algum um preconceito transcendental. Pelo contrário, [...] este ponto de vista objetivo possibilita a alguns de se decidirem por Cristo, e a outros, por Buda etc.[24]

Enquanto a existência de uma imagem divina interna à psique, que Jung chamou de "si-mesmo", é amplamente aceita entre os seguidores de Jung, o arquétipo oposto do demiurgo é muito menos conhecido. Jung alegava que, no centro do cristianismo inicial, existia a percepção da gnose; ele mesmo tinha encontrado essa gnose nas experiências documentadas em seus *Livros Negros* e, depois, no *Liber Novus* e nos *Septem Sermones*. Parte essencial do mito arquetípico da gnose é a presença de uma dualidade internamente, na alma, e externamente, no cosmos. Essa dualidade é composta de uma centelha divina nos recessos mais profundos da alma e de um poder demiúrgico externo. *O si-mesmo e o demiurgo se encontram em oposição um ao outro.*

Essa oposição simbólica é ilustrada claramente em *Systema mundi totius*, o mandala de Jung de 1916.[25] No ponto mais baixo do mandala circular, no círculo exterior, encontramos um ser com o corpo inferior de uma grande serpente e um torso de cor clara e a cabeça dourada de um leão coroado com uma auréola dourada de dez raios. No polo oposto do mandala, no ápice do desenho, encontramos um ovo alado, dentro do qual há uma figura da criança-deus Fanes. A serpente-leão é descrita como *abraxas dominus mundi* (Abraxas, Senhor do mundo). Esse demiurgo poderoso domina a criação inferior, enquanto a criança-deus Fanes acima está prestes a alcançar sua estatura plena. A imagem primitiva e não diferenciada de Deus está prestes a ser substituída pela criança-deus da promessa ainda em desenvolvimento.

O *Systema mundi totius* é habitado também por imagens de seres arquetípicos que são arranjados em pares de opostos nos polos do mandala. Elas incluem *deus sol* (deus-sol) e *deus luna satanas* (deus-lua, satanás). Também encontramos o par de um roedor alado identificado como *scientia* (ciência) e um verme alado chamado *ars* (arte). A despeito da abundância dessas imagens simbólicas – muitas das quais aparecem mais adiante no texto como figuras dos *Septem Sermones* – os dois pontos focais principais do diagrama são claramente Abraxas e Fanes.

Uma imagem vale mais do que mil palavras, e as imagens de Jung aqui iluminam a natureza e o papel dos arquétipos retratados, especialmente do demiurgo primordial Abraxas e de Fanes, a nova imagem de Deus que aguarda o nascimento. É claro, em combinação com essa imagem, as descrições verbais de Abraxas nos *Septem Sermones* também são instrutivas:

> Abraxas é um deus difícil de se conhecer. Seu poder é maior, pois o ser humano não o vê. [...] É magnífico como o leão no momento em que abate sua vítima. É belo como um dia primaveril.[26]

> Olhar para ele significa cegueira. Conhecê-lo significa doença. Adorá-lo significa morte. Temê-lo significa sabedoria. Não se opor a ele significa redenção. [...] Este é o terrível

> Abraxas. [...] Ele é o brilho e a sombra do ser humano. Ele é a realidade ilusória.[27]

Como Jung observou no segundo sermão, as pessoas não sabem nada sobre o demiurgo porque se esqueceram dele. Esse esquecimento foi apoiado pelos arquitetos autodeclarados dos primeiros séculos cristãos: os padres heresiólogos da igreja da ortodoxia. Depois disso, o mero pensamento de um demiurgo se tornou uma abominação herética para a cristandade ortodoxa. As percepções de Jung registradas no *Liber Novus* e especialmente nos sermões declaravam que, a fim de avançar em direção a uma integridade maior, devemos olhar para a nova imagem vindoura de Deus. Mas para fazer isso, precisamos também reconhecer o demiurgo esquecido, o Deus que Jung declarou ser "difícil de se conhecer".

A humanidade atual está se conscientizando gradualmente de uma realidade psíquica interior, um fato centralizador que Jung identificou como o arquétipo salvífico do si-mesmo. Em *Liber Novus*, ele proclamou profeticamente que uma nova imagem de Deus está se desenvolvendo na humanidade – e talvez uma nova imagem de Deus já tenha despertado em alguns indivíduos da nossa era, como aconteceu em Jung. Esse desenvolvimento epocal incipiente exige percepção consciente adicional e uma união consciente dos opostos. Usando a linguagem de *Liber Novus* e do *Systema mundi totius*, poderíamos proclamar que Fanes está agora se mexendo e está prestes a sair do ovo. Mas para que isso aconteça, os seres humanos também devem reconhecer conscientemente a realidade de sua entidade oposta, o demiurgo Abraxas.

A cultura ocidental tem sofrido tempo demais com uma unilateralidade ruinosa. Um elemento poderoso nessa perspectiva unilateral é uma indisposição militante de reconhecer a realidade efetiva do demiurgo. Com uma percepção simbólica singular, os gnósticos antigos observaram como o espírito humano está confinado na terra por uma prisão construída de opostos desconcertantes. Uma realidade demiúrgica nos colocou atrás dessas barras de prisão, que, alternativamente, assumem forma na luta inexorável entre luz e trevas, bem e mal, ou componentes sábios e tolos. Negar a realidade desse fato meramente prolonga o nosso confinamento.

Nossa imersão extrovertida no mundo, em seus aspectos naturais e culturais, perpetua a escravidão ao Abraxas esquecido. Seus poderes ferozes, hipnotizantes e infinitamente criativos nos fascinam. Adoramos o terrível Abraxas nas funestas ideologias políticas da nossa época. Cada vez mais, ele nos mantém cativos na rede magicamente cintilante da tecnologia moderna. Apenas um aumento da consciência psicológica, que leva à individuação da nossa psique, oferece um caminho para a liberação da dominação dos complexos internos e dos fascínios externos que são a essência de Abraxas. Cabe a nós aceitar a realidade dessa força arquetípica, pois nas palavras dos sermões, "adorá-lo significa morte. Temê-lo significa sabedoria. Não se opor a ele significa redenção".

Chegou a hora em que devemos incorporar as percepções epocais de Jung em nossa vida. Os ensinamentos de *Liber Novus* devem ser aceitos como uma forma de disciplina espiritual. Poucos meses antes de sua morte em 1961, Jung escreveu a um conhecido:

> Eu não fui capaz de fazer as pessoas verem o que eu buscava. Estou praticamente sozinho. Há alguns poucos que entendem isso e aquilo, mas quase ninguém enxerga o todo [...]. Falhei em minha tarefa mais importante: a de abrir os olhos das pessoas para o fato de que o homem tem uma alma e de que existe um tesouro enterrado no campo e que a nossa religião e filosofia se encontram num estado lamentável.[28]

Hoje, após a publicação de *Liber Novus*, esse clássico espiritual monumental, talvez sejamos finalmente capazes de responder a Jung que ele não falhou de forma alguma; que agora, inspirados por sua mensagem visionária, nós também estamos prontos "para dar à luz o antigo num tempo novo".[29] Em algum local arquetípico misterioso, o sábio dr. C.G. Jung aguarda tal resposta à sua grande obra.

Notas

Desejo agradecer ao dr. Lance Owens pela sua colaboração editorial na preparação deste artigo e a Vicky Jo Varner por sua ajuda na correção do texto final.

1. A tradução para o inglês de H. G. Baynes de *Septem Sermones ad Mortuos* aparece como um apêndice em C.G. Jung. *Memories, Dreams, Reflections*, Aniela Jaffé, org. (ed. rev., Nova York, NY: Vintage Books, 1965).

2. C.G. Jung. *O Livro Vermelho: Liber Novus*, org. Sonu Shamdasani, trad. Edgar Orth (Petrópolis: Editora Vozes, 1ª reimpressão, 2016); citado daqui em diante como *Liber Novus*. Para a versão expandida dos *Septem Sermones*, veja *Liber Novus*, p. 449-472.

3. Marvin Meyer, org. *The Nag Hammadi Scriptures: The International Edition* (San Francisco: Harper, 2007).

4. Aniela Jaffé, org. *C.G. Jung: Word and Image* (Princeton, NJ: Princeton University Press, 1979).

5. *Liber Novus*, apêndice A, p. 491.

6. Margaret Baker tem afirmado que a figura de um demiurgo também era um componente na mitologia judaica primitiva; Margaret Baker. *The Great Angel: A Study of Israel's Second God* (Louisville, Kentucky: Westminster/John Knox, 1992).

7. Sonu Shamdasani descreveu a *Resposta a Jó*, de Jung, como uma articulação da teologia de *Liber Novus*; Sonu Shamdasani, "Foreword to the 2010 Edition", *Answer to Job* (Princeton, NJ: Princeton University Press; edição reimpressa, 2010), p. ix.

8. Stephan A. Hoeller. *The Gnostic Jung and the Seven Sermons to the Dead* (Wheaton, IL: Quest, 1982).

9. Existe uma ambiguidade considerável nas escrituras gnósticas referente ao ser arquetípico-mitológico chamado Abraxas. Alguns escritos especulativos, a maioria provindo da erudição popular do século XIX, representavam Abraxas como a deidade suprema dos gnósticos. Fontes de autoridade maior, incluindo dois tratados de Nag Hammadi, *The Hypostasis of the Archons* e *On the Origin of the World*, indicam que a deidade representada como Abraxas e também como Sabaoth, é, às vezes, percebida como uma figura demiúrgica e, às vezes, como um demiurgo convertido que se tornou um regente benigno do sétimo céu.

10. Agradeço ao dr. Lance Owens por essas observações sobre os registros nos *Livros Negros*: Lance S. Owens, "Foreword", em Alfred Ribi, *The Search for Roots: C.G. Jung and the Tradition of Gnosis* (Los Angeles: Gnosis Archive Books, 2013), p. 26-27.

11. Para uma discussão do mito gnóstico de *Sophia* e o demiurgo, veja Stephan A. Hoeller, *Jung and the Lost Gospels: Insights into the Dead Sea Scrolls and the Nag Hammadi Library* (Wheaton, IL: Quest, 1989), p. 62-77, 136-152.

12. *Liber Novus*, apêndice C, p. 513.

13. Esses registros no *Livro Negro 5* ocorreram em 18 de janeiro, dois dias após o comentário de 16 de janeiro de 1916 sobre Abraxas, acima. O nome Abraxas não teria significado nada para os leitores; assim Jung usou um termo descritivo para o demiurgo, "senhor deste mundo", *Liber Novus*, p. 446, n. 74.

14. Hoeller. *The Gnostic Jung*, p. 53; aqui e abaixo usei minha tradução da edição de 1916 dos *Septem Sermones ad Mortuos* de Jung; para minha tradução completa, veja *The Gnostic Jung and the Seven Sermons to the Dead*, p. 44-58.

15. *Liber Novus*, p. 453.

16. Para uma discussão detalhada desse material, veja: Lance S. Owens, "Jung and *Aion*: Time, Vision and a Wayfaring Man"; *Psychological Perspectives* (Journal of the C.G. Jung Institute of Los Angeles, 2011) 54:253-289.

17. *Liber Novus*, p. 305.

18. *Liber Novus*, p. 332-333.

19. Ibid., p. 114.

20. Ibid., p. 453.

21. Ibid., apêndice C, p. 513.

22. C.G. Jung. *Psicologia e alquimia* (1935/1936), em OC 12 (Petrópolis: Editora Vozes, 9ª reimpressão, 2018), § 28.

23. Edward F. Edinger. *The New God-Image* (Wilmette, IL: Chiron Publications, 1996).

24. C.G. Jung. *Psicologia e alquimia*, § 20.

25. *Liber Novus,* apêndice A, p. 491.

26. Hoeller. *The Gnostic Jung*, p. 50.

27. Ibid., p. 460.

28. Carta de 13 de novembro de 1960. Eugene Rolf, *Encounter with Jung* (Boston, MA: Sigo Press, 1989), p. 158.

29. Jung escreveu em *Liber Novus*: "Gerar algo antiquíssimo para dentro de um tempo é criação. É criação do novo, e este me liberta. Libertação é desobrigar da tarefa. Tarefa é gerar para dentro do novo tempo algo velho". *Liber Novus*, p. 348.

4
C.G. Jung e o enigma do profeta

Lance S. Owens

O Livro Vermelho: Liber Novus é um volume que resiste a qualquer categorização ou comparação; ele ressoa com vozes que ultrapassam nossa compreensão comum.[1] Apesar de ser um documento singularmente moderno, ele foi transcrito e se apresenta na forma de um manuscrito medieval. E desde sua publicação tardia em 2009, essa é uma obra que deixa perplexa a maioria das pessoas que se arriscam a entrar em seu domínio visionário. Não importa se você se aproxima do *Liber Novus* como historiador, psicólogo, crítico literário ou simplesmente como leitor interessado, o enigma é o mesmo: O que Carl Gustav Jung estava fazendo, o que estava acontecendo com ele? Esse registro deve ser interpretado como uma criação literária imaginativa, como produto de uma psicose incipiente ou como obra psicológica velada em linguagem profética?

Evidentemente, o *Liber Novus* não é nada disso. Para conhecer esse livro, é preciso compreender que C.G. Jung elaborou o *Liber Novus* na forma de uma revelação: é uma mensagem à humanidade numa encruzilhada crítica da história humana. É uma obra visionária no sentido mais fundamental dessas palavras: Jung produziu o livro a partir de seus registros de diário de experiências visionárias e imaginativas, eventos que ele documentou originalmente entre 1913 e 1916. Apesar de ter trabalhado na transcrição caligráfica do texto para seu volume de fólios com capa de couro vermelho durante mais de 16 anos e apesar de afirmar que o livro era o fundamento de todo seu trabalho posterior, é um manuscrito que ele decidiu nunca revelar publicamente. Ele sabia que não seria entendido pelas pessoas de seu tempo. Agora, quase cem anos mais tarde, ele finalmente foi revelado. As pessoas deste tempo o compreenderão? Esta Era é capaz de compreender um homem que experimentou e cuidadosamente documentou suas visões, vendo-as como uma revelação e reconhecendo nelas a profecia de uma vasta nova era vindoura?

Visão, revelação, profecia: como o "espírito dessa época" decifrará estas palavras arcaicas? E como as gerações vindouras receberão esse estranho tomo, elaborado como uma revelação que, implicitamente, se dirige como uma mensagem a elas? Não posso profetizar como o futuro avaliará este livro, mas eu sei que o *Liber Novus* e a obra da vida de C.G. Jung estão inextricavelmente entrelaçados. Qualquer entendimento do *Liber Novus* exige inevitavelmente um envolvimento com Jung e seus esforços incansáveis de despertar a consciência moderna para o antigo e misterioso fato da alma.

A hermenêutica da visão

O dr. C.G. Jung certamente lutou com seu próprio entendimento da experiência visionária e imaginativa que irrompeu no outono de 1913 e continuou quase que todas as noites até a primavera de 1914.[2] Já cedo ele aceitou a possibilidade de que ele poderia estar a caminho da insanidade. Começou em outubro de 1913 com duas visões espontâneas de uma onda de sangue que cobria a Europa. Confrontado com alucinações visuais prolongadas, Jung reconheceu que poderes interiores aos quais ele não podia resistir nem ignorar estavam exigindo sua atenção. Primeiro ele interpretou seu predicamento em termos pessoais, como uma convocação para dar atenção a aspectos perdidos, rejeitados ou ocultos dele mesmo. Nas primeiras palavras de seu diário em 12 de novembro de 1913, ele pediu uma reunião com sua "alma quase esquecida". Ao longo de quatro semanas subsequentes de rigorosa introspecção noturna, uma voz das profundezas começou a responder-lhe. Ele ouviu.

Como médico com extenso treinamento clínico, ele se dedicou a manter um registro contemporâneo e cuidadosamente documentado de seus empreendimentos noturnos. Em dezembro de 1913, dois meses após o início de sua exploração, Jung descreveu o diário em termos clínicos, chamando-o "o livro de meu experimento mais difícil".[3] Neste e nos cinco volumes de diário que seguiram, ele narrou meticulosamente o que ele via e ouvia e o que ele respondia. Era um experimento, uma jornada arriscada de descoberta em terreno psíquico desconhecido.

Dez anos depois, Cary Baynes registrou a descrição de Jung de sua abordagem aos encontros imaginativos, relatada a ela privadamente em 1924:

> Você disse que tinham ferido terrivelmente seu senso de aptidão das coisas e que você tinha recuado de anotá-las à medida que lhes vinham, mas que você tinha começado com base no princípio da "voluntariedade" de não fazer correções, e assim você se ateve a isso.[4]

O desafio interpretativo inicial de Jung era "anotar à medida que vinha", registrando em seu diário a voz das profundezas em diálogo, em cena visionária e imagem. Essa era uma tarefa hermenêutica extraordinária.[5] Ele descreveu seu esforço no início de *Liber Novus*: "falo em imagem. Pois não posso pronunciar de outro modo as palavras da profundeza."[6]

"No início, quando escrevi essas coisas", Jung contou a Aniela Jaffé em 1957, "havia essa voz que sussurrava para mim: 'Isso é arte'." Mas ele não aceitava isso. Ele respondeu com força "que isso não era arte, que era natureza".[7] Essa é uma distinção enigmática e precisa ser explicada. Jung percebeu que, através de um envolvimento concentrado com a imaginação, fantasia e visão, ele tinha obtido entrada numa esfera autônoma da natureza. Era real, era independente de sua vontade e tinha uma história a contar. O que ele registrou não era *sua criação artística*. Mesmo que seu volume iluminado possa ser visto como obra de arte, qualquer arte que tivesse se materializado no *Liber Novus* era – no entendimento de Jung – uma voz da *natureza*.

Durante os primeiros meses de 1914, os eventos que ele documentava apresentavam muitas vezes um tom profético portentoso. Mas na primavera, as visões foram diminuindo aos poucos e então cessaram completamente com a chegada do verão. Jung reconheceu que tinha sido presenteado com algo extraordinário; permanecia obscuro o que ele deveria fazer com aquilo ou como deveria interpretá-lo. Quando a Primeira Guerra Mundial irrompeu em agosto de 1914, sua interpretação da experiência e seus registros no diário sofreram uma virada radical. Jung reconheceu imediatamente que aquilo que ele tinha visto, ouvido e documentado ao longo dos meses anteriores continham realmente uma profecia: através do envolvimento intencional com as funções autônomas naturais da visão e imaginação, ele tinha visto o caminho do que há de vir. Agora Jung enfrentava evidências fortes de que sua aventura visionária não tinha sido apenas de importância pessoal ou subjetiva. Era epocal; o relato que ele tinha documentado era uma revelação. Era o núcleo de um novo livro que seria escrito para uma nova era.

Ao longo dos meses seguintes, Jung compôs um esboço manuscrito de mil páginas para esse novo livro. Nele, ele transcreveu os eventos visionários registrados em seus diários, acrescentando a eles uma camada adicional de reflexão e comentário. Essa era a culminação da hermenêutica inicial de Jung das visões – a condensação essencial de sua experiência visionária em forma sensual. Sua jornada interpretativa com esse registro primário continuaria, porém, por várias fases adicionais – na verdade, esse empreendimento hermenêutico se tornaria a obra oculta de sua vida.

A revelação, porém, não terminou em 1914 – como Jung poderia ter imaginado. Após concluir os esboços iniciais e iniciar a transcrição caligráfica formal de seu registro, no final do verão de 1915, iniciou-se uma segunda onda de experiências visionárias e imaginativas. Durante esse segundo período, que se estendeu em seu registro manuscrito até 1916, o teor revelador e profético do relato se intensificou. Essa parte da revelação está documentada na seção final de *Liber Novus*, intitulada de "Aprofundamentos", que Jung esboçou em 1917. Durante esse período, Filêmon se tornou a figura central em seus encontros imaginativos. A natureza do relacionamento de Jung com Filêmon é indicada em *Memories, Dreams, Reflections*. Jung afirmou nesse livro: "Às vezes, ele [Filêmon] me parecia bastante real, como se fosse uma personalidade viva. Eu subia e descia no jardim com ele, e para mim ele era o que os indianos chamam um guru".[8]

No entanto, em comentários privados a Cary Banes em 1923, Jung descreveu Filêmon como algo inefavelmente maior. Ele era, em manifestações multiformes, um avatar do "Mestre [...] o mesmo que inspirou Buda, Mani,

Cristo, Maomé – todos aqueles dos quais se pode dizer que tenham comungado com Deus".[9] Acima da imagem de Filêmon no fólio 154 do *Livro Vermelho*, uma página completada por volta de 1924, Jung inscreveu um nome em grego: "Pai dos Profetas, amado Filêmon".[10] Alguns anos depois, Jung acrescentou um tributo semelhante ao mural enorme de Filêmon em sua torre em Bollingen: "Filêmon, Pai Primordial dos Profetas".[11]

Um livro de revelação

Liber Novus é uma revelação? Durante várias décadas de palestras e aulas sobre a vida e obra de C.G. Jung, descobri que as palavras *visão*, *revelação* e *profecia* são reagentes nocivos quando inseridas num alambique de discurso acadêmico, mesmo quando acrescentadas em diluição homeopática. Essas palavras fedem a superstição rançosa. Parece que sua "data de vencimento" escolástica passou há muito tempo. Mesmo assim, nos diários dos *Livros Negros* e nos comentários transcritos por Aniela Jaffé em 1957, Jung falou do *Liber Novus* como tendo sido elaborado na forma de uma revelação. Ele declarou que tinha tido visões e, mais tarde, ele falou em detalhe sobre a mensagem profética de seu Novo Livro.[12]

Afirmar que Jung rejeitava o papel arcaico de profeta é, evidentemente, correto e completamente insuficiente. Essa é uma questão crucial para entender Jung, seu *Liber Novus* e sua hermenêutica de visão. Proclamar simplesmente: "Não, ele não fez *isso*" não é nenhuma solução.

Entre as fontes até então nunca vistas que o dr. Sonu Shamdasani providenciou no aparato editorial do *Liber Novus* há uma seção do diário de Jung de 5 de janeiro de 1922, em que Jung inicia uma conversa com sua alma sobre sua vocação.[13] Na época desse registro no diário, Jung tinha trabalhado por sete anos na transcrição e iluminação de seus manuscritos do *Liber Novus* para o grande volume de fólios com capa de couro vermelho. Ele continuaria o esforço pelo menos por mais sete anos. Esse registro ilustra como ele via seu livro em meio a todo esse trabalho.

Jung não tinha conseguido dormir e se dirigiu à sua alma, perguntando por quê. Ela disse que não havia tempo para dormir; ele precisava dar início a uma grande obra; deveria alcançar um "nível mais alto de consciência". Jung perguntou: "O que é? Fala!"

> *Alma:* Você precisa ouvir: deixar de ser cristão é fácil. Mas, e depois? Pois muita coisa ainda está por vir. Tudo está esperando por você. E você? Você permanece em silêncio e nada tem a dizer. Mas você deve falar. Por que você recebeu a revelação? Você não deve escondê-la. Você se preocupa com a forma? É importante a forma quando se trata de revelação?
>
> *Jung*: Mas você não está pensando que devo publicar o que escrevi [*Liber Novus*]? Isso seria uma desgraça. E quem iria compreendê-lo?[14]

Três dias depois, a alma continuou a explicar: "Você sabe tudo o que é preciso saber agora a respeito da revelação que você recebeu, mas você ainda não vive tudo o que deve ser vivido agora. [...] O caminho é simbólico".[15]

Ele tinha recebido a revelação, mas ele ainda lutava com a forma apropriada para sua expressão. 35 anos depois daquele registro no diário, Jung afirmou a Aniela Jaffé: "O *Livro Vermelho* é a tentativa de uma elaboração [de eventos imaginários] no sentido de uma revelação".[16]

Uma obrigação ética

Em sua introdução ao *Liber Novus*, Sonu Shamdasani documenta que, no início da década de 1920, Jung continuou corrigindo e emendando os esboços datilografados de *Liber Novus*, e a publicação do livro ainda estava sob consideração.[17] Mas havia um obstáculo insuperável à publicação: "Quem iria compreendê-lo?"

Por volta de 1928, Jung começou a perceber que outro curso era possível e necessário. Antes de expor seu livro, ele precisaria estabelecer uma hermenêutica – uma nova abordagem interpretativa – para obras visionárias como a sua. Sonu Shamdasani descreveu os anos de trabalho seguintes como o esforço de Jung para elucidar uma "psicologia do processo de criar uma religião"[18] e para produzir um "estudo comparativo do processo de individuação".[19]

Esse período de trabalho, que se estendeu até mais ou menos 1944 – o ano fatídico da grave doença de Jung e de suas visões de quase-morte – pode ser entendido construtivamente como a seguinte fase essencial no empreendimento hermenêutico de Jung.[20] A tarefa fundacional era a cristalização de sua experiência visionária em palavra e imagem. Mas para que as gerações vindouras pudessem entender o *Liber Novus* – o magma derretido da visão que ele trabalhou para moldar e do qual ele extraiu sua ciência – era preciso desenvolver uma abordagem interpretativa completamente nova à experiência imaginativa.

Essencialmente tudo que Jung escreveu a partir de 1916 estava voltado para criar um modo interpretativo que conseguiria responder à aparente loucura de seu *Liber Novus*. O que emergiu nessa seguinte fase da obra de Jung foi um desenvolvimento orgânico – um estrato adicional necessário – em sua hermenêutica ampliada da visão. Seus escritos durante esse tempo constituem uma porção importante da *Obra Completa* publicada; no entanto, os leitores daqueles volumes não tinham acesso a uma compreensão profunda daquilo que o homem estava fazendo ou por que ele estava fazendo aquilo.

Em observações registradas por Aniela Jaffé em 3 de outubro de 1957, Jung afirmou que o desenvolvimento de sua ciência – que incluía implicitamente seu estudo comparativo do processo da individuação e do processo formador de religião – era, na verdade, uma *obrigação ética* que o *Liber Novus* tinha imposto a ele.

Ao preparar a biografia de Jung, entre setembro de 1956 e maio de 1958, Aniela Jaffé conduziu uma série de entrevistas com ele e produziu registros estenográficos cuidadosos das declarações espontâneas de Jung durante essas sessões (sua transcrição das observações de Jung preenche 391 páginas datilografadas e está disponível na Biblioteca do Congresso). Infelizmente, muitas das coisas que Jung disse a Jaffé foram excluídas do texto fortemente editado de *Memories, Dreams, Reflections*. A transcrição da sessão de 3 de outubro de 1957 inclui vários exemplos de observações crucialmente importantes que não foram comunicadas nas memórias agora quase canônicas que Jaffé compilou.

Naquele dia, Jung começou seus comentários afirmando que suas visões o tinham levado em mente ou espírito (*geistig vorausgenommen*) alguns séculos para o futuro. Acrescentou: "É por isso que sou considerado 'sábio'".[21] Jung relatou que, ao envolver-se com suas visões, ele tinha caído figurativamente em um buraco imenso; seu mérito, supôs ele, era que ele não se perdera nele. A partir de suas visões e sonhos, emergiu a sua ciência. A ciência foi o "meio assustador" através do qual ele "se arrastou para fora do buraco".[22]

Mesmo assim, ele acrescentou, imagens como aquelas que ele tinha encontrado lhe impuseram uma tremenda obrigação. "Elas vêm a um homem com supremacia". Se não vermos o conhecimento concedido por tais coisas como uma obrigação ética, cairemos na armadilha da magia. Quando a obrigação ética não é reconhecida, o conhecimento adquirido dessa forma pode ser destrutivo – pode destruir a pessoa e outros.[23]

Jung continuou descrevendo para Jaffé vários eventos em *Liber Novus*: seu medo durante o encontro visionário com o diabo[24] e sua luta para curar Izdubar – o deus do Oriente que ele tinha ferido mortalmente com sua modernidade.[25] Concluindo, ele deu uma descrição sumária de seu *Livro Vermelho*:

> O *Livro Vermelho* é uma tentativa de elaboração [das visões] no sentido de uma revelação. Minha hipótese era de que, se eu fosse fiel ao chamado, fazendo o melhor que pudesse, eu me libertaria.

Mesmo assim, sua elaboração da revelação e a fidelidade ao chamado não foram suficientes. Permanecia sua obrigação ética, e isso exigia um passo hermenêutico adicional. Ele continuou:

> Mas foi apenas então que eu vi que isso [a elaboração como revelação] não trouxe liberação. Ficou claro para mim que eu devia retornar para o lado humano. Entendi que devia retornar para solo firme, que é a ciência. Das percepções eu precisava extrair conclusões concretas. Eu dei minha vida por isso. A elaboração no *Livro Vermelho* era necessária, mas isso levou também a uma percepção da obrigação ética. Paguei com a minha vida e paguei com a minha ciência.[26]

A essa declaração, Jung acrescentou um veredito final: "A primeira coisa me libertou de uma maneira ou de outra".[27]

A elaboração do *Liber Novus* na forma de uma revelação libertou Jung – ele tinha sido "fiel ao chamado". Também lhe impôs obrigações pesadas, que ele cumpriu ao longo dos próximos 40 anos com sua vida e sua ciência. Ao aceitar o ônus ético imposto a ele pelo *Liber Novus*, Jung deu à luz uma hermenêutica extraordinária de imaginação humana e sua fonte psíquica desenfreada.

Três profecias

Ao longo de sua vida, o dr. Jung viu muitas coisas estranhas. Entre elas, a declaração acima citada a Aniela Jaffé de que, mentalmente, ele tinha sido transportado vários séculos para o futuro. Como devemos interpretar tais palavras? Era uma forma de loucura, de ilusão? Era uma falsidade descarada? Era o testemunho de um vidente e revelador? Era um evento da consciência que gerações futuras interpretarão de forma ainda imprevista? Essas são perguntas que precisam ser enfrentadas numa leitura minuciosa de *Liber Novus* e numa avaliação vigilante do homem Carl Gustav Jung.

A sensação de Jung de ter visto o futuro está documentada em *Liber Novus*. Há vários desses momentos decisivos em seus diários, mas o mais impressionante seja talvez o relato que ele intitulou de "As três profecias". Ele começou a transcrição dessa seção para o *Liber Novus* com um comentário introdutório:

> Coisas admiráveis se aproximam. Eu chamei minha alma e lhe pedi que mergulhasse no alagadouro, cujo barulho eu percebera. Isto aconteceu no dia 22 de janeiro de 1914, como está relatado em meu *Livro Negro*. Mergulhou no escuro, com a rapidez de uma flecha, e lá do fundo ela gritou: "Tu aceitarás o que vou trazer?"[28]

Este é o único lugar no texto de *Liber Novus* em que Jung menciona especificamente o registro em seus *Livros Negros* e a data exata em que o evento ocorreu – esses fatos atestam a importância que ele atribuiu a essa experiência.

Sua alma mergulhou nas profundezas. Ela trouxe de volta três imagens: guerra, magia e religião.

> A partir da escuridão inundante que o filho da terra havia trazido, a alma deu-me coisas velhas, que significam o futuro. Deu-me três coisas: a calamidade da guerra, as trevas da feitiçaria, a dádiva da religião. [...]
>
> Essas três significam a libertação do caos e de suas forças, mas as três são igualmente o aprisionamento do caos. A guerra é manifesta e cada qual a vê. A feitiçaria é escura e ninguém a vê. A religião ainda não é manifesta, mas será. Pensaste que os horrores de semelhante atrocidade bélica viriam sobre nós? Pensaste que existisse feitiçaria? Pensaste numa nova religião? Eu fiquei sentado por longas noites, olhava para o vindouro e ficava horrorizado. Não me acreditas? Não me importa. O que é acreditar? O que é não acreditar? Eu observava e me horrorizava.
>
> Mas o meu espírito não conseguia captar o monstruoso, imaginar a abrangência do vindouro. [...] Eu sentia o peso do trabalho mais terrível dos tempos vindouros. Eu via onde e como, mas nenhuma palavra conseguia defini-lo, nenhuma vontade pode forçá-lo. [...]
>
> Gostaria de desviar os meus olhos, fechar meus ouvidos e renegar todos os meus sentidos, gostaria de ser um entre vós, que nada sabe e que nunca viu nada. É demais e por demais inesperado. Mas eu o vi e minha lembrança não me abandona.[29]

Jung tinha visto o futuro? Independentemente de acreditarmos nele ou não, ele respondeu: "Não me importa. O que é acreditar? O que é não acreditar? Eu observava e me horrorizava".

Guerra, magia, religião. A guerra é óbvia, e ela continua. Mas magia? O que é isso? Em seu diário, é aparente que, na época, Jung estava lutando para entender a natureza da magia. Na noite seguinte, em 23 de janeiro de 1914, a alma agravou sua confusão ao presenteá-lo com um presente mágico misterioso.[30] Perplexo, ele perguntou: "Magia? O que adianta a magia? Não acredito nela, não posso crer nela". A alma respondeu: "A magia fará muito por ti". Quatro noites depois, sua jornada imaginativa o levou para o portão do jardim de um velho mágico chamado Filêmon.[31] Filêmon tinha mais a ensinar sobre magia.

Em suas publicações em anos posteriores, Jung mencionou frequentemente a magia – normalmente no contexto da percepção de povos primitivos e na interpretação de fenômenos psíquicos. Num ensaio de 1928, ele explicou: "A palavra 'mágica' é outra designação do fator psíquico".[32] Mas, é claro, para os iluminados, "magia é sombria e ninguém a vê".

"E religião ainda está por vir, mas se tornará evidente". O tema singular e abrangente das revelações de Jung em *Liber Novus* é que nós nos encontramos no limiar de uma nova era. De modo sincrônico à virada dos céus e à passagem da era astrológica da Era de Peixes, o éon de dois milênios dominado pelo cristianismo está agora se aproximando de seu fim. Na era vindoura – o novo éon de Aquário – uma nova imagem de deus e uma nova religião se formarão eventualmente. Essa é a proclamação que Jung apresentou na primeira página do *Livro Vermelho*; é "O caminho do que há de vir".[33]

Tertium non datur

Jung levou seu papel como cientista natural muito a sério; durante os anos centrais de sua vida, ele se dirigiu frequente e especificamente às comunidades científicas médicas e psicológicas de seu tempo. Mas essas comunidades nunca aceitaram ou entenderam Jung de verdade e agora o relegaram basicamente a notas de rodapé históricas.

Muitos dos escritos de Jung se concentravam na "experiência do numinoso" e na natureza da formação de símbolos no desenvolvimento da religião. Além do mais, ao longo de várias décadas, ele travou diálogos dinâmicos e influentes com estudiosos proeminentes do século XX, de tradições religiosas orientais e ocidentais. Mesmo assim, as deliberações de Jung são pouco bem-vindas nos currículos de estudos acadêmicos religiosos. E, é claro, dentro dos claustros teológicos da religião ortodoxa, Jung é geralmente rejeitado como ocultista ou herege neognóstico.

Parece que a percepção de Jung da realidade psíquica o inseriu numa esfera às sombras das academias da ciência e da religião. Por quê?

Recentemente, Wouter Hanegraff identificou uma falha fundamental na erudição secular e religiosa, e acredito que sua análise ajuda a explicar a "não recepção" de Jung por essas disciplinas. Dr. Hanegraff – um professor na universidade de Amsterdã e uma voz acadêmica proeminente em estudos herméticos e religiosos – alega que os protótipos normativos para o estudo da religião "se fundamentem em preconceitos monoteístas, mais especificamente cristãos, e ainda mais especificamente protestantes, sobre a religião 'verdadeira'".[34] Além disso, a religião é posicionada como estando em oposição a estudos seculares. No entanto, ambos os campos têm um ponto cego problemático em comum:

> Ambos acreditam que "religião" se contrapõe ao "secular". No entanto, o registro histórico mostra que esses dois definiram a si mesmos não só em oposição um ao outro, mas, simultaneamente, em oposição a um *terceiro* domínio [...]. Esse terceiro domínio que ambos rejeitaram tem recebido nomes diferentes, mas os mais conhecidos são *superstição* e *magia*.[35]

Religião e ciência secular se posicionaram num relacionamento diádico ou antagônico, mas, na verdade, ambas se definiram não só explicitamente uma contra a outra, mas implicitamente também contra magia e superstição. Para ambos os domínios, esse outro território é um *tertium non datur* – um terceiro fato não examinado. "Magia é sombria e ninguém a vê".

Hanegraff empregou os termos "superstição" e "magia" como termos gerais para um escopo de correntes alternativas e não ortodoxas na cultura, incluindo magia popular, práticas xamânicas, *magia* hermética, alquimia, medicina paracelsiana, mesmerismo, espiritualismo do século XIX – e talvez até a ciência de C.G. Jung do século XX. Sendo acrescentado de forma correta ou não a essa lista, Jung se interessava imensamente por *todos* esses temas.

"Pensaste que existisse feitiçaria?"

A concepção de Jung da psique abrangia – e reificava – um domínio da experiência humana articulado por termos como "superstição" e "magia". Ele permitiu que o "mágico" fosse simplesmente outro termo para "psíquico". Em sua percepção, a psique era o fato preternatural que permeava a natureza – e era inegavelmente assombrosa. No início da década de 1950, Jung meditou sobre seu mistério usando termos conceituais emprestados da física teórica:[36]

> A psique pode funcionar como se o espaço não existisse. Assim, a psique pode ser independente de espaço, tempo e causalidade. Isso explica a possibilidade de magia.³⁷
>
> Se considerarmos a psique como um todo, chegamos à conclusão de que a psique inconsciente [...] existe num *continuum* de espaço e tempo em que o tempo deixa de ser tempo e o espaço deixa de ser espaço. Consequentemente, a causalidade também deixa de ser.³⁸

A psique era o alicerce sem limites da consciência e também sua fonte primordial. No comentário ao *Livro Tibetano da Grande Libertação*, composto em 1939, Jung afirmou:

> Por isso, a psique é o elemento mais importante, é o sopro que tudo penetra, ou seja, a essência de Buda; é o espírito de Buda, o uno, o *Dharma-Kâya*. Toda vida jorra da psique e todas as suas diferentes formas de manifestação se reduzem a ela.³⁹

Na seção de *Liber Novus* intitulada de "As três profecias", Jung perguntou a leitores futuros: "Pensaste que existisse feitiçaria?" Poderíamos acrescentar a pergunta: "Pensaste que existisse realidade psíquica?" A visão de Jung sobre a realidade da psique certamente vai além daquilo que o "espírito dessa época" aceita. Mas nas margens especulativas da teoria quântica, dos estudos cognitivos e da física teórica, cientistas eminentes avançaram recentemente teorias panpsíquicas unificadoras da consciência e da matéria tão estranhas quanto as do dr. Jung.

Mesmo assim, a afirmação de Jung da realidade psíquica não se fundamentava em especulações da filosofia ou da teoria quântica. Ela nasceu organicamente e em obrigação ética a observações de processos psíquicos. Essas observações eram, é claro, subjetivas; Jung confessou essa subjetividade última de seu trabalho em várias ocasiões. Falando em Londres na clínica Tavistock em 1935, ele afirmou: "É bom nunca esquecer que, na psicologia, o *meio* pelo qual se julga e observa a psique é a própria *psique* [...]. Na psicologia, o observador é o observado".⁴⁰ Na Conferência de Eranos em 1946, Jung explicou:

> O trágico é que a Psicologia não possui uma matemática invariável. [...] A Psicologia não possui outro meio onde se referir,

a não ser em si mesma. Ela só pode retratar-se em si mesma e só pode descrever a si própria. Este é, logicamente, também o princípio que eu adoto em meu método em geral: trata-se, basicamente, de um processo da experiência [...].[41]

Seu método de ciência era "um processo da experiência". As experiências que Jung registrou cuidadosamente em seus *Livros Negros* tinham, aparentemente, concedido a ele uma visão para um vasto *continuum* de tempo – da vinda de guerras, de magia e da emergência de uma nova religião. Nesse contexto, suas declarações sobre a psique ser "independente de espaço, tempo e causalidade" ou sobre existir "*continuum* de espaço e tempo em que o tempo deixa de ser tempo e o espaço deixa de ser espaço" são reveladas como tendo um fundamento empírico *subjetivo*.

Tenho lido muitas vezes a seção do *Liber Novus* intitulada de "As três profecias" e, por vezes, tenho ficado sentado noite adentro contemplando suas palavras: *guerra, magia e religião*. Jung concluiu o relato desse futuro vasto com as palavras: "Eu observava e me horrorizava". É claro que não sei *o que* ele viu, tampouco imagino *como* ele o viu. Mas seguindo sua trilha, vi prenunciado ali "o caminho do que há de vir".

A guerra é óbvia, e todos a veem. Em 1914, Jung percebeu que suas visões tinham predito a vinda da guerra. Mas era só *uma guerra*? Olho para o *continuum* de tempo e sinto que a guerra não acabou. A guerra ainda está por vir. As guerras terríveis travadas por povos no Ocidente durante os três últimos séculos foram normalmente provocadas pela busca de dominação geopolítica ou por ideologias políticas ou agendas nacionalistas. Aproximamo-nos agora de uma conflagração epocal evocada à serviço dos deuses antigos no crepúsculo de seu tempo? Eu observo e me horrorizo.

Magia é o segundo movimento misterioso nas "três profecias" de Jung. Qual é o poder escuro e invisível, e que papel ele exerce em sua visão do futuro? Novamente, carecendo respostas, só posso oferecer intuições. Em *Liber Novus*, Jung foi obrigado a dar uma atenção concentrada à magia. Subsequentemente, ele a descreveu como um aspecto da psique. A "magia" da psique concede visões do passado, presente e futuro, e abre estados de consciência em que o "tempo deixa de ser tempo e o espaço deixa de ser espaço". Ao longo de toda a história humana, porém, a magia tem sido retratada como seguindo dois caminhos divergentes, cada um com objetivos muito diferentes. A magia podia ser usada para manipular matéria e pessoas por ganho pessoal; historicamente, essa magia era chamada de negra, baixa ou *goética*. O caminho mais alto da magia, por sua vez, buscava conhecimento sobre o si-mesmo e sua relação com a divindade; essa era a magia objetiva ou *teúrgica*. Que magia aguarda as pessoas do futuro? Qual desses dois caminhos antigos será trilhado?

Imaginação é a porta para o domínio psíquico, como afirmou Jung.[42] É uma fonte infinitamente criativa; ela pode prenunciar coisas que ainda não existem materialmente. E, como a magia, ela pode ser exercida com dois propósitos muito diferentes. A cultura tecnológica moderna tem feito cada esforço para lucrar com o poder da imaginação criativa. Agora os resultados abundam. Eles nos envolvem como uma rede. Mas será que é uma aranha mágica faminta que tece essa rede? Se esse for o caso, ela se alimenta da nossa atenção e suga o sangue da vida humana. A alimentação vampírica é um legado sórdido da *goécia*, o método da magia negra como *meio*.

A psique pode ser ordenada; ela oferece nutrição à criatividade humana. Mas sua natureza e fonte última permanecem um mistério para a nossa era. Talvez, quando Jung olhou para o futuro, ele tenha visto um tempo vindouro que compreendia a realidade fundamental da psique e reconhecia: "Toda vida jorra da psique e todas as suas diferentes formas de manifestação se reduzem a ela". Independentemente de a humanidade seguir uma estrada alta ou baixa para o futuro, Jung vislumbrou que um confronto com a magia da psique está à espreita ao longo do caminho.

"A religião ainda não é manifesta, mas será". Este é o último movimento nas "três profecias" de Jung. Em todo o *Liber Novus*, Jung olhava para essa religião vindoura e ele a associou à herança das chamadas heresias rejeitadas pela era moribunda – que reprimira tradições não ortodoxas que tinham afirmado o mistério da divindade que habita na humanidade. "O que cabe a vós está dentro de vós. Mas o que está lá!" Quando uma nova religião futura finalmente se formar, ela evolverá em reflexo daquela maravilha que habita no ser humano.

Em conclusão a essa profunda irrupção profética, Jung exclamou, exausto:

> Como posso abarcar dentro de mim aquilo que os 800 anos vindouros vão preencher, até aquele tempo em que o um [mostrará] seu domínio? Só falo do caminho daquele que vem. [...] O futuro deve ser deixado para os futuros. Eu retorno ao pequeno e real, pois este é o grande caminho, o caminho do que há de vir. Eu retorno para minha simples realidade, para minha incontestável pedra menor.[43]

O enigma do profeta

É difícil profetizar, especialmente sobre o futuro.[44] Não obstante, durante seu discurso de 9 de outubro de 2009 por ocasião da publicação do *Livro Vermelho: Liber Novus*, pediram que Sonu Shamdasani profetizasse sobre o efeito que essa obra teria sobre o futuro. Ele respondeu:

> Acredito que, vestindo minha traje profética, eu diria que eu me sinto bastante certo de que, daqui a dez anos, isso realmente transformará nossa compreensão de Jung, de modo que ninguém se importará com a literatura biográfica do período anterior, e haverá uma tradução completamente nova da erudição de Jung. [...] Tenho certeza de que isso transformará completamente a compreensão de Jung.[45]

Eu concordo com o dr. Shamdasani. No entanto, analisando a situação agora, quase dez anos depois, parece que o tempo previsto em sua profecia foi curto demais. Interpretações entrincheiradas não são substituídas numa década. A transformação da nossa compreensão de C.G. Jung – agora iluminada pelo *Liber Novus* – é, inevitavelmente, uma tarefa de muitas gerações.

Jung elaborou *Liber Novus* como uma revelação. Ela se cristalizou a partir do magma derretido de uma experiência visionária. Continha uma profecia de uma nova era vindoura e da vinda de uma nova religião. Quem (exceto um profeta verdadeiro) pode prever como tais fatos afetarão a compreensão futura de Jung ou do próprio futuro? Inevitavelmente, as afirmações acima evocam uma outra pergunta inquietante: Jung era um profeta? O que a palavra arcaica "profeta" poderia significar para o nosso tempo ou a nova era vindoura? Tudo isso são peças do "quebra-cabeças profético" sem solução que Carl Gustav Jung nos deixou. Em *Liber Novus*, Jung ofereceu uma visão do caminho vindouro. Mas apenas o tempo poderá contar sua história.

Notas

Agradeço a Vicky Jo Varner por sua contribuição editorial profissional para este ensaio.

1. C.G. Jung. *O Livro Vermelho: Liber Novus*, org. Sonu Shamdasani, trad. Edgar Orth (Petrópolis: Editora Vozes, 5ª reimpressão, 2019). Daqui em diante citado como *Liber Novus*. Muitas vezes, essa obra tem sido chamada simplesmente como "Livro Vermelho". Por motivos de clareza, devemos fazer uma distinção entre os termos *Liber Novus* e "Livro Vermelho". O *Livro Vermelho* é o volume caligráfico iluminado em capa de couro vermelho para o qual Jung transcreveu mais ou menos dois terços de seus esboços para o *Liber Novus*. Quando menciono o "Livro Vermelho", refiro-me especificamente ao volume de fólios transcrito e iluminado por Jung. Citações do *Liber Novus* se referem à edição publicada dos manuscritos de Jung, editada e compilada por Sonu Shamdasani.

2. Para uma introdução detalhada a esses eventos, veja Lance S. Owens. "The Hermeneutics of Vision: C.G. Jung and *Liber Novus*", *The Gnostic: A Journal of Gnosticism, Western Esotericism and Spirituality*, edição 3 (julho de 2010), p. 23-46. (Edição online disponível.)

3. *Livro Negro 2*, p. 58; *Liber Novus*, p. 126, n. 67; C.G. Jung. *Os Livros Negros de C.G. Jung (1913-1932)*, org. Sonu Shamdasani (Stiftung der Werke von C.G. Jung & Editora Vozes), 2020.

4. Documentos de Cary F. Baynes.

5. Owens. "The Hermeneutics of Vision: C.G. Jung and *Liber Novus*".

6. C.G. Jung. *O Livro Vermelho: Liber Novus* (Petrópolis: Editora Vozes, 5ª reimpressão, 2019), p. 112.

7. Tradução de X. Roelli de "Memories Protocols", p. 31; Carl G. Jung Protocols, Box 1, Library of Congress.

8. C.G. Jung. *Memories, Dreams, Reflections*, Aniela Jaffé, org. (ed. rev., Nova York, NY: Vintage Books, 1963), p. 183.

9. Documentos de Cary F. Banes, 26 de janeiro de 1924.

10. Essa imagem de Filêmon em *Liber Novus* foi, provavelmente, completada no final de 1924 ou no início de 1925; em algum momento, Jung acrescentou à margem da pintura uma citação em inglês da Bhagavad-Gita sobre a natureza do avatar: "The bhagavadgita says: whenever there is a decline of the law and an increase in iniquity, then I put forth myself. For the rescue of the pious and the destruction of the evildoers, for the establishment of the law I am born in every age" [O Bhagavadgita diz: sempre que há um declínio da lei e um aumento da iniquidade, eu apareço. Para salvar os piedosos e destruir os malfeitores, para estabelecer a lei eu nasço em cada época.] *Liber Novus*, p. 364, n. 281.

11. Jung iniciou a construção da torre de Bollingen em 1923. Não sabemos quando ele pintou o mural de Filêmon, mas foi provavelmente antes de 1930. A inscrição grega no mural da torre diz: "FILEMON TON PROFETON PROPATOR". A palavra final, *propator*, significa "ancestral" e "o primeiro", ou pai primordial.

12. As quatro últimas obras grandes de Jung, que eu tenho chamado o "Último Quarteto", são todas um comentário maduro sobre *Liber Novus*. Para uma discussão do "Último Quarteto" de Jung, veja Lance S. Owens. *Jung in Love: The Mysterium in Liber Novus* (Gnosis Archive Books, 2015), p. 7-9; "Jung in Love: The *Mysterium in Liber Novus*", em Thomas Arzt, org., *Das Rote Buch: C.G. Jungs Reise zum "anderen Pol der Welt". Studienreihe zur Analytischen Psychologie*, vol. 5 (Würzburg: Königshausen & Neumann, 2015), p. 215-217. (Edição online disponível.)

13. Jung. *Liber Novus*, p. 55.

14. Ibid., p. 56.

15. Ibid., p. 56.

16. "Das Rote Buch ist der Versuch einer Elaboration im Sinne der Offenbarung". A versão datilografada de Jaffé de suas sessões de entrevista com Jung entre setembro de 1956 e maio de 1958 está disponível na *Library of Congress*; "Memories Protocols", Carl G. Jung Protocols, Box 1, Library of Congress, p. 148; citados aqui como MP. Todas as traduções e paráfrases dos MP são minhas; em anotações incluí a transcrição original de Jaffé de seções-chave do original em alemão.

17. Shamdasani. *Liber Novus,* p. 95-97.

18. *Liber Novus*, p. 95.

19. *Liber Novus*, p. 102.

20. As visões de quase-morte em 1944 reorientaram Jung; sobre a natureza de seu trabalho no período seguinte, veja Lance S. Owens. *Jung in Love: The Mysterium in Liber Novus* (Gnosis Archive Press, 2015), p. 6-10; e "Jung and *Aion*: Time, Vision and a Wayfaring Man", *Psychological Perspectives* (Journal of the C.G. Jung Institute of Los Angeles, 2011), 54:259-266. (Edições online disponíveis.)

21. 3 de outubro de 1957, MP, p. 147: Jaffé transcreveu: "Ich habe ja geistig einige 100 Jahre voraus genommen, das heisst, es hat mich um einige 100 Jahre in die Zukunft versetzt. Darum gelte ich für, 'weise'".

22. O texto alemão foi redigido a pedido da Foundation for the Collected Works of C.G. Jung. Na publicação desta edição, o material fonte ainda aguarda sua publicação.

23. O texto alemão foi redigido a pedido da Foundation for the Collected Works of C.G. Jung. Na publicação desta edição, o material fonte ainda aguarda sua publicação.

24. *Liber Novus*, p. 280-281.

25. *Liber Novus,* p. 247-252.

26. O texto alemão foi redigido a pedido da Foundation for the Collected Works of C.G. Jung. Na publicação desta edição, o material fonte ainda aguarda sua publicação.

27. Ibid.

28. *Liber Novus,* p. 330.

29. Ibid., p. 332-333.

30. Ibid., p. 333.

31. Ibid., p. 337.

32. C.G. Jung. "O eu e o inconsciente", em *OC* 7/2 (Petrópolis: Editora Vozes, 5ª reimpressão, 2018), § 293.

33. Para uma discussão extensa da visão de Jung do novo éon, veja Lance S. Owens. "Jung and *Aion*: Time, Vision and a Wayfaring Man", *Psychological Perspectives* (Journal of the C.G. Jung Institute of Los Angeles, 2011) 54:253-289. (Edição online disponível.)

34. Wouter J. Hanegraaff, "Reconstructing 'Religion' from the Bottom Up", *Numen: International Review for the History of Religions*, p. 63 (2016), p. 577-606.

35. Ibid., p. 577, 591.

36. Jung teve uma associação próxima e influente com o físico ganhador do Prêmio Nobel Wolfgang Pauli, um fundador da teoria quântica; seu relacionamento pessoal se estendeu desde 1932 até a morte de Pauli em 1958. Cada homem prezava altamente as percepções do outro. Veja Suzanne Gieser, *The Innermost Kernel: Depth Psychology and Quantum Physics – Wolfgang Pauli's Dialogue with C.G. Jung* (Berlim: Springer, 2005).

37. Diário de Suzanne Percheron em *C.G. Jung, Emma Jung and Toni Wolff – A Collection of Remembrances* (The Analytical Psychology Club of San Francisco, 1982), p. 62.

38. Gerhard Adler, org., *C.G. Jung Letters* (Princeton, NJ: Princeton University Press, 1973), vol. 1, p. 547.

39. C.G. Jung. "Comentário psicológico sobre o Livro Tibetano da Grande Libertação", em *OC* 11/5 (Petrópolis: Editora Vozes, 8ª reimpressão, 2018), § 771.

40. C.G. Jung. "Fundamentos da Psicologia Analítica (Tavistock Lectures)", em *OC* 18/1 (Petrópolis: Editora Vozes, 8ª reimpressão, 2018), § 277.

41. C.G. Jung. "A natureza da psique", em *OC* 8/2 (Petrópolis: Editora Vozes, 11ª reimpressão, 2019), § 421.

42. C.G. Jung. *Mysterium Coniunctionis*, em *OC* 14 (Petrópolis: Editora Vozes, 8ª reimpressão, 2019), § 752.

43. A primeira declaração aparece apenas no esboço; Jung, *Liber Novus*, p. 333, n. 236.

44. Esse provérbio dinamarquês tem sido atribuído a numerosas pessoas ao longo dos últimos 50 anos, mas nunca a C.G. Jung.

45. Transcrição minha; Sonu Shamdasani, 9 de outubro de 2009, discurso na New York Academy of Medicine, Cidade de Nova York.

5
Num mundo que enlouqueceu, o que precisamos é realmente... um *Livro Vermelho*?
Platão, Goethe, Schelling, Nietzsche e Jung

Paul Bishop

Em seus documentos na Library of Congress, William McGuire documenta a reação de Richard Hull, tradutor das obras de Jung, quando Aniela Jaffé lhe mostrou o *Livro Vermelho*: Hull o descreveu como "cheio de verdadeiros desenhos loucos com comentários em escrita monacal; não me causa surpresa que Jung o mantenha guardado a sete chaves!"[1] Essa reação é compreensível, e durante muitos anos a obra permaneceu de fato trancada a sete chaves – não só durante a vida de Jung, mas durante várias décadas depois, até, finalmente, Sonu Shamdasani publicar sua edição do *Livro Vermelho* em 2009.

E loucura é um tema-chave no próprio *Livro Vermelho*. Em "O caminho do que há de vir", Jung admite ao espírito da época: "É verdade, é verdade, é a dimensão, a embriaguez e a feiura da loucura o que eu falo"; em "Descida ao inferno no futuro", ele pergunta: "Quem, no entanto, poderia resistir ao mundo, quando é acometido pela embriaguez e loucura divinas?"; e quando, em "O assassinato sacrificial", Jung é convidado por sua alma a comer o fígado da criança assassinada, ele responde (compreensivelmente) com uma pergunta: "Por que devo fazer isso? É absurdo".[2] Em "Nox secunda", Jung é literalmente arrastado para um manicômio e – despido de suas roupas – ele contempla que "o problema da loucura é profundo":

> A loucura divina – uma forma mais elevada da irracionalidade da vida que flui em nós – ainda assim loucura que não deve ser incorporada à sociedade hodierna – mas como? Se a gente incorpora a forma social na loucura? Aqui fica escuro e não há fim à vista.[3]

Como veremos, esse tema da loucura aponta não só para a relevância do *Livro Vermelho* para hoje, mas também para suas raízes intelectuais – notavelmente, para suas raízes em Platão, Goethe, Schelling e Nietzsche. Um dos grandes méritos da obra de Jung em geral e de seu *Livro Vermelho* em especial é ter aberto e tornado relevante essas obras mais antigas na tradição ocidental.

Platão

Mesmo que, no Livro 9 de *A República*, Sócrates expresse reservas sobre a maneira em que o desejo se manifesta em sonhos (571c-d), em outro dos diálogos intermediários, no *Fedro*, ele cita a visão de Estesícoro de Himera de que "as maiores bênçãos vêm por via da loucura"; esse tipo de loucura é "enviada pelo céu" (244a).[4] Baseando-se em Estesícoro, Sócrates distingue quatro tipos de loucura: primeiro, a profecia divinamente inspirada: "Foi quando estavam loucas que as profetisas de Delfi e as sacerdotisas de Dodona alcançaram tanto pelo qual estados e indivíduos na Grécia são gratos" (244b).[5] Esse tipo de loucura é chamado *mântica* ou *oionoística* (244d). Em segundo lugar, existe a loucura que aparece "quando doenças e aflições graves acometem certas famílias por razão de algum pecado antigo" e "garante alívio" "irrompendo em profecia" (244d-e).[6] Esse tipo de loucura garante alívio "recorrendo-se a oração e adoração e, em consequência disso, estabelecendo ritos e meios de purificação, de modo que o sofredor era afastado do perigo, tanto no presente quanto no futuro" (244e).[7]

Em terceiro lugar, existe uma forma de possessão ou loucura "cuja fonte são as Musas" (245a), um tipo de loucura que se apodera de uma alma delicada e virgem e a estimula a uma expressão apaixonada e arrebatada, especialmente na poesia lírica" e, dessa forma, glorifica "os inúmeros feitos poderosos de tempos antigos para a instrução da posteridade" (245a).[8] E, em quarto lugar, há a loucura do amor – "enviada pelos céus para a vantagem de amante e amado [...], um dom dos deuses, repleto do mais alto êxtase" (245b-c).[9] De maneiras diferentes, todos esses tipos de loucura são exemplificados no *Livro Vermelho* de Jung, mas especialmente o terceiro tipo.

Mais adiante no *Fedro*, Sócrates resume, consolida e modifica seu argumento como uma distinção entre dois tipos de loucura, sendo que uma "resulta de doenças humanas", e a outra, de "um distúrbio divino das nossas convenções de conduta" (265a) e subdividindo o tipo divino em quatro tipos atribuídos a quatro deuses: "a inspiração do profeta a Apolo; a do místico a Dionísio, a do poeta às Musas, e um quarto tipo, que declaramos ser o mais alto, a loucura do amante, a Afrodite e Eros" (265b).[10] Amor, ou *eros*, é um dos temas importantes no *Livro Vermelho* de Jung, mesmo que não seja o único ou o mais importante. Pois, como poderíamos dizer, a postura de Jung em relação ao amor se encontra num estado de equívoco constante. Em "Sobre o serviço da alma", Jung lembra o ensinamento de Cristo de que "Deus é amor" (cf. 1Jo 5,16), mas acrescenta que "deveis saber que também o amor é terrível".[11]

Em "Concepção do Deus", ele repete essa visão, perguntando: "Mas o que é mais ambíguo do que o amor?" e declarando: "O amor é o caminho da vida, mas vosso amor só então é um caminho da vida quando ele tem um esquerdo e um direito".[12] Citando o chavão de que *Eindeutigkeit ist Einseitigkeit* (ter um só significado significa ser unilateral) e "leva à morte", Jung louva a ambiguidade como "o caminho da vida": ela nos permite avançar, usando primeiro um pé e, depois, o outro.[13]

Essa ambiguidade se reflete no relacionamento de Jung com Salomé, regido por amor e medo em medida igual[14] e passa a ser um tema constantemente repetido. Em "O mágico", Jung segura em sua mão uma coroa real de ouro, que ostenta a inscrição: "O amor nunca acaba jamais" (cf. 1Cor 13,8), e, enquanto está pendurado na árvore semelhante a Odin, ele pondera "coisas ominosas que são perigosamente ambíguas" e a distinção entre "amor celestial e terreno", ou aquilo que ele chama "o mistério da coroa e a serpente".[15] (Todo esse episódio prenuncia a meditação posterior de Jung sobre o lema *amor vincit omnia*, em *Memories, Dreams, Reflections*.)[16] Na verdade, num dos monólogos mais devastadores do *Livro Vermelho*, Jung estabelece uma distinção entre amor e vida, declarando que não falará mais pelo bem do amor, mas pelo bem da vida" – que "o amor procura o ter, mas a vida gostaria do mais além" e que "o começo de todas as coisas é o amor, mas o ser das coisas é a vida", uma distinção que ele descreve como "terrível".[17]

Quando, em *Aprofundamentos*, ele retorna para o tema do amor, o tom de Jung se torna decididamente nietzscheano ao protestar que "o que chamas de amor está encharcado de egoísmo e cobiça".[18] Em *Assim falava Zaratustra*, Nietzsche tinha atacado o "amor ao próximo", quando seu Zaratustra declarou: "Vós vos reunis com vossos próximos e tendes palavras bonitas para isso. Mas eu vos digo: Vosso amor por vosso próximo é vosso amor ruim por vós mesmos. Fugis de vós mesmos e pretendes transformar isto numa virtude; mas eu desmascaro vosso 'altruísmo'".[19] E é precisamente essa postura que ecoa na crítica que Jung faz ao "amor altruísta" e no nojo demonstrado pela sombra dos mortos diante de como "podem esses clérigos hipócritas falar de amor, amor de Deus e aos seres humanos, quando provam com o mesmo evangelho o direito da guerra e da injustiça assassina".[20] Na verdade, a única maneira que Jung consegue encontrar para "unir ódio e amor" é através de algum tipo de técnica de loucura, ou seja, "ficando fiel ao amor", "sofrendo dilaceração" e "obtendo assim a filiação da grande mãe [*die Kindschaft der grossen Mutter*], isto é, a natureza estelar [*die Sternnatur*]", para que, libertado da "subordinação a pessoas e coisas", ele seja capaz de aceitar "toda a alegria e todo o sofrimento de minha natureza e fique fiel ao meu amor para sofrer aquilo que sobrévem a cada um a seu modo".[21]

Goethe: o tema da loucura em *Fausto*

Na época em que Goethe estava completando seu *Fausto II*, ele escreveu numa carta a Wilhelm von Humboldt, em 1º de dezembro de 1832: "Por meio de uma transformação psicológica misteriosa, [...] creio ter elevado minha mente a um tipo de produtividade que produziu tudo isso num estado de consciência plena e que ainda me agrada, [...] uma produtividade que Aristóteles e outras mentes prosaicas teriam atribuído a um tipo de loucura".[22] A passagem à qual Goethe se refere aqui está em *Poética*, onde Aristóteles alega que "poesia exige um homem com um dom especial para ela ou alguém com um toque de loucura nele" (capítulo 17, 1455a 32).[23] Subsequentemente, Wilhelm Dilthey explorou precisamente esse tema em sua palestra *Imaginação poética e loucura* (1866), referindo-se à habilidade de Goethe de conjurar em sua mente a imagem de uma flor imaginária.[24] (Este é um exemplo do poder da imaginação que também chamou a atenção de Jung.)[25]

Esse tipo de loucura criativa é tematizado explicitamente no próprio *Fausto*, uma obra que exerceu tanta influência sobre Jung. (A propósito, *Fausto* não é a única obra de Goethe que tematiza a doença mental; basta lembrar aqui *Os sofrimentos do jovem Werther* (1774; 1787) e *Torquato Tasso* (1790), por exemplo).[26] No segundo ato da parte II, Fausto conversa com Quiron, o centauro, a quem ele fala de sua obsessão por Helena (7435-7445). Aos olhos de Quiron, porém, Fausto simplesmente enlouqueceu: "Meu caro estranho, como homem estás encantado, / Aos espíritos, porém, pareces louco" (*Mein fremder Mann! Als Mensch bist du entzückt; / Doch unter Geistern scheinst du wohl verrückt*).[27] Assim, a fim de curá-lo, Quiron oferece levar Fausto até Manto, a filha de Esculápio (o deus grego da cura e medicina). A própria Manto descreve Fausto como alguém que "deseja o impossível" (*unmögliches begehrt*) (7488) e ela o compara a Orfeu, antes de conduzir Fausto numa descida ao submundo e ao domínio de Perséfone – uma repetição da descida anterior de Fausto às Mães (e, na verdade, uma cena que Goethe nunca escreveu). Como observou recentemente um comentarista, Goethe "eleva assim Fausto à sua própria posição atribuindo-lhe a 'loucura das Musas' que Platão declara ser o único estado mental que permite criação poética".[28]

A descida de Fausto às Mães (descrita por Mefisto no ato II) e sua descida órfica a Perséfone servem como modelo para a descida do próprio Jung ao inconsciente em seu *Livro Vermelho*, e em ambos os casos, a mitologia clássica e mundial é reimaginada e experimentada de forma nova. E Goethe não foi a única figura na era do classicismo e romantismo alemão que reavivou o antigo discurso da loucura criativa.

Schelling

Em seus "Seminários de Stuttgart" (1810), Schelling definiu loucura como um "espectro mais horrível", que se origina, ou melhor, *emerge* quando "falha a comunicação entre o entendimento e a alma".[29] Ao mesmo tempo, descreve a loucura como "a essência mais profunda do espírito humano" e, de fato, como "estado mais elevado de clarividência".[30]

Em seu trabalho posterior, no projeto inacabado intitulado de *As eras do mundo* (1811), Schelling retornou para o tema da loucura. (A relevância atual dessa obra é indicada pelo interesse demonstrado nela pelo filósofo psicanalista esloveno Slavoj Žižek).[31] Já no final de *Eras do mundo*, Schelling volta sua atenção para uma discussão da "loucura divina e santa", sobre a qual os antigos "não falavam levianamente".[32] O contexto dessa observação é o rito do deus Dionísio, cuja carruagem é puxada por panteras ou tigres, uma representação pertinente do "entusiasmo selvagem e extático que a natureza alcança diante da essência, que a antiga adoração da natureza de povos prescientes celebrava nos festivais embriagados de orgias bachianas".[33] Nesses ritos, Schelling acreditava ter descoberto algo fundamental, ou seja, que "aquela loucura autodilacerante ainda é o caráter mais íntimo de todas as coisas e, quando governada e justificada, à luz de uma razão mais alta [*durch das Licht eines höheren Verstandes*], é o poder real da natureza e de todos os seus produtos".[34] Com referência a Aristóteles (não mencionado em suas preleções em Stuttgart), Schelling escreve:

> Desde Aristóteles, tornou-se habitual dizer sobre o homem que ninguém realiza algo grande sem alguma medida de loucura. Em vez disso, gostaríamos de dizer: não existe grandeza sem uma solicitação contínua à loucura que, ao mesmo tempo em que deve ser superada, jamais deve estar completamente ausente.[35]

Com base nesse princípio, Schelling desenvolve então uma classificação (ou aquilo que poderíamos até chamar uma tipologia) dos seres humanos, argumentando que "pode ser útil classificar as pessoas nesse sentido".

Em primeiro lugar, há pessoas nas quais "não existe loucura alguma" – são as chamadas *Verstandesmenschen*, e elas podem nos parecer bastante familiares:

> Estes seriam os espíritos que não são criativos, que são incapazes de gerar qualquer coisa, aqueles que chamam a si mesmos de sóbrios e são os chamados homens do intelecto [*Verstandesmenchen*], cujas obras e feitos são nada além de obras frias e feitos do intelecto [*kalte Verstandes-Werke und -Thaten*]. Curiosamente, algumas pessoas na filosofia entenderam essa expressão de modo errado. Pois, tendo ouvido falar de intelectuais [*Verstandesmenschen*] como sendo inferiores ou piores do que outros e, portanto, não querendo ser iguais, elas, com boa intenção, opuseram razão [*Vernunft*] a intelecto [*Verstand*], e não à loucura [*Wahnsinn*]. Mas onde não há loucura, não há também nenhum intelecto vivo, ativo e real [*kein rechter, wirkender, lebendiger Verstand*] (daí o intelecto morto, os intelectuais mortos [*der todte Verstand, todte Verstandes-Menschen*]).[36]

Aqui, Schelling destaca a importância da loucura para a criatividade ou aquilo que poderíamos chamar de certa *necessidade de loucura*, perguntando: "Pois onde o intelecto deve provar a si mesmo senão na conquista, no domínio e na ordenação da loucura?" e conclui: "Daí a total falta de loucura leva a outro extremo, à imbecilidade (idiotia) [*Blödsinn (Idiotismus)*], que é a ausência absoluta de toda loucura".[37]

Em segundo lugar, existem pessoas em que "realmente há loucura", mas que "dominam" essa loucura e demonstram "a mais alta força de intelecto em sua conquista".[38] E, em terceiro lugar, existem pessoas em que "realmente há loucura", mas que são dominadas *por* ela: estas são "pessoas que são realmente loucas [*die eigentlich Wahnsinnigen*]". "Não podemos dizer, em termos estritos", Schelling observa, "que a loucura se origina nelas; ela só se manifesta como algo que está sempre ali (pois sem uma solicitação contínua à loucura não haveria consciência), mas que agora não é subjugada e dominada por um poder mais alto".[39]

Assim, para Schelling, trata-se de uma questão de reconhecer e aceitar a loucura, mas também de dominá-la e não permitir que ela domine ou governe a pessoa. Essa parece ser também a posição de Jung quando, em "Descida ao inferno no futuro", ele diz: "Quando o deserto começa a dar frutos, vai produzir uma vegetação estranha. Tu te julgarás louco e, em certo sentido, serás louco. [...] Observai por que os antigos nos ensinaram em imagens: a loucura é divina".[40]

Nietzsche

A figura de Dionísio, associada à loucura por Schelling, se tornaria um motivo importante de Nietzsche (e de Jung). Em *Além do bem e do mal* (§ 156), por exemplo, Nietzsche observou (num aforismo cuja relevância para o nosso próprio tempo dificilmente precisa ser ressaltada) que "loucura é rara em indivíduos – mas, em grupos, partidos, nações e eras, ela é a regra".[41] Num esboço desse aforismo, Nietzsche acrescentou o comentário: "e é por isso que, até agora, os historiadores não têm falado sobre loucura. Mas em algum momento, médicos escreverão história".[42] E Nietzsche via a si mesmo justamente como um desses médicos, escrevendo em 1881 que "julgamentos morais são epidemias, que tem *seu tempo*"[43] e, em *Genealogia da moral*, oferecendo um relato psicológico da história da moral.[44] Em *O Anticristo*, Nietzsche tentou descrever a história do cristianismo em termos médicos, escrevendo: "Ser médico *aqui*, ser inexorável *aqui*, usar o bisturi *aqui* – esta é a *nossa* parte, este é o *nosso* amor ao homem, é assim que *nós* somos filósofos, nós *hiperbóreos*" (§ 7).[45]

Na verdade, em *Aurora*, uma obra mais antiga, Nietzsche já tinha investigado o significado da loucura em algum detalhe (§14).[46] Num longo aforismo intitulado de "O significado da loucura na história da moral", Nietzsche se refere explicitamente à passagem em *Fedro* em que Platão descreve a loucura como meio através do qual os maiores bens vieram à Grécia (cf. 244 a-b).[47] Alude também à descoberta do ditirambo por Arquíloco de Paros no século 7 a.C., registrado num fragmento preservado por Ateneu de Náucratis em sua obra *Deipnosophistae* 14.24 (628 a-b): "Sei como liderar a canção do Senhor Dionísio, o ditirambo, quando minha mente está fundida de vinho".[48] Essa ideia recorre num dos primeiros diálogos de Platão, em *Íon*, onde Sócrates sustenta que a Musa "primeiro inspira os homens e, então, através desses inspirados, outros compartilham do entusiasmo" e assim "se forma uma corrente, pois os poetas épicos, todos os bons, têm sua excelência, não da arte, mas são inspirados, possuídos, e assim professam todos esses poemas admiráveis" e "assim é também com os bons poetas líricos; assim como os coribantes não estão em si quando dançam, os poetas líricos também não estão em si quando fazem esses amáveis poemas líricos" (533e-534a).[49] Neste relato, o poeta se torna uma voz para a deidade: "Nisso está a razão pela qual a deidade os privou de seus sentidos e os usa como ministros, juntamente com os adivinhos e videntes divinos" – para que "nós ouvintes saibamos que não são eles que professam estas revelações preciosas enquanto sua mente não está neles, mas que é o próprio Deus que fala e, através deles, se articula para nós" (534d).[50] Como evidência de como isso funcionava na prática, Sócrates aponta para Tínico de Cálcis, que "nunca compôs um único poema digno de ser lembrado, com a exceção do cântico de louvor que todos repetem, um dos mais belos poemas líricos e absolutamente fiel ao seu título, uma 'Invenção das Musas'" (534d-e).[51]

Nietzsche lembra um episódio documentado por Plutarco em sua *Vida de Sólon* (§ 8), onde Sólon recorreu a essa convenção ao incitar os atenienses a reconquistar a ilha de Salamina:

> Certa vez, quando os atenienses estavam cansados de uma guerra que eles estavam travando contra Mégara pela ilha de Salamis, eles fizeram uma lei proibindo que, no futuro, sob pena de morte, alguém agisse para que a cidade voltasse a lutar por Salamis. Sólon não suportou essa desgraça, e [...] fez de conta que estava fora de si, e um relato foi emitido à cidade por sua família de que ele apresentava sinais de loucura. Então ele compôs secretamente alguns versos elegíacos e, após decorá-los, ele apareceu repentinamente no mercado com uma capa sobre a cabeça. Após ter reunido uma grande multidão, ele subiu na pedra do arauto e recitou o poema que começa assim:
>
> "Contemplai em mim um arauto da amável ilha de Salamis,
> Com um cântico em versos no lugar de um sermão".
>
> [...] Quando Sólon terminou de cantá-lo, seus amigos começaram a elogiá-lo, e Pisistrato em particular encorajou e incitou os cidadãos a obedecer às suas palavras. Então derrubaram a lei e renovaram a guerra, colocando Sólon no comando dela.[52]

Isso levanta para Nietzsche – de modo um tanto pungente em vista de seu destino, as razões pelas quais permanecem mal-entendidas – a seguinte pergunta: "Como alguém se torna louco quando não o é e quando não tem a coragem de fingir que é?"[53]

Em resposta a essa pergunta, Nietzsche apresenta uma breve pesquisa intercultural – desde curandeiros indianos e santos cristãos até sacerdotes mágicos na Grécia e pajés brasileiros – e desenvolve uma receita para enlouquecer, que envolve, "jejum sem sentido, abstinência sexual perpétua, ir para um deserto, escalar uma montanha ou coluna ou 'sentar numa árvore de salgueiro com vista de um lago' e pensar em nada exceto naquilo que poderia provocar um êxtase e desordem mental".[54] No caso de Jung, estimular – ou simular? – uma desordem mental era notavelmente fácil. Como ele disse em *Memories, Dreams, Reflections*: "Então eu me deixei cair".[55] No entanto, no *Livro Vermelho*, ele invoca algumas dessas traduções que induzem loucura, ir para o deserto (nos capítulos intitulados de "O deserto", "Experiências no deserto" e "O eremita").[56]

Em *Assim falava Zaratustra*, Nietzsche brinca quase que incessantemente com a ideia da loucura (uma razão, talvez, pela qual tantos germanistas descartem ignorantemente essa obra como simplesmente louca). Em seu "Prólogo", Zaratustra pergunta: "Onde está o relâmpago para que ele vos lamba com sua língua? Onde está a loucura com a qual deveríeis ser purificados?" antes de declarar: "Eis que vos ensino o sobre-homem: ele é este relâmpago, ele é esta loucura!"[57] Em "Ler e escrever", Zaratustra afirma que "sempre há certa loucura no amor", mas "há também sempre certo método na loucura".[58] Em "Cátedras da virtude" (§2) ele anuncia que "não só a razão de milênios – a loucura de milênios também irrompe em nós" e proclama que "é perigoso ser herdeiro".[59]

Estas e outras passagens levaram Herbert Theierl a interpretar a figura do *Übermensch* como referência não a um indivíduo, mas a uma condição, de modo que *Übermensch* "descreve uma condição de êxtase místico".[60] É nesse sentido que o *Übermensch* é, nas palavras de Zaratustra, "um *atravessar* e um *descer*",[61] uma descida ou *nekyia* que Theierl compara com o *Untergang* descrito por Mestre Eckhart quando ele escreve que "o deleite mais alto que é concedido à alma é fluir de volta para o nada de sua imagem primordial e – como o si-mesmo – perder-se inteiramente ali".[62] Neste sentido, *Assim falava Zaratustra* forma um arco de volta para a primeira obra de Nietzsche, *O nascimento da tragédia*, que perguntava, como o próprio Nietzsche apontou em sua "Tentativa de uma autocrítica": "Qual, então, é o significado, em termos fisiológicos, daquela loucura a partir da qual se desenvolveram as artes trágicas e cômicas – a loucura dionisíaca?" E esta pergunta levou Nietzsche a fazer outras: "Talvez a loucura não seja necessariamente o sintoma de degeneração, declínio e o estágio final da cultura? Existem talvez – uma pergunta para os psiquiatras [*Irrenärzte*] – neuroses de *saúde*?"[63]

Loucura em nosso tempo

Como argumentaram T.W. Adorno e Max Horkheimer em *Dialética do Esclarecimento* (1944; 1947), a relação entre mito e esclarecimento não é simplesmente uma relação de oposição, mas de reciprocidade; ou, nas palavras dele, uma relação dialética. "Assim como os mitos já incluem esclarecimento", eles escreveram na década de 1940, "o esclarecimento, com cada passo, se enreda no mito".[64] Isso é assim porque Adorno e Horkheimer identificam a razão (*Vernunft*) com a racionalidade instrumental (*instrumentelle Vernunft*), ou seja, com uma forma de razão que busca não entender, mas controlar o mundo em sua volta. O problema aqui é que a racionalidade instrumental pode, como forma de fantasia tecnológica, facilmente ser colhida para fins regressivos, como Jung percebeu e como nós mesmos temos visto em nosso próprio tempo. Como disse Walter Benjamin, outro membro proeminente da Escola de Frankfurt, em seu famoso ensaio "A obra de arte na era da reprodução mecânica" (1936), "em vez de secar rios, a sociedade direciona uma correnteza humana para um leito de trincheiras; em vez de lançar sementes de aviões, ela lança bombas incendiárias sobre cidades; e através da guerra química, a aura é abolida de maneira nova".[65] Neste sentido, a Psicologia Analítica e a Escola de Frankfurt têm muito em comum, não só uma com a outra, mas também – a despeito da rejeição cáustica de Jung e a crítica feroz de

Adorno ao existencialismo e ao "jargão da autenticidade" – com a visão de Heidegger sobre os perigos da tecnologia.[66]

No entanto, nem a Teoria Crítica nem Heidegger conseguem ver o mito da forma como a Psicologia Analítica consegue: como recurso. Como argumentou o antropólogo Bronislaw Malinowski (1884-1942) (numa passagem citada por Karl Kerényi no prólogo a *Ensaios sobre a ciência da mitologia* [1941], escritos em coautoria com Jung), o mito não é "uma explicação apresentada para satisfazer a curiosidade", mas "o reavivamento de uma realidade primordial [i.e., arquetípica] em forma narrativa".[67] Evidentemente, é precisamente tal dimensão primordial ou arquetípica (encontrada, por exemplo, no *Livro Vermelho*, mesmo que numa forma surpreendente e talvez inesperada) que tantos comentaristas culturais negligenciam ou rejeitam, isso, em si mesmo, um reflexo do "mundo totalmente administrado" que habitamos atualmente;[68] nós, os residentes da "jaula de ferro", como Weber a chamou, da burocracia, contra a qual o *Livro Vermelho* de Jung se irrita repetida e dolorosamente.

E assim, em "Nox tertia", a alma de Jung o convida a "aceitar a loucura", a deixar "brilhar" a luz e a "dar-lhe a vida".[69] Já que a própria vida está cheia de tolices e é essencialmente irracional", "o ser humano só luta pela razão a fim de que possa criar regras para si".[70] Em "O mago", Jung chega à conclusão de que "loucura e razão querem casar-se", e em seu encontro nesse capítulo com os misteriosos cabiros, essas deidades de Samotrácia dão a Jung dois presentes simbólicos, uma espada "reluzente" e um "nó entrelaçado como arte diabólica" – presentes cujo símbolo eles explicam a Jung da seguinte maneira: "O emaranhado é tua loucura, a espada é a superação da loucura".[71] Em *Aprofundamentos*, Jung confessa: "Tenho horror da loucura que acomete o solitário", mas sua alma lhe diz: "Não precisas temer a loucura".[72] (A referência a Brimo em *Aprofundamentos* lembra a figura de Hécate, a deusa que envia a loucura.) Dessa forma, Jung reaviva a distinção de Schelling entre a pessoa tomada pela loucura e a pessoa que governa a loucura.[73]

Conclusão

Nas semanas e nos meses anteriores à sua decisão de iniciar os trabalhos em seu *Livro Vermelho*, Jung teve uma série de sonhos, fantasias e visões, que começaram em 1912. Durante o período de 1913-1914, doze fantasias foram identificadas por Sonu Shamdasani como prováveis de terem sido consideradas por Jung como precognitivas e prevendo a irrupção da Primeira Guerra Mundial.[74] Profundamente abalado por essas fantasias perturbadoras, Jung temia que estava enlouquecendo, como relatou mais tarde a Mircea Eliade. Na época, Jung estava se preparando para apresentar uma palestra sobre esquizofrenia num congresso em Aberdeen, e ele se perguntou se estaria falando sobre si mesmo! Então em 31 de julho de 1914, imediatamente após sua palestra, ele soube através dos jornais que a guerra tinha irrompido: "Finalmente entendi. E [...] não havia pessoa mais feliz do que eu".[75]

Por hora, devemos deixar de lado a pergunta fascinante se as fantasias de Jung tinham realmente previsto ou não o que aconteceria – não a *ele*, mas à Europa e ao mundo. (Como Shamdasani especulou, isso levanta a perspectiva de que, se a guerra não tivesse irrompido, o próprio *Livro Vermelho* poderia nunca ter sido compilado.)[76] Mas é difícil não refletir sobre se a publicação em si do *Livro Vermelho* anuncia uma nova era de revolta, dado o ataque às Torres Gêmeas de 2001, o crescimento subsequente do terrorismo e do militarismo, a crise financeira de 2008, a anexação da Crimeia em 2014, a situação na Ucrânia, a guerra civil na Síria e a crise de refugiados – sem falar dos desenvolvimentos mais recentes que podem ser resumidos no neologismo "Brexit" e na monossílaba "Trump". Ou seria melhor lembrarmos que, nas palavras de Walter Benjamin, "o conceito de progresso deve ser fundamentado na ideia da catástrofe" e que "as coisas que simplesmente acontecem *são* a catástrofe"?[77] Essa ideia de que "inferno [...] não é algo que está diante de nós, mas é *esta vida aqui*", é uma ideia que é expressada também por Jung em seu *Livro Vermelho*. Pois em "Descida ao inferno no futuro", Jung diz:

> Quem desce ao inferno também se torna inferno, por isso não esqueçais de onde viestes. A profundeza é mais forte do que nós; portanto, sede espertos e não heróis, pois nada é mais perigoso do que ser um herói por conta própria. A profundeza

gostaria de manter-vos; a muitos ela não mais devolveu, por isso as pessoas fugiram da profundeza e lhe fizeram violência.

O que teria acontecido se a profundeza, devido à violência, se tivesse transformado na morte? Mas a profundeza se transformou na morte; por isso emitiu a morte milhares de vezes quando acordou. Não podemos matar a morte, pois já lhe tomamos toda a vida. Se ainda quisermos vencer a morte, então temos de avivá-la.[78]

Ao mesmo tempo, porém, o *Livro Vermelho* inclui também uma mensagem positiva:

Por isso, levai em vossa viagem também taças de ouro, cheias de bebida doce da vida, vinho tinto e dai-o à matéria morta para que readquira vida. A matéria morta vai transformar-se na serpente negra. Não vos assusteis, a serpente apagará imediatamente o sol de vosso dia, e uma noite de maravilhosas luzes falsas virá sobre vós.[79]

Essa tensão entre a loucura da insanidade e a insanidade que caracteriza a sociedade totalmente administrada do nosso mundo contemporâneo torna os comentários de Andrew Samuels sobre o *Livro Vermelho*, feitos logo após sua publicação, tão prescientes, na época como agora: "Não é apenas um documento histórico, é um documento muito contemporâneo: ele diz muito sobre o que há de errado com a sociedade moderna. [...] Fala sobre por que viver no tipo de sociedade que temos atualmente nos leva à loucura – porque o mundo interior, aquilo que acontece dentro de você, não é ouvido, não é desejado. Vivemos numa sociedade aplainada, regulamentada, controlada, que, na verdade, está descontrolada, como mostra a crise econômica"[80] – e como confirmam muitos eventos globais que se desdobraram desde então.

Notas

1. C.G. Jung. *O Livro Vermelho: Liber Novus*, org. Sonu Shamdasani, trad. Edgar Orth (Petrópolis: Editora Vozes, 5ª reimpressão, 2019), p. 85.
2. Jung. *O Livro Vermelho*, p. 285.
3. Jung. *O Livro Vermelho*, p. 300.
4. Plato. *Collected Dialogues*, org. Edith Hamilton e Huntington Cairns (Princeton, NJ: Princeton University Press, 1989), p. 491.

5. Ibid.

6. Ibid., p. 492.

7. Ibid.

8. Ibid.

9. Ibid.

10. Ibid., p. 510-511.

11. Jung. *O Livro Vermelho*, p. 126.

12. Ibid., p. 153.

13. Ibid.

14. Ibid., p. 157.

15. Ibid., p. 391.

16. C.G. Jung. *Memories, Dreams, Reflections*, org. Aniela Jaffé (Nova York, NY: Vintage Books, 1963), p. 387.

17. Jung. *O Livro Vermelho*, p. 395.

18. Ibid., 411.

19. Friedrich Nietzsche. *Thus Spoke Zarathustra* (Harmondsworth: Penguin, 1969), p. 86.

20. Jung. *O Livro Vermelho*, p. 431.

21. Ibid., p. 476, 479.

22. Em Johann Wolfgang Goethe. *Faust: A Tragedy*, org. Cyrus Hamlin, trad. Walter Arndt (Nova York, NY: W. W. Norton, 1976), p. 548.

23. Aristotle. Complete Works, org. Jonathan Barnes (Princeton, NJ: Princeton University Press, 1984), vol. 2, 2329.

24. Wilhelm Dilthey. "Dichterische Einbildungskraft und Wahnsinn", em *Die geistige Welt: Einleitung in die Philosophie des Lebens*, vol. 2 [*Gesammelte Werke*, vol. 6] (Stuttgart; Göttingen: Teubner; Vandenhoeck & Ruprecht, 1994), p. 90-102. Para uma discussão adicional, veja Frederick Burwick. *Poetic Madness and the Romantic Imagination* (University Park, PA: Pennsylvania State University Press, 1996).

25. C.G. Jung. "On the Psychology and Pathology of So-Called Occult Phenomena", em *Psychology and the Occult* (Londres: Ark, 1987), p. 6-91 (17).

26. Para uma discussão adicional, veja Sylvia P. Jenkins. "The Depiction of Mental Disorder in *Die Leiden des jungen Werthers and Torquato Tasso* and its Place in the Thematic Structure of the Works", *Publications of the English Goethe Society*, NS 62 (1991-1992): p. 96-118.

27. Goethe. *Faust*, 211.

28. Gisela Brude-Firnau. "From *Faust* to Harry Potter: Discourses of the Centaurs", em Hans Schulte, John Noyes e Pia Kleber (orgs.). *Goethe's "Faust": Theatre of Modernity* (Cambridge: Cambridge University Press, 2011), p. 113-128 (122).

29. F. W. J. Schelling. *Idealism and the Endgame of Theory: Three Essays,* org. Thomas Pfau (Albany, NY: State University of New York Press, 1994), p. 233.

30. Schelling. *Idealism and the Endgame of Theory*, p. 233 e 238.

31. Slavoj Žižek. *The Abyss of Freedom; Ages of the World* (Ann Arbor: University of Michigan Press, 1997).

32. Schelling. *The Ages of the World*, trad. Frederick de Wolfe Bolman, Jr. (Nova York, NY: Columbia University Press, 1942), p. 227.

33. Ibid., p. 227.

34. Ibid., p. 228.

35. Ibid.

36. Ibid., p. 228-229.

37. Ibid., p. 229.

38. Ibid.

39. Ibid.

40. Jung. *O Livro Vermelho*, p. 135.

41. Friedrich Nietzsche. *Basic Writings*, org. Walter Kaufmann (Nova York, NY: Modern Library, 1968), p. 280.

42. Friedrich Nietzsche. *Nachlass 1882-1884* [*Kritische Studienausgabe*, vol. 10], org. Giorgio Colli e Mazzino Montinari (Munique; Berlim e Nova York: dtv; de Gruyter, 1999), p. 72.

43. Friedrich Nietzsche. *Nachlass 1882-1884* [*Kritische Studienausgabe*, vol. 9], org. Giorgio Colli e Mazzino Montinari (Munique; Berlim e Nova York: dtv; de Gruyter, 1999), p. 483.

44. Veja Andreas Urs Sommer. *Kommentar zu Nietzsches "Jenseits von Gut und Böse"* [*Nietzsche-Kommentar*, vol. 5/1] (Berlim e Boston: de Gruyter, 2016), p. 465.

45. Friedrich Nietzsche. *The Portable Nietzsche*, org. Walter Kaufmann (Nova York, NY: Viking Penguin, 1968), p. 574.

46. Friedrich Nietzsche, *Daybreak*, trad. R. J. Hollingdale (Cambridge: Cambridge University Press, 1982), p. 14-15. Para um comentário detalhado sobre essa passagem, veja Jochen Schmidt; Sebastian Kaufmann. *Kommentar zu Nietzsches "Morgenröthe"; Kommentar zu Nietzsches "Idyllen aus Messina"* [*Nietzsche-Kommentar*, vol. 3/1] (Berlim e Boston: de Gruyter, 2015), p. 91-100.

47. Plato. *Collected Dialogues*, p. 491.

48. Thomas J. Mathiesen. *Apollo's Lyre: Greek Music and Music Theory in Antiquity and the Middle Ages* (Lincoln e Londres: University of Nebraska Press, 1999), p. 71; cf. M. S. Silk e J. P. Stern. *Nietzsche on Tragedy* (Cambridge: Cambridge University Press, 1981), p. 136.

49. Plato. *Collected Dialogues*, p. 220.

50. Ibid.

51. Ibid.

52. *Plutarch's Lives*, vol. 1, trad. Bernadotte Perrin (Londres; Nova York, NY: Heinemann; Macmillan, 1914), p. 421 e 423.

53. Nietzsche. *Daybreak*, p. 14.

54. Ibid.

55. Jung. *Memories, Dreams, Reflections*, p. 203.

56. Jung. *O Livro Vermelho*, p. 128, 130, 215.

57. Nietzsche. *Thus Spoke Zarathustra*, p. 43.

58. Ibid., p. 68.

59. Ibid., p. 102.

60. Herbert Theierl. *Nietzsche – Mystik als Selbstversuch* (Würzburg: Königshausen & Neumann, 2000), p. 13.

61. Nietzsche. *Thus Spoke Zarathustra*, p. 44.

62. Herbert Theierl. *Nietzsche – Mystik als Selbstversuch*, p. 13; cf. Meister Eckhart. *Schriften und Predigten*, org. Herman Büttner (Jena: Diederichs, 1921), vol. 1, p. 143.

63. Nietzsche. *Basic Writings*, p. 21.

64. Theodor W. Adorno e Max Horkheimer. *Dialectic of Enlightenment: Philosophical Fragments*, org. Gunzelin Schmid Noerr (Stanford, CA: Stanford University Press, 2002), p. 8.

65. Walter Benjamin. "The Work of Art in the Age of Mechanical Reproduction", em *Illuminations*, trad. Harry Zorn (Londres: Cape, 1970), p. 211-244 (235).

66. Martin Heideggter. "The Question Concerning Technology", em *Basic Writings*, org. David Farrell Krell (Londres: Routledge, Kegan and Paul, 1978), p. 307-341.

67. Veja Karl Kerényi. "Prolegomena", em C. G. Jung e Karl Kerényi. *Essays on a Science of Mythology*, trad. R.F.C. Hull (Nova York: Princeton University Press, 1969), p. 1-24 (6); cf. Malinowski. "Myth in Primitive Psychology" [1926], em *Magic, Science and Religion and other Essays* (Garden City, NY: Doubleday, 1948), p. 72-123.

68. Para uma discussão adicional, veja Harvey C. Greisman e George Ritzer. "Max Weber, Critical Theory, and the Administered World", *Qualitative Sociology* 4, nº 1 (primavera de 1981): p. 34-55.

69. Jung. *O Livro Vermelho*, p. 308.

70. Ibid.

71. Ibid., p. 376-377.

72. Ibid., p. 416.

73. Ibid., p. 379, n. 314.

74. Ibid., "Introdução", p. 26.

75. William McGuire e R. F. C. Hull (orgs.). *C.G. Jung Speaking: Interviews and Encounters* (Princeton, NJ: Princeton University Press, 1977), p. 225-236 (233-234).

76. Jung. *O Livro Vermelho*, "Introdução", p. 308.

77. Benjamin. "Central Park", trad. Lloyd Spencer e Mark Harrington, *New German Critique* 34 (inverno de 1985), p. 32-58 (50).

78. Jung. *O Livro Vermelho*, p. 152.

79. Ibid.

80. BBC Radio 4. *Today*, transmitido em 28 de outubro de 2009.

6
Confrontando Jung
O Livro Vermelho fala ao nosso tempo

John Hill

O que aconteceu com Jung enquanto escrevia seu *Livro Vermelho*? Eu testemunhei suas labutas quando fui convidado a participar de uma produção teatral sobre passagens do *Livro Vermelho* juntamente com Dariane Pictet, Paul Brutsche e Murray Stein. Nós nos apresentamos em vários países. Nós não só lemos o livro, mas decoramos passagens e as representamos em ação. Eu recebi três papéis: Elias, Izdubar e Filêmon.

O teatro é uma experiência maravilhosa para fazer experimentos com a identidade – quem somos, quem não somos. A apresentação do *Livro Vermelho* nos encorajou a explorar a visão de Jung da psique como uma arena de múltiplas personalidades que estimula a imaginação e fornece um palco que permite que partes dissociadas do si-mesmo emerjam e ganhem presença na mente consciente. Quando seguimos a odisseia de Jung pelo labirinto de seu mundo interior, começamos a ver sua jornada como um processo para confrontar, entender e integrar parcialmente as subpersonalidades ocultas que regem a nossa vida quando menos esperamos.

Atuar nos papéis de Elias, Izdubar e Filêmon foi um desafio. O profeta, o guerreiro e o mago são figuras arquetípicas poderosas. Eu tive que investir toda a minha energia nos papéis para trazê-los à vida. Isso foi o trabalho da imaginação. Inevitavelmente, isso gerou dissociação, até mesmo inflação. Após terminar cada papel, eu precisava de vários minutos de silêncio. O intervalo me dava a chance de me recompor e entrar no papel seguinte. Eu tive que lutar para assumir controle sobre os papéis para que eles não me controlassem.

Durante vários dias após cada apresentação, as palavras e as emoções de Elias, Izdubar ou Filêmon emergiam espontaneamente e me colocavam num estado de dissociação até eu conseguir me livrar deles e seguir minha vida ordinária. Mesmo assim, algumas partes de mim são "profeta", "guerreiro" e "mago". Foi útil lembrar que esses papéis não eram idênticos ao ego consciente. Eles pertencem à herança coletiva da humanidade e influenciam cada um de nós de acordo com o nosso nível de consciência e influenciam nosso destino.

Ao representar cada papel, percebi como eles passavam por uma transformação após cada apresentação. Creio que isso se devia em grande parte às trocas com meus colegas Paul Brutsche e Dariane Pictet, que representavam os papéis de Jung e Salomé, respectivamente. Atuar nesses papéis me deu a oportunidade de me conectar com Jung a partir daquelas outras personalidades que o julgavam, amavam, desafiavam, humilhavam e inspiravam. Era como ver Jung dentro da estrutura maior de sua própria psique, ver o indivíduo a partir dos muitos, o ego a partir dos complexos, o si-mesmo refletido num pleroma de arquétipos. Eu encerrarei com algumas reflexões sobre o que a interação com essas três figuras pode ter significado para Jung, para a psicologia e para o nosso tempo.

Elias

Ao representar Elias, eu tive que me identificar com o profeta do Antigo Testamento. Eu era onisciente, um semideus que conhecia os segredos do universo. Era severo e dizia a Jung exatamente o que ele devia fazer. Mas já na abertura da cena de *O mistério*, eu me senti incompleto. Eu estava unido às trevas, representadas pela Salomé cega, como se evidencia quando digo: "Pensa bem: sua cegueira e minha visão fizeram de nós companheiros desde a eternidade".[1] Essas palavras me lembraram imediatamente de um texto bíblico em *Provérbios* (8:22-24). O texto se refere a *Sophia* como o feminino eterno, representando a sabedoria de Deus que existia antes da criação:

> O SENHOR criou-me como início de sua ação, antes de suas obras mais remotas. Desde tempos imemoriais fui constituída, desde as origens, desde os primórdios da terra. Nasci quando não existiam os oceanos [...].

Com cada apresentação como Elias, eu me sentia mais ligado à minha filha cega Salomé e com um desejo maior de protegê-la. Eu estava me tornando mais manso, menos julgador. Eu tinha certeza de que Salomé era a alma de Jung que tinha se tornado cega. Eu precisava ser paciente, especialmente quando Jung continuou a identificar Salomé como sua contraparte no Novo Testamento, como quando disse: "Ela não foi pura cobiça e luxúria criminosa [...] [que] derramou ignominiosamente o precioso sangue [do profeta]?" Eu sabia que, se ele conseguisse aceitar a parte amorosa, mas cega de sua alma, ele estaria pronto para aceitar a nova mensagem. Por isso, eu o lembrei deste mistério: "Mas ela amava um santo [...] ela amava o profeta que anunciava o mundo do novo Deus".[2]

Eventualmente, reconheci que os mistérios de uma nova imagem de Deus eram demais para ele. Ele precisava de tempo para aceitá-los. Ainda se identificava demais com o espírito dessa época. Ainda acreditava que poderia resolver tudo com seu intelecto reduzindo Elias e Salomé a algum tipo de símbolos intelectuais. Elias, porém, respondeu com uma voz poderosa: "Nós somos reais, e não um símbolo".[3]

Reflexão

Em *Liber Primus*, Jung estava processando dimensões pessoais e coletivas de sua psique. Certamente, ele estava ciente de uma conexão interior entre a Salomé cega que ele descobriu em seu mundo interior e a *Sophia* bíblica. Então eu me perguntei o que tinha acontecido com *Sophia* e por que ela tinha se transformado em Salomé, que pedira a cabeça de João Batista. A cabeça de quem deveria ser sacrificada? Era a cabeça de Jung, a cabeça que tinha se identificado com a ciência, talvez representada em sua admiração por Freud? Jung admite que, na época em que estava criando essa obra, ele tinha alcançado tudo que um homem podia desejar: fama, riqueza e conhecimento. Ele teve que passar por um processo de purgação e abrir mão de sua devoção aos ideais do tempo: de seu amor pela ciência e de sua "alegria da explicação e do ordenamento".[4] Algumas páginas depois no *Livro Vermelho*, esse sacrifício é retratado no assassinato de Siegfried, o herói germânico semidivino. Para

Jung, Siegfried era "minha força, minha valentia, meu orgulho"[5] e representava a crença: "Onde há vontade, há caminho".[6]

Além disso, intrigava-me um possível vínculo entre o Elias patriarcal e Freud.[7] Sabemos que Freud era uma figura paterna para Jung. A psique de Jung tinha transformado Freud num profeta do Antigo Testamento? A psique de Jung estava alcançando níveis mais profundos do inconsciente coletivo? Após ter sido rejeitado pela figura paterna de Freud num nível pessoal, Jung pôde se aproximar da figura paterna de Elias num nível arquetípico. Desse modo, ele pôde continuar a desenvolver a psicanálise e aplicá-la ao Deus bíblico de maneiras totalmente diferentes daquelas que Freud expressou em *Totem e Tabu*. Eventualmente, esse projeto se manifestou no potencial transformador da imagem de Deus, o tema principal de uma obra posterior, *Resposta a Jó*.

Ocorreu-me também que a Salomé cega poderia estar ligada a Sabina Spielrein. Se você ler as poucas cartas de Jung referentes ao relacionamento e as comparar com as muitas cartas de Spielrein, você só poderá concluir que Jung se sentiu esmagado pelo encontro. Ele era altamente defensivo, ao mesmo tempo, porém, obviamente fascinado pela sua jovem paciente judia. Eros estava constelado, e Jung não conseguia manter limites ou responder ao desafio de modo diferenciado. Ele estava nas garras de uma *anima* que tinha perdido sua visão? Ele precisou de muitos anos para conseguir aceitar a importância daquela experiência, manifesta em sua obra posterior sobre a psicologia da transferência.

No final de "Mysterium: Encontro", Elias revela a Jung uma nova imagem de Deus que, eventualmente, trará cura ao elemento feminino de sua psique, um passo que o Freud agnóstico não podia tomar. A psique de Jung transforma o profeta do Antigo Testamento num profeta inseparavelmente ligado à alma que perdeu seu caminho no mundo, uma narrativa proeminente no gnosticismo e no neoplatonismo. Em *Liber Primus*, a redenção da alma se expressa na restauração da visão de Salomé. Para Jung, a alma como princípio da vida e do amor representa agora uma força independente do intelecto. Durante toda a leitura do *Livro Vermelho*, essa figura continua a desafiá-lo de forma muito clara.

Na *Obra Completa* de Jung, nada mais ouvimos sobre Salomé. No entanto, ela reaparece em *Memories, Dreams, Reflections*, onde ela é identificada com Eros. Em *Resposta a Jó*, Jung identifica *Sophia* com Eros.[8] Existe, portanto, um vínculo entre as duas figuras. *Sophia* é o *ruach* hebraico, que representa o espírito feminino de Deus que acompanha Deus no início da criação. Segundo Jung, Deus se esqueceu de *Sophia* e está agora mais em conluio com satanás. Em *Resposta a Jó*, o Javé tribal confronta um homem que resiste a ele. No drama entre um homem e seu Deus, o *status* de Deus começa a mudar quando Deus lembra sua aliança original com sua companheira *Sophia*.

Como Eros, ela se revela aos humanos como seu ajudante amigável e defensor contra Javé. Assim ela transforma o Javé cheio de ira em um Deus "bondoso, justo e amável". *Sophia* e Deus entram em um novo *hieros gamos*. Em *Resposta a Jó*, *Sophia* representa uma redenção adicional da Salomé do *Livro Vermelho*. Ela se torna parte integral da nova imagem de Deus. No período entre Salomé e *Sophia*, Jung parece estar num processo de superar sua rejeição por Freud e de estabelecer o fundamento de uma atitude em relação a Deus que é menos patriarcal, menos rígida, mais amorosa e mais misteriosa.

Quando eu estava no palco, eu conseguia entender plenamente a confusão de Jung quando Salomé anuncia que ela é sua irmã, que Maria é sua mãe e que ele é Cristo. A princípio, isso parece loucura, tanto teológica quanto psicologicamente. Cristãos interpretariam isso como heresia, e psicólogos viriam isso como exemplo de inflação. Mas se eu quisesse permanecer no papel de Elias, eu precisava encontrar um meio de sustentar o mistério, mesmo que isso significasse um desvio de minhas próprias crenças. O texto indica claramente que esse processo não era a criação de um ego. Jung na cruz com a cabeça de um leão e uma serpente enrolada em seu corpo lembra mais o Aion mitraico do que o Cristo ortodoxo. Ele já tinha escrito sobre esse Deus em 1912, um ano antes dos primeiros registros nos *Livros Negros*. Em *Psicologia do inconsciente*, ele vincula o *Deus Leontocephalus* ("Deus com cabeça de leão") alado, um Deus importante na hierarquia mitraica e do antigo Egito, ao tempo, o grande transformador. A imagem representa a união de opostos, evidente na união do leão solar com a serpente ctônica, um resultado da luta mitraica do "sol com o dragão".[9] Para Jung, isso implica que a "divisão do

Deus em muitas partes cessa, e a unidade divina é restaurada".[10] Ou, como ele dirá mais tarde em *Mysterium Coniunctionis*: "Estes conceitos [...] implicam naturalmente a renovação de um Deus que está envelhecendo".[11]

A vinculação do Deus com cabeça de leão ao Cristo sacrificado sugere a morte inevitável e a renovação das imagens da alma. A imagem que Jung tinha de Cristo não era imutável ou literal. Ela muda ao longo do tempo e está sujeita a culturas alternantes da história humana. Para Jung, o sacrifício de Cristo não podia ser imitado. Representava um processo de submissão aos opostos conflitantes da alma. Jung entrou num espaço liminar entre "o passado e o porvir". Foi desse estado crucificado que o novo emergiu. Agora, Jung devia pensar com o coração e amar com a cabeça.[12]

O Deus com cabeça de leão na cruz representa uma luta com a herança instintual da humanidade a fim de elevá-lo para um nível de consciência mais alto. Como figura sincretista antiga (a figura com cabeça de leão encontrada na Alemanha data de 40.000 a.C. e é, provavelmente, a escultura mais antiga da humanidade), ela representa uma tentativa de abraçar a herança das religiões pré-cristãs, revertendo assim uma história de repressão brutal. Essa imagem estranha sugere uma fonte de unidade que poderia ligar componentes dissociados da alma de Jung.

Aqui, poderíamos perguntar se a psicologia junguiana é uma religião que, eventualmente, substituirá as religiões mais antigas. A despeito da linguagem gótica de Jung, a resposta é não. A psicologia junguiana é uma psicologia da religião. Jung não espera que adoremos essas imagens. Ele as usa para indicar como as nossas imagens de Deus mudam. Ele não exige que creiamos. Ele se concentra em aspectos centrais de experiências religiosas necessárias para a saúde e integridade da psique. Como abordagem não confessional à experiência religiosa, a psicologia junguiana pode agir como uma ponte entre as diversas tradições religiosas. Teórica e ontologicamente, é importante distinguir o si-mesmo mais profundo de Jung de um Deus metafísico. Jung alude a isso numa carta a Fritz Burri: "De modo algum disputo a existência de um Deus metafísico. No entanto, permito-me colocar declarações humanas sob o microscópio".[13]

Izdubar

De todos os papéis em que atuei, Izdubar foi o mais interessante. A história de Izdubar ocupa três capítulos de *Liber Secundus*, "Primeiro dia", "Segundo dia" e "As encantações". O papel era menos estereotipado do que os de Elias e Filêmon. Como Izdubar, abri a cena (*Liber Secundus*) como o poderoso guerreiro-touro, enorme e todo-poderoso, pronto para esmagar o crânio de qualquer um que ousasse me desafiar. Assim que Jung falou de um mundo do qual eu não tenho conhecimento, fui tomado de medo. Izdubar, o poderoso, estava quebrado. Como o rei asteca Montezuma do México, eu não podia lutar contra uma força que eu reconhecia como mais poderosa do que o mundo que eu nunca tinha questionado. Perplexo e confuso, todo o meu sistema de crenças mitológico desabou. Como eu poderia desistir de minha crença ancestral num cosmo divino em que o sol desce em uma terra imortal para renascer a cada dia?[14] Se o cosmo é nada mais do que um vazio eterno em que jamais podemos "alcançar o sol" e o único conhecimento que temos dele é através de medições aritméticas, então existe pouca esperança de uma vida após a morte. Tentei argumentar com o poderoso Jung, mas quando ele me mostrou fósforos, um relógio e mencionou que tinha uma máquina que voava como um pássaro, minha causa estava perdida.

Para mim, essa foi uma das cenas mais comoventes, especialmente quando peguei o relógio de Jung e perguntei se ele era imortal. Naquele momento, eu me senti como um membro de uma tribo indígena ameaçada que jamais tivera contato com a civilização moderna. Vulnerável, eu queria apenas retornar para o Oriente, "onde corre a fonte pura de nossa sabedoria dispensadora da vida".[15]

Quando Jung acendeu uma fogueira e eu respondi com "O fogo sagrado me aquece",[16] senti gratidão. Como os zoroastrianos, o fogo era sagrado para mim, e descobri que tinha algo em comum com Jung, um sinal de que o sagrado e o profano estavam mais próximos do que nunca. Senti fascinação, curiosidade e até mesmo confiança quando ele me mostrou as coisas maravilhosas que a ciência tinha inventado. Mas voltei a desconfiar dele quando ele deu a entender que o mundo ocidental tinha perdido sua crença nos deuses e a substituíra com palavras sem poder mitológico ou religioso.

Como Izdubar, resisti a Jung quase até o fim, como fica evidente quando o chamo "um demônio atormentador".[17] Finalmente, num estado de impotência e raiva, eu me rendi para que me transformasse numa fantasia que ele colocou em seu bolso. Levei muito tempo para aceitar as palavras "Se ajudar, sim", o que gerou sentimentos de fúria e derrota. Percebi isso como um anticlímax e uma humilhação. Parecia não haver outra opção, expressando talvez a *húbris* de todos os sistemas de crença quando confrontados com o desafio da modernidade, que zomba da crença mítica. Estava eu revivendo um conflito que era familiar a Jung?

Reflexão

Izdubar foi um papel muito autêntico, talvez o mais humano de todos eles. Após meu *status* de um ser semidivino ser reduzido ao *status* de um humano ferido, eu pude apelar a Jung e ao público para que se identificassem comigo enquanto eu encarava um futuro incerto.

Aparentemente, enquanto trabalhava no *Livro Vermelho,* Jung pretendia despir a crença religiosa e mitológica de seu literalismo. Muitas vezes, tais sistemas tendem a reificar o simbólico com a pretensão de possuir uma verdade exclusiva e, eventualmente, caem na armadilha do fundamentalismo. Quando esses sistemas ameaçam pessoas de crença diferente, testemunhamos um estado de dissociação social rígida. Jung, porém, fala a Izdubar sobre dois tipos de verdade, a interna e a externa, e Izdubar responde, dizendo: "Isso foi uma palavra salutar".[18] No final da história de Izdubar, Jung ressalta o aspecto interior e simbólico de um sistema de crenças quando ele transforma Izdubar numa fantasia. Se seguirmos a sequência no *Livro Vermelho*, que não fazia parte da nossa apresentação, Izdubar é colocado num ovo. O ovo se transforma num ventre para o renascimento de Deus na alma humana. Izdubar é curado, e o cosmo sagrado com sua promessa de imortalidade se torna uma realidade psicológica.

Em 1913, Jung já havia se desencantado com os cânones do consciente coletivo, especialmente com sua crença na ciência como professor exclusivo da verdade. Ele veio a perceber que, no âmago de cada ideologia, há uma crença em algum tipo de verdade absoluta, muitas vezes representada por um deus, ídolo, herói ou método. A fim de aceitar sua fidelidade anterior à ciência, ele foi para o deserto e apelou à sua alma como uma realidade viva, como testemunhamos naquilo que talvez seja a passagem mais atraente do *Livro Vermelho*: "Minha alma, onde estás? Tu me escutas? Eu falo e clamo a ti".[19] E, algumas linhas mais adiante, ele pergunta à sua alma: "Quem és tu, criança? Como criança, como menina, meus sonhos te representaram [...] tu és Deus? Deus é uma criança, uma moça?"[20]

Jung sugere que cada um de nós precisa, à sua própria maneira, ir para um deserto e clamar à alma, para lá encontrar uma criança, uma moça ou um Deus. Isso expressa uma postura que pouco tem em comum com a "morte de Deus" de Nietzsche ou com a noção freudiana de Deus como um substituto expiador de culpa pelo crime de parricídio cometido pelo filho. Jung pretende celebrar o renascimento de Deus na alma. A psique humana é um ventre através do qual ganhamos consciência de um si-mesmo mais profundo intimamente vinculado ao sagrado. O desafio é conectar o ego com o si-mesmo, a fim de diferenciá-lo e encarná-lo, pelo menos parcialmente, em nossa vida.

A transformação final de Izdubar representa a tentativa de Jung de construir uma ponte entre Leste e Oeste, o primeiro como representante do mundo do mito e o segundo como representante do mundo da ciência. Evidentemente, isso é um encontro não só entre Leste e Oeste, mas também entre Norte e Sul e um acima e abaixo interior. Representa uma abordagem transcultural aos sistemas de crenças indígenas ancestrais dentro de todos nós. É uma maneira de se conectar com as camadas anteriores de civilização que compartilhamos. Ao permitir que a alma alcance uma existência que seja independente do intelecto consciente, Jung indica um caminho para restaurar as crenças sagradas dos nossos ancestrais, talvez permitindo-nos a imaginar maneiras de superar as barreiras que as culturas mais sofisticadas ergueram entre nós.

Izdubar morre; Izdubar renasce. Ao representar essa figura estranha, em algum momento consegui me reconciliar com Jung. Representando um Deus guerreiro, eu pude me esvaziar e fazer amizade com o homem que estava tentando dotar-me com um novo significado interior para o nosso tempo. Eu não precisava mais atuar.

Filêmon, o sofista

Em nossa apresentação, Filêmon teve dois papéis distintos, o de um sofista grego ("O mago", *Liber Secundus*) e de um vidente gnóstico (*Aprofundamentos*). Como sofista me diverti brincando com o Jung ingênuo que ainda acreditava que podia resolver tudo com sua mente e colocando obstáculos em seu caminho. No fim, não tive como não admirar sua tenacidade em não desistir de sua busca da magia. Para Filêmon, magia representava uma maneira de servir à alma, à natureza e aos mistérios do cosmos. Eu precisava encontrar uma maneira de desfazer a crença inquestionada de Jung no poder superior do intelecto. Ao longo de nossas discussões, desenvolvi uma simpatia por esse jovem acadêmico que desesperadamente tentava compreender outra abordagem à realidade, que não pode ser alcançada apenas com o intelecto. Eu sabia que ele precisava ser quebrado para que conseguisse renunciar e se abrir para uma realidade que jamais pode ser entendida completamente. Em algum momento, Jung pergunta a Filêmon: "Tu não vais querer levar teus segredos contigo para o túmulo?" E Filêmon responde: "É melhor que tudo seja enterrado comigo. Alguém, mais tarde, pode descobrir isto de novo. A humanidade não será privada dela, pois a magia renasce com todo ser humano".[21]

Reflexão

Filêmon comunica a Jung o que se tornaria um aspecto fundamental de sua psicologia, um aspecto que a torna radicalmente diferente de qualquer outro tipo de psicanálise. A psicologia junguiana não é um projeto científico com seus termos especiais, sua história e suas escolas diferentes. Tampouco sua abordagem pode ser limitada a dados fixos ou à cronologia de um desenvolvimento histórico. Devemos concentrar-nos em como essa psicologia renasce continuamente em cada um de nós a fim de preservar seu caráter vivo. Não é apenas um método – é um modo de viver.

Filêmon, o vidente

No papel de Filêmon, o vidente gnóstico, que aparece em vários lugares no *Livro Vermelho*, predominantemente na terceira parte de *Liber Novus*, em *Aprofundamentos*, eu me senti conectado com algum mistério último que não pode ser apreendido com os cinco sentidos. Tive que responder aos dilemas das almas não remidas dos mortos que retornaram de Jerusalém e não encontraram o que procuravam. Os mortos não queriam ficar presos em sistemas de crença teologicamente fixados, mas buscavam a luz paradoxal que Filêmon representava. Ao assumir o papel de Filêmon – diferentemente de representar Elias – eu era mais um saltimbanco que se libertou de todos aqueles que alegam possuir uma verdade exclusiva ou que caem vítima de um literalismo dogmático. Eu aprendi a aceitar o mundo de paradoxos e libertei os deuses de seus atributos fixos. Era isso que eu pretendia dizer quando disse: "Não deveis esquecer que o Pleroma não possui qualidades. Nós as criamos através do pensar [...]. Por isso preciso ensinar-lhes um Deus ao qual nada pode ser atribuído, que tem todas as qualidades e, com isso, nenhuma".[22]

Mas essas palavras não bastavam para libertar os mortos. Na sétima noite, eles pediram que Filêmon os instruísse sobre o ser humano. Ao representar no palco essa passagem final no papel de Filêmon, eu realmente me transformei em vidente, poeta e metafísico. Comecei dizendo: "O ser humano é uma porta através da qual entrais [...] do mundo maior".[23] Quando recitei essas linhas, senti que algo começava a se abrir dentro de mim à medida que vislumbrava horizontes mais distantes. Ao internalizar a "porta aberta", entrei em outro plano de existência que transcendia as divisões comuns entre interior e exterior, entre vida e morte. Inspirado por essa imagem, consegui investir energia nas passagens numinosas que seguiam.

Para atuar como Filêmon, recebi a ajuda da tecnologia moderna. Eu me concentrei em um dos holofotes no alto que parecia distante, como uma estrela nos céus em "distância imensurável". Após adquirir um senso de visão distante do cosmo infinito, eu pude me dirigir a Jung, preso em seu corpo e sentado à sua escrivaninha. Ele parecia tão pequeno e limitado em comparação com a imensidão do universo que o cercava. Mesmo assim, senti que meu papel era servir como vínculo entre os dois, entre a alma individual e "seu Deus que o guia". Em outras palavras, eu tinha de conscientizar Jung do mundo maior que transcende a vida terrena. Dessa forma, eu sentia que as almas dos mortos ou os complexos não remidos no próprio Jung poderiam finalmente alcançar liberdade e libertação. Eu o conscientizei da ponte entre os vivos e os mortos. Dei a entender que a única expressão adequada dessa união é a oração. Comovi-me profundamente ao encarar o Jung outrora tão poderoso. Coloquei meu braço em seu ombro e o apoiei para que ele superasse seu medo e sua resistência. Abrindo-se à imensidão de tudo que existe, as coisas terrenas pareciam sombras passageiras: "Aqui escuridão total e frio úmido, lá pleno sol".[24]

Como você pode imaginar, não foi fácil sair desse papel especial. Foi útil lembrar as palavras de Jung:

> Você não pode tornar-se consciente destes fatos inconscientes sem entregar-se a eles. Se você puder superar seu medo do inconsciente e deixar-se descer, estes fatos adquirem uma vida própria. Você pode ser agarrado por estas ideias a tal ponto que você fica realmente louco, ou quase louco.[25]

Paul Brutsche, encorajando-nos a decorar essas linhas, disse que isso era, no mínimo, uma boa maneira de evitar a demência senil.

Reflexão

Se o processo de individuação de Jung tivesse parado após completar os *Livros Negros*, é possível que teria continuado sendo um seguidor do gnosticismo e do neoplatonismo. Nessas crenças, o único propósito da vida é libertar a alma dos grilhões da vida terrena, considerada a fonte do mal. Ao representar o segundo papel de Filêmon que vislumbra a vastidão da vida após a morte, eu pude sentir a miséria daquilo que, mais tarde, Jung chamaria de "o sistema caixa". Os pensamentos de Filêmon, porém, parecem seguir numa direção bem diferente das crenças que fixam o bem e o mal numa estrutura de espírito e matéria, criando assim um mundo dividido. Talvez seja isso que eu queria dizer quando, como Filêmon, eu disse: "Nele [em Deus] brilha tudo o que o ser humano retira do mundo maior".[26] Ou quando Salomé declara: "Toca a terra, aperta tua mão na matéria, molda-a com cuidado".[27]

Essas palavras parecem sugerir que a nossa existência terrena individual não é descartada, mas elevada para um plano de espírito mais elevado, para tornar-se mais brilhante, mais completa, mais linda. Um exemplo dessa jornada é a nona *Elegia de Duíno*, de Rilke:

> [...] No entanto, nem mesmo o andarilho traz da montanha
> para o vale
> Um punhado de terra; de toda a terra incontável,
> Uma única palavra ele ganhou [...].
> Louva este mundo ao Anjo, não o incontável:
> Não podes impressioná-lo com o esplendor que sentiste;
> No cosmo
> Onde ele sente mais sensivelmente, tu não passas de um noviço.
> Então mostra-lhe
> Alguma coisa simples, remodelada era após era,
> Até ela viver em tuas mãos e em teus olhos como parte de ti
> mesmo.[28]

Rilke dá a entender que uma experiência numinosa por si só não impressiona os seres espirituais do além. Eles estão muito mais interessados em saber o que você tem feito com a terra, com "a terra incontável". Você fez algo dela? Uma panela, uma corda, uma palavra, um poema? Se você colocou a beleza de sua alma individual nessas criações, elas e você brilharão nesta vida e para além dela. Acredito que tenha sido precisamente isto que Jung tentou ao extrair os conceitos da psicologia analítica dessas experiências anteriores.

As premonições de Jung e Rilke apontam para um sistema de crença diferente e mais abrangente, que se aproxima mais da concepção final de Jung da função religiosa da psique humana. Em uma de suas últimas grandes visões, que ocorreu enquanto ele se recuperava de um ataque cardíaco, ele testemunhou o casamento cabalístico de Malkuth e Tipareth. Isso ocorreu num jardim de romãs na presença de uma enfermeira que é transformada em uma velha judia, que prepara pratos *kosher*. Mais tarde, ele se lembra de pedir a essa mesma figura que ela lhe perdoe se ela fosse machucada, o que é significativo em vista de algumas afirmações dele feitas na década de 1930. A essa visão seguiu-se o casamento do Cordeiro e é um exemplo do *hieros gamos*, um motivo arquetípico comum à maioria das religiões do mundo, indicando uma união de céu e terra. Para Jung, essas visões abarcavam uma totalidade que enchia sua alma com uma alegria inefável.

O que ainda temos a dizer

Nos papéis de profeta, guerreiro, sofista, sábio e Salomé nós confrontamos, humilhamos e inspiramos Jung. Através de nós, ele aprendeu a entender os mistérios de uma vida interior. Como Elias, eu abri seus olhos para a natureza de sua alma amorosa. Ele me ajudou a sobreviver como Izdubar numa sociedade sem Deus. Como Filêmon, eu o provoquei com sua atitude de sabichão e abri a porta para uma vida maior. Ele sofreu conosco. Ele aprendeu a nos respeitar como radicalmente diferentes, como não ego. Na verdade, a atitude de serviço de Jung em relação ao todo maior lembra declarações de Emmanuel Levinas sobre a alteridade: "Na responsabilidade pelo outro [...] ele me ordena ao outro [...]. Toda a minha interioridade é investida na forma de um 'a despeito de mim" para outro [...]. É o fato de me encontrar enquanto eu me perco".[29] No encontro com Salomé, Jung viu que a vida trata apenas do "amor da sabedoria", mas também da "sabedoria do amor", para usar outra expressão de Levinas.

Você ouve nossas vozes no novo livro? Somos gratos pelo fato de Jung, com a pena e o pincel mais finos, ter escrito, pintado e colocado em caligrafia a nossa mensagem à humanidade.

E agora chegou a hora de sair do papel, uma técnica importante no psicodrama. Já não sou mais Elias, Izdubar ou Filêmon. Lembrando uma das primeiras linhas de Jung no *Livro Vermelho*, volto para cultivar o meu próprio jardim: "Meu caminho não é o vosso caminho, portanto não vo-lo posso ensinar. O caminho está em nós, mas não em deuses, nem em doutrinas, nem em leis".[30]

Para o nosso tempo?

O Livro Vermelho nos apresenta um excesso de figuras estranhas, que podem ser perturbadoras para o leitor mediano. Uma pesquisa recente realizada por Maria Wimber na universidade de Birmingham com seis mil adultos mostrou que a cultura contemporânea, acostumada a receber tudo ao toque de um botão, impede a construção de uma memória de longo prazo, algo que muitos consideram essencial para a criação de uma identidade-núcleo.[31] O cérebro fortalece uma lembrança sempre que a lembramos e se esquece de lembranças irrelevantes que o distraem. O processo de construir uma memória de longo prazo não pode funcionar se deixarmos de memorizar eventos e informações e simplesmente passarmos de um tantinho de informação para o próximo sem interiorizá-lo. Isso certamente não era o caso quando éramos obrigados a decorar todas aquelas linhas para uma peça de teatro, mas eu entendo o leitor que se sinta esmagado quando mergulha nas muitas imagens do *Livro Vermelho*.

Alguns veem o material do *Livro Vermelho* como exemplo da personalidade esquizoide de Jung. Essa pode ser a razão pela qual Jung agradou às culturas da Nova Era e do LSD e pela qual os vídeos, artistas e DJs se deleitam com os aspectos desconectados, fragmentários e contraditórios da vida. A obra e a vida de David Bowie eram infinitamente mutáveis e heterogêneas. A maioria de suas músicas trata do marginalizado: o estrangeiro, o desajustado, o aventureiro sexual e o astronauta distante. Encontramos esse tipo de mentalidade também no espírito brilhante de James Joyce, na celebração de James Hillmann da consciência onírica que converte o ego em metáfora ao despi-lo de toda materialidade[32] ou até mesmo nas declarações contraditórias de Donald Trump, que consegue atrair multidões com proclamações que confundem fato com ficção. Talvez seja uma expressão do nosso tempo, uma compensação jocosa, inspiradora, mas às vezes perturbadora de um mundo cada vez mais controlado, sistematizado e padronizado. Quando a dissociabilidade essencial da psique não é reconhecida como sua estrutura interior primordial, ela se manifestará de maneiras destrutivas no mundo externo. A identificação com ela pode intensificar a tendência da mente à dissociação radical. Flutuamos num mar de imagens e pensamentos sem construir uma narrativa coerente sobre o si-mesmo e o mundo.[33]

O drama geral do *Livro Vermelho* não trata apenas da dissociação, mas também do confronto pessoal profundo com os potenciais excluídos, não vividos ou ocultos da psique. Nas longas conversas documentadas no *Livro Vermelho*, Jung tentou aceitar, entender e integrar parcialmente aquelas figuras estranhas de sua alma. Um dos temas-chave do livro se expressa numa série de confrontos dramáticos com opostos que resultam numa atitude nova. Essa luta continuou durante toda a sua vida e foi elaborada e refinada em suas obras posteriores. Ela representa uma narrativa coerente do si-mesmo e do mundo, o florescer do si-mesmo verdadeiro de Jung.

O confronto de Jung com "Filêmon" e "Salomé" o conscientizou da sabedoria e das forças animadas do inconsciente, que, mais tarde, ele chamou de "si-mesmo" e "anima". Se Jung tivesse se contentado com as imagens, suas experiências teriam permanecido misteriosas, fragmentárias e privadas. Ele não defendia um sistema de crenças pré-moderno de "filomitas" ou "salomitas", seguidores de um culto inspirado no poder visionário do *Livro Vermelho*, como Richard Noll alega. Em busca de um significado universal do simbólico, ele optou pela distância de seu próprio material. Primeiro ele criou um espaço simbólico, que lhe permitiu pintar, brincar e, como uma criança, construir prédios de pedra em miniatura às margens do Lago de Zurique. Ele precisou do resto de sua vida para encontrar paralelos, classificar, comparar e finalmente formular formas simbólicas gerais a fim de comunicar aquelas descobertas com seus colegas e o mundo. Certa vez, Jung deu a entender que ele tinha criado a psicologia analítica como uma linguagem para acabar com o seu isolamento.

A psicologia analítica se apoia num fundamento em que ocorre um encontro contínuo com componentes alienados da personalidade. O *Livro Vermelho* tem implicações clínicas. Os encontros de Jung com o radicalmente outro fornece um exemplo de como desenvolver sensibilidade e empatia pelas subpersonalidades ocultas em nossos clientes e em nós mesmos. Creio que, se conseguirmos fazer isso de maneira autêntica, como posteriormente esboçado no conceito da imaginação ativa de Jung, então pode ocorrer um processo de reconciliação com o estranho. Por dentro, isso pode ser vivenciado como um novo começo. Por fora, isso se torna um fundamento convincente para um encontro autêntico com o estranho externo. O nosso mundo tão castigado precisa urgentemente de uma atitude dessa magnanimidade.

Encerro com uma citação de *Memories, Dreams, Reflections*:

> Minha ciência era a única maneira de me libertar do caos. Caso contrário, o material teria me cativado e estrangulado como uma trepadeira. Tive todo o cuidado para entender cada imagem individual, cada item do meu inventário psíquico. E para classificá-los cientificamente [...] e, acima de tudo, para concretizá-los na vida real.[34]

Notas

1. C.G. Jung. *O Livro Vermelho: Liber Novus*, org. Sonu Shamdasani, trad. Edgar Orth (Petrópolis: Editora Vozes, 5ª reimpressão, 2019), p. 158.

2. Ibid.

3. Ibid., p. 159.

4. Ibid., p. 109.

5. Ibid., p. 147.

6. C.G. Jung. *Memories, Dreams, Reflections*, org. Aniela Jaffé (Nova York, NY: Vintage Books, 1963), p. 180.

7. Sonu Shamdasani chama atenção para um vínculo sincrônico no Livro Negro 2 entre Freud, Jung e Elias. Jung observa que seu Elias lembra o *Moisés* de Michelangelo no San Pietro in Vincoli, em Roma, que também foi objeto de estudo de Freud, finalmente publicado em 1914. Veja Jung. *O Livro Vermelho*, p. 166, n. 187.

8. C.G. Jung. *Resposta a Jó* (1952), em OC 11/4 (Petrópolis: Editora Vozes, 11ª reimpressão, 2019), §§ 613-642.

9. C.G. Jung. *Psychology of the Unconscious*, (Londres: Kegan, Paul, Trench, Trubner, 1919 [1912]), p. 314. Este livro foi revisado e recebeu o novo título *Símbolos da transformação*, em OC 5, trad. Eva Stern (Petrópolis: Editora Vozes, 2013).

10. Ibid., p. 313.

11. C.G. Jung. *Mysterium Coniunctionis* (1955), em OC 14/2 (Petrópolis: Editora Vozes, 2012), § 379.

12. Jung. *O Livro Vermelho*, p. 179.

13. Gerhard Adler. *C.G. Jung Letters*, trad. R.F.C. Hull, vol. 2, 1951-1961 (Princeton, NJ: Princeton University Press, 1975), p. 64.

14. Jung. *O Livro Vermelho*, p. 250.

15. Ibid., p. 251.

16. Ibid., p. 250.

17. Ibid., p. 261.

18. Ibid., p. 250.

19. Ibid., p. 116.

20. Ibid., p. 119.

21. Ibid., p. 352.

22. Ibid., p. 453, 458.

23. Ibid., p. 471.

24. Ibid.

25. Ibid., p. 176, n. 211.

26. Ibid., p. 471.

27. Ibid., p. 445.

28. Rainer Maria Rilke. "The Ninth Elegy", em *Rilke: Selected Poems*, trad. J. B. Leishman (Londres: Penguin, 1988), p. 63-64.

29. Emmanuel Levinas. *Otherwise than Being or Beyond Essence* (Pittsburgh, PA: Duquesne Univ. Press, 1998), p. 11.

30. Jung. *O Livro Vermelho*, p. 114.

31. Maria Wimber. "Digital dependence eroding human memory", http://www.bbc.com/news/education-34454264.

32. James Hillman. *The Dream and the Underworld* (Nova York, NY: Harper and Row, 1979), p. 95.

33. Daniel Siegel. *The Developing Mind* (Nova York e Londres: The Guilford Press, 1999), p. 4-5.

34. Jung. *Memories, Dreams, Reflections*, p. 218.

7
Sobre o impacto de Jung e seu *Livro Vermelho*
Uma história pessoal

J. Marvin Spiegelman

Quando recebi o convite para participar deste projeto que discute o impacto do encontro ativo de Jung com o inconsciente no *Livro Vermelho*, eu estava relendo essa maravilha e interpretei isso como uma sincronicidade que me encorajava a aceitar a oferta a despeito de estar a apenas dois meses de meu 91º aniversário. Quando soube que poderia ser pessoal em meu ensaio, eu me perguntei se eu estava sendo presunçoso ou inflado e decidi que minha idade avançada me dava alguma liberdade, além disso, sou um leitor ávido de Jung desde meus 22 anos de idade e um acólito seu desde os 24 anos. Eu mostrarei semelhanças e diferenças em nossa experiência na medida da minha capacidade. A grande extensão das primeiras é surpreendente, pois quase todo o meu trabalho precede a publicação do *Livro Vermelho* e grande parte dele é até mesmo independente de *Memories, Dreams, Reflections*. Isso sugere uma conexão comum com o "espírito das profundezas", como Jung o chamou, juntamente com a individualidade desejada que emerge como consequência. A conclusão, pressupondo uma inspiração contínua para o nosso tempo, é que a pessoa contemporânea em "busca de uma alma" não pode fazer coisa melhor do que seguir o exemplo de Jung para encontrar o "divino no interior".

Meu encontro com o inconsciente começa, como o de Jung, na infância. Pouco antes do meu quarto aniversário, eu estava sentado em meu triciclo do lado de fora da casa dos meus pais no leste de Los Angeles. Eu tinha acabado de acordar de um cochilo e de um sonho no sol do meio-dia. Eu fui conscientizado de maneira poderosa de que eu era filho do sol, conectado com Deus e, maravilhado diante desse fato, eu me senti competente para guiar o meu triciclo. O sol da Califórnia estava quente, e havia também um brilho em meu corpo. Minha mãe, por sua vez, estava na casa e ela era escura e imprevisível. (Meu si-mesmo adulto entenderia que esta pobre mulher extrovertida de 22 anos estava engaiolada enquanto meu pai trabalhava sete dias por semana para sustentar esposa e filho, e, juntamente com seu irmão, seus pais e suas duas irmãs solteiras.) Na casa ao lado, porém, vivia minha boa amiga Gracie, dois anos mais velha do que eu, com quem eu brincava todos os dias, e nós até íamos juntos para o jardim de infância de vez em quando. Sua pequena prima, porém, me deixou escandalizado por me arranhar sem nenhum motivo e por defecar na calçada. Semanas depois, nós nos mudamos dali. Gracie, que agora é uma mãe viúva e vive num lar para idosos, me encontrou 80 anos depois. Ela, minha esposa e eu almoçamos juntos algumas vezes, mas ela faleceu antes de termos a chance de visitar nossa antiga vizinhança.

Essa experiência com o sol daquilo que, mais tarde, Jung chamaria de Abraxas foi, aos poucos, caindo em esquecimento, mas eu a lembraria novamente muitos anos mais tarde, no segundo ano da minha análise aos 25 anos de idade (falarei mais sobre isso em breve).

Antes da lembrança do incidente do filho do sol, no primeiro ano da minha análise, eu tive vários sonhos e visões impressionantes – para mim – que iniciaram a construção do meu mito. O primeiro veio após minha primeira imaginação ativa. Na sala de espera do Dr. Max Zeller, encontrei vários volumes recém-chegados do importante texto cabalístico *O Zohar*. Abrindo um volume aleatoriamente, li uma página e fiquei perplexo ao perceber o quanto aquilo se parecia com minha imaginação ativa inicial! Eu tremia enquanto subia para o consultório, mas fiquei longe daquele livro até os 40 anos de idade, descobrindo apenas então que a pessoa era aconselhada a não estudar aquele livro antes daquela idade. A *Árvore da Vida* cabalística se tornaria uma imagem central para mim.

Pouco tempo depois disso, encontrei um obstáculo em meu trabalho analítico. Tive a imagem de um grande muro barrando meu caminho. Meu analista sugeriu que eu conversasse com esse muro (na verdade, muitos anos depois, eu experimentaria uma numinosidade intensa ao visitar o Muro Ocidental em Jerusalém) e, lembrando que minha mãe costumava dizer que conversar comigo era como "conversar com uma parede", eu ouvi uma voz poderosa, dizendo:

> Onde no trovão do Nome está o fantasma?
> Volte para o lugar em que encontrou o Verme.
> Procure por ele ali, atrás da Árvore,
> Homem santo, homem oco; homem solo, Salomão.

Esse pronunciamento me fez lembrar um sonho que eu tive por volta dos 11 anos de idade, na época do primeiro despertar sexual adolescente. Sonhei que estava prestes a ter relações sexuais com minha tia solteira (mais mansa em comparação com a força da minha mãe), quando um verme saiu ameaçadoramente da vagina dela. Naturalmente, fiquei aterrorizado, mas ele me poupou essa união incestuosa. A lembrança desse sonho me pôs em contato com o Deus fálico de Jung e com a *Árvore da Vida* (como eu descobriria mais tarde) da Voz, de modo que pude validar para mim mesmo essas semelhanças com a experiência de Jung revelada no *Livro Vermelho*. Individuação (homem solo) e superação de autoridade externa (homem oco) também estavam incluídos aqui.

A lembrança da minha primeira experiência, porém, veio alguns meses depois, após um verão um tanto eremita, durante as férias da universidade e meu emprego como professor assistente. Sonhei:

> Eu estava navegando os mares com Marco Polo (eu havia sido membro da Marinha Mercantil durante a Segunda Guerra Mundial) quando, de repente, um furacão me levou para o Submundo. Lá, deparei-me com uma Serpente verde enorme, cuspindo fogo amarelo e me desafiando. Eu lutei com essa criatura – não sei como – e a subjuguei, deixando-me totalmente exausto. Então fui transportado dessa cena de cor intensa para um cenário de uma cidade europeia medieval em preto e branco. De repente, uma porta se abriu, e dois cavaleiros em armaduras verdes com um sol dourado em seu peito me arrastaram para uma sala circular com muitas pessoas, incluindo um amável casal francês e meu professor universitário. Ao chegar na sala, fui surrado – como iniciação, não punição – com os galhos de uma árvore

por cada um dos Cavaleiros. Aparentemente, eu seria coroado. Ao perceber que essa coroa era muito grande para mim, eu recuei, e um coro disse: "Ele não é digno" ou "Ele é jovem demais".

Despertei aos prantos, lembrando a primeira aparição do Cavaleiro em mim quando estive sentado naquele triciclo, semanas antes do meu quarto aniversário. A rejeição pelo coro me deixou devastado, mas eu fui tranquilizado muitos anos depois quando descobri que a "coroa" na Cabala era realmente maior do que qualquer indivíduo e que ela pertencia à *sefirot* mais alta na *Árvore da Vida*, o centro onde o divino começa a entrar em manifestação. No entanto, a rejeição era verdadeira no sentido de que meu papel de liderança na vida sempre permaneceu "não coroado", nos bastidores e sutil. O que sempre me bastou.

A Serpente arquetípica de Jung certamente emergiu para mim a essa altura, e a luta onírica tem se repetido muitas vezes, como aconteceu também com Jung! Como veremos, o Cavaleiro continuou a ser um portador central de uma autoimagem para mim também depois disso. Acredito agora que a minha imagem de herói, diferentemente da de Jung, estava à procura de Deus e não devia ser superada como o Siegfried de Jung movido pela fome de poder. Isso se confirmou mais tarde, como veremos. O sonho ressaltou também o simbolismo da Árvore, que seria essencial para mim em meu mito. Aqui encontrei também o Deus fálico tão importante para Jung. Essas semelhanças me parecem significativas, especialmente em vista do fato de que essa experiência ocorreu décadas antes da minha leitura do *Livro Vermelho* de Jung.

Outra diferença em relação ao mito de Jung se evidenciou num sonho que tive pouco tempo depois desse sonho "grande". Foi durante a época de Natal, e eu tinha cantarolado o hino "Three Kings" durante o dia. Naquela noite, sonhei que uma criança divina estava nascendo e que ela era acompanhada por três reis que eram, respectivamente, um rabino judeu, um padre cristão e um sacerdote budista. Esse sucessor da criança Cristo tem agora mais de 65 anos de idade e tem sido meu líder/copiloto no trabalho analítico e é autor de 20 livros e mais de 100 artigos, fez palestras em mais de 25 cidades norte-americanas e meia dúzia de países e está vivendo o que se tornou meu mito psicoecumênico.

Depois vieram mais análise, casamento e serviço como oficial no batalhão médico do exército norte-americano durante a Guerra da Coreia. Então recebi o G.I. Bill e bolsas, que me permitiram estudar no Instituto C.G. Jung em Zurique, um ponto alto da minha vida. Ouvir palestras de pessoas talentosas como von Franz e conhecer alunos do mundo inteiro com interesses compartilhados foi um presente que eu tinha desejado por muito tempo e que me deu uma satisfação profunda. Palestras e um seminário com Jung e uma sessão particular com ele na qual eu recebi a bênção que tinha pedido para completar a bênção familiar que eu tinha recebido de meu avô chassídico quando parti para a Segunda Guerra Mundial deixou tudo perfeito.

Meu último sonho em análise, em 1959, foi este: Estou lutando com meu analista C.A. Meier, gerando calor e luz, e no fim da luta cada um se curva diante do outro. Eu me despeço da minha amiga, a secretária do instituto. Então vejo minha avó materna, que aponta para um prédio de uma única sala e cujo teto se abre para um céu estrelado enquanto a luz do sol preenche o restante da atmosfera. Dentro do prédio há um homem escuro sentado a uma mesa. Ele está escrevendo furiosamente, pausa de vez em quando para discutir com Deus. Impressionado, estou então num navio onde sou um suboficial e sirvo a um capitão que é mais uma presença do que uma pessoa. Estamos à meia-nau, num convés circular que gira lentamente em torno de um centro. De alguma forma, o navio atravessa os Alpes até o Mediterrâneo e então navega em torno da América do Sul, chegando no porto de Los Angeles. Agora, o navio se transforma em caminhão e nós dirigimos até Santa Mônica, deixando um marinheiro em Pasadena. (Quando voltei para Los Angeles com minha esposa grávida, eu estava sem dinheiro e encontrei um emprego – graças a um amigo que eu tinha ajudado anos antes – como consultor psicológico numa firma industrial, um emprego para o qual eu não era qualificado. Isso me permitiu abrir um consultório e sustentar minha família. Eu me demiti desse emprego depois de um ano, após sonhar que minha rica amiga sueca, a senhorita Kate Hillman [esposa de Jim] era linda inicialmente, mas depois adquiriu uma aparência emaciada quando ela viu que eu usava um telefone em meu emprego, que consistia em encontrar lugares luxuosos para clientes. Quando eu lhe disse que já tinha me acostumado a esse emprego, ela fez um gesto desesperado. Naturalmente, eu me demiti no dia seguinte, reconhecendo que aquela aculturação era o "pecado".)

O Capitão (agora uma pessoa) e eu chegamos então em Pacific Palisades e ficamos olhando para o Pacífico, observando o sol nascer, *contra naturam*, no Leste. Pensei na Terra do Sol Nascente, mas vi também que uma mulher tinha morrido num fogo próximo.

Esse sonho também foi um presságio. Eu (o marinheiro) encontrei um emprego em Pasadena quando voltei e, apenas poucos meses depois, no outono de 1959, quando eu estava lecionando na UCLA, Hayao Kawai, um acadêmico da Fulbright do Japão, veio trabalhar comigo na análise pelos dois anos seguintes. Ele então voltou para o Japão, completou seu doutorado e foi fazer um treinamento em Zurique. Subsequentemente, ele fundou a psicologia junguiana no Japão, treinou muitos e foi até nomeado para um cargo no gabinete nacional. Ao longo dos anos, o dr. Kawai enviou vários homens e mulheres do Japão para fazerem análise comigo. Eu visitei o Japão várias vezes para fazer palestras e sempre fui acolhido cordialmente. Realmente a Terra do Sol Nascente! Além do mais, a mulher queimada pelo fogo no sonho também aconteceu em conexão com um trágico trabalho analítico em que eu estivera envolvido. Todos sobreviveram, graças à deusa, mas com grande angústia.

A minha análise junguiana pessoal foi encerrada em 1963, quando voltei para Zurique para – como eu costumo dizer – minha revisão de 100.000km. Depois de duas semanas de trabalho intenso, eu tive um sonho que me inspirou a pintar uma série de quadros. Comecei com uma cena florestal e uma árvore central da qual emergia uma figura de herói. Ele segurava um galho de natureza fálica e procedia atravessando cidades, desertos e mares em busca de uma maneira de lidar com aquela energia, finalmente plantando-o na terra sob o Olho de Deus. Então saíram relâmpago e trovão desse Olho, aterrorizante, mas então jorraram também lágrimas, aguando misericordiosamente aquele galho até ele se transformar numa linda árvore. Então o Olho caiu no centro daquela Árvore, que se transformou num mandala. Este, então, foi meu sinal para encerrar meu trabalho analítico pessoal.

Três anos depois, meu relacionamento com minha sociedade analítica local foi encerrado quando me demiti em protesto contra aquilo que eu considerava injustiças sérias (retornei 14 anos depois). Ao mesmo tempo, comecei a estudar a Cabala (agora já com 40 anos de idade!) e voltei a ter sonhos significativos, agora com o Cavaleiro em modo de guerra, vestido de preto com o sol dourado no peito. Estávamos num campo de batalha, acho que na Macedônia, o que me lembrou de Felipe, o pai de Alexandre. O Cavaleiro me disse que não tínhamos mais motivo para servir no mundo externo, aludindo à psicologia junguiana. Triste, concordei.

Pouco tempo depois, eu estava empenhado numa imaginação ativa na qual eu tinha passado alguns meses numa caverna com um velho sábio que não falava, uma mulher e um garoto. De repente, o Cavaleiro apareceu e levou a mulher consigo. Quando o alcancei, ele explicou que estava tentando chamar minha atenção. Ele e alguns outros iguais a ele tinham histórias para contar, não só para mim, mas também para um público maior. Eu estaria disposto a me juntar a ele? Eu sempre estivera interessado em escrever, assim fiquei fascinado. Eu lhe disse que eu tinha uma esposa e filhos e também um consultório, mas que poderia dedicar as tardes de quarta-feira e grande parte do sábado a esse trabalho, e o Cavaleiro concordou.

Durante os quatro anos seguintes, eu me ocupei escrevendo essas histórias (encarnando a figura do sonho) e produzi três grandes volumes chamados, em sequência, *The Tree* [A Árvore], *The Quest* [A Busca] e, finalmente, *The Love* [O Amor], mais tarde publicados como *Passions of the Soul* [Paixões da Alma]. O primeiro livro continha histórias de dez pessoas diferentes, cada uma representando atitudes religiosas ou espirituais diferentes, todas elas finalmente encontrando seu próprio símbolo do si-mesmo na *Árvore da Vida*. A primeira história era a do Cavaleiro, um conto gnóstico sobre o chamado para ajudar a restaurar a unidade de Deus Humpty-Dumpty confrontado com sua fragmentação e exigindo o esforço total de união, do homem consigo mesmo e com o divino. A segunda história era a de um árabe muçulmano tomado de culpa, que navegava os mares para encontrar redenção de suas transgressões. O terceiro conto era o de um ronin japonês, um guerreiro samurai sem um senhor que usava imagens zen de pastoreio de gado como guia para alcançar o satori budista.

Depois de três histórias de homens, *The Tree* continuava com três contos de mulheres. A primeira, Julia, a comunista ateísta, uma psicóloga, buscava redenção de sua falta de capacidade materna na terra de Israel, alcançando sua própria individuação e generatividade. Depois de Julia veio a história de Sibylla, uma ninfomaníaca que precisava reconciliar correntes em sua psique de nações e religiões em guerra, causando assim um desejo incontrolável em sua sexualidade. Ela encontra redenção no deserto com um rabino igualmente perturbado e então traz cura para outros. Esse conto politeísta era seguido pela história de Maria, a freira, cuja transgressão sexual incestuosa e luta com sua fé também encontraram redenção no deserto.

As quatro últimas histórias eram, primeiro, a de um escritor afro-americano que encontra sua *soror mystica* na Etiópia e, com ela, se aventura numa jornada alquímica; na segunda, Maya, a yogini, faz todo um trabalho *Kundalini* sozinha com seu guru interior; a terceira fala de um velho chinês que dialoga com o *I Ching* de maneira taoísta; na quarta, Sophie-Sarah, uma médium, fala com Deus sobre o holocausto. Esses dez buscadores se encontram no paraíso e acham os símbolos de seu si-mesmo na *Árvore da Vida*. Alguns "salmos" individuais completam a obra.

Eu mal tinha completado esse livro quando uma segunda figura, que se autodesignava Filho do Cavaleiro, apareceu com um novo livro. Era o garoto da caverna e, em companhia de Cachorro, partiu numa jornada para encontrar sua mãe. Esse livro, ao contrário das jornadas individuais das figuras em *The Tree*, foi uma obra em pares, explorando, entre outros, temas gregos, resultando na divinização de Cachorro e numa resolução das perguntas e incertezas naquela caverna. Assim, os dois Cavaleiros do sonho "grande" que eu tive aos 25 anos de idade completaram a iniciação que eu tinha iniciado na época.

Quando terminei o livro do Filho do Cavaleiro, apareceu ainda uma terceira figura que se identificou como Neto do Cavaleiro. Inicialmente, seu livro era intitulado de *The Love* (e, mais tarde, foi publicado como *Jungian Psychology and the Passions of the Soul* [Psicologia junguiana e as paixões da alma] e era uma exploração desse tema na literatura (e.g., Don Juan), de contos de fada (e.g. Barba Azul) e de religião (cristianismo, judaísmo, hinduísmo, islã, politeísmo) e concluía com um tipo de mandala mágico, incorporando tudo isso num diagrama e esquema da *Árvore da Vida*/Kundalini.

Como se pode ver, essa jornada de quatro anos de interação ativa com o inconsciente é semelhante ao envolvimento intenso de Jung mas, como ele também teria desejado, é a minha própria e, a despeito de muitos temas semelhantes, é bem diferente da dele. Em primeiro lugar, como já mencionei, no meu caso, o Herói não foi destruído, mas empregado. Finalmente, a meu ver, era como se meu ego estivesse posicionado em *Malkuth*, no ponto mais baixo da Árvore da Vida, e olhasse para o alto, para a coluna central, para *Tifereth*, a morada do si-mesmo. Então eu pude me assentar neste e passar pelas aventuras acima ou abaixo desse sefirot nos centros fisiológicos através dos meus heróis e heroínas. Eu entendi essas qualidades do eixo ego/si-mesmo da maneira como o mestre budista Christmas Humphries descreve o ego, o si-mesmo e o SI-MESMO, os dois primeiros pertencendo mais ao indivíduo e o último como totalmente coletivo. Além do mais, minha atitude era semelhante à do meu último sonho quando eu estava em treinamento, i.e., como oficial ou copiloto de um capitão que era abstrato e uma presença, mas também muito humano durante nossa viagem conjunta. Eu não era um mero secretário.

Um sonho meu recente me ajuda a entender a diferença entre Jung e eu. Nele, Elias, o profeta, aparece e diz que ele tem coisas a me dizer. Numa imaginação ativa, ele me disse que sua aparição na obra de Jung foi correta para ele e que a tarefa dele tinha sido superar todas as autoridades/homens santos para alcançar uma compreensão plena do "Deus no interior", mas que ele – Jung – estivera errado em relação a transcender o profeta.

"Ele caiu vítima", Elias continuou, "do preconceito dos monoteísmos, menos agora no judaísmo, de que sua crença ultrapassava a dispensação anterior, esquecendo-se, por exemplo, de que eu reapareço todos os anos na Páscoa em cada lar judeu para apreciar o vinho e lembrar a todos que eles devem acolher o Estrangeiro, em cada sentido da palavra. Para Jung, todas as autoridades deviam ser superadas para que ele pudesse demonstrar poderosamente o papel do indivíduo que encontra e forma o divino dentro de si mesmo. Mas isso não se aplica a seu mito, que tem raízes judaicas, ao contrário das raízes cristãs de Jung". Finalmente, Elias lembrou que ele falou da aparição de Deus não em terremotos e fogo, mas como a pequena e silenciosa voz interior. Prevendo Jung?

Esses comentários do meu Elias interior me lembraram daquilo que o grande médico e teólogo judeu medieval Maimônides disse aos seus alunos quando eles o perguntaram por que Deus tinha "escolhido" os cristãos. Maimônides respondeu que Deus queria espalhar a ideia e presença monoteísta e precisava fazer isso com outros que tinham pouca ou nenhuma semelhança com a psique do povo judeu.

Tranquilizou-me também a percepção daquele preconceito quando meu artigo *Jung's Answer to Job: Fifty Years Later* [A resposta de Jung a Jó: 50 anos depois] foi recebido com desdém quando o enviei para ser analisado. Naquele artigo, publicado online, eu sugeri que o holocausto pode ter sido um evento crucial na inauguração do novo éon. Observei que os seis milhões de judeus assassinados podem ter constituído uma multiplicação simbólica dos tradicionais 600.000 que ouviram a palavra de Deus no Monte Sinai. Àquela experiência coletiva inicial do divino seguiu uma dispensação individual em Jesus para o então novo éon, adicionalmente realizado a fundo através do conhecimento do Deus no interior via Jung. Isso podia agora também ser visto como uma possibilidade para uma experiência coletiva vindoura da Trindade. Os números 600.000 a 1 a 6.000.000 com o fator 10 (um e zero) pareciam ser potencialmente significativos. A combinação de rejeição e ódio sugeriu que eu tinha mexido numa ferida. Jung certamente nos mostrou a visão revolucionária de que a projeção da imagem de Deus podia ser recuperada e transformada novamente na alma individual. Por que, então, a possibilidade de ocorrer novamente uma visão coletiva é tão ameaçadora? Afinal de contas, muitas religiões aguardam uma primeira ou segunda vinda de um messias, ou não? Talvez a conquista do Deus no interior ainda não seja forte o suficiente para resistir a um acréscimo.

Jung, com muito respeito, encontrou e superou uma sucessão de figuras incrivelmente poderosas, desde Elias e Salomé até Amônio, o eremita cristão, um diabo, Izdubar e outros, até mesmo a figura-líder Filêmon, sem assumir a postura heroica de buscar a vitória. O fato de, no fim, ele ter alcançado integridade e um foco voltado para dentro é um modelo para todos nós e verdadeiramente maravilhoso. Finalmente, seu conselho de fazermos o que ele fez – aceitar nosso próprio desafio interno – é ainda mais inspirador. Eu certamente segui seu exemplo, mas alcancei meu próprio mito psicoecumênico, como se pode ver na trilogia *The Tree* e em meus livros sobre a relação da psicologia junguiana com os monoteísmos, o budismo e hinduísmo e outros caminhos religiosos. Descreverei o desenvolvimento posterior desse mito mais tarde, mas preciso mencionar antes vários outros eventos significativos.

O primeiro desses eventos ocorreu quando eu estava tendo dificuldades de encontrar uma editora para meu primeiro livro *The Tree*. Certa manhã, angustiado e em dúvida se eu realmente estava seguindo o si-mesmo nessa obra psicoecumênica, fui de bicicleta – como fazia com frequência – até Mulholland, uma estrada nas colinas entre Los Angeles e o Vale de San Fernando. Logo avistei um homem que eu não tinha visto desde o Ensino Médio e que estava passeando com seu cachorro. Ele tinha se tornado um psicólogo famoso após tratar um cantor de fama mundial e publicar um livro sobre seu método. Desci da minha bicicleta, é claro, e o cumprimentei. Então ele me falou de seus problemas, de um editor que não o tratava corretamente, do casamento difícil e de uma casa de veraneio cara na Europa. Entendi a mensagem e me despedi livre de qualquer inveja que possa ter tido e grato por essa sincronicidade. Segui meu caminho por alguns quilômetros e me deparei com, para a minha surpresa, um veado enorme no meio da estrada. Às vezes se via cervos nessa região naqueles dias, mas nunca um veado, e certamente não na estrada. O veado e eu nos olhamos por o que parecia um longo tempo. Sua cabeça estava erguida e com uma galhada que me impressionou profundamente. Até imaginei ver uma coroa em sua cabeça. Eu me curvei, e parece que ele fez o mesmo. Lentamente, ele deu meia-volta e sumiu nas colinas. Esse encontro mais profundo com o si-mesmo alquímico me acalmou e fortaleceu. A dignidade dessa criatura que vivia à beira da civilização, tanto conectada quanto separada, manifestou sua própria verdade. Amém como exemplo. Com menos surpresa do que reconhecimento, fiquei feliz ao encontrar uma editora mais tarde.

Essa sincronicidade e resolução muito significativas não encerraram a questão. Eu também tinha grandes dificuldades com essa editora e sentia a necessidade de escrever também sobre isso. Eu estava relendo as obras de H. Rider Haggard, como eu tinha feito na minha adolescência e fiquei feliz ao descobrir que C.G. Jung também acreditava que esse autor de *She* tinha encontrado a *anima*; outro autor, Henry Miller, era um amigo meu que se ofereceu a escrever uma sinopse para mim após ler *The Tree* com apreço. Por isso, intitulei meu livro de *Rider Haggard, Henry Miller and I: The Unpublished Writer* [Rider Haggard, Henry Miller e eu: o autor inédito]. Isso era, é claro, uma história sobre minhas dificuldades de publicar e uma aventura da *anima* com o autor falecido e celebrado. A publicação desse livro foi mais fácil por uma editora confiável que, subsequentemente, publicou muitos dos meus livros.

No meio-tempo, um colega e eu, interessados em *Magick* – como aquela disciplina espiritual era chamada – descobrimos que o principal praticante vivo daquela arte, Francis Israel Regardie, estava vivendo no fundo do meu próprio quintal – por assim dizer – em Studio City. Quando o procuramos buscando instrução, ele nos disse que as energias ativadas nesse trabalho eram formidáveis e que seria sábio acompanhá-las com uma terapia reichiana. Meu colega e eu estávamos cientes de que a terapia junguiana não incluía totalmente o corpo literal e que tal investigação e experiência poderia ser útil. Em todo caso, nós concordamos com tal empreendimento. Isso foi em 1971, e eu tinha 45 anos de idade.

Regardie tinha se submetido a uma terapia freudiana e outra junguiana na Inglaterra e também tinha se qualificado como terapeuta reichiano. Além disso, sabíamos que ele tinha sido um assistente de Aleister Crowley, famosa e infame personalidade na arte de *Magickal*. Regardie executou todo o trabalho corporal que Wilhelm Reich e seus seguidores tinham desenvolvido para quebrar a "armadura" – como ele a chamava – da resistência do corpo e da dor memorial. Isso era, de fato, substancial, e mais uma vez eu me senti chamado para escrever um livro sobre meus quatro primeiros anos – de um tratamento de oito anos – sob aquela disciplina. Meus colegas junguianos entenderão quando caracterizo essa fase do trabalho como *nigredo* e como confronto impassível com a sombra, semelhante ao que Jung fez naquela parte do *Livro Vermelho* intitulada de *Aprofundamentos*. Fiel à forma, escrevi um livro sobre aqueles quatro anos. Eu lhe dei o título de: *Jung, Reich, Regardie and Me: The Unhealed Healer* [Jung, Reich, Regardie e eu: o curador não curado]. Como em *Aprofundamentos*, o arquétipo do Juíz foi incansável na demolição de qualquer pretensão ou defesa do ego miserável, realizando assim o que Jung fez ali e em seu assassinato anterior do herói arquetípico.

A principal consequência positiva daquele tratamento foi que minha experiência do "corpo sutil" – descrito na alquimia e na obra de Jung – assumiu substancialidade plena, com a experiência literal daquela energia num formigamento nas mãos e, às vezes, nos pés e no corpo inteiro, e no despertar dos chacras *Kundalini*. Isso se manifestou na minha prática analítica com pacientes como um sinal da ativação do si-mesmo no trabalho. Isso se evidenciou também na retomada de meu mito psicoecumênico, quando voltei a escrever algum tempo depois. No entanto, dois outros eventos intervieram.

O primeiro deles ocorreu na década de 1970, quando Marie-Louise von Franz visitou a conferência Panarion, organizada por nossa sociedade junguiana local. Eu ainda estava separado daquele grupo, mas, desejando rever minha antiga professora (ela tinha sido minha analista supervisora em Zurique), eu escrevi para ela e pedi um encontro. Ela me convidou a jantar com ela em seu hotel (pago por minha sociedade!) e pouco antes de encontrá-la tive dois sonhos poderosos:

No primeiro sonho, eu estava numa ponte numa cidade europeia medieval, a caminho de uma cidade dourada à distância a leste. Um sujeito aleijado, em algum tipo de skate, se aproximou de mim. Suas extremidades inferiores pendiam sem vida. Quando ele me cumprimentou, eu fiz o mesmo, e ele anunciou que ele era Deus. Estranhamente concordando com isso, eu me curvei diante dele e o convidei para tomar uma taça de vinho num quiosque na lateral da ponte, e ele me agradeceu. Então, diante dos meus olhos, ele assumiu uma forma física plena, saudável e muito alta. Então brindamos um ao outro e ele estendeu suas mãos para mim e delas caíram em minhas próprias mãos moedas de prata e ouro de cada país e épocas. Despertei desse sonho compreensivelmente exultante, observando que o si-mesmo estava agora encorpado e que meu mito psicoecumênico estava confirmado.

Naquela mesma noite sonhei novamente, dessa vez, de forma menos pessoal, mas ainda sobre o si-mesmo. No sonho, fui informado de que Deus era um grande Verme, que seu corpo era o próprio universo, que as galáxias abarcavam seus órgãos e que ele estava fechado em si mesmo ao modo de um ouroboros. Ele estava empenhado numa grande respiração rítmica. Também fui informado de que muitas criaturas, incluindo eu mesmo, podiam ser encontradas em pontos múltiplos daquele universo e de que, nesses pontos, era possível fazer experiências místicas. Concluí que o segundo sonho era uma revelação da divindade e que o primeiro representava meu si-mesmo pessoal, algo que eu confirmei mais tarde com a ajuda do *Livro Vermelho*.

Quando contei esses sonhos à dra. von Franz, ela fez um gesto solene de afirmação e disse que eu devo ter sofrido muito com o Verme, o que certamente era verdade, e eu apreciei a confirmação. Ela também apoiou minha separação da sociedade, e tivemos uma noite amável. Honrando o sonho, eu forneci o vinho!

O segundo evento foi minha fundação de um grupo psicoecumênico no mundo externo. Eu já havia liderado muitos grupos de ensino, é claro, mas este espelhava meu sonho inicial da criança divina que nasce na companhia de um rabino judeu, um padre cristão e um sacerdote budista. O grupo atual consistia em clérigos que também eram terapeutas, e todos eles haviam sido pacientes meus antes. Eram um rabino judeu ortodoxo, um sacerdote budista japonês, um padre católico romano, duas freiras católicas, um pastor episcopal, um pastor protestante, além de convidados ocasionais de outros contextos religiosos. Aquele grupo se reuniu mensalmente durante 20 anos, e eu fiquei feliz ao ouvir que, muitas vezes, eles se sentiam mais livres juntos do que na companhia de seus clérigos colegas.

Naquela mesma época, percebi que meus dois últimos livros sobre o autor inédito e o curador não curado eram, na verdade, continuações do meu rumo ecumênico interior, e então transformei meus diários em volumes que documentam o compartilhamento de sonhos e a exploração literária de figuras internas semelhantes, que agora residiam nos diversos chacras.

Em Muladhara, o primeiro centro, residia o padre católico (auto)"excomungado". No segundo centro, residia uma mulher budista japonesa, a "professora vazia". O terceiro chacra abrigava o "mago impotente" muçulmano, enquanto o quarto, o chacra do coração, suportava o "curador não curado", um homem judeu tradicional. No quinto, no centro da garganta, estava o "autor inédito", um judeu helênico, juntamente com sua musa pagã, a Lady Tewfik da Terra de Tewfik. A Lady Tewfik completava os "fracassos", e o terceiro olho oferecia lar à estudiosa junguiana protestante, a "baronesa". E, no topo, como remanescente do primeiro livro, estava a hindu, Maya, a yogini. O título do livro era, compreensivelmente, *Failures and Successes* [Fracassos e sucessos]. Quando Henry Miller soube desse projeto, ele se entusiasmou, dizendo que ele criou sua melhor obra quando se sentiu um fracasso. Todos os meus psicoecumênicos eram predominantemente "interiores" com alguma conexão com o mundo externo, com a exceção do curador e do autor, com os quais eu me identificava também externamente, juntamente com a professora quando eu dava palestras. Agora estou escrevendo o 11º volume daquela série não publicada, e eles permanecerão no arquivo estabelecido em meu nome na Universidade da Califórnia, em Los Angeles.

Isso me traz para o presente, para março de 2017, próximo ao aniversário da minha amada esposa Ryma, que faleceu em junho passado, aos 84 anos, após 63 anos de casamento. Esse último evento é decisivo e aproxima o meu trabalho também de Jung de maneiras inesperadas. Durante os primeiros meses após o falecimento de Ryma, eu estava totalmente devastado, em luto e aos soluços, até gritando o nome dela, como uma pessoa do Oriente Médio e não da Califórnia. O luto e as lágrimas pareciam não ter fim e eram aliviados apenas quando podia compartilhá-los com minha filha Tamar e quando ouvia os concertos para piano de Mozart. Aos poucos, porém, percebi que o Amor estava se manifestando poderosamente nas lágrimas.

Eu me senti aberto e chorava diante da manifestação do amor em cônjuges, amantes, na família, na natureza e até mesmo no amor pelo país. Na época de Natal, eu chorei ao ver o rosto de uma jovem mulher quando ela recebeu uma linda joia de seu amado – num comercial! Primeiro pensei que isso se devia ao fato de que minha esposa tinha sido uma prateira talentosa (seu nome de solteira era Silberstein!) e que, em meu sonho na noite anterior ao nosso casamento, eu tinha dado a ela um diamante bruto enorme embutido numa pedra. Aquela autoimagem tinha sido refinada pelo amor dela e nosso ao longo dos anos. Mas agora o amor se manifestava em lágrimas, quando eu estava sozinho ou quando constelava o si-mesmo com pacientes. Agora percebi também que Deus é igual ao seu anseio por nós e se revela naquelas lágrimas, vazio e plenitude. Além do mais, lembrei que tais lágrimas são uma das portas do céu no misticismo judaico e, uma vez aberta, não pode mais ser fechada. Assim, como Jung e von Franz, descobri que, após uma vida em busca de sentido, Deus está no amor e que nós, como dizem os hindus, somos "duas ervilhas numa cápsula", como minha amada esposa e eu, como revelado neste sonho recente:

> Estou flutuando num grande mar com a minha esposa, sentindo que estou prestes a morrer e me sentindo feliz contanto que esteja com ela. Uma pedra (pedra filosofal?) surge então das profundezas, grande o bastante para nós dois segurarmos. Percebendo que isso é temporário, nós nos seguramos contentes. Pouco tempo depois, aparece um barco e nos leva até uma ilha próxima. A ilha parece ser um resort de praia para famílias que sofreram tragédias ou dificuldades ou, de outro lado, apresentam uma proximidade e harmonia incomuns. Quem nos diz isso é um homem mais velho que diz que isso é uma "Jerusalém re-divisus" e constitui um de muitos lugares desse tipo na realidade após a morte, onde as pessoas são curadas, recompensadas ou desafiadas a crescer. Tais céus e infernos são múltiplos e temporários naquela condição sem espaço e tempo.

Ao acordar, vejo como pessoas em experiências de quase-morte alegam ter estado com Jesus ou na "feliz terra de caça" dos indígenas norte-americanos, mas eu me pergunto como almas e condições tão simples poderiam ser acomodadas. Então ouço o homem sábio dizer que isso é que as pessoas querem dizer quando falam do poder e do amor infinitos da divindade. Realidade psíquica é a chave.

E Jung pensava o mesmo, como revelam o *Livro Vermelho* e *Memories, Dreams, Reflections*. Ele pode não ser a deificação imaginada por nosso colega Edward Edinger como portadora do nome da Era de Aquário, mas ele certamente é o grande proclamador daquela era, mostrando-nos como relacionar-nos com o divino dentro de nós. Apesar de, evidentemente, não servir para todos, seu exemplo parece ser o melhor disponível para muitos que se encontram no caminho espiritual. Obrigado, Professor-Dr. Jung, por esse presente que tem sido um guia durante toda a minha vida em minha busca por sentido e obrigado, Ryma, amada esposa, por ter me mostrado o caminho do amor. Juntos, os dois são meus guias externos na trilha interior do si-mesmo, que esteve presente desde o início.

O autor faleceu em 22 de setembro de 2017. Este é o último texto que ele escreveu.

8
Encontrando o espírito das profundezas e a criança divina

Andreas Schweizer

Introdução: A casa pobre no além

Certa vez, Carl Gustav Jung chamou a torre, a casa que ele construiu em Bollingen, às margens do Lago de Zurique, "uma confissão de fé em pedra".[1] Correspondentemente, poderíamos dizer que a torre é o equivalente físico ao *Livro Vermelho*, que eu chamaria uma confissão de fé numa forma imaginária e simbólica.

A casa em Bollingen (Foto de Andreas Schweizer)

Jung contou um sonho que se repetiu muitas vezes em que ele viu uma casa um tanto pobre localizada no lado oposto do lago na parte superior do Lago de Zurique. Essa "casa no além" não se encontrava realmente à beira do lago, mas estava situada numa local elevado em meio a pastos e vegetação exuberante. Apesar de saber que aquela casa tinha alguma relação com sua personalidade número 2, com o homem eterno ou íntegro, isso jamais poderia satisfazê-lo de verdade. Ele sempre teve dúvidas e uma consciência pesada por ter negligenciado aquela casa ou até mesmo se esquecido completamente dela. Em suma, faltava caráter àquela casa. Jung sabia de seus sonhos que a chave para essa casa estava nas mãos de uma velha camponesa. Apesar de Jung descrever o interior daquela casa com grande precisão, ela permaneceu um tanto pobre, porque ele teve que "poupá-la", como ele dizia, o que significava provavelmente que ele não tinha tempo suficiente para estar sozinho e se preparar para a casa no além.

Durante muitos anos, Jung não tinha uma noção clara do significado real daquela casa. Então, um dia – foi quase como uma iluminação – ele reconheceu subitamente: "É claro, é isso, isso bate! O *Livro Vermelho* nunca foi terminado!" Ele percebeu imediatamente que aquilo que ele tinha registrado em seu *Livro Vermelho* devia ser moldado em outra *forma*. Ele disse que, na forma atual, "ele soa como profecia e isso é algo que realmente detesto [...] pois não está nele *o ser humano completo*".[2]

"Não está nele o ser humano completo." Depois dessa percepção, Jung se conscientizou de que ele ainda não tinha encontrado a linguagem correta e de que ele ainda devia traduzir o texto do *Livro Vermelho* para algo mais concreto. "Eu vi que *tanta fantasia precisava de solo firme sob seus pés* e que eu devia retornar primeiro totalmente para a realidade".[3] E, para ele, essa realidade significava, acima de tudo, compreensão científica. Apenas um *aumento de consciência*, ou seja, um nível mais alto de consciência, pode servir como solo firme sob os pés que traz a fantasia para a realidade, a realidade humana.

Somos bastante sortudos por Jung ter lutado durante décadas para desdobrar o material cru apresentado no *Livro Vermelho* a fim de colocá-lo numa linguagem menos arquetípica e profética. Seu *daimon* criativo o *forçou* a formular e reformular as mensagens do mundo interior a fim de torná-las compreensíveis para os seus contemporâneos e as gerações futuras. Era um trabalho duro, que, por vezes, o levava à beira da exaustão e até mesmo da morte. Até a idade avançada, Jung permaneceu nas garras daquele *daimon*, que o subjugava sempre de novo, obrigando-o a continuar com sua escrita. "Uma pessoa criativa", ele afirmou em suas *Memories*, "tem pouco poder sobre sua própria vida. Ela não é livre. Ela é mantida em cativeiro e é impulsionada por seu *daimon*".[4]

Essa tradução das imagens do inconsciente para a linguagem da Psicologia Analítica era uma tarefa criativa enorme, que dificilmente pode ser superestimada. Quando leio a obra de Jung agora, de vez em quando acontece de eu lembrar essa ou aquela passagem do *Livro Vermelho*. "Ah!", eu digo a mim mesmo. "É daí que vem a ideia surpreendente de Jung!" É como se pudéssemos ver agora as imagens inconscientes originais por trás da expressão psicológica ou, para colocá-lo de outra forma, é como se a maneira teórica ou científica de expressar algo se tornasse mais viva através da imagem no *Livro Vermelho*. No entanto, isso é válido também se o contemplarmos do lado oposto: quanto mais nos familiarizamos com a *Obra Completa* de Jung, melhor entendemos as imagens e o simbolismo do *Liber Novus*. Eles se penetram reciprocamente.

Da fantasia à obrigação ética

Poderíamos argumentar que estar nas garras de um *daimon* criativo é verdade para a vida de Jung, já que ele era um gênio, mas eu estou longe de ser um gênio. É difícil imaginar que haja em minha vida algo parecido com um *daimon* criativo! Afinal de contas, não sou nenhum Jung, Picasso, Kandinsky, Shakespeare ou Rilke. No entanto, acredito que essa postura seja um autoengano complicado, uma desculpa barata para evitar a responsabilidade e o fardo do nosso próprio destino e natureza. Então a pergunta seria: Como *nós* podemos lidar com *nossa própria* matéria-prima psíquica? Acredito que todos nós ficamos felizes quando temos um sonho comovente ou numinoso. Mas a imagem onírica como tal ainda não é a questão toda. O todo inclui a compreensão *e* a realização das imagens interiores na vida concreta ou, como Jung disse em suas memórias: "A percepção delas [ou seja, das imagens do inconsciente] deve ser convertida em uma *obrigação ética*. Não fazer isso significa cair vítima do princípio de poder [...]".⁵

Em suas *Travistock Lectures*, apresentadas em Londres em 1935, Jung descreveu lindamente essa obrigação ética ou trabalho transformador como a "joia da inteireza". Suponho que foi lembrando suas experiências do *Livro Vermelho* que ele disse:

> A descida à profundidade trará a cura. É caminho para o encontro pleno, para o tesouro que a humanidade sempre buscou sofrendo, e que se esconde num lugar guardado por um perigo terrível. É o lugar da inconsciência primordial, e ao mesmo tempo de cura e redenção, pois contém *a joia da inteireza*. É a caverna onde mora o dragão do caos, e também a cidade indestrutível, o círculo mágico ou *temenos*, o recinto sagrado onde os fragmentos separados da personalidade se unem.⁶

Inteireza exige aceitar esse dragão do caos. Em seu *Livro Vermelho* como também na torre de Bollingen, Jung criou recipientes substanciais que lhe serviram como um *temenos* para a obra científica de toda a sua vida.

O "espírito dessa época" e o "espírito da profundeza": *Liber Primus*

Uma paralisação dolorosa: na primeira seção do *Livro Vermelho*, intitulado de *Liber Primus*, encontramos o seguinte título de um capítulo: "O reencontro da alma". Aqui, Jung descreve sua visão avassaladora da enchente que cobre a terra entre o Mar do Norte e os Alpes, que finalmente se transforma em sangue:

> Quando tive, em outubro de 1913, a visão do dilúvio, isto aconteceu numa época que foi muito importante para mim como pessoa. Naquele tempo, por volta dos meus quarenta anos de vida, havia alcançado tudo o que eu desejara. Havia conseguido fama, poder, riqueza, saber e toda a felicidade humana. Cessou minha ambição de aumentar esses bens, a ambição retrocedeu em mim, e *o pavor [Grauen] se apoderou de mim*. A visão do dilúvio tomou conta de mim, e eu senti o espírito da profundeza, mas eu não o entendia.⁷

"O pavor se apoderou de mim" – é assim que o "espírito da profundeza" se anuncia frequentemente, ou talvez sempre, na vida de alguém. Hoje, não falaríamos mais em pavor, mas em uma experiência traumática. Não sou especialista em teoria de trauma, mas tenho a impressão de que, muitas vezes, essas teorias ignoram a verdade arquetípica ou a mensagem do trauma. A experiência pavorosa de um trauma pode se transformar – se entendida e aceita pelo menos parcialmente – em uma percepção do "espírito da profundeza", ou seja, na primeira e, muitas vezes, mais assustadora experiência do lado sombrio de Deus, do *Deus absconditus*. A partir de então, o *daimon* é despertado, o *daimon* que obriga as pessoas a expressar sua criatividade inata ao longo de toda a sua vida. Acredito que muitos analistas tenham tido uma experiência de pavor desse tipo pelo menos uma vez em sua vida. É uma experiência inicial que *compele* alguém a seguir a trilha da alma. Foi isso que aconteceu com Jung com o sonho do falo subterrâneo que ele teve em sua infância.[8] O texto do *Livro Vermelho* continua:

> Mas ele [o espírito da profundeza] me forçou com um desejo interior insuportável e eu disse:
>
> "*Minha alma, onde estás? Tu me escutas?* Eu falo e clamo a ti – estás aqui? [...] Devo contar-te tudo o que vi, vivenciei, absorvi em mim? Ou não queres ouvir nada de todo aquele turbilhão da vida e do mundo? Mas uma coisa precisas saber: uma coisa eu aprendi: que a gente deve viver esta vida.
>
> Esta vida é o caminho, o caminho de há muito procurado para o inconcebível, que nós chamamos divino. Não existe outro caminho, todos os outros caminhos são trilhas enganosas. Eu encontrei o caminho certo, ele me conduziu a ti, à minha alma.[9]

Quando Jung escreveu esse texto, ele estava com 40 e poucos anos de idade. Ele tinha alcançado praticamente tudo que um homem pode desejar. Ele tinha uma família com filhos saudáveis, seu consultório ia bem; ele estava no auge de sua fama. Um número cada vez maior de norte-americanos e do mundo inteiro vinha para vê-lo. Com o dinheiro de sua esposa, ele tinha construído uma casa linda e enorme para a família à beira do Lago de Zurique etc. Mesmo assim, ele sentia que algo estava faltando.

Essa sensação não mudou até aquela visão irromper em sua vida e o obrigar a entender o "espírito da profundeza". Por maior que fosse o sucesso, nenhuma sorte ou felicidade humana conseguiria remover esse anseio interior quase insuportável, o anseio pela sua alma: "Minha alma, onde estás?" Para ele, era uma questão de sobrevivência. Ele sabia que *precisava* encontrar sua alma. Muito mais tarde, quando se lembrou daquele período em sua vida quando compartilhou seus pensamentos com Aniela Jaffé, ele sugeriu intitular o capítulo da autobiografia que se referia ao *Livro Vermelho* de: "Feliz por ter escapado da morte".[10] (Como sabemos, esse título não aparece no livro.) Uma coisa se tornou clara para ele: se ele não conseguisse encontrar a coragem para descer para o "espírito da profundeza" e se ele não conseguisse acessar o "espírito da profundeza" em oposição ao "espírito dessa época", ele não sobreviveria, pois a vida perderia todo sentido.

Naquele tempo, Jung era professor na universidade de Zurique, mas decidiu largar sua cátedra. Ele percebeu que o trabalho científico no ambiente regulamentado do ensino acadêmico na universidade sempre o impediria de se conectar com o "espírito da profundeza" e com sua alma. *Falar sobre a alma* não é, de longe, o mesmo que ter um relacionamento vívido *com* a alma. Jamais devemos nos esquecer disso. Como analistas, em nossa correria e aparente presunção, sempre corremos o perigo de falar demais sobre a alma, ao mesmo tempo em que negligenciamos o cuidado com nossa vida interior. Se tivermos sorte, uma depressão ou algum outro sofrimento neurótico nos impedirá disso para que possamos retornar para a nossa alma. Com uma boa dose de autocrítica, Jung confessou no início do *Livro Vermelho*:

> Naquele tempo estava ainda totalmente preso ao espírito dessa época e pensava de outro modo sobre a alma humana. Eu pensava e falava muita coisa da alma, sabia muitas palavras eruditas sobre ela, eu a analisei e fiz dela um objeto da ciência. Não tomei em consideração que minha alma não pode ser objeto de meu juízo e saber; antes, meu juízo e saber são objetos de minha alma. Por isso obrigou-me o espírito da profundeza a falar para a alma, a invocá-la como um ser vivo e subsistente em si mesmo. Eu tinha de entender que havia perdido minha alma.[11]

Aos poucos, Jung perdeu sua paixão pelo discurso científico sobre a alma. Sua jornada para o mundo interior, ou, para ser mais exato, para o "espírito da profundeza", tirou dele sua fé na ciência, pois apenas "aquele cuja cobiça se aparta das coisas externas, este chega ao lugar da Alma".[12] Obviamente, a ciência não era capaz de expressar a alma *viva*, de expressar sua vitalidade muitas vezes infantil. Assim, ele chegou à conclusão de que erudição "pertence ao espírito dessa época, mas este espírito não abrange de forma alguma o sonho, pois a alma está em toda a parte onde o saber ensinado não está".[13]

O "espírito da profundeza" obrigou Jung a falar *diretamente* com sua alma e a entrar num diálogo íntimo com ela. *O Livro Vermelho* é um documento impressionante de um homem ocidental em busca de sua alma perdida, que luta com ela e assim entra num encontro cada vez mais profundo com ela.

A busca pelo "espírito da profundeza" é o tema predominante de *Liber Primus*, intitulado de *O caminho do que há de vir*. Já nas primeiras orações, esse tema é mencionado:

> Eu aprendi que, além do espírito dessa época, ainda está em ação outro espírito, isto é, aquele que governa a profundeza de todo o presente. O espírito dessa época gostaria de ouvir sobre lucros e valor. Também eu pensava assim e meu humano[14] ainda pensa assim. [...] Mas não me dei conta de que o espírito da profundeza possui, desde sempre e pelo futuro afora, maior poder do que o espírito dessa época que muda com as gerações. [...] Ele tirou de mim a fé na ciência, ele me roubou a alegria da explicação e do ordenamento, e fez com que se extinguisse em mim a dedicação aos ideais dessa época. Forçou-me a descer às coisas mais simples e que estão em último lugar.[15]

"Forçou-me a descer às coisas mais simples e que estão em último lugar". Isso me lembra dos sonhos que Jung teve da casa pobre no outro lado do lago. Lá, era uma *camponesa* que possuía a chave para a casa. O "espírito da profundeza", ou como poderíamos dizer também, sua alma, forçou Jung a descer às coisas mais simples e últimas da natureza. Portanto, não surpreende que ela, a esposa do fazendeiro, sabe algo sobre o "espírito da profundeza". Já próximo ao final do *Livro Vermelho*, expressando de certa forma o objetivo ou a quintessência de todo o livro, ele se dirige ao mesmo espírito da natureza de forma muito comovente. Primeiro lemos: "Quando o Deus entra na minha vida, volto para minha pequenez por amor a Deus. Eu tomo sobre mim o peso da pequenez [...]".[16] E pouco mais adiante:

> [...] volto para meu pequeno jardim que está atualmente em flor e cuja dimensão eu posso calcular. Ele deve ser cuidado.
>
> O futuro deve ser deixado para os futuros. Eu retorno ao pequeno e real, pois este é o grande caminho, o caminho do que há de vir. Eu retorno para minha simples realidade, para minha incontestável pedra menor.[17]

"Volto para meu pequeno jardim que está atualmente em flor" é uma alusão e antítese clara à *húbris* faustiana que preocupou Jung profundamente durante toda a sua vida. Ao lado da grande torre em Bollingen, juntamente com a cozinha no térreo e dois pequenos quartos no primeiro andar, há uma pequena torre que Jung acrescentou oito anos mais tarde, em 1935. É a chamada capela, o local de meditação de Jung. Acima da porta de entrada dessa capela, esculpido no arco, lemos *Philemonis Sacrum Fausti poenitentia* – o lugar sagrado de Filêmon a expiação de Fausto. Assim, sempre que Jung entrava na capela para meditar, ele era lembrado do pecado de Fausto. Mas qual *foi* seu pecado? Mesmo que eu esteja ciente de que a linda história de Filêmon e Baucis, narrada em *Metamorfoses* de Ovídio, é bastante conhecida, algumas histórias são tão verdadeiras que elas merecem sempre ser repetidas. Assim eu a apresento aqui mais uma vez.

> Júpiter e Mercúrio (Zeus e Hermes) decidiram descer à terra, vagueando por aí disfarçados como camponeses. Onde quer que batessem à porta e pedissem abrigo, eles eram arrogantemente mandados embora. Finalmente, quando chegaram à cabana miserável do velho casal Filêmon e Baucis, eles encontraram uma porta aberta. Os idosos os acolheram e lhes serviram uma refeição. Quando queriam abater seu único ganso para seus hóspedes, o ganso buscou abrigo no colo de um dos visitantes e assim foi poupado da morte. Foi apenas muito mais tarde, quando Filêmon e Baucis viram que a jarra de vinho tinha se enchido magicamente, que eles reconheceram seus visitantes divinos. Os deuses os recompensaram concedendo-lhes um desejo, e os dois pediram que ficassem juntos até a morte e até mesmo depois dela. Assim, quando morreram, a cabana humilde foi transformada num templo magnífico onde os dois serviram como sacerdote e sacerdotisa.[18]

Então pergunto novamente: qual foi o pecado de Fausto, e qual é o pecado do homem moderno? No final de *Fausto II*, Fausto, a fim de aumentar suas propriedades, executa seus planos megalomaníacos com grande ambição e com uma consciência inflada. No entanto, em meio a essas propriedades ainda havia aquele pequeno lugar, incluindo o jardim e a capela de Filêmon e Baucis. Fausto se irritou com o som dos sinos da igreja dessas pessoas piedosas. Ele ordenou que Mefistófeles se livrasse deles, que matou imediatamente o velho casal, o que não havia sido exatamente a intenção consciente de Fausto.

No epílogo a *Psicologia e alquimia*, Jung falou sobre a *húbris* de Fausto. Com uma alusão ao *Zaratustra* de Nietzsche, ele disse: "Impelido pela obsessão do sobre-humano, Fausto provoca o assassínio de Filêmon e Baucis".[19] "Uma consciência inflacionada é sempre egocêntrica e só tem consciência de sua própria presença".[20] Desde a Era do Esclarecimento e na Era do Racionalismo Científico, a psique tinha se tornado sinônimo da consciência. "Fora do eu, [a psique] não existia".[21] Portanto, Jung continuou, devemos repudiar "a pretensão arrogante da consciência de ser ela mesma a totalidade da alma, reconhecendo que a alma é uma realidade impossível de ser abarcada com os atuais recursos do conhecimento".[22] Na visão de Jung, o problema do homem moderno é sua "semelhança de Deus" [*Gottähnlichkeit*], isto é, a identificação do ego com a psique objetiva ou o divino. Podemos dizer também que o pecado do homem moderno é sua inflação. Como sugere fortemente o *Livro Vermelho*, enquanto não estivermos dispostos a retornar para a pobreza por amor a Deus e enquanto não estivermos dispostos a aceitar o fardo da nossa pobreza espiritual, então, a despeito de toda nossa riqueza material, permanecerá uma carência de felicidade interior.

Até a idade avançada, Jung se sentiu atraído pela vida simples em meio à natureza. Apenas poucos anos após sua descida às profundezas no *Livro Vermelho*, ele começou a construir a Torre em Bollingen, em 1923. Sempre que sua agenda permitia, ele levava ali uma vida um tanto primitiva sem eletricidade e água corrente. Ele preparava todas as refeições no fogo aberto. Lá ele se sentia em casa, conectado com o "espírito da profundeza". "Desde o início", ele disse em suas memórias, "sentia que a Torre era, de alguma forma, um lugar de maturação – um ventre materno ou uma figura materna em que eu podia me tornar o que era, o que sou e o que serei. [...] Em Bollingen estou em meio à minha vida verdadeira, sou mais profundamente eu mesmo. Aqui eu sou, por assim dizer, o 'filho milenar da mãe'".[23] De fato, o "espírito da profundeza" o forçou "a descer às coisas mais simples e que estão em último lugar". Na torre de Bollingen, levando uma vida simples, Jung materializou essas coisas mais simples e que estão em último lugar. Esse era o lugar que era mais próximo de sua alma.

O assassinato do herói

A despeito do desenvolvimento de sua carreira, Jung percebeu cada vez mais que, a fim de sobreviver, um assassínio seria exigido dele. Não o assassínio de Filêmon e Baucis, pelo contrário: o assassinato do herói![24]

Começando no capítulo 5 de *Liber Primus*, o aspecto problemático do *heroico* se torna cada vez mais evidente. Em outras palavras, o caminho do "espírito da profundeza" leva necessariamente ao assassinato do heroico. Como seria possível encontrar o caminho para as profundezas senão através do sacrifício do grande e heroico no interior, que ainda ambiciona o poder? Isso inclui o grande e heroico que se esconde atrás da máscara da modéstia falsa e, às vezes, até mesmo de uma depressão! Como sabemos, o diabo em vestes de anjo é o pior inimigo. O fato de alguém sofrer esse tipo de comportamento não exclui a realidade de ele ser secretamente identificado com o heroico. Em outras palavras, só porque alguém sofre de uma depressão, de memórias da infância ou de qualquer outra coisa não significa necessariamente que a pessoa não esteja nas garras de um complexo de poder!

Quando Jung percebeu sua paralisação, ele teve aquele sonho impressionante e, como veremos, redentor sobre o assassinato de Siegfried, isto é, o assassinato do herói solar brilhante. Nesse sonho, ele estava na companhia de um homem anônimo de pele escura, um selvagem, quando Siegfried, seu inimigo mortal, se aproximava pelo topo das montanhas em sua carruagem feita dos ossos dos mortos. Ele sabia que eles precisavam matá-lo, e eles atiraram ao mesmo tempo, e Siegfried caiu morto. Então caiu uma chuva terrível.[25]

Devemos lembrar que Jung teve esse sonho em dezembro de 1913, *antes* das catástrofes das duas Guerras Mundiais. Assim, mesmo que seja um presságio claro desses desastres, devemos analisá-lo também sob uma perspectiva psicológica e não só histórica. Devemos perguntar o que o assassinato do herói significa na vida do homem ocidental em geral.

Sempre me intriga a dúvida de quem realmente matou Siegfried. Foi Jung ou foi seu companheiro, ou foram ambos? Não sabemos. Mas o que sabemos é que, depois desse sonho, Jung passou por um tormento mortal. Imediatamente, teve certeza de que deveria matar a si mesmo se não conseguisse resolver o enigma do assassinato do herói. Incapaz de entender seu sonho, ele tentou voltar a dormir, mas uma voz dentro dele disse: "*Deves entender o sonho, e deves entendê-lo imediatamente!*" Pouco tempo depois, a voz acrescentou – agora em tom realmente exigente: "Se não entenderes o sonho, deves matar a ti mesmo!"[26] Isso não era, de forma alguma, uma ameaça vazia, pois Jung sempre guardava um revólver carregado na gaveta de seu criado mudo!

Aceitando o absurdo

Não entrarei na interpretação do sonho que Jung ofereceu em *Memories, Dreams, Reflections*. No contexto do *Livro Vermelho*, o sonho tem um significado levemente diferente. Como sugere o título de *Liber Primus*, "O caminho do que há de vir", Jung estava buscando o *espírito futuro* desde o início. Vimos que o espírito do futuro emerge do "espírito da profundeza" em oposição ao "espírito dessa época". O sonho de Jung o forçou a matar tudo que havia de heroico nele, a fim de abrir o caminho para o "espírito da profundeza". Obviamente, o herói solar louro não participa desse *espírito futuro*, tampouco contribui qualquer coisa a ele. Pelo contrário, ele se agarra a valores antigos. Então, devemos perguntar, o que, exatamente, é o heroico que deve ser sacrificado? Se seguirmos o *Livro Vermelho*, percebemos maravilhados que isso tem algo a ver com a aceitação daquilo que não faz sentido.

Logo após o assassinato do herói, Jung ouviu a palavra redentora, quando o "espírito da profundeza" lhe disse:

> "A verdade maior é uma e a mesma que o absurdo." [A expressão alemã '*mit dem Widersinnigen*' é muito difícil de traduzir. A oração diz literalmente: 'A verdade maior é uma e a mesma *que aquilo que não faz sentido* ou até mesmo *que aquilo que se opõe a qualquer sentido ou significado*'.] Esta frase me aliviou, e como uma chuva após longo tempo de calor veio abaixo com força em mim tudo o que estava tenso demais.[27]

No início do *Livro Vermelho*, ouvimos com frequência a palavra "*Widersinn*", aquilo que se opõe ou carece de qualquer sentido. O pano de fundo histórico dessa ideia deve ser buscado nos escritos dos gnósticos, pelos quais Jung se sentia bastante atraído naqueles anos, principalmente por causa de sua ênfase no paradoxo. Não posso entrar nesse assunto aqui, mesmo que os gnósticos tenham as declarações mais maravilhosas sobre a verdade paradoxal da psique. No entanto, esses textos são um tanto difíceis e, às vezes, confusos. Isso nos afastaria demais de nosso objetivo aqui. No entanto, a meu ver, sua mensagem central é a seguinte: qualquer encontro verdadeiro com o "espírito da profundeza" tira do homem a crença de que ele pode reger sua vida com a razão ou o intelecto; ou seja, ele retira a ilusão de que ele pode compreender totalmente a sua vida e o mistério do mundo. Inteireza exige aceitação *consciente* do paradoxo, do *Widersinn*, daquilo que não faz sentido em nossa mente. Em outras palavras, como veremos, ela exige que aceitemos *a loucura na nossa própria escuridão*.

Ouça o texto no início do capítulo V de *Liber Primus*, "Descida ao inferno no futuro"[28] (Jung ainda está lutando como "espírito da profundeza"):

> Uma voz forte gritou: "Eu caio..." [Jung, falando consigo mesmo, respondeu:] Eu devo confiar-me a esta confusão? Eu estremeço. Isto é uma profundeza horrível. [E, dirigindo-se à alma, continua:] Tu queres que eu me entregue ao arbítrio de meu si-mesmo, à ilusão da própria escuridão? Para onde? Para onde? Tu cais, *quero cair contigo, quem quer que sejas*.[29]

Parece que ele tinha perdido o chão sob seus pés e estava agora completamente exposto à ilusão de sua própria escuridão. Seguindo sua alma, ele caiu em profundezas desconhecidas. Mas é evidente que essa loucura o aliviou ao mesmo tempo. Era uma revelação redentora. Assim, o texto continua:

> Então o espírito da profundeza abriu meus olhos, e eu observei as coisas interiores, o mundo de minha alma, multiforme e mutável.[30]

Finalmente, no final do mesmo capítulo 5, fica mais claro o que esse compromisso com sua própria loucura, que, na verdade, é a loucura de agarrar-se ao heroico, implica:

> O heroico em ti é que és comandado pelo pensamento de que isto ou aquilo seja o bem, [...] que este ou aquele objetivo deva ser alcançado pelo trabalho ambicionado lá adiante [...]. Com isso pecas contra o não poder [isto é, cometes um pecado ao não admitir tua incapacidade ou tua impotência].[31]

No mesmo instante em que Jung se deixa cair no abismo, o "espírito da profundeza" abre seus olhos. Ele vislumbra o mundo interior de sua alma, do mundo psíquico que está além de qualquer ilusão cristã. Agora ele percebe que "amor, alma e Deus são *belos e assustadores*".[32] De fato, uma percepção profunda!

Agora devemos abrir mão da ilusão de saber o que é bom para mim mesmo e para aqueles dos quais nos sentimos próximos. Aquele que acredita saber o que é bom e mau, assim diz o *Livro Vermelho*, comete um pecado contra o não poder. E é verdade, muitas vezes, temos certeza de estar fazendo o bem, mas como podemos saber de verdade quem está nos governando, o "espírito da profundeza" ou o "espírito dessa época"? Os atos mais cruéis e os piores crimes sempre foram e ainda são cometidos em nome do bem ou até mesmo de Deus. Por isso, amo a passagem de Paulo em Romanos 7, pois é profunda e eternamente verdadeira:

> Não consigo entender o que eu faço, pois não faço aquilo que eu quero mas aquilo que detesto [...]. Não faço o bem que quero e sim o mal que não quero [...] (E percebendo quão dolorosa é essa percepção, Paulo encerra o capítulo, exclamando:) Infeliz de mim! Quem me livrará deste corpo de morte? (Rm 7,15-19.24).

Paulo era, de fato, um homem sábio, cheio de sabedoria judaica! Há uma linda passagem no último capítulo de *Memories, Dreams, Reflections*, de Jung, que, uns 40 anos depois, retoma essa ideia do *Livro Vermelho* de não saber o que é bom e o que é mau:

> O mundo no qual nascemos é brutal e cruel e, ao mesmo tempo, de beleza divina. O elemento que acreditamos predominar, se a falta de sentido ou o sentido, é uma questão de temperamento. [...] Provavelmente, como em todas as questões metafísicas, ambos são verdadeiros: a vida é – ou tem – sentido e falta de sentido. Eu alimento a esperança ansiosa de que o sentido predominará e vencerá a batalha.[33]

É isso que o *Livro Vermelho* chama de *Widersinn*, aquilo que é contrário a qualquer sentido, o fato doloroso de que a vida é profundamente significativa e, ao mesmo tempo, sem sentido e, às vezes, até mesmo sem espírito. E é isso que o "espírito da profundeza" chama de verdade maior. Essa verdade, porém, só pode ser aceita através do sacrifício do herói solar, do sacrifício de tudo que é demasiadamente claro, demasiadamente brilhoso, demasiadamente bom, em sumo, do sacrifício da nossa ilusão de controle.

No início do *Livro Vermelho*, já há uma bela passagem sobre sacrifício. Estas são as palavras do "espírito da profundeza":

> Sacrifício não é destruição. Sacrifício é pedra angular do que virá. Não tivestes mosteiros? Não foram para o deserto inúmeros milhares? Deveis trazer mosteiros dentro de vós mesmos. O deserto está em vós. O deserto vos chama e vos puxa de volta, e se estivésseis chumbados com ferro ao mundo dessa época, o chamado do deserto quebra todas as correntes. Verdadeiramente, eu vos preparo para a solidão.[34]

No deserto da solidão podemos superar os deuses antigos, nossos ideais e convicções mais altos que regeram nossa vida. No entanto, hábitos velhos resistem à morte. É por isso que o *Livro Vermelho* fala de um sacrifício *terrível* que irrompeu com força, cuja onda poderosa levou consigo tudo que era desnecessário.[35]

Agora, no momento exato em que o assassinato é cometido, ocorre uma virada surpreendente: as palavras cruéis do "espírito da profundeza" o salvam e, como uma chuva após uma longa seca quente, elas levam tudo dele cuja tensão era alta demais. Essa chuva é fecundação e, renovando a terra, "ela produz o novo trigo, o Deus que brota jovem".[36] Esse Deus aguardado é Fanes, a criança divina.

Resumo essas reflexões sobre a queda assustadora no abismo e a renovação a partir das profundezas da terra com uma passagem do *I Ching*. Ela provém do hexagrama 51, *Trovão*, que é uma linha *yang* sob duas linhas *yin* ☷, ou como disse o Mestre Alfred Huang, *enterrada* sob duas linhas que cedem.[37] É uma explosão de energia *yang* das profundezas da terra, trovão que irrompe da terra como um terremoto. No entanto, os antigos mestres chineses o compararam com a explosão da criatividade na primavera. Richard Wilhelm fez um comentário revelador sobre essa imagem: "O choque que resulta da manifestação de Deus nas profundezas da terra assusta o homem, mas esse temor de Deus é bom, pois alegria e felicidade podem resultar dele".[38] Não é, portanto, nenhuma surpresa que o capítulo 8 de *Liber Primus*, após o "Assassinato do herói", fala sobre a "Concepção do Deus", isto é, sobre o nascimento da criança divina!

O nascimento da criança divina

Ouvimos que o título de *Liber Primus* é "O caminho do que há de vir". Apenas aos poucos descobrimos que aquilo que virá é nada menos do que a criança divina! É a criança interior que será ou haverá de ser, criada em você! A psique humana é a morada dessa criança. Os humanos se tornam o local de nascimento da nova imagem de Deus. Portanto, o caminho da individuação é o caminho para o futuro, pois a criança sempre significa vida futura. *O Livro Vermelho* o diz lindamente:

> O espírito da profundeza me ensinou que minha vida está abrangida[39] pela criança divina. De sua mão me veio todo o inesperado, todo o vivo. Esta criança é o que sinto em mim como a juventude eternamente borbulhante.[40]

Não devemos, porém, alimentar qualquer ilusão sobre essa criança. No capítulo 8, "Concepção do Deus", ouvimos novamente dela, mas dessa vez de sua natureza um tanto ambígua: "A criança divina opôs-se a mim a partir do tremendamente ambíguo, do feio-bonito, do mau-bom, do ridículo-sério, do doente-sadio, do inumano-humano e do não divino-divino".[41] Em termos psicológicos, essa criança se refere à inteireza como objetivo do processo de individuação. Décadas mais tarde, em *Resposta a Jó*, C.G. Jung interpretou o nascimento da criança divina no contexto da visão de João da mulher-sol apocalíptica (Ap 12) "tomada de consciência do si-mesmo. [...] Com isto, João é incluído pessoalmente no acontecimento divino".[42] É isso que acontece com todos aqueles que são confrontados com o "espírito da profundeza" e que, como consequência, são abraçados pela criança divina. E é assim que Jung, ansiando pela nova luz, louva a criança divina:

> Meu Deus, eu te amo, como uma mãe ama o não nascido que ela carrega debaixo de seu coração. [...] Precisamos de tua luz, ó criança. Uma vez que andamos na escuridão, ilumina nosso caminho. Tua luz brilhe diante de nós, teu fogo esquente o frio de nossa vida.[43]

Notas

1. C.G. Jung. *Memories, Dreams, Reflections*, org. Aniela Jaffé (Nova York, NY: Vintage Books, 1963), p. 223.
2. Essa informação provém, em parte, dos *Protokolle*, i.e., das entrevistas de C.G. Jung com Aniela Jaffé, que serviram como ponto de partida para *Memories, Dreams, Reflections*.
3. Jung. *Memories, Dreams, Reflections*, p. 188.
4. Ibid., p. 290-291.
5. Ibid., p. 193.
6. C.G. Jung. "A função dos símbolos religiosos", em *OC 18/1* (Petrópolis: Editora Vozes, 7ª edição, 2013], § 270.
7. C.G. Jung. *O Livro Vermelho*: Liber Novus, org. Sonu Shamdasani, trad. Edgar Orth (Petrópolis: Editora Vozes, 4ª edição, 2015), p. 115-116.
8. Jung. *Memories, Dreams, Reflections*, p. 11-13.
9. Jung. *O Livro Vermelho*, p. 116. Grifo meu.
10. Isso é uma nota de rodapé na edição alemã, que não está na versão em inglês. Veja Jung. *Erinnerungen, Träume, Gedanken*, p. 180, n. 4.
11. Jung. *O Livro Vermelho*, p. 117.
12. Ibid.
13. Ibid., p. 121.
14. Em alemão: *mein Menschliches*.

15. Jung. *O Livro Vermelho*, p. 109.

16. Ibid., p. 324.

17. Ibid., p. 333.

18. Veja também M.-L. von Franz. "The Unknown Visitor", em *Archetypal Dimension of the Psyche* (Londres: Shambala, 1999), p. 58.

19. C.G. Jung. *Psicologia e alquimia*, em *OC* 12 (Petrópolis: Editora Vozes, 6ª edição, 2012), § 561.

20. Ibid., § 563.

21. Ibid., § 562.

22. Ibid., § 564.

23. Jung. *Memories, Dreams, Reflections*, p. 225.

24. Jung. *O Livro Vermelho*, p. 145ss.

25. Ibid. Veja também Jung. *Memories, Dreams, Reflections*, p. 180.

26. Ibid.

27. Jung. *O Livro Vermelho*, p. 146.

28. Em alemão, a expressão "*Höllenfahrt in die Zukunft*" significa "Descida ao inferno *para* o futuro" – não "Descida ao inferno no futuro".

29. Ibid, p. 133.

30. Ibid.

31. Ibid., p. 141.

32. Ibid., p. 136.

33. Jung. *Memories, Dreams, Reflections*, p. 358-359.

34. Jung. *O Livro Vermelho*, p. 112.

35. Ibid., p. 115.

36. Ibid., p. 148.

37. Huang. *The Complete I Ching*. Sobre o *I Ching*, veja também: Andreas Schweizer. "The Book of the Play of the Opposites", in A. Schweizer e R. Schweizer-Vüllers (orgs.). *Stone by Stone* (Einsiedeln: Daimon, 2017), p. 16-50.

38. *The I Ching or Book of Changes*, trad. Richard Wilhelm, Hexagram 51.

39. O texto original usa a palavra "*umschlossen*", que significa "cerdado" ou "abraçado" pela criança divina.

40. Jung. *O Livro Vermelho*, p. 123.

41. Ibid., p. 150.

42. C.G. Jung. *Resposta a Jó*, em *OC* 11/4 (Petrópolis: Editora Vozes, 10ª edição, 2012), § 714.

43. C.G. Jung. *O Livro Vermelho*, p. 272.

9
Imaginação para o mal

Liliana Liviano Wahba

"Inocência era sua venda".
Herman Melville, *Billy Bud*

Jung acreditava que a sociedade moderna precisava urgentemente de uma consciência coletiva, e a Psicologia Analítica podia providenciar um modelo de intervenção pragmática. No caso ideal, o processo de individuação estimularia ações amplas para apoiar indivíduos e a sociedade na construção de comunidades com valores e sentidos vinculados ao bem-estar, à harmonia espiritual e à natureza e dar o devido respeito à integridade. Familiarizado com a psique e os componentes sombrios (a sombra) que acompanham os mais nobres dos ideais, Jung previu determinados obstáculos e defesas que afetariam grupos e indivíduos não só em seus relacionamentos familiares e muito íntimos, mas também em seus vínculos com a comunidade. Preocupado especialmente com os líderes políticos da época e com a deterioração que os regimes autoritários podiam causar na sociedade, Jung dedicou grande parte de seus escritos à crítica do dogmatismo, à inflação do ego, ao poder psicopático, à credulidade e à inconsciência dos seguidores míopes dos chamados "líderes". Essas obras estavam, em grande parte, alinhadas com aquilo que ele chamava "confrontar a sombra" e, muitas vezes, arraigadas no tema religioso da luta entre o bem e o mal nas representações do divino e nas projeções psíquicas.

Este artigo se propõe a reunir observações sobre o mal e a credulidade e a importância de consciência dessas polaridades nestes dias de conflitos intensos de natureza étnica, religiosa e econômica, cujos sintomas de arbitrariedade no exercício de poder, de tecnologia despida de qualquer humanismo e de desespero suicida reforçam o medo que nasce de um mundo em convulsão. Como inspiração para o artigo serviu a expressão usada por Jung referente à importância de permanecer alerta à "imaginação para o mal".[1]

Um trágico incidente recente que ocorreu no interior da região Sudeste do Brasil se encaixa no tema dirigido ao poder do mal quando inocência – ou ingenuidade – se depara com psicopatia cruel. O incidente envolveu uma assistente social de 30 e poucos anos de idade, casada e mãe de uma criança. Ela dava assistência a um homem de 65 anos de idade que ela chamava de "vovozinho". Ela ia sozinha para sua pequena fazenda para ensinar-lhe a ler e escrever e até para cuidar de suas necessidades pessoais, como cortar suas unhas. A catástrofe aconteceu durante sua última visita: o homem a estuprou e a matou com um golpe de martelo contra a cabeça. Seu marido ficou desolado, sentindo-se culpado por não ter previsto que essa fatalidade poderia ocorrer e por não ter protegido sua esposa. O assassino guardava uma fotografia com palavras que descreviam o corpo dela e vários bilhetes com declarações de amor. Tanto ele quanto o fazendeiro vizinho que atuou como cúmplice tinham registros criminais como estupradores.

O conto de *Chapeuzinho Vermelho* trata da iniciação de uma garota e da necessidade de perder a inocência da infância, pois os lobos estão famintos. O que acontece quando a idade da inocência passa, mas permanece numa forma inapropriada e até mesmo em nome do bem?

Na nossa prática profissional como psicoterapeutas, nós nos deparamos com pacientes que jogam a culpa por seu sofrimento em tudo que é alheio a eles e têm uma dificuldade enorme de perceber sua própria participação naquilo que acontece, ou então culpam a si mesmos de modo tão genérico que eles também permanecem inconscientes dos efeitos que produzem em outros. Aqui o mal é difuso, o mundo consiste em armadilhas em que estão destinados a cair, portanto não faz sentido tentar conscientizar-se dessas armadilhas. Assim resta a esses pacientes apenas lamentar sua culpa, seja ela externa ou interna. Existe ainda outra condição que se dá quando uma película de inocência aparente protege a pessoa de reconhecer o que seria considerado mau. Um exemplo: uma paciente de 25 anos de idade que era adotada atribuía aos seus pais e ao seu ambiente uma aura de proteção quase mágica e tinha dificuldades extremas de entender situações de conflito. Ela sempre ficava surpresa e perturbada em grupos quando, por alguma razão, ela era ignorada ou quando alguém falava mal dela. Ela era muito inteligente e respeitada em seus estudos de pós-graduação, mas seu rosto era o de uma criança, o que também a levou a sonhar com um casamento feliz, apesar de nunca se aproximar de homens, pois não sabia o que fazer ou como agir. Ela sonhava que, algum dia, um parceiro adequado e bem-intencionado apareceria. Nesse caso específico, as defesas contra sentimentos de abandono intensificaram esse estado psíquico de pureza e inocência absolutas.

Independentemente da dinâmica psicológica subjacente, malícia e inocência parecem ser fatores que interpenetram em jogos perigosos que podem levar até a resultados catastróficos, como vemos no incidente noticiado.

A última das obras de Herman Melville, seu virtuoso romance *Billy Budd*, retrata o caráter angelical de um jovem, inocente como um "filho das flores" e livre de qualquer malícia, o que leva à sua destruição através das projeções de um capitão de armas cheio de inveja, ódio e crueldade. De forma dramática, Melville retrata seu destino na interação de dois opostos: inocência e maldade nas figuras dos dois personagens.

Em sua obra *Power and Innocence*, Rollo May também menciona *Billy Budd* e acata a opinião de Arthur Miller de que "a perfeição da inocência é, de fato, loucura".[2] Ele reconhece na atitude da inocência uma maneira de recusar poder legítimo, muitas vezes transformando em virtude tal atitude. Ele fornece a etimologia em latim: "*innocens*: não nocivo. Estar livre de culpa ou pecado, sem culpa, puro, e em ação significa sem influência ou efeito maus ou não provindo de intenção má".[3]

May faz uma distinção entre dois tipos de inocência: um tipo tem a qualidade da imaginação, como no poeta e no artista, e preserva a clareza infantil na idade adulta, levando à espiritualidade, sendo, portanto, uma fonte de pureza e novidade; o outro tipo é infantilidade irresponsável, quando a inocência, que não pode incluir o demoníaco, se torna má.

O primeiro tipo condiz à descrição de Jung do arquétipo da criança. O segundo tipo é representado no personagem de Melville. É mais uma pseudoinocência, um tipo de fixação no passado, mais infantilidade do que natureza infantil. Esse tipo de pseudoinocência leva ao utopianismo, onde não precisamos encarar perigos reais, e mesmo que ela alegue ser uma virtude, ela não o é. Ela não deixa as coisas claras, apenas simples e fácil de evitar as tragédias e complexidades da vida. Quando apoiamos a inocência, não conseguimos reconhecer a destrutividade em nós mesmos, levando a um tipo de cumplicidade com o mal. Billy Budd não foi capaz de perceber inimizade, não sendo suficientemente suspeitoso ou desconfiado.

Apesar de datar de 1972, *Power and Innocence* ainda significa muito hoje. Continua sendo uma descrição perspicaz de como indivíduos e grupos se comportam e se tornam vulneráveis através de "chavões de vida" simplistas, negando todo desejo de poder e supostamente permanecendo acima do mal para não ter de encarar – e assumir – a realidade do poder. Tal evitação foge à responsabilidade e abre o caminho para explosões de violência: "A pessoa inocente na religião, aquela que carece da 'sabedoria das serpentes', pode causar dano considerável sem estar ciente disso".[4] Evitando qualquer premissa religiosa, May também ressalta que Melville já tinha observado que espiritualidade se opõe à inocência.

Como Jung, May defende a necessidade urgente de promover consciência do bem e do mal em cada um de nós como algo inescapável na experiência da vida e a aceitação de responsabilidade e culpa pelas ações humanas. Em suma, segundo o autor, a resposta ao problema do mal na humanidade não será dada através de inocência e isenção de pecado, mas através da aceitação de que o mal sempre será nosso adversário.

A problemática apresentada pelo mal e pela destrutividade permeia a obra de Jung e, mesmo que não tenha postulado a noção de um instinto de morte, ele reconhece a polaridade agressivo-destrutiva na energia psíquica. Em *Símbolos da transformação*, ele escreveu: "A libido não é só um impulso irrefreável para a frente, um infindável desejo de viver e construir, [...] a libido, à semelhança do Sol, também quer seu declínio, sua involução",[5] circunscrevendo assim os instintos de vida e morte dentro da própria libido. No *Livro Vermelho*, ele escreve: "Tu não és forçado a viver eternamente, mas também podes morrer, pois para ambas as coisas há uma vontade em ti. Vida e morte devem manter em tua existência o equilíbrio".[6]

Podemos simbolizar os ciclos de morte e vida e também os ciclos de criação e destruição dentro do mito do sacrifício que abriga a dor transformada em um ato de renovação, talvez devido à nossa capacidade de resiliência. E se, de fato, observarmos processos psíquicos complexos e necessidades profundas de mudança que envolvem destruição a fim de progredir para construir atitudes novas, observamos involuções – de natureza psíquica – sem qualquer saída: desordens psicopáticas, conduta cruel infligida em uma pessoa vulnerável, massacres, poder tirânico, fanatismo cego e mortal, e miríades de outras expressões daquilo que podemos entender como mal incurável e inalterável. A psiquiatria tem tentado dar um nome ao incompreensível, ao mal: *psicopatia*, mesmo que nem todos que são considerados psicopatas cometam atos criminosos.

Guggenbühl-Craig explorou o tema da ausência de senso moral e Eros na psicopatia,[7] enquanto James Hillman sugeriu alguma deficiência de natureza constitutiva, como se aqueles que provêm de uma "semente ruim" encontrassem na violência um modo de transcendência, um modo de ir além do humano comum para que se torne desumano.[8] A fim de controlar a agressividade demoníaca "desumana", ele sugere que precisamos encontrar modos de ritual, através das artes e de cerimônias coletivas que permitem que a força excessiva, extravagante e demoníaca encontre uma via de expressão.

No entanto, aniquilar impiedosamente seu semelhante é igualmente humano, com ou sem uma razão causal para justificar tal ato. E não importa o que a nosologia psiquiátrica decida, existe uma atração assustadora, tenebrosa e incompreensível, que pulsa e palpita no ser humano.

Especialmente nos ensaios contidos no volume 10 da *Obra Completa*, em *Civilização em transição* e em *Resposta a Jó*,[9] Jung reflete sobre a valência do mal na psique, na sociedade e até mesmo arraigada na religião. A Segunda Guerra Mundial deixou sua marca dolorosa nos pensadores daquele tempo, e Jung testemunhou a devastação de duas guerras terríveis no século XX. Em várias ocasiões, ele expressou sua profunda preocupação com o futuro da humanidade.

Murray Stein, em sua análise extensa da obra de Jung sobre o tema do mal,[10] explora o significado que Jung atribui ao mal. Ele mostra que Jung entendia como a energia se manifesta na psique e na natureza em termos de ciclos de estruturação e dissolução. A pergunta apresentada se refere à natureza intrínseca do inconsciente e à realidade arquetípica do mal. Segundo Stein, Jung busca uma visão psicológica do mal, adotando noções como sombra, complexos, projeção e possessão do ego, todas as quais anulam, em alguma medida, a capacidade de discernimento moral.

De um lado, Jung entendia o mal como produto da consciência e não como tendo substância própria, seja em termos de uma natureza psíquica, física ou metafísica. Correspondentemente, o bem e o mal seriam polos de discriminação contrastante usados para diferenciar a experiência e também um pré-requisito para refinar o juízo moral através de meios cognitivos. Em outras palavras, o mal não seria intrínseco à natureza humana. De outro lado, porém, ao propor a encarnação do lado escuro de Deus e do mal contido na dualidade da essência divina e, consequentemente, na essência dos seres humanos, o mal seria de natureza intrínseca. Stein alega que Jung admitiu a natureza paradoxal dessa contradição.

Ficamos sem resposta, isto é, ficamos sem saber se o mal tem sua origem na sombra e é o produto de possessão e inflação arquetípica e se é um julgamento da consciência ou se é uma realidade em si mesmo. Seja como for, os efeitos do mal são sempre reais, e alguns indivíduos parecem dotados de maldade intrínseca. Talvez uma consciência escrutinadora – e não só a razão – forneça a vacina apropriada ou o antibiótico à nossa disposição, seja para encarar o mal que existe em nós seja para aumentar nossas chances de nos proteger daquilo que é alheio a nós e, muitas vezes, insolúvel.

Por conhecer e ter explorado as profundezas da psique, Jung entendia que ingenuidade por parte de cientistas e psicólogos era inadmissível e que uma atitude de confrontação era necessária e até mesmo indispensável para lidar com as forças destrutivas enraizadas na psique humana. Em *Resposta a Jó*, escrito em 1952, Jung fez um alerta sobre o escopo do poder de destruição dado ao homem e a necessidade de "temperar sua vontade com o espírito de amor e sabedoria".[11]

Desde suas primeiras experiências pessoais com o inconsciente que resultou em seu *Livro Vermelho*, a problemática do mal está presente na obra de Jung e é minuciosamente escrutinada. Mais adiante trataremos de algumas passagens importantes sobre esse assunto. Por ora, vejamos como Jung nos alerta em relação ao que foi descrito acima sempre que estivermos lidando com um estado ou uma atitude de inocência, pseudoinocência, conveniência ou infantilidade – "covardia infantil"[12] – seja ela neurótica ou meramente oportunista. Em *Um mito moderno sobre coisas vistas no céu*, Jung descreve o risco de uma pessoa ingênua ou inconsciente que poderia imaginar evitar o pecado como uma ilusão infantil, quando o perigo de sucumbir ao mal é mais forte do que permanecer inconsciente dele: "A inconsciência não representa uma desculpa, mas é muito mais um delito, no sentido próprio da palavra".[13]

Como outros pensadores de sua época, incluindo Freud,[14] Jung se preocupava com o fanatismo e a servilidade mental em geral, grupos indiferenciados dominados pelo uniforme, premissas unilaterais. Em casos extremos, isso resultaria em líderes sociopatas, como ressalta Hannah Arendt em *Origens do totalitarismo*: regimes em que a tendência totalitária é tornar os seres humanos supérfluos, redundantes e dispensáveis como indivíduos.[15] Já que o sujeito não pode ser impedido de pensar, seu pensamento é privado de poder e relevância, como se sua individualidade tivesse se dissolvido e *todos os homens tivessem se tornado "Um Homem"*, uma humanidade indiferenciada. Exercendo pressão sobre todos e voltando todos contra todos, o terror total destrói o espaço entre eles e se torna uma condição de um governo totalitário perfeito, quando o mal radical surge em conexão com um sistema em que todos os homens se tornaram igualmente supérfluos.

Esse fenômeno, porém, não ocorre apenas em situações de terror ou opressão totalitária. Aparece frequentemente também em contextos democráticos quando formas conscientes e inconscientes de formas de conduta dominadora e subjugadora são costumeiras.

A noção de minoria de Kant se aplica à chamada mentalidade de massa e relacionamentos caracterizados por subjugação: "Esclarecimento é a emergência do ser humano de sua minoria causada por ele mesmo".[16] Devido a preguiça e covardia, assim muitas pessoas permanecem "menores" sob outros guardiões e não se dão ao trabalho de assumir suas responsabilidades.

Aqui, a pressuposição é que a direção exercida por outro – seja por uma força que se impõe seja por aceitação voluntária – reduz a capacidade de consciência plena de si mesmo e do mundo em volta. O estado de inocência seria assim uma das variáveis numa escala quando o indivíduo – sem qualquer pessoa identificada como seu diretor – permanece à mercê das ações ou projeções que ele deixa de perceber.

No que diz respeito a isso, em *Presente e futuro*, Jung se refere a uma sociedade composta de seres humanos desindividualizados (o "Um homem" de Arendt), completamente à mercê de ditadores cruéis. Ele também aponta para o estado onírico irrealista e infantil do homem das massas, que retorna para a "terra das crianças, sob a proteção dos pais, livre de qualquer responsabilidade e preocupação".[17] Em suma, nessa obra ele reflete sobre a importância enorme do autoconhecimento e da responsabilidade em relação a ser capaz de prejudicar os outros e a si mesmo e a importância de reconhecer a "negra sombra coletiva da humanidade":

> É justamente essa negligência que se revela o melhor meio para torná-lo um instrumento do mal. A inocuidade e a ingenuidade são atitudes tão inúteis quanto seria para um doente de cólera e seus vizinhos permanecerem inconscientes a respeito da natureza contagiosa da doença. [...] Além disso, a perda da possibilidade de compreensão também nos retira a capacidade de lidarmos com o mal.[18]

Nesse texto, Jung usa o termo "imaginação para o mal", e é no *Livro Vermelho* que ele insere imagens e visões vívidas para representar esse poder imaginário que faz levantar das profundezas da psique as figuras mais estranhas, figuras estas que os poetas, artistas e filósofos conhecem e que não deixam dúvida quanto ao terror que reside em nós. Ele dá o nome "espírito da profundeza" àquilo que se opõe ao "espírito dessa época" e proclama: "[...] é a dimensão, a embriaguez e a feiura da loucura o que eu falo".[19] Aqui, Jung nos prepara para as visões perturbadoras que seguem e prepara o solo da "imaginação para o mal" mencionada acima.

A rudeza de algumas dessas visões provocou crítica e suspeita em relação à saúde mental do autor, que, no entanto, deixou claro que a obra era um experimento ("meu experimento mais difícil"), uma abertura para o inconsciente através de intuições a serem confrontadas com a consciência. Paul Bishop se refere à estética do horrendo inaceitável e repulsivo com passagens chocantes e retratos da morte, comparáveis a exercícios espirituais para contemplar a morte.[20] Na visão de Jung, as fantasias descritas ali devem ser lidas simbólica e não literalmente, ou seja, com um tratamento hermenêutico de fantasias criativas que aceita o irracional como um fator psicológico.[21] As revelações do inconsciente devem ser entendidas a partir de uma posição científica e ética.

Na introdução ao *Livro Vermelho*, Shamdasani aponta alguns temas da obra que ele vê como uma tentativa de entender o relacionamento do indivíduo com o social e como um esforço para entender a subjetividade em si. Ele ressalta o fato de que Jung percebeu a doença contemporânea da alienação espiritual e tratou das atrocidades da guerra, manifestações de loucura e transformações religiosas. Cary Baines observa que Jung lhe contou que ele não tinha respeito algum por ideias inspiradas que não tinham impacto sobre a realidade, o que confirma sua filosofia psicológica de elucidar fenômenos psíquicos e seu desejo de instituir uma educação psicológica para o indivíduo em tempos modernos.

De acordo com Jaffé, o inconsciente dos seres humanos e sua submersão numa massa irresponsável perturbava Jung profundamente, e ele previu catástrofes que ameaçariam a existência da espécie humana. "Com apreensão, ele viu os perigos que surgem quando a verdade das profundezas não é reconhecida, quando sua escuridão não é suportada nem iluminada".[22]

Se, na obra de Jung, o paradoxo da essência do mal é, muitas vezes, interpretada pela sombra, em outras palavras, apontando para a diferenciação do consciente e, como vimos, deixando irresolvido o mal em si, no *Livro Vermelho* a fenomenologia do mal aparece de forma substancial, até mesmo assombrando o próprio autor. O que segue é uma seleção de citações para apreciar melhor o pensamento de Jung no *Livro Vermelho*.

No que diz respeito à sua preocupação com a agressividade do homem em relação aos seus semelhantes, veja a descrição escrita entre as guerras e também o que Freud escreveu em 1930.

> Ninguém deve admirar-se de que as pessoas sejam tão distantes umas das outras, de que não se entendam, de que se façam guerra e se matem. Há que admirar-se muito mais de que as pessoas acreditem que estão próximas umas das outras, de que se entendem e se amam. Ainda há duas coisas a serem descobertas. A primeira é o abismo infinito que separa as pessoas umas das outras. A segunda é a ponte que poderia ligar duas pessoas entre si. Já pensaste alguma vez em quanta animalidade jamais imaginada te possibilita conviver com as pessoas?[23]

> [...] homens não são criaturas mansas, que querem ser amadas, que, no máximo, conseguem defender-se quando atacadas; são, ao contrário, criaturas entre cujos dotes instintuais há uma porção poderosa de agressividade. Como resultado, seu vizinho é para eles não só um ajudante ou objeto sexual em potencial, mas também alguém que os tenta a satisfazer sua agressividade nele, a explorar sua capacidade de trabalhar sem compensação, a usá-lo sexualmente sem seu consentimento, a causar-lhe dor, a torturá-lo e matá-lo.[24]

Correspondentemente, se o mal é inevitável e inerente à natureza humana, tudo que podemos fazer é confrontá-lo como Jung nos incita a fazer após observar que o mal abismal pode provir da estupidez e inconsciência do homem: "Uma das raízes mais fortes do Mal é a inconsciência".[25]

O Livro Vermelho contém várias passagens em que o autor adota agora um tom de diálogo com o leitor e, então, uma retórica superior e afirmativa como porta-voz desse "espírito da profundeza". Que mensagem isso transmite? O que transpira é a constituição de polaridades do ego, a necessidade de renovar a ajustar a consciência e confrontar as tendências sombrias e destrutivas, mas principalmente de reconhecer que o mal é absolutamente "real", mesmo que não consigamos entendê-lo totalmente, pois o mal sempre nos escapa. Em outras palavras, o pensador, o psiquiatra, parece estar nos alertando de que qualquer interpretação (como sombra ou possessão) será parcial e limitada e, mesmo assim, cabe a nós encarar a tarefa.

Durante a leitura dessa ida e vinda de fantasias, algumas das quais são herméticas e incompreensíveis, o que vemos esboçado é quase um manual de como confrontar o mal sem sucumbir a ele. O autor exorta os seres humanos a se verem em suas deficiências morais e a perceberem a ambiguidade de virtudes. O tom quase profético de suas palavras nos transporta para outras esferas que desafiam o entendimento. Imagens vívidas são usadas, tais como: "sabias o que é o mal?" "substância inevitável", "mensageiro sem suspeitar", "a serpente silva", "o tigre sedento de sangue".

> Pensaste alguma vez no mal em ti? Oh, falaste disso, tu o mencionaste e consentiste sorrindo nele como um defeito humano em geral ou como um mal-entendido que aparece frequentes vezes. Mas sabias o que é o mal e que ele está muito perto, atrás de tuas virtudes, de tal modo que ele é inclusive tua própria virtude, como seu conteúdo inevitável.[26]

> Tu sorris inocentemente, meu amigo? Não vês que um leve pestanejar de teu olho revela o terrível, cujo mensageiro tu és sem suspeitar? Teu tigre sedento de sangue rosna baixinho, tua cobra peçonhenta sibila furtivamente, enquanto tu, só consciente de tua bondade, estendes tua mão para o cumprimento.[27]

Vemos que apoios recorrentes podem ser inúteis quando enfrentam tamanha oposição poderosa, incluindo confiança cega na fé. A ilusão que nos leva a colocar-nos nas mãos de um Deus benevolente facilitador é desfeita como uma ajuda para combater a destrutividade humana.

> O único olho da divindade é cego, o único ouvido da divindade é surdo, sua ordem é cruzada pelo caos. Portanto, sede pacientes com o aleijado do mundo e não superestimai sua beleza perfeita.[28]

E se ficarmos profundamente perturbados com a injunção "aguentai o Deus tenebroso que também quer tornar-se homem",[29] ficamos um tanto aliviados quando Jung também afirma que o mal é necessário – equivalente aqui à destruição – a fim de dissolver e renovar formações estabelecidas:

"precisarás também do mal para diluir tua conformação e libertar a ti mesmo do poder do que passou".[30]

Então ele tenta nos orientar anunciando que – paradoxalmente – só podemos nos livrar da condição infernal da psique, envolta em escuridão e horror, se confrontarmos o mal em vez de negá-lo:

> Quem não quer o mal, a este falta a possibilidade de salvar sua alma do inferno. Apesar de ele mesmo permanecer na luz do mundo de cima, torna-se a sombra de seu si-mesmo.[31]

Observe que ao "Inferno" segue uma parte muito impressionante e hermética, que é difícil de entender e assimilar; "O assassinato sacrificial", em que uma garota mutilada tem seu fígado devorado pelo protagonista a pedido da alma, simboliza o sacrifício da criança divina e a necessidade de expiação da alma. A criança inocente assassinada se torna divina após o consumo do fígado. Cada homem individual é culpado das atrocidades cometidas pelo homem. Cada homem individual deve expiar e sentir remorso (metáfora do fígado); em outras palavras, nosso senso de responsabilidade ética se estende para além do pessoal até o coletivo. Permanecemos nem em inocência nem em pecado, apenas responsáveis por nossos atos, sejam eles virtuosos ou maliciosos, e devemos admitir também os atos cometidos ao longo da história.

Considerando a descrição rude e "abominável",[32] podemos entender as dúvidas de Jung referentes à publicação relatadas por Cary Baines, que temia pôr em risco sua posição como cientista e seu respeito como um ser humano, vendo que o livro poderia ser considerado pura loucura.

Finalmente, após percorrer as trilhas sinuosas e irracionais da fantasia e suas metáforas intrigantes e complicadas, o alerta contra o mal e a tentativa ineficaz de ignorá-lo parecem coerentes o bastante e em linha com a observação de Jung sobre a psique individual e coletiva. A sabedoria do psicólogo e cientista humanista se revela aqui na tentativa de alcançar a sua geração e as gerações futuras não só de modo racional, esclarecendo medidas profiláticas para chamar nossa atenção, já que, como analista, ele estava ciente de que conselhos por si só não bastam. Portanto tentou transmitir a mensagem através do inconsciente, uma mensagem que, como ele esperava, ecoaria em cada um e evitaria a destrutividade extrema, crueldade, opressão bárbara e aniquilação, escaparia através da morte quando a vida perde sentido e também para evitar ingenuidade e negação.

A citação abaixo encerra este ensaio. A noção do desejo para o mal que carregamos dentro de nós é um dos paradoxos mais estranhos da nossa consciência e desafia todo senso ético. Ao relermos estas linhas, elas nos tocam de maneira profunda e desafiadora, incitando-nos a oferecer respostas singulares a uma realidade universal. Não se trata de uma questão de entrega – isso seria insuportável – mas de uma apropriação incomum como forma de confrontação. O que resta a ser questionado é a viabilidade de estender essa confrontação individual ao coletivo:

> Tu sofres com o mal porque não o amas conscientemente no oculto nem para ti mesmo. Gostarias de evitá-lo e começar a odiar o mal. E outra vez estás ligado ao mal através de teu ódio, pois se o amas ou odeias, isto continua sendo o mesmo para ti: estás ligado ao mal. Deve-se aceitar o mal. O que nós queremos permanece em nossa mão. O que não queremos, e assim mesmo é mais forte do que nós, arrasta-nos junto e não podemos detê-lo sem nos prejudicar a nós mesmos. Pois nossa força permanece então no mal. Portanto devemos aceitar nosso mal, sem amor e sem ódio, reconhecendo que ele está aí e que precisa ter sua parte na vida. Dessa maneira tiramos dele a força para nos vencer.[33]

Notas

1. C.G. Jung. *Presente e futuro*, em *OC* 10/1 (Petrópolis: Editora Vozes, 8ª edição, 2013), § 559.
2. Rollo May. *Power and Innocence* (Nova York, NY: W. W. Norton, 1972), p. 47.
3. Ibid., p. 48.
4. Ibid., p. 256.
5. C.G. Jung. *Símbolos da transformação*, em *OC* 5 (Petrópolis: Editora Vozes, 9ª edição, 2013), §680.
6. C.G. Jung. *O Livro Vermelho*, org. Sonu Shamdasani, trad. Edgar Orth (Petrópolis: Editora Vozes, 4ª edição, 2015), p. 237.
7. Adolf Guggenbühl-Craig. *Eros on Crutches* (Texas: Spring, 1980).
8. Marry Nurrie Stearns. "The Soul's Code: An Interview with James Hillman", veja http://www.personaltransformation.com/james_hillman.html.
9. C.G. Jung. *Resposta a Jó*, em *OC* 11/4 (Petrópolis: Editora Vozes, 10ª edição, 2012), §§ 553-756.

10. Murray Stein. "Introduction", em *Jung on Evil* (Princeton, NJ: Princeton University Press, 1995), p. 1-21.

11. Jung. *Resposta a Jó*, OC 11/4, § 745.

12. C.G. Jung. "O bem e o mal na psicologia analítica" (1960), em *OC* 10/3 (Petrópolis: Editora Vozes, 6ª edição, 2013), § 868.

13. C.G. Jung. *Um mito moderno sobre coisas vistas no céu*, em *OC* 10/4 (Petrópolis: Editora Vozes, 6ª edição, 2013), § 677.

14. Sigmund Freud, "Group Psychology and the Analysis of the Ego", em *The Standard Edition of the Complete Works of Sigmund Freud* (Londres: The Hogarth Press and the Institute of Psychoanalysis, 1953-1974).

15. Hannah Arendt. *Origins of Totalitarianism* (Nova York, NY: Harcourt, 1976).

16. Immanuel Kant. "An Answer to the Question: What is Enlightenment?" Veja https://www.marxists.org/reference/subject/ethics/kant/enlightenment.htm.

17. C.G. Jung. *Presente e futuro* (1956), em *OC* 10/1 (Petrópolis: Editora Vozes, 8ª edição, 2013), § 538.

18. Ibid., § 572.

19. C.G. Jung. *O Livro Vermelho*, p. 111.

20. Paul Bishop. "Jung and the Quest for Beauty", em (orgs.) Thomas Kirsch e George Hogenson. *The Red Book: Reflections on C.G. Jung's Liber Novus* (Londres: Routledge, 2014).

21. C.G. Jung. "Psicologia do inconsciente", em *OC* 7 (Petrópolis: Editora Vozes, 24ª edição, 2014), § 497.

22. Aniela Jaffé. *From the Life and Work of C.G. Jung* (Einsiedeln: Daimon Verlag, 1989), p. 186-187.

23. Jung. *O Livro Vermelho*, p. 282-283.

24. Sigmund Freud. *Civilization and its Discontents* (Nova York, NY: W. W. Norton, 1961), p. 58.

25. C.G. Jung. "Interpretação psicológica do Dogma da Trindade", em *OC* 11/2 (Petrópolis: Editora Vozes, 10ª edição, 2013), § 291.

26. Jung. *O Livro Vermelho*, p. 236.

27. Ibid., p. 282.

28. Ibid., p. 115.

29. Jung. *Resposta a Jó*, § 742.

30. Jung. *O Livro Vermelho*, p. 277.

31. Ibid., p. 283.

32. Ibid., p. 282.

33. Ibid., p. 278.

10
Movimentos da alma no *Livro Vermelho*

Dariane Pictet

Após sua ruptura com Freud aos 37-38 anos de idade, Jung experimentou uma crise que o levou a refletir sobre sua relação com o mundo temporal e fenomenal e a esfera interior atemporal.

> Eu pensava e falava muita coisa da alma, sabia muitas palavras eruditas sobre ela, eu a analisei e fiz dela um objeto da ciência. Não tomei em consideração que minha alma não pode ser objeto de meu juízo e saber; antes, meu juízo e saber são objetos de minha alma. Por isso obrigou-me o espírito da profundeza a falar para a alma, a invocá-la como um ser vivo e subsistente em si mesmo. Eu tinha de entender que havia perdido minha alma.[1]

O *Livro Vermelho* é o relato da busca de Jung pela interioridade ou, como ele mesmo dizia, seu confronto com o inconsciente. Assumindo a forma de fantasias despertas, ele se abriu para as imagens que jorravam da profundeza e as documentou em seus livros negros. Subsequentemente, ele as comentou e transcreveu para o seu *Livro Vermelho*. Nessa obra muito íntima, Jung mostra com humildade não só sua paisagem interior, mas também a jornada de um homem em busca de sua alma. Mais tarde, Jung desenvolveu uma psicologia de polaridade com sua teoria da *anima*, ele disse:

> A *anima* se transforma em um *Eros* da consciência, mediante a integração [...] a *anima* imprime uma relação e polaridade na consciência do homem.[2]

A alma é associada a sentimento, essência, profundeza e conteúdo e nos refere a valores centrais. Classicamente, *anima* é alma, vista e descrita de um ponto de vista psicológico masculino. Minha preocupação aqui será vincular a teoria de Jung sobre a *anima* a cenas do *Livro Vermelho* e seguir seu desenvolvimento ao longo da narrativa da qual ela emergiu, levando à sua realização plena, a *anima mundi*. O *Livro Vermelho* foi também, como veremos, um canteiro para os *Tipos psicológicos* de Jung.

Na época em que escreveu o *Livro Vermelho*, Jung pretendia descobrir o que aconteceria se ele desligasse a consciência comum e permitisse a expressão de partes remotas da psique. O "espírito da profundeza" o apontou na direção da recuperação de sua alma. Ele tinha servido ao "espírito dessa época", uma adaptação coletiva às exigências de sociedade, cultura e realidade externa e, como resultado, ele sentiu uma alienação espiritual que o obrigou a descer para as profundezas de si mesmo a fim de reconquistar sua dimensão interior. Ele percebeu que o "espírito dessa época" leva a conhecimento e erudição, mas o "espírito da profundeza" leva a coisas da alma, "a um saber do coração, que dá esclarecimentos mais profundos":[3]

> Ele tirou de mim a fé na ciência, [...] tomou minha razão e todos os meus conhecimentos e os colocou a serviço do inexplicável e do absurdo.[4]

Quando entendeu que tinha sido motivado por ambição mundana, ele se demitiu de seu emprego como professor na universidade de Zurique e da Sociedade Psicanalítica em abril de 1914 e se concentrou no aprofundamento de seu confronto com o inconsciente. Essa exploração da alma ocorria à noite. Durante o dia, sua atenção se dirigia "às coisas, às pessoas [...]. Somente à noite eu ia para o deserto".[5] Mais tarde, comentou que "profundeza e superfície devem misturar-se para que surja nova vida".[6]

O primeiro encontro de Jung com a alma, como descrito no *Livro Vermelho*, ocorreu no outono de 1913. Ele iniciou um diálogo com aquilo que ele acreditava ser um aspecto primitivo de si mesmo, que defendia um ponto de vista diferente do dele. Ele vivenciou isso como estando "em análise com um fantasma e uma mulher".[7] Essa função interior assumia a forma de alma, serpente, deusa alada ou Salomé e o guiava por uma paisagem imaginária para aprofundar seu entendimento de uma faculdade elusiva que anima a vida. Dado que a *anima* reside no inconsciente coletivo, ela é permeada de elementos universais que trazem consigo um potencial infinito e dão ao irracional uma presença na realidade psíquica.

> Quando o dr. Jung usa a palavra "alma", ele define "alma" como a atitude do indivíduo em relação à realidade interior, a função da relação entre os mundos interior e exterior, a ponte para o centro de todo o nosso ser.[8]

É significativo que Vera van der Heyd não atribui um gênero à "alma"? Parece existir uma diferença na conceitualização de alma e *anima* – a primeira não possui gênero, a segunda é um território exclusivamente masculino, algo que contemplarei especificamente à luz do *Livro Vermelho*. Na psicologia junguiana, a *anima* é tanto um complexo pessoal como uma imagem arquetípica da mulher presente na psique masculina desde o nascimento e que assume tons de sentimento pessoal associados a cada indivíduo singular. *Anima* é também o motor de sentimentos que motiva a conexão do homem com as mulheres em sua vida. Se um homem consegue reconhecer e trabalhar com suas projeções da *anima* sobre as mulheres, ele pode não só alcançar um equilíbrio maior entre suas realidades interior e exterior, mas pode também, ao longo do tempo, melhorar seu relacionamento geral com as mulheres.

No início do *Livro Vermelho*, somos informados que Jung passou um período de solidão e anseio no deserto. O deserto é uma metáfora para aridez, para a ausência de renovação concedida pela água da vida. No deserto, estamos também livres da agitação da preocupação mundana, portanto, podemos descrevê-lo como ponto de entrada para a interioridade. Com o silêncio como pano de fundo, a agitação incessante da mente se acalma, e complexos das profundezas vêm à tona na consciência. Lá, a alma falou com a alma pela primeira vez e pediu que esperasse. Foram necessários outros 19 dias nessa atmosfera purificadora até que a alma despertasse de sua vida às sombras e se aproximasse dele como entidade separada. Assim, ele aprendeu o valor da paciência sem intenções – pois uma descida para as profundezas não é algo que pode ser feito às pressas; exige tempo e espaço. Ele entrou numa consciência mitopoética difusa, bem diferente da consciência concentrada da erudição.

O arquétipo da *anima* pode ser observado em incontáveis representações culturais do feminino ao longo do tempo.

> Há uma imago da mãe no âmbito de sua psique [i.e., da psique do homem], e não só uma imago da mãe, como também da filha, da irmã e da amada, da deusa celeste e da Baubo ctônica universalmente presente como imagem sem idade, e que toda mãe e toda amada é, ao mesmo tempo, a portadora e geradora desses reflexos profundamente inerentes à natureza do homem.[9]

Esse arquétipo assume a forma de Eva, a Grande Mãe, que concede, sustenta e dissolve existência, e então se transforma em Helena/Salomé, Maria e *Sophia*.

> O primeiro grau da Chawwa, Eva, Terra é apenas biológico, em que a mulher=mãe não passa daquilo que pode ser fecundado. O segundo grau ainda diz respeito a um Eros predominantemente sexual, mas em nível estético e romântico, em que a mulher já possui certos valores individuais. O terceiro grau eleva o Eros ao respeito máximo e à devoção religiosa, espiritualizando-o. Contrariamente a Chawwa,[10] trata-se da maternidade espiritual. O quarto grau [...] explicita [...] *sapientia* [...] sabedoria.[11]

Jung fala da transformação da *anima* como um processo "através do qual a vida adquire novo significado".[12] Podemos observar sua transformação na relação de Jung com as figuras femininas no *Livro Vermelho*. Cada desenvolvimento novo abre novos campos para a consciência. O complexo da *anima* tende a perturbar o comportamento do ego: a parte dinâmica da psique que deseja agitar as coisas e mudar os *status quo* confronta a parte que não quer que as coisas mudem.

> Se o confronto com a sombra é a obra do aprendiz, o confronto com a *anima* é a obra-prima.[13]

Ao passar pelos graus de Eva, Helena, Maria e *Sophia*,[14] a imagem do feminino interior de um homem em processo de individuação sofre um processo de transformação. Mesmo que possamos ver isso como uma progressão, é também o caso que, em cada grau, as outras imagens da *anima* estão presentes no arquétipo *in potentia*. Quando você toca um aspecto de um arquétipo, suas outras manifestações estão sempre presentes, prontas para serem consteladas em momentos diferentes da vida. Como escreve Jung:

> A *anima* é uma figura bipolar [...], podendo ora aparecer como positiva ora como negativa; a velha ou jovem; mãe ou menina; fada bondosa ou bruxa; santa ou prostituta.[15]

Ambivalência acompanha todas as projeções da *anima*, e podemos identificar as mudanças nos sentimentos de Jung em relação à *anima* no *Livro Vermelho*. No entanto, ao longo de todas essas mudanças, "a *anima* representa a conexão com a fonte da vida no inconsciente".[16] Ela sempre é numinosa e tem aquela qualidade divina.

Eva

Em seu nível mais primordial, *anima* é Eva, a mãe primeva, que concede tudo que é vital e abundante. Aqui, homem e natureza estão entrelaçados, não diferenciados e em simbiose extática. Nessa primeira fase e em conexão íntima com Eva, a *anima* aparece também como uma serpente, como "essência terrena do homem, da qual ele não tem consciência [...] visto que é o mistério que flui em sua direção da terra mãe nutridora".[17] A serpente é associada às raízes do ser e simboliza os aspectos ctônicos da terra, que foram separados da inteireza do arquétipo da mãe nas religiões abraâmicas. Identificada com Eva, a *anima* se encontra num relacionamento não diferenciado com a consciência, isto é, o homem está sujeito à sua influência de modo irrefletido.

Eva simboliza a *anima* da vida que deseja consciência, diferenciação e, eventualmente, individuação. No mito bíblico, Eva oferece a fruta da árvore do conhecimento do bem e do mal e é, portanto, aquela que traz consciência para o campo urobórico. A princípio, há um relacionamento incestuoso com o Feminino Eterno, e ela é indistinguível da mãe pessoal. Para Jung, o incesto simbólico com a Mãe é um estágio necessário. Para tornar-se independente, a Mãe Terrível deve ser confrontada, a escuridão deve ser encarada, o medo de seu poder deve ser conquistado, e a inércia que condena a pessoa à obediência em relacionamentos e estados emocionais deve ser superada.

No *Livro Vermelho*, Jung é confrontado com um vazio que ele descreve como uma perda da alma. Muito mais tarde em sua vida, Jung descreveria a experiência nestes termos:

> Pessoas mais jovens [...] conseguem suportar sem dano até mesmo a perda aparentemente total da *anima*. Em todo caso, neste estágio um homem deveria conseguir ser um homem. [...] Depois da metade da vida, no entanto, a perda permanente da *anima* significa uma diminuição progressiva de vitalidade, flexibilidade e humanidade. Em regra geral, disso vai resultar uma rigidez prematura, quando não uma esclerose, estereotipia, unilateralidade fanática, obstinação, pedantismo ou seu contrário: resignação, cansaço, desleixo, irresponsabilidade e finalmente um *ramolissement* [petulância], com tendência ao alcoolismo.[18]

Quando a alma aparece pela primeira vez a Jung como uma presença viva no *Livro Vermelho*, ele lhe diz que sua vida tem sido dura e que ele sofreu muito. Ela responde como uma mulher que foi ignorada por muito tempo e lhe diz que ela não está interessada em suas lamentações ou sua autocomiseração. Aqui, testemunhamos como Jung é dominado por um humor da *anima* que o faz parecer carente e um pouco infantil, dirigindo-se à alma como Eva, uma mãe que deveria entendê-lo e dizer-lhe o que fazer. "Tu falas comigo como se fosses uma criança que se queixa à sua mãe. Não sou tua mãe",[19] ela acrescenta com desdém. Ela quer ser tratada como mulher e quer que ele assuma responsabilidade pelas emoções dele.

Ele a chama de dura, mas aceita sua observação e então confessa que ele experimenta desprezo; ele despreza a si mesmo e despreza outros. Desdém é uma atitude de superioridade que pressupõe inflação e uma ênfase exagerada em racionalidade, aquilo que ele considerava ser uma sacralização da deusa Razão. A reação da alma consiste em mostrar-lhe que, ao menosprezá-la, ele está menosprezando todas as coisas que têm a ver com interioridade. Sem uma conexão viva com o mundo interior, o homem é privado de uma conexão de sentimento com a vida e ele se encontra literalmente num deserto emocional.

Em seguida, *O Livro Vermelho* descreve como Jung desceu ao "Inferno do futuro", onde ele percebe as feridas causadas em sua alma pela dúvida. Jung diz: "Cura as feridas que a dúvida me causa, minha alma [...]. Ainda sou vítima de meu pensar".[20] A alma compensa a atitude externa. Assim ele precisava livrar-se ainda mais de atitudes intelectuais e racionais e começar a integrar uma insanidade que o conectasse com as mudanças da lua, que, com sua luz prateada, trazia percepções sombrias e revelava segredos perdidos há muito tempo e encontros com personagens estranhos. Ele experimenta isso como loucura divina, que é aterrorizante e o deixa perplexo. Nessa seção do *Livro Vermelho*, entendemos que seu relacionamento com a alma é difícil; ele dá ouvidos a ela, mas não confia nela. Ele entende a necessidade de sacrificar o intelecto, de desistir de pensar e de conviver com a falta de sentido.

> Afasta de mim o esclarecimento inteligente, a ciência, aquele carcereiro mau que amarra as almas e as tranca em celas sem luz. Mas protege-me sobretudo da serpente do julgamento.[21]

As qualidades ctônicas da serpente, não totalmente integradas, aparecem na forma de juízos de valor pobres. Julgamos outros duramente quando não reconhecemos nossos próprios aspectos primitivos, assim nos deparamos com eles na projeção; julgamos os outros de acordo com nossas próprias ideias e ideais, mas falta-lhes materialização. Nós julgamos a partir de uma posição superior, não a partir do reconhecimento da nossa humanidade comum.

Numa cena posterior, "O assassinato do herói", Jung é encorajado a matar a função heroica que o protege de sentir uma impotência existencial que ele chama "não poder" e da capacidade de reconhecer que limitações são reais:

> Quando eu aspirava ao meu maior poder no mundo, enviou-me o espírito da profundeza pensamentos anônimos e visões que apagaram o que tendia para cima, o que, no sentir dessa época, era o heroico em mim.[22]

O "espírito da profundeza" o conduz a questionar o herói que governa com pensamentos julgadores e ideias de perfeição, que provêm do "espírito dessa época", da ambição e visões unilaterais. O herói interior não reconhece que somos todos irmãos e irmãs. Não vemos o conflito dentro da nossa própria alma e, em vez disso, matamos uns aos outros quando o que devemos fazer é matar o herói dentro de nós.

Após Jung matar o herói e reconhecer seu "não poder", a alma se empenha em ensinar-lhe o valor da solidão. Na medida em que valores coletivos externos se desfazem, torna-se possível concentrar-se na fonte interior que nos permite reconhecer nosso parentesco com outros:

> Mas se estiveres na solidão, teu Deus vai conduzir-te ao Deus das outras pessoas e com isso à verdadeira proximidade, à proximidade do si-mesmo na outra pessoa.[23]

Como figura interior, a *anima* funciona para influenciar o homem a partir de dentro, moldando seus humores. Ela é associada a desenvolvimento emocional e valores interiores. Na jornada do inconsciente para o consciente, a *anima*, nessa fase de desenvolvimento, ainda é parcialmente regressiva, a libido ainda flui parcialmente para a mãe, sua preguiça tingida com sentimentos oceânicos de unidade. Ainda assim, num relacionamento infantil com a *anima*, o homem ainda pode achar difícil assumir responsabilidade por seus sentimentos; eles o vitimizam. Jung descreve o efeito desse tipo de *anima* sobre o homem:

> A *anima* [...] intensifica, exagera, falseia e mitologiza todas as relações emocionais com a profissão e pessoas de ambos os sexos. As teias da fantasia a ela subjacentes são obra sua. Quando a *anima* é constelada mais intensamente ela abranda o caráter do homem, tornando-o excessivamente sensível, irritável, ciumento, vaidoso e desajustado.[24]

Salomé/Helena

Depois dos primeiros encontros com a alma, que o capacitaram a aceitar as feridas que os padrões heroicos de comportamento infligiram em sua capacidade de se relacionar genuinamente, a narrativa nos leva para "Mysterium: Encontro". Nessa cena, Jung encontra a alma na forma de Salomé, que, na narrativa bíblica, dançou e encantou o rei Herodes e seus convidados, mas então pediu e recebeu a cabeça de João Batista, o profeta, que anunciou a vinda de Jesus, o novo Deus, a nova consciência. Essa jovem mulher, que evocou a sensualidade e a tentação erótica que culminaram na decapitação de um homem santo, enche Jung de pavor. No entanto, ele se sente estranhamente atraída por ela e descobre que ela o ama e que isso é significativo. Deve ele amá-la também? Deve ele amar seu próprio desejo?

Salomé representa desejo e prazer, uma força sem forma e definição. Elias, o homem idoso que a acompanha nessa cena, representa uma função mental que Jung chama de "pensar prévio". Jung relaciona Salomé e Elias a Eros e Logos e é informado de que esses dois princípios têm andado juntos desde o início dos tempos. Elias consegue enxergar, mas habita um lugar escuro, enquanto Salomé é cega e habita um lugar brilhante. Elias, como pensar prévio, pode ver as profundezas do passado e do futuro. Nesse encontro, Jung percebe que "pensamentos são fenômenos da natureza dos quais não tens a posse e cujo significado só conheces bem imperfeitamente".[25] A libertação gradativa da atividade da mente permite que, eventualmente, Salomé o conduza à profundeza do amor.

Durante esse período, Jung começou a desenvolver sua teoria dos tipos psicológicos e, mais tarde, escreveu que a *anima* é também "a personificação das funções inferiores, que relacionam o homem com o inconsciente coletivo".[26] Mas em sua primeira visita ao jardim brilhante de Salomé, do prazer, Jung teve que reconhecer que, sendo um tipo pensador, seu sentimento permanecia na escuridão, cego e primitivo e, assim, ele lhe parecia repugnante:

> [...] reconheci o Pai, mas porque eu era um pensador, no entanto, não conheci a mãe, porém vi o amor na forma do prazer, e o chamei de prazer, e por isso ficou sendo Salomé para mim. Agora percebo que Maria é a mãe, a inocente [...][27]

Essa diferenciação importante entre prazer e amor mostra que, agora, a *anima* está transformando seu entendimento desses dois princípios. Elias lhe diz: "Que o pensador receba seu prazer e o sentimental, seu próprio pensar".[28] Caso contrário, são morte um para o outro, da mesma forma como João Batista encontrou a morte às mãos de Salomé. Evidentemente, tipos pensadores temem Salomé, pois ela quer sua cabeça. À medida que Jung veio a aceitar que ele desejava Salomé, ele conseguiu integrar ainda mais sua função sentimental e aceitar o prazer como uma força dinâmica na natureza. A alma está sempre próxima à materialização e àquilo que "importa". Salomé, como serpente da tentação, o aponta para os mistérios da terra, da sensualidade e do amor erótico. A referência de Jung aqui à Maria, à mãe, aponta para o próximo desenvolvimento da *anima*. À medida que se desenvolvia sua capacidade de se relacionar com suas figuras internas, os relacionamentos de Jung com as mulheres também mudavam, e foi por volta desse tempo que ele iniciou seu envolvimento com Toni Wolff.

Jung nos conta: "Para meu prazer eu desci, mas para meu amor eu subi".[29] Quando sacrificou sua função mais elevada, o pensar, ele pôde desenvolver um relacionamento vivo com sua função mais primitiva e inconsciente, o sentir. Quando admitiu prazer e impulsos eróticos, ele destronizou sua função de pensar de sua posição altiva. Essa integração de aspectos mais sombrios e desconhecidos leva a uma consciência cada vez maior.

Vazio é o amor sem pensar, ou o pensar sem amor.[30]
Amor e pensamento prévio estão num mesmo lugar.[31]

Salomé e Elias apareceram a Jung como companheiros; pensar e sentir são duas funções complementares, a natureza sentimental da alma feminina interior fornece um contrapeso à lógica do ego masculino, que se orienta pelo exterior. A suposição daquele tempo era que o homem se orientava mais naturalmente pelo *logos*, pelo espírito, e, por isso, apresenta uma aptidão menor para relacionamentos. Semelhantemente, acreditava-se que a mulher se orienta naturalmente por relacionamentos e é mais primitiva em seu *animus*, sua função *logos*. Construtos sociais, especialmente em relação a mulheres, mudaram muito desde o tempo em que Jung começou a elaborar esses conceitos em 1912. Na Suíça daquele tempo, ele teria observado que, muitas vezes, as mulheres não trabalhavam e não tinham uma formação acadêmica. Geralmente, eram confinadas à esfera doméstica. Além do mais, não tendo direitos iguais na administração de seus assuntos ou nos assuntos do mundo, elas costumavam ser vistas como – e normalmente se sentiam – dependentes de um homem em todas as questões externas. Tudo isso tem mudado muito com o advento da liberação da mulher, o direito de votar, estudar e trabalhar fora de casa e com o clima moderno de igualdade na arena social. A estrutura social daquele tempo espelhava um desenvolvimento incompleto da *anima*, e as mulheres eram mantidas num papel degradante e subserviente, mas seu poder reprimido era grandemente temido.

É importante lembrarmos também que a *anima* é um símbolo arquetípico, não uma realidade biológica genética ou relacionada a gênero. Papéis de gênero têm mudado muito desde o tempo em que Jung elaborou sua teoria, e seu próprio medo e ambivalência em relação ao feminino interno se evidenciam nesses primeiros diálogos com a alma no *Livro Vermelho*. Hoje, esses estereótipos não se aplicariam a papéis de gênero, visto que hoje se aceita que um homem pode ter uma função *Eros* desenvolvida; ou uma mulher, uma função *Logos* bem diferenciada. Uma visão pós-moderna poderia ser que nós desenvolvemos as funções contrassexuais de acordo com nossa própria psicologia.

O capítulo "Solução" contém este diálogo:

Salomé diz: "Maria foi a mãe de Cristo, entendes?"

Eu: "Eu vejo que uma força terrível e incompreensível me obriga a imitar o Senhor em seu último padecimento. Mas como poderia atrever-me a chamar Maria de minha mãe?"

S: "Tu és Cristo".

Estou parado em pé, com os braços abertos como um crucificado, meu corpo apertado e horrivelmente enrolado pela serpente: "Tu, Salomé, dizes que sou Cristo?

Sinto-me como se estivesse sozinho em pé, num alto monte, com os braços rígidos e abertos. A serpente aperta meu corpo com seus anéis aterradores, e o sangue jorra de meu corpo em fontes nos lados do monte para baixo. Salomé curva-se sobre meus pés e os envolve com seus cabelos negros. Fica muito tempo assim deitada. De repente ela grita: "Eu vejo luz!" Realmente ela enxerga, seus olhos estão abertos. A serpente cai de meu corpo e jaz como morta no chão. Passo por cima dela e me ajoelho aos pés do profeta, cujo semblante brilha como chama.[32]

A serpente, representando a oposição entre o bem e o mal, perde sua eficácia à medida que a nova consciência toma forma na psique de Jung e a *anima*, simbolizada por Eva e Salomé, continua a se transformar. Quando Salomé diz que Jung é Cristo, seu medo de enlouquecer aumenta, pois a identificação com energias arquetípicas é um sinal comum de psicose. Podemos dizer também que Salomé despertou nele o *numinosum*, e ela constelou o medo do mal que cerca a função inferior reprimida. No texto, ele percebe o poder dessas imagens e sua autonomia, e comenta:

> Se você puder superar seu medo do inconsciente e deixar-se descer, estes fatos adquirem uma vida própria. [...] Fazem parte dos antigos mistérios [...].[33]

Quando o ego encara o dragão do inconsciente, a Terrível Mãe mitológica, e se entrega ao si-mesmo, a pessoa se torna capaz de adotar uma atitude religiosa e conectada. Com a *anima* como guia da alma, mediadora e companheira, experiências místicas de unidade se tornam possíveis, visto que o ego é forte o bastante para se render à profundeza e ser impregnado por imagens generativas que emergem da fonte. James Hillman escreve:

> Como mediadora do eternamente incognoscível, ela é a ponte sobre o rio e para as árvores e a lama e a areia movediça, tornando o conhecido cada vez mais desconhecido.[34]

No fim dessa cena, Jung entende que Salomé é sua irmã e que ambos são filhos de Maria. Jung comenta:

> Assim como meu pensar é o filho do pensar prévio, meu prazer é a filha do amor, da mãe inocente e concebedora de Deus. [...] O pensamento prévio é gerador, o amor é recebedor.[35]

Maria

A mãe de Cristo é o feminino arquetípico em seu aspecto compassivo que deu à luz o novo Deus. Jesus, a luz do amor consciente no mundo, é o Cristo que traz a nova aliança da irmandade para a nossa cultura ocidental. Mais tarde, Jung escreveu: "Na imagística cristã, Maria é a flor, na qual Deus se abriga [...]".[36] Compaixão nasce com a Mãe Celestial, que conhece e sofre a escuridão da existência. Ela é receptiva, suspende o julgamento e aceita o que há de vir. Maria é o terceiro desenvolvimento da *anima*, que se manifesta em crescimento espiritual, trazendo uma capacidade de relacionamentos duradouros e uma conexão criativa com as profundezas imaginárias. Agora, a *anima* num homem pode amar pelo bem do próprio amor, não por prazer ou gratificação, e encontrar valor nos sentimentos de intimidade. Jung diz: "O pensar prévio é ser só, o amor é ser junto".[37]

Esse desenvolvimento da *anima* ao nível de Maria ocorre no *Livro Vermelho* no final de *Liber Primus*. Numa cena intitulada de "O assassinato sacrificial", Jung é obrigado a comer o fígado de uma garota que sofreu abusos e foi assassinada. A alma aparece como uma mulher velada e sem idade, que diz a Jung que ele compartilha na culpa da morte precoce da criança e que a garota assassinada precisa ser expiada. Assim ela dá a entender que ele deve sacrificar a ideia de não estar envolvido no assassinato e assumir responsabilidade por todos os impulsos que ele matou dentro de si mesmo e no mundo. Sacrifício está enraizado na ideia de "sacralizar", e comer o fígado traz, simbolicamente, uma dimensão de sacralidade ao relacionamento de Jung com a humanidade, nos níveis tanto interior como exterior. Aqui, a alma ensina a Jung que todos os humanos têm uma responsabilidade individual por tudo que acontece no coletivo e que cada desenvolvimento da consciência pressupõe que desistamos da ingenuidade e da divisão. Esse ritual, como o consumo simbólico da carne de Cristo na Missa, é um mistério que aponta para a antiga crença de que nós compartilhamos das qualidades daquilo que comemos. Quando comeu o fígado da criança, o próprio Jung se tornou a criança assassinada. Simbolicamente, ele absorveu as qualidades da jovem mulher. Jung também descreveu o fígado como sede da vida, assim podemos inferir que ele está absorvendo a própria essência da vida, da unidade, nesse ritual.[38] Expiação consiste em perceber a irmandade de todas as coisas vivas, e ela abriu Jung para a ideia da *anima mundi*, a alma do mundo e o florescimento do princípio da *anima*.

Já no final da segunda parte do *Livro Vermelho*, *Liber Secundus*, Jung reconhece que todas as coisas são paradoxais:

> Eu amava a beleza dos belos, a inteligência dos inteligentes, a força dos fortes; eu ria da tolice dos tolos, eu desprezava a fraqueza dos fracos, a avareza dos avarentos e odiava a ruindade dos maus. Mas agora tenho de amar a beleza dos feios, a avareza dos tolos e a fortaleza dos fracos. Tenho de admirar a ignorância dos inteligentes, tenho de respeitar a fraqueza dos fortes e a avareza dos generosos, tenho de prezar a bondade dos maus. Onde ficam zombaria, desprezo, ódio?[39]

Salomé também reaparece no final de *Liber Secundus* e provoca um desenvolvimento adicional da *anima*: já não mais cega, ela agora lhe oferece seu amor, mas Jung responde que ele já é casado. Em outras palavras, ele entende a oferta dela literalmente e não como uma qualidade interior que pode melhorar sua vida psíquica. Ele ainda não consegue ver que, na verdade, ela está lhe oferecendo alegria:

> Assim como eu alcancei o prazer em mim e o poder sobre mim, assim Salomé perdeu o prazer nela mesma, mas aprendeu o amor ao próximo, e Elias perdeu o poder de sua sabedoria, mas aprendeu a reconhecer o espírito do próximo. Assim, Salomé perdeu o poder da sedução e tornou-se amor. Uma vez que ganhei o prazer em mim, quero também o amor a mim. Isto seria demais e colocaria um anel de ferro em torno de mim, que me sufoca. Como prazer, aceito Salomé; como amor, eu a rejeito. Mas ela quer vir a mim. Como – devo também ter amor a mim mesmo? O amor, acredito eu, pertence ao próximo. Mas meu amor quer vir a mim. Tenho medo dele.[40]

A cena capacita Jung a aprofundar seu entendimento do feminino através de seu relacionamento com Salomé. Ela está exigindo um casamento interno. Para tanto, ele precisa se abrir para a ideia do amor-próprio. Jung precisa ser decapitado uma terceira vez, sacrificar ainda mais sua função de pensar para que, liberto da atividade mental, ele possa residir no coração. O coração é a sede da espiritualidade verdadeira, uma espiritualidade que sabe que nós somos os únicos que realmente podemos transformar, que somos aqueles que precisam de ajuda para desenvolver a faculdade interior do relacionamento relacionando-nos a aspectos não curados da nossa psicologia. Essa seção termina com mais uma transformação de Salomé, que afirma: "Não chorei mais, pois felicidade e infelicidade equilibram em mim sua balança".[41]

Sua preocupação profunda com Salomé transforma seu relacionamento, e ela já não precisa mais exigir atenção de maneira cega e carente. Então Jung é informado que ele é Salomé e que o bem-estar dela depende do crescimento dele: "Tu vês, Salomé é como tu és. Voa, então crescerão asas nela".[42] Essa interdependência entre Salomé e Jung aponta para um casamento interno, entre consciente e inconsciente, com o potencial de uma cura dos opostos na psique. O masculino criativo e o feminino sagrado podem então trabalhar como parceiros na jornada para a inteireza.

A jornada de Jung para uma manifestação e integração maiores do sentimento continua em *Aprofundamentos*, a seção final do *Livro Vermelho*, onde ele é iniciado em antigos mistérios do Egito. Ele é presenteado com o símbolo Hap, o espírito carne, o espírito sangue. Ele encontra uma deusa semelhante a Ísis, que aparece com um disco solar vermelho e o canto de suas asas douradas. Ela lhe ensina que "do corpo vem o pensamento iluminador",[43] e pede que ele beba sangue. Reaver o "filho da terra" reprimido ocorre simultaneamente com a redenção do feminino escuro e a sombra da esfera instintual. Assim ela lhe ensina o valor de uma alegria que provém da realização e não do anseio.

Sophia

No início do *Livro Vermelho*, somos informados de que, nos *Livros Negros*, Jung tinha comentado o seguinte com a alma: "[...] quando o Alto e o Baixo não estão unidos, ela se despedaça em três partes – uma serpente, a alma humana, e o pássaro ou alma celestial, que visita os deuses".[44] Em *Aprofundamentos,* a alma anuncia que ela retornou do alto, aparecendo agora como *Sophia*, a filha celestial e o aspecto da sabedoria do arquétipo de deus. Nesse estágio final do desenvolvimento da *anima*, nenhuma face humana pode conter adequadamente a imagem da mulher:

> Quando levantei novamente os olhos, vi minha alma nos espaços superiores, pairando iluminada pelo brilho distante da divindade.[45]

Sabedoria é a consciência de que a alma abarca o todo da vida. Esse desenvolvimento de compaixão e sabedoria não é algo que se vê muito no mundo de hoje, pois poucos podem alegar possuir essa consciência. Com *Sophia* constelada na psique, a compaixão da *anima* apresenta a sintonia diferenciada da sabedoria. Sabedoria se expressa em compaixão. Ela nos conecta com a imanência, que é o objetivo da individuação e a fonte de todo amor. Qualidade nesse nível só pode ser descrita através de paradoxos e poesia.

> Atingida esta meta, torna-se possível desembaraçar o eu de todas as suas complicações com a coletividade e com o inconsciente coletivo. Mediante tal processo, a *anima* perde o poder demoníaco que caracteriza o complexo autônomo, isto é, perde seu poder de possessão, uma vez que foi despotenciada. Não é mais

> a guardiã do tesouro desconhecido, nem Kundry, a mensageira demoníaca do Graal, de natureza meio divina e meio animal, também não é mais a "alma grande-dama", transformando-se numa função psicológica de caráter intuitivo, acerca da qual se poderia dizer como os primitivos: "Ela foi à floresta falar com os espíritos", ou "Minha serpente me falou", ou, na linguagem mitológica da infância: "o dedo mindinho me contou".[46]

Isso é um retorno para a simplicidade, para a criança cuja curiosidade e abertura colorem tudo que ela encontra. O arquétipo da criança expressa o nascimento de uma nova consciência ou de um novo deus, que aparece como Fanes no *Livro Vermelho* no final de *Liber Primus*.

Com o retorno da alma, Jung vê a alma agora na natureza e a luz animadora cintilante que permeia todas as coisas, mas ele está preocupado, pois não vê isso acontecer no coração dos seres humanos e pede a colaboração dela para mudar isso. Ele a encoraja a trabalhar pela salvação do homem: "Exijo de ti que faças tua parte para a felicidade terrena do ser humano".[47] A cooperação entre alma e homem, entre consciente e inconsciente, é um dos ensinamentos mais sólidos da psicologia de Jung. Manter o equilíbrio e o diálogo entre a vida interior e exterior é essencial à sua visão do mundo.

A transformação da *anima* não é linear nem é alcançada uma vez por todas; ela é holográfica e multidimensional. Visto que a sombra é profunda e jamais conquistada, o homem avança de um aspecto da *anima* para outro em momentos diferentes da vida. Complexos emergirão e o obrigarão a entrar e sair da consciência e oferecerão oportunidades de desenvolvimento. O caminho da individuação desenvolvido no *Livro Vermelho* descreve o mundo de um homem, e a injunção é assumir pessoalmente a tarefa do autoconhecimento, aumentando assim a compaixão e sabedoria no mundo.

> Eu vos informo o caminho dessa pessoa, seu caminho, mas não o vosso caminho. Meu caminho não é o vosso caminho, portanto não vo-lo posso ensinar. O caminho está em nós [...]. Em nós está o caminho, a verdade e a vida. [...] Portanto, vivei a vós mesmos.[48]

A alma, em seu aspecto *Sophia*, finalmente ressalta sua conexão com a natureza: "Toca a terra, aperta tua mão na matéria, molda-a com cuidado".[49]

Isso implica assumir responsabilidade por aquilo que amamos. Diferentemente do paradigma descrito em Gênesis 1, onde ao homem é dado o poder sobre todas as coisas vivas, a alma pede que ele abrace um relacionamento ecológico com a natureza. A atitude patriarcal do homem sobre a terra e os animais é tão insustentável e intrapsiquicamente patológica quanto o é para o mundo. Expiação se faz necessária em todos os níveis, pois todas as formas de vida compartilham da mesma essência. Os açougues que alimentam o mundo com frango industrial, carne suína e bovina, e carneiro criados em armazéns industriais que carecem de todas as necessidades básicas evidenciam a relação autista que temos com a natureza. A mesma insensibilidade se aplica a refugiados estrangeiros econômicos ou políticos e também às partes mais vulneráveis da nossa própria natureza, que é bombardeada com julgamentos e críticas. Sintomas no corpo ecoam a tristeza do mundo e a dificuldade com a consciência simbólica.

Em sua conversa com Elias, outro personagem no *Livro Vermelho*, Jung é informado que ele não pode se livrar de sua lei.[50] Essa ideia é retomada mais tarde quando Jung afirma que "o desenvolvimento da personalidade [...] indica também: fidelidade à sua própria lei".[51] É necessário ouvir de modo diferenciado para se sintonizar com o fluxo espontâneo que corre em nós. Isso pode exigir que não sigamos convenções sociais de comida, bebida ou conversação. Individuação é a estrada para longe das pressões e exigências coletivas e exige um ouvido sintonizado para conformar os ritmos de nossa vida externa ao ritmo do nosso destino pessoal. O ego heroico e tirânico, capaz de destruir a vida em grande escala, é incapaz de perceber a alma que transparece em todas as manifestações da vida. Como ensina Filêmon:

> Esses mortos deram nome a todos os seres, aos seres no ar, na terra e na água. Eles pesaram e contaram os objetos. [...] O que fizeram com a árvore digna de veneração? O que aconteceu com a rã sagrada? Viram eles seus olhos dourados? [...] Fizeram penitência pelo metal sagrado que cavaram do ventre da terra? Não, eles deram nome, pesaram, contaram e repartiram todas as coisas. Fizeram disso o que quiseram. [...] Mas o tempo chegou em que as coisas falam.[52]

Sophia conduz o homem à *anima mundi*, ao funcionamento e às paisagens da alma do mundo. Contanto que residamos na alma e não a alma em nós, a *anima mundi* é a inteligência que ressoa em todas as coisas, a força vital que nos contém. Nós não temos uma alma, nós vivemos na alma e somos avivados por ela. As tensões primárias das psicodinâmicas agora se resolvem. Pensar já não polariza e divide mais: torna-se uma ferramenta prática em combinação com sutis certezas intuitivas. O ego original inconsciente, preso em fusão urobórica com a Grande Mãe, alcançou um estágio de percepção consciente da unidade de todas as coisas. Agora, a consciência reside na alma, na inteireza. O eu, o ego, não é mais vivenciado como separado, mas como uma expressão de interexistência. Essa nova consciência cósmica apaga diferenças entre alma e coisas externas. Os mundos interior e exterior são ambos reais e formam um *continuum* entre a leveza do ar e a densidade da matéria, todas elas expressões da unidade. *Sophia*, a alma do mundo, é uma mulher cuja forma visível é o universo, as pradarias e o céu, a concha da nuca e a curvatura da espinha. Imagem, metáfora e símbolo emergem, cobrindo e unindo todos os aspectos da experiência. Sentimento e maravilha diante do mistério contido em todas as coisas alimentam a imaginação. Agora, a percepção encontra sua melhor expressão no paradoxo e na poesia. A mecânica quântica está impregnada disso: o que é matéria? É luz, é onda? A imaginação nos levará a novas descrições maravilhosas do mundo. No entanto, uma ecologia da alma profunda mantém a relação com o corpo, a natureza, imagens internas, formando e dissolvendo nosso entendimento da realidade. As asas do espírito percorrem a terra escura e aprofundam a conexão sagrada com a vida, reimaginando tempo e espaço e gerando experiências não locais, não temporais, que inspiram maravilha.

Antes do esclarecimento, porém, corte lenha, trabalhe, durma; depois do esclarecimento, corte lenha, trabalhe, durma. Seguir o caminho da individuação é para poucos e exige que o indivíduo produza valores que compensem sua ausência na sociedade. Na psicologia junguiana, nada é verdadeiramente desenvolvido se aquilo não se manifestar no mundo. Quem somos e o que fazemos se torna coerente e congruente. Deixamos de ter uma alma, nós residimos nela, então tudo que encontramos na vida assume uma nova dignidade, uma nova sacralidade, e isso se manifesta na presença que trazemos à vida, a outros, nas escolhas que fazemos e nos valores que defendemos. "A *anima mundi* está simultaneamente no mais íntimo, mas também envolve o mundo".[53]

Quanto mais conscientes ficamos, mais éticos nos tornamos. Esse novo senso de responsabilidade por todos os aspectos da vida é visível na consciência ecológica crescente e no cuidado que demonstramos em todos os encontros. Isso é uma tarefa difícil, pois não existe manual que pudéssemos seguir, cada situação exige uma reação sensível imediata impregnada de experiência e espontaneidade. Para tanto, precisamos manter uma abordagem humilde (a raiz da palavra é *humus*, que significa "solo", "a terra") e saber que, por mais que saibamos, muito permanece desconhecido.

Notas

1. C.G. Jung. *O Livro Vermelho: Liber Novus*, org. Sonu Shamdasani, trad. Edgar Orth (Petrópolis: Editora Vozes, 4ª edição, 2015), p. 117.

2. C.G. Jung. *Aion. Estudo sobre o simbolismo do si-mesmo*, em *OC* 9/2 (Petrópolis: Editora Vozes, 10ª edição, 2013), § 33.

3. Ibid., p. 121.

4. Ibid., p. 109.

5. Ibid., p. 136.

6. Ibid., p. 137.

7. Ibid., p. 19.

8. Vera van der Heydt. *The Psychology and Care of the Soul* (Londres: Guild of Pastoral Psychology, 1954), p. 7.

9. Jung. *Aion*, *OC* 9/2, § 24.

10. Chawwa significa serpente e Eva em hebraico.

11. C.G. Jung. "Psicologia da transferência" (1946), em *OC* 16/2 (Petrópolis: Editora Vozes, 9ª edição, 2012), § 361.

12. C.G. Jung. *Man and His Symbols* (Nova York, NY: Dell, 1964), p. 195.

13. C.G. Jung. "Sobre os arquétipos do inconsciente coletivo", em *OC* 9/1 (Petrópolis: Editora Vozes, 11ª edição, 2014), § 61.

14. Jung. "Psicologia da transferência", *OC* 16/2, § 361.

15. C.G. Jung. "Aspectos psicológicos da Core", em *OC* 9/1 (Petrópolis: Editora Vozes, 11ª edição, 2014), § 356.

16. Emma Jung. *Anima and Animus* (Dallas: Spring Publications, 1985), p. 67.

17. Ibid., p. 180.

18. C.G. Jung. "O arquétipo com referência especial ao conceito de anima", em *OC* 9/1 (Petrópolis: Editora Vozes, 11ª edição, 2014), §§ 146-147.

19. Jung. *O Livro Vermelho*, p. 130.
20. Ibid., p. 134.
21. Ibid., p. 135.
22. Ibid., p. 140, n. 100.
23. Ibid., p. 156.
24. C.G. Jung. "O arquétipo com referência especial ao conceito de anima", em *OC* 9/1 (Petrópolis: Editora Vozes, 11ª edição, 2014), § 144.
25. Jung. *O Livro Vermelho*, p. 172.
26. C.G. Jung. "Tavistock Lectures", em *OC* 18 (Petrópolis: Editora Vozes, 7ª edição, 2013), § 187.
27. Jung. *O Livro Vermelho*, p. 172, n. 201.
28. Ibid., p. 164.
29. Ibid., p. 178.
30. Ibid., p. 179.
31. Ibid., p. 180.
32. Ibid., p. 176-177.
33. Ibid., p. 176, n. 211.
34. James Hillman. *Anima* (Dallas: Spring Publications, 1985), p. 133.
35. Jung. *O Livro Vermelho*, p. 172-173.
36. C.G. Jung. "Estudo empírico do processo de individuação", em *OC* 9/1 (Petrópolis: Editora Vozes, 11ª edição, 2014), § 577.
37. Jung. *O Livro Vermelho*, p. 178.
38. C.G. Jung. *Memories, Dreams, Reflections* (Nova York, NY: Vintage Books, 1963), p. 198.
39. Jung. *O Livro Vermelho*, p. 401.
40. Ibid., p. 388.
41. Ibid., p. 393.
42. Ibid., p. 394.
43. Ibid., p. 427.
44. Ibid., p. 42.
45. Ibid., p. 435.
46. C.G. Jung. *O eu e o inconsciente*, em *OC* 7/2 (Petrópolis: Editora Vozes, 27ª edição, 2015), § 374.
47. Jung. *O Livro Vermelho*, p. 445.
48. Ibid., p. 114.
49. Ibid., p. 445.
50. Ibid., p. 166.
51. C.G. Jung. *O desenvolvimento da personalidade*, em *OC* 17 (Petrópolis: Editora Vozes, 14ª edição, 2013), § 295.
52. Jung. *O Livro Vermelho*, p. 464.
53. C.G. Jung. "Estudo empírico do processo de individuação", em *OC* 9/1 (Petrópolis: Editora Vozes, 11ª edição, 2014), § 554.

11
Encontros com a alma animal:
Uma voz de esperança para o nosso mundo precário

Nancy Swift Furlotti

Introdução

Em 2000 eu tive um sonho:

> Estou na base de um grande templo budista na Indonésia chamado Borobudur. Jung está comigo. Com uma atitude sagrada e respeitosa, iniciamos lentamente o nosso ritual de circular o templo, passando de um nível para o próximo nesse grande mandala quadrado e redondo vertical, que retrata as muitas vidas de Buda e a cosmologia budista, desde o mundo dos desejos e o mundo das formas até o mundo sem formas. Nossa peregrinação começa num movimento anti-horário em torno do templo e, como uma espiral, escala os seus nove níveis até alcançarmos o topo. Lá, temos uma vista magnífica da paisagem. À distância, vejo Prambanan, que é a região hindu sagrada repleta de templos altos e lindamente elaborados dedicados a Trimurti, que consiste em Brama, Deus como Criador; Vishnu, o Preservador, e Shiva, o Destruidor. Jung e eu estendemos pequenos tapetes de oração e nos ajoelhamos neles para rezar, voltados para o Oriente Médio. Todas as religiões do mundo estão contidas nesse grande mandala. Estamos num templo budista sagrado com um grande número de templos hindus em vista. Jung e eu somos representantes das religiões judaico-cristãs, e os tapetes de oração representam o islã. Percebo que estamos rezando pelo reconhecimento e pela unificação de todas elas numa nova religião.

Na época desse sonho, a vida parecia ter uma ordem perceptível, mas tudo isso mudou um ano depois com o ataque de 11 de setembro ao World Trade Center. Agora estamos vivendo numa nova era. Nós não só perdemos nossa inocência, agora a palavra "terror" em si já evoca terror no âmago do nosso ser. Além disso, o mundo se encontra numa corrida louca de mudança tecnológica que nos deixa temerosos e inquietos, desarraigados e solitários. A violência parece estar aumentando, ao mesmo tempo, porém, lemos relatos de que, na verdade, agora estamos vivendo num mundo mais seguro do que em qualquer outro momento da história.[1] O que conta, porém, são as nossas percepções e as nossas experiências subjetivas; e são as forças subjetivas que refletem nosso estado de ser interior e manifestam nossos maiores medos, que geram, em grande parte, a nossa realidade. Se a nossa estabilidade moral e ética está desequilibrada, nosso mundo também está. Através das nossas lentes nebulosas, vemos um mundo que se desviou de seu eixo central e está correndo em direção da destruição. O *Science and Security Board*, um grupo de cientistas nucleares preocupados, compartilha essa convicção. Recentemente, ele ajustou o Relógio da Apocalipse para dois minutos e meio até a meia-noite.[2] A velha ameaça da guerra nuclear continua sendo um fantasma temido às sombras, e a isso podemos acrescentar os efeitos cada vez mais perigosos da mudança climática global. Talvez alguns expliquem seu medo apontando para o comportamento errático do presidente Trump, para a agressividade de Putin ou para os testes de mísseis nucleares de Kim Jong-un, mas sua fonte se encontra nos níveis mais profundos do inconsciente da nossa psique. Em reação a esse medo, líderes autoritários e potencialmente perigosos têm sido eleitos por nossa vontade coletiva, já que o solo sob nossos pés não nos suporta mais. Como nos lembra C.G. Jung: "A psicologia do indivíduo corresponde à psicologia das nações. As nações fazem exatamente o que cada um faz individualmente; e do modo como o indivíduo age, a nação também agirá. Somente com a transformação da atitude do indivíduo é que começará a transformar-se a psicologia da nação. [...] Em tempo algum, meditar sobre si mesmo foi uma necessidade tão importante e a única coisa certa".[3] Medo de mudança nos leva a uma regressão e "reativa no inconsciente um análogo mais ou menos primitivo da situação consciente".[4] Por isso, nós nos sentimos atraídos por líderes autoritários sob a ilusão de que um suposto herói ou braço forte possa tornar a vida mais segura impedindo a mudança.

A sensação de estabilidade nos Estados Unidos antes de 11 de setembro, repentinamente abalada, não era tão diferente de 1913, quando a guerra irrompeu abruptamente por causa de equívocos e erros. Suas consequências levaram à Segunda Guerra Mundial. Através dessa história dolorosa e destrutiva, o mito ocidental do progresso foi reduzido a uma membrana fina e, agora após 11 de setembro, ele não é mais capaz de nos suportar. Meu sonho citado acima aponta para a necessidade de um novo mito que se dirige não só ao mundo ocidental, mas abarca o mundo inteiro. Todos os pontos de vista religiosos e culturais divergentes precisam entrar num diálogo respeitoso. A dificuldade é que ideologias religiosas tendem a separar as pessoas em grupos e apoiar o processo da projeção da sombra sobre "o outro" – uma atitude defensiva que sustenta equívocos e incentiva a agressão. É um tanto lamentável que, com nossos níveis atuais de entendimento filosófico e psicológico, com ciência e razão que nos tornam senhores do mundo, nossos instintos animais mais ou menos inconscientes ainda controlam as manivelas das nossas ações. Não integramos completamente algo grande, e esse algo é a realidade da psique. Ela é a fonte criativa de renovação capaz de guiar-nos neste novo mundo selvagem ou de levar-nos à destruição.

Edward Edinger se concentrou com grande preocupação na admoestação de Jung sobre o mito ocidental moribundo e a necessidade e possibilidade de um novo mito. Ele fala sobre como ele poderia ser:

> Um aspecto notável do novo mito é sua capacidade de unificar as diversas religiões atuais do mundo. Entendendo todas as religiões como expressões vivas do simbolismo da individuação, i.e., do processo de criar consciência, uma base autêntica é estabelecida para uma atitude ecumênica verdadeira. O novo mito não será um mito religioso a mais em competição com todos os outros pela lealdade do ser humano; ao contrário, ele elucidará e verificará cada religião dando uma expressão mais consciente e abrangente ao seu significado essencial. O novo mito pode ser entendido e vivido dentro de uma das grandes comunidades religiosas como o cristianismo católico, o cristianismo protestante, o judaísmo, o budismo etc. ou em alguma nova comunidade

ainda a ser criada ou por indivíduos sem conexões com uma comunidade específica. A aplicação universal lhe confere uma pretensão genuína ao termo "católico".[5]

Acredito que estamos no meio de uma luta para alcançar essa consciência e unidade entre a humanidade. No entanto, é possível que não consigamos. John Dourley expressa o problema e sua preocupação da seguinte forma:

> [...] religiões específicas continuam a ameaçar a sobrevivência comum. Em vista da dialética íntima que a psicologia de Jung estabelece entre o divino e o humano, se alguma concreção de um absoluto tão arquetípico e baseado no divino em conflito com outros provocar um fim precoce do processo histórico, tanto a humanidade como a divindade perderão. Invocar o Pai, redimir e humanizar Deus na história é perigoso. Pelo menos Jung nos tornou mais conscientes do jogo potencialmente mortal e também imensamente recompensador que estamos jogando coletiva e individualmente. A redenção de Deus na história como a religiosidade de um novo milênio traz consigo um novo imperativo moral. "Tudo depende agora do ser humano..." A integração na consciência humana da antinomia viva e potencialmente esmagadora que a humanidade chama de divindade é a base da "nova responsabilidade" da humanidade.[6]

A imagem primária no meu sonho é um mandala, um símbolo do si-mesmo, que representa o arquétipo do significado e da inteireza. Ele contém em si o potencial unificador e curador. Parece que, no sonho, minha psique estava expressando a necessidade coletiva de uma nova ordem global e estava oferecendo um símbolo como fundamento para o novo mito. Primeiramente, porém, visto que, no sonho, Jung e eu circundamos o templo em sentido "anti-horário", parece que a antiga ordem coletiva das religiões do mundo precisa descer ao inconsciente para ser desmantelado antes que uma renovação das atitudes individuais e coletivas possa ocorrer.

Cem anos após aquilo que Jung previu em 1913, nós, nas primeiras décadas do século XXI, nos encontramos no meio de uma mudança radical semelhante a quando a psique de Jung foi ativada e produziu visões de um mundo devastado. Sua visão de um mundo vulnerável carente de consciência continuou até a sua morte. Em 1913, ele foi perigosamente arrastado para o inconsciente para reencontrar sua alma e para, através do processo árduo da transformação, descobrir o caminho para um novo símbolo de inteireza. Sua jornada no *Livro Vermelho* fala de sua jornada interior pessoal, mas oferece também um modelo coletivo para a renovação – que pode ser útil para nós nos dias de hoje na nossa tentativa de navegar esses tempos perigosos.

Vozes da alma: o modelo de Jung para a transformação

Estamos em 1913, um ano preocupante. Jung teve visão após visão de uma catástrofe mundial. A princípio, ele acreditava que se tratava apenas de sua própria catástrofe pessoal no possível início de uma esquizofrenia. Mas não era isso. Era seu chamado para a introversão e uma precognição da Primeira Guerra Mundial. Tudo mudou de um dia para o outro e foi virado de ponta-cabeça, e Jung, impelido pelo "espírito da profundeza", foi chamado para encontrar sua alma.[7] Quem é essa alma? Quais murmúrios emergem das profundezas para chamar a atenção de Jung para ela? Ele a tinha negligenciado e objetivado em sua busca da ciência. Ele tinha levado uma vida plena e rica, mas tinha ignorado a essência, e essa essência era *ela*.[8] Ele a conhecia, pois ela lhe fornecera o refúgio seguro que ele habitava como criança, longe da instabilidade conflituosa de seus pais. Ela era real, "um ser vivo e subsistente em si mesmo. [...] Aquele cuja cobiça se aparta das coisas externas, este chega ao lugar da alma. Se não encontrar a alma, será acometido pelo horror do vazio".[9] Em outra obra, Jung escreve:

> Para tanto, foi necessário pendurar a ciência exata e guardar a beca acadêmica, dizer adeus aos seus estudos e, com um coração humano, andar pelo mundo, pelo horror das prisões, dos manicômios e hospitais, pelos bares suburbanos, prostíbulos e casas de jogos, salões da sociedade elegante, bolsa de valores, reuniões socialistas, igrejas, reavivamentos e êxtases das seitas para experimentar amor, ódio e paixão em cada forma em seu próprio corpo.[10]

Após anos de estabelecer-se como médico e pesquisador proeminente, Jung se viu separado de uma parte vital de si mesmo – seu lado feminino. Ele não tinha escolha senão embarcar numa exploração pessoal do mundo muito real de sentimentos e sensações, o oposto de seu ponto de vista intuitivo de pensador. Para ele, o drama em imagens com figuras que incluíam animais e suas vozes, emergiu como que num sonho desperto. *O Livro Vermelho* contém apenas oito sonhos, e o restante das narrativas são visões. Os três primeiros sonhos são bastante semelhantes e, mesmo que, mais tarde, ele possa ter considerado esses sonhos precognitivos, eles certamente tinham também um significado pessoal para ele. Eles lhe permitiram vislumbrar não só o que aconteceria com a Europa na Primeira Guerra Mundial, mas também sua descida árdua para o inconsciente, do qual ele emergiria com o elixir curador apenas após experimentar sua sombra nos recantos gélidos de si mesmo. O sonho que teve em julho de 1914 preparou o palco para sua experiência de ser convocado pelo "espírito da profundeza" para voltar a se envolver com sua alma:

> Eu estava num distante país de língua inglesa. Era preciso que eu voltasse ao meu país o mais rápido possível num navio bem veloz. Cheguei rapidamente a casa. Em casa deparei-me com o fato de que em pleno verão havia irrompido um frio tremendo a partir do mundo ambiente, que congelou todo ser vivo. Havia ali uma árvore carregada de folhas, mas sem frutos; as folhas se haviam transformado, pela ação do gelo, em doces bagos de uva, cheios de suco medicinal. Colhi as uvas e as dei de presente a uma grande multidão que aguardava.[11]

No esboço de Jung para o seu *Livro Vermelho*, ele afirma que, no sonho, ele estivera com um amigo que carecia de previsão e que, estupidamente, queria retornar para casa num barco menor e mais lento, diferentemente do ego onírico de Jung. Os dois acabaram viajando juntos.[12] Isso reflete duas partes opostas da personalidade de Jung, seu ego e a sombra. Antes e durante o período do *Livro Vermelho*, Jung lutou para entender as diferenças tipológicas entre as pessoas e suas atitudes resultantes em relação à vida. Ele percebeu isso pela primeira vez em suas interações com Freud e Adler e viu que suas personalidades se refletiam nas teorias que criavam. Jung começou diferenciando as atitudes, extroversão e introversão, e então refinou seu pensamento para incluir as quatro funções: pensar, sentir, perceber e intuir. A estrutura que ele criou para entender diferenças tipológicas também revelou um sistema geral para o curso natural do desenvolvimento de um indivíduo voltado para uma consciência aumentada e inteireza. Em outras palavras, estabeleceu pontos de referência que nos permitiriam saber onde estamos em nosso caminho da individuação. Como tipo intuitivo-pensador, Jung encontrou seus opostos no sentimental-perceptivo. Essas funções saturariam o *sabor* de sua tarefa no submundo, a compensação necessária para sua personalidade e sua postura no mundo. Seria a sua alma que lhe administraria o remédio por vezes repugnante que lhe traria a inteireza.

Uma voz, que mais tarde ele reconheceria como seu guia interior Filêmon, se dirigiu a Jung: "Vós abris a porta da alma para deixar entrar em vossa ordem e em vosso sentido as torrentes escuras do caos. Misturai ao ordenado o caos, e gerareis a criança divina, o sentido supremo além do sentido e do absurdo". Apreensivo, Jung respondeu a isso, dizendo: "Eu falava a uma alma amorosa e, quando cheguei mais perto, fui acometido de pavor e ajuntei um monte de dúvidas e não imaginava que quisesses com isso proteger-me de minha terrível alma. [...] Tive de reconhecer que era obrigado a me submeter àquilo que eu temia, e mais, que devo inclusive amar aquilo de que tinha pavor".[13]

Que conceito confuso: amar o que apavora e submeter-se ao que se teme. Tal tarefa leva qualquer um para além dos limites de sua realidade e zona de segurança, desafiando sua capacidade de permanecer coerente e coeso. Isso é a transposição consciente do limiar para o irracional, forçando-se a assumir uma forma completamente diferente e, mesmo assim e surpreendentemente, encontrando o que está oculto nas profundezas de seu próprio ser, nos cantos remotos e antigos armários de aposentos interiores antigos. Os corredores sombrios cheios de poeira e fantasmas – é lá que reside a alma. Jung percebe que

> Se eu não estiver composto através da união do embaixo com o de cima, divido-me em três pedaços: a serpente, e como tal ou em outra forma animal vagueio à toa, vivendo demoniacamente a natureza, inspirando pavor e ansiedade. A alma humana, o sempre vivente contigo. A alma celestial, que como tal pode ficar junto aos deuses, longe de ti e desconhecida de ti, aparecendo na forma de pássaro. Cada um desses três pedaços é autônomo.[14]

Aquele que sussurra em nosso ouvido é aquele do qual devemos aprender a fim de compensar por aquilo que pensamos ser. Isso nos leva para a nossa inteireza, unindo as três partes da nossa alma. Assim, tornamo-nos capazes de viver nossa própria vida singular, sem medo de nós mesmos e daquelas partes escuras e anteriormente rejeitadas de nós mesmos. Não estamos vivendo uma vida coletiva ou uma vida imitada, mas a nossa própria vida. Pode parecer fácil. Mas não é! Existe uma grande diferença entre pensar em embarcar na jornada interior e submeter-se de fato à realidade da psique. É uma câmara de tortura de abominação. Por que a alma insistiria nisso? Ela insiste porque aquela entidade doce, angelical e diáfana que, aos olhos da nossa mente, possa parecer a nossa alma; que acreditamos ser aquilo que nos leva à nossa salvação, que nos liberta do mal e dos pecados do mundo; que sussurra em nosso ouvido com suavidade, amor e criatividade *não* é a nossa alma. "Nunca encontramos uma mulher mais infiel, mais ardilosa, mais perversa do que tua alma".[15] Ela seduz, engana, ilude, causa sofrimento e exige seu desenvolvimento. E ela é essencial à vida: "Uma pessoa que se perde torna-se animal, uma alma perdida torna-se demônio. Agarra-te à alma com amor, com temor, com desprezo, com ódio, sem perdê-la de vista".[16]

Jung foi levado para o deserto infértil de sua própria alma e foi informado pelo "espírito da profundeza", que o levara até ela, que, se ele se voltasse para ela, sua força criativa se tornaria verde como uma árvore frutífera e assumiria a força de vida. Essa aventura foi a primeira de muitas que ele teve que enfrentar por ordem dela. Sua intenção era confrontá-lo com todos aqueles aspectos de si mesmo que ele ignorava e desprezava, aqueles aspectos que, normalmente, ele projetava sobre outros. Quando projetamos não vivemos nossa própria vida, mas joga em outros o fardo que preferimos não carregar pessoalmente. A jornada sempre começa com a sombra, como Jung explicou mais tarde, após traduzir sua experiência pessoal para a teoria da natureza da psique e do processo de individuação.

A alma, como aquele ser sombrio, inicia sua conversa com ele no lugar infértil e é dura com ele, dizendo-lhe que ele deve desistir de toda intenção e preconcepção. Jung luta com seu desdém, sua vaidade e sua esperteza. Finalmente, após 25 dias no deserto, sua alma aparece pela primeira vez em forma autônoma. Isso indica que, antes disso, ela era meramente uma voz interior. Agora ela está se tornando mais real para ele. No deserto, ele desce ao *inferno no futuro*,[17] onde ele percebe que não tem controle sobre seu pensamento e julgamento, e mesmo que eles lhes sirvam na vida, nessa esfera eles se transformam em veneno e morte. Na luz vermelha de um cristal ele vê o futuro do que há de vir – assassinato. "O herói louro jazia assassinado. O escaravelho é a morte, que é necessária para a renovação".[18] Ele vê o que deverá fazer – matar o herói extrovertido em si mesmo, o que ele faz quando mata Siegfried. Ele descobre que é sacrificador e sacrifício ao mesmo tempo. O besouro preto é o símbolo da renovação, como o escaravelho da mitologia egípcia que empurra o sol para o submundo até a sua renovação quando o sol nasce para um novo dia. A alma entrega Jung ao seu próprio inferno, à sua própria guerra civil. Ao matar seu herói, ele estava começando a se despir de sua função superior, o pensamento, permitindo que as forças do inconsciente fossem libertas. "Quando isto acontece, produz-se o sentimento de alívio. O crime é expiado, porque, logo que a função principal é destituída, existe uma chance de outras facetas da personalidade aflorarem".[19] Mas isto ainda precisava ser realizado.

Serpentes e dragões nas profundezas se levantam no inferno como "a ameaça da própria singularidade [...] o perigo de a consciência recentemente adquirida ser tragada novamente pela alma instintiva, o inconsciente".[20] Aqui Jung se aproxima de sua alma serpente que acompanha a chegada de Elias e Salomé, uma cobra preta deitada aos pés de Elias. Ela representa a "natureza terrena do ser humano da qual não tem consciência",[21] não "só um princípio separador, mas também unificador",[22] "libido introvertida [...]. À medida que a serpente leva para as sombras, ela desempenha a função da *anima*; ela leva você para as profundezas, conecta o superior e o inferior... a serpente é também o símbolo da sabedoria".[23] Essa representação da alma é um símbolo mediador entre os opostos com o potencial de uni-los. Representa a função auxiliar de Jung entre seu pensamento e seu sentimento inferior. "O pensador sente o repugnante dos sentimentos, pois o sentimento nele é sobretudo repugnante. [...] Portanto, a serpente está entre aquele que pensa [Elias] e aquele que sente [Salomé]. São mutuamente veneno e terapia".[24] É um animal ctônico da terra, da Grande Mãe, do qual tudo germina e emerge. Como a

Grande Mãe, ele é duplo, masculino e feminino, capaz de destruição e inimizade como também de fertilidade e crescimento. A alma serpente oferece o desejo, que inicia o movimento de mudança e desenvolvimento. Prazer como aspecto do amor não era uma tentação para Jung, que menosprezava seu sentimento e emoção. "Mas o ser humano é autoritário em seu pensar e com isso mata o prazer da floresta e dos animais selvagens. O ser humano é violento em sua cobiça, e ele mesmo se torna floresta e animal selvagem".[25]

Em sua luta entre esses opostos dentro dele, ele encontra duas serpentes – à direita, uma preta, que representa o lado escuro da noite, e à esquerda, uma branca, que representa o lado claro do dia. Enquanto as serpentes lutam uma com a outra, a parte superior da serpente preta se torna branca, mostrando que os opostos estão começando a se misturar em Jung. Com a serpente preta à direita e a branca à esquerda – uma inversão daquilo que esperaríamos, visto que a esquerda é o lado do inconsciente, e a direita, o lado consciente – vemos como tudo é virado de ponta cabeça, o conhecido se torna desconhecido, o esperado, inesperado. Na psique, noções preconcebidas são destruídas, nossas regras e ordem são desafiadas, preto é branco e branco é preto. Através dessa desorientação, uma nova ordem pode ser concebida. A serpente como o trapaceiro mercurial é o guia perfeito, agindo com frequência como *psicopompo*.[26]

Em 1948, Jung descreveu o aspecto Mercurius: "[...] a 'força vivificadora', semelhante a uma cola que une o mundo, ocupando o ponto mediano entre espírito e corpo [...] o espírito da verdade, que é oculto ao mundo [...] *anima mundi* [...] o Espírito Santo, já presente na criação, que preenche o papel de procriador em relação à fecundação das águas com germes de vida [...]".[27] *Mercurius* consiste numa dualidade de opostos e também na unidade de tudo. É uma figura hermafrodita, reveladora de segredos divinos, mensageiro dos deuses:

> "Ele se eleva da terra ao céu e de novo desce à terra e adquire a força do superior e do inferior". Do mesmo modo lê-se: "Sua força é perfeita quando ela se volta para a terra". Não se trata aqui absolutamente de uma ascensão num só sentido em direção ao céu, mas ao contrário do caminho do Redentor – Cristo – o qual vem do alto para baixo, e de novo se eleva, o

> *filius macrocosmi* inicia sua trajetória embaixo, se eleva e volta de novo à terra, com as forças unidas do superior e do inferior. Ele fez o movimento inverso e manifesta assim a sua natureza contrária ao Cristo e aos redentores gnósticos [...].[28]

A essência importante da declaração de Jung é que o *filius macrocosmi*[29] une os opostos, o alto e o baixo, e retorna para residir na terra. Isso traz o *locus* da deidade para a esfera humana.

No desenho do mandala *Systema Munditotius*, que Jung desenhou em conjunção com os *Septem Sermones* (*As sete instruções para os mortos*), que ele escreveu no mesmo período, ele esboçou um conjunto de círculos que alternam entre dentro e fora, alto e baixo, refletindo o processo de descida e ascensão, ascensão e descida. É a serpente mercurial como alma, não masculina ou feminina, mas que consiste no uno e nos muitos, na matéria-prima e no objetivo de sua própria transformação, na divindade que acompanha Jung em sua jornada. É o *daimon* que não é uma parte de Deus, mas que antecede Deus e esteve presente no início como força animadora do processo criativo que traz à vida a divindade. A forma de serpente que vemos aqui representa a energia necessária para compensar a postura mundana racional e heroica de Jung e para sondar as profundezas de seu reservatório de sombras. Ela conduz e anima o processo de consciência e transformação. A forma de pomba da alma o introduz ao aspecto celestial e sábio de Deus – *Sophia* – que aparece em momentos cruciais. No entanto, parece que a aparição de *Mercurius* como alma serpente de Jung é uma compensação pela imagem de Cristo como *logos*, ou razão. Sendo totalmente pagã, ela reside além da divisão do bem e do mal e possui "a unidade natural, anterior à divisão; este último estado é impermeável à lógica e às contradições morais",[30] contendo, portanto, ambas as energias como uma deidade escura da natureza. Não é absolutamente o diabo, mas aquele que traz a luz da natureza velada em matéria, a *lumen naturae*.

No final de *Liber Primus*, Jung tem uma visão importante dos opostos com os quais ele vem lutando e mostra como o conflito se resolve. Este é um exemplo lindo de uma experiência muito real que, mais tarde, ele descreve como o trabalho da função transcendente:

> Uma coroa de fogo envolveu de raios a pedra. O medo me atacou, o que vejo: o sapato grosseiro do camponês? O pé de um poderoso que esmaga uma cidade inteira? Vejo a cruz, o descimento da cruz, a lamentação – quão dolorosa é esta visão! Não quero mais – vejo a criança divina, na mão direita a serpente branca e na mão esquerda a serpente negra – vejo o monte verde, no alto dele a cruz de Cristo, e torrentes de sangue descem do cume do monte – não aguento mais, é insuportável – vejo a cruz e nela Cristo em sua última hora e tormento – em torno do pé da cruz movimenta-se a serpente negra – em redor dos meus pés ela se enroscou – eu estou enfeitiçado e abro meus braços. Salomé se aproxima. A serpente enrolou-se ao redor de todo o meu corpo, e minha aparência é a de um leão.[31]

Jung é obrigado a suportar o tormento e a crucificação de Cristo como Cristo.[32] A energia não diferenciada do gigante das profundezas primordiais destrói a cidade ou, como poderíamos dizer também, o ponto de vista coletivo e consciente de Jung. A cruz representa o estar pendurado entre os opostos do pensar prévio e do amor, de *logos* e *eros*. Esticado em direções opostas, Jung sofre terrivelmente, ao mesmo tempo em que surge dessa depressão e luta horrenda a nova vida, a criança divina, segurando agora as serpentes preta e branca nas mãos corretas, representando assim a resolução do conflito, o conflito que é o próprio Jung. Finalmente, a serpente se enrosca nele numa iniciação de deificação, para segurá-lo num *temenos* protegido, num precinto sagrado, onde ele é unido e não se desfaz em pedaços e é capaz de encontrar o inconsciente. Aqui, Jung *é* o recipiente no qual os opostos se reconciliam e no qual o novo deus nascerá, seu novo símbolo de divindade. Seu rosto é o de um leão, com cobra e leão como opostos representados em Mitra, o deus pré-cristão. Nesse mistério, Jung se torna os dois princípios, amor e pensar prévio, e duas energias, serpente e leão. Através de seu autossacrifício como Cristo, ele transforma *eros* de prazer em amor:

> Note-se que é meu prazer mau que me leva ao autossacrifício. Sua parte mais recôndita é o amor, que será libertado do prazer através do sacrifício. Aqui aconteceu a maravilha de que meu prazer anteriormente cego [representado por Salomé] começou a ver. Meu prazer era cego, e era amor. Já que minha vontade mais forte quis o autossacrifício, meu prazer mudou, entrou

num princípio superior, que em Deus é um princípio com pensar prévio. [...] O amor quer aquilo que está mais afastado, o melhor e o que satisfaz. E vi algo mais, a saber, que o pensar prévio em mim tinha a forma de um antigo profeta, [...] pré-cristão, [Elias] e transformou-se num princípio que já não aparecia mais em forma humana, mas na forma absoluta de pura luz branca. [...] Isto aconteceu em mim, eu apenas o vi.[33]

Jung teve uma experiência transcendente, que, mais tarde, ele entendeu ser o resultado da função transcendente, o novo símbolo unificador de opostos. Ele experimentou a si mesmo como o recipiente para essa transformação. Essa é uma descoberta muito importante, que, mais tarde, ele discute em *Resposta a Jó*, dando a entender que o papel do ser humano na encarnação e transformação da imagem de Deus é identificar o deus interior. Com sua alma/*anima* agora em forma humana e dotada de visão, ela passou do inconsciente para a esfera humana da consciência. Agindo como um guia para os muitos outros encontros com partes de si mesmo que ele deve experimentar, ela se transforma mais uma vez na cobra ctônica que conhece os caminhos pelo inconsciente. Então, quando ele é excessivamente humilhado e zombado, a alma vem na forma de um pássaro branco para trazer-lhe compensação do alto por sua atitude humilde. Do pássaro branco à serpente, subir e descer é o movimento energético de inflação e depressão, que é um ciclo contínuo na jornada para o si-mesmo. "Quem não quer o mal, a este falta a possibilidade de salvar sua alma do inferno. Apesar de ele mesmo permanecer na luz do mundo de cima, torna-se a sombra de seu si-mesmo. Mas sua alma definha no cárcere dos demônios".[34] A tarefa de Jung é aceitar a realidade dessas energias diferentes dentro de si mesmo que se manifestam como *figuras reais*.[35]

A alma dá a Jung três coisas: a miséria da guerra, a escuridão da magia e o dom da religião. A alma, como serpente, e Jung brigam enquanto seguem a estrada tênue entre os opostos, aceitando e não aceitando o ponto de vista do outro. Torna-se claro para Jung que o humano ocupa a posição mediana entre cobra e pássaro. "Se queres tornar-te [e não apenas ser], há uma luta entre pássaros e cobras".[36] Reconhecendo que ela, a alma serpente, tem sabedoria, Jung lhe faz muitas perguntas tentando extrair entendimento para si mesmo. O que ele aprende e que é de grande importância é que, quando os opostos se unem, tudo para, se torna imóvel e permanece paralisado. A força contrária de satanás ou das trevas é necessária para manter a libido ou a energia criativa em movimento. Isso aponta para o processo contínuo do devir; ele é contínuo e nunca cessa. O lugar da paralisia é onde experimentamos a realidade do si-mesmo, um estado de transcendência e unificação. Esses momentos são passageiros, e logo caímos novamente em nossa humanidade onde os opostos dilaceram uns aos outros. A individuação busca trazer mais do inconsciente para a nossa percepção consciente. "À medida que eu puxava para fora de meu além a escuridão para dentro do dia, esvaziei meu além. Assim desapareceram as reivindicações dos mortos, pois ficaram saciados. Já não sou ameaçado pelos mortos, uma vez que aceitei suas reivindicações ao aceitar a cobra".[37] Os mortos representam os complexos e a vida não vivida deixados para trás por gerações passadas e que nós devemos carregar e tornar conscientes. Agora, a tarefa de Jung era viver sua vida em vez de sucumbir às pressões do passado ou do coletivo.

Mais uma vez leal ao ciclo, a cobra, após dar a Jung dureza, sabedoria e poder mágico do inferior, é puxada para cima na forma de um pássaro branco, a alma espiritual, para encontrar algo importante no céu para Jung, algo que ele necessita – uma coroa dourada descartada com as palavras inscritas: *O amor não acaba jamais*.[38] O movimento de baixo para cima é equilibrado mais uma vez pela necessidade de Jung ficar pendurada na árvore da vida por três dias e três noites até ele entender – pendurado entre céu e inferno, semelhante a quando esteve pendurado na cruz em *Liber Primus*. Dessa vez, ele está pendurado entre os opostos de vida e amor; o amor quer se agarrar como a mãe que cuida da criança, enquanto a vida quer mais: "O começo de todas as coisas é o amor, mas o ser das coisas é a vida".[39]

Enquanto isso, Filêmon impregna a alma de Jung, e ela, por sua vez, dá à luz um monstro, o filho dos sapos, o anticristo. Jung se enfurece ao ver essa criatura feia e desprezada e não consegue entender que *sua* alma pariu esse monstro. Finalmente, quando ele se acalma, ele percebe que sua tarefa é amar tudo que é feio, tolo e fraco, desdenhado e odiado dentro de si mesmo. A coroa que ele veste une tudo que está separado. Abraxas, seu novo deus, é senhor do mundo físico, um deus gnóstico que representa a união de Cristo e satanás. Ele é a antítese do pássaro dourado, o deus luminoso, Fanes, nascido do ovo de Izdubar, o êxtase além do sofrimento e da alegria. Fraco e humilhado pela percepção profunda de que isso, também, é criação sua, o divino nascido de sua alma, Jung se aproxima de seu deus rejeitado com relutância. Mas seu deus não pode ficar; ele cria asas e ascende, deixando Jung a sós consigo mesmo como animal, humano e divindade.

Conclusão

Jung descobriu um antídoto contra a perda de alma, não um remédio fácil, mas que resulta na transformação da personalidade, na volta da alma do ser da pessoa. Aqui, ela experimenta o solo firme no lugar da areia movediça ilusória que é a *terra* em que se apoia a nossa cultura fragmentada e assustada da pós-pós-modernidade. Ele experimentou sua própria multiplicidade interior e a moldou numa unidade que ele chamou de si-mesmo. Esse processo de cura é individual, mas afeta também o coletivo como um todo. Com a consciência ampliada de cada pessoa, a cultura mais ampla muda, refletindo o axioma alquímico de que "o microcosmo é idêntico ao macrocosmo".[40]

Na primeira visão de Jung citada no início deste artigo, da terra congelada, ele recebe um presente de uma "árvore carregada de folhas, mas sem frutos (minha árvore da vida, pensei); as folhas se haviam transformado, pela ação do gelo, em doces bagos de uva, cheios de suco medicinal. Colhi as uvas e as dei de presente a uma grande multidão que aguardava".[41] A tarefa de sua vida, seu mito, lhe foi apresentado através dessa visão. Ela apontava não só para ele pessoalmente, mas também para seu relacionamento com o coletivo. Uvas significam fertilidade e sacrifício e estão relacionadas com o deus grego Dionísio, que facilita o re-membramento de sua própria natureza interior, sua alma. Dionísio era um deus desmembrado e sacrificado. Para liberarmos as forças criativas interiores da nossa vida, um sacrifício sempre é exigido de nós.

Da terra congelada em que nada cresce e tudo estagna, emerge a *Árvore da Vida* em seu sonho inicial e visão posterior em que ele é transformado. Da depressão emerge vida nova. A visão de Jung era um presságio daquilo que aconteceria com a Europa, mas apontava também para a sua própria necessidade de romper os aspectos congelados e desprovidos de sua alma e de descer ao centro de seu ser, de entender e assimilar os conteúdos de sua própria sombra no inconsciente. Ao mesmo tempo em que ele foi um pioneiro ao explorar seu "cosmo" interior, seu exemplo é um presente de uvas doces para o "cosmo" maior. Através de sua jornada interior, Jung percebeu que seu processo espelhava o modelo para aquilo que, mais tarde, ele chamaria de *individuação*, o curso natural do desenvolvimento humano. Ele nos lembra: "Mas quando olhais para dentro de vós, vedes novamente o que está perto, longe e infinito, pois o mundo interior é tão infinito quanto o mundo exterior".[42] Ele desafia cada um de nós a embarcar em nossa própria jornada singular para encontrar a nós mesmos.

Meu sonho do mandala budista localizado no mundo real e o desejo de unificação da essência de todas as religiões em nosso coração e em nossa alma refletem a necessidade continuada de cada um de nós assumir a tarefa árdua, porém vital de dar à luz novos símbolos capazes de nos unificar e não de nos destruir juntamente com a nossa terra e seus outros habitantes, os animais e as plantas. Nosso tempo está acabando, visto que nosso mundo sofre cada vez mais com mudanças climáticas, superpopulação e tolerância, medo e agressão desenfreados, um reflexo de nosso caos interior crescente. O *Livro Vermelho* de Jung foi escrito anos atrás, mas publicado apenas na aurora do caos pós-moderno. Isso não aconteceu por acaso. Ele nos deixou seu mapa do inconsciente para que nós o usássemos para navegar o mundo interior da psique, que é onde o mundo exterior é concebido. Esse fato vital é esquecido em nossa cultura unilateral baseada em *logos* e ciência e também em seu oposto, o fundamentalismo baseado em sentimento e percepção. Não há dúvidas de que as serpentes e os pássaros colocarão os demônios em nosso caminho até nós nos lembrarmos, deixarmos nossos dispositivos tecnológicos de lado e descermos ao nosso próprio céu e inferno para encontrar nosso próprio novo mito de inteireza entre os dois.

Notas

1. "Em sociedades agrícolas da Antiguidade, a violência humana causava em torno de 15% de todas as mortes, durante o século XX, a violência causava apenas 5% das mortes, e no início do

século XXI, ela é responsável por mais ou menos 1% da mortalidade global". Yuval Noah Harari, *Homo Deus: A Brief History of Tomorrow* (Nova York, NY: Harper Collins Publishers, 2017), p. 14.

2. *Science and Security Board*, The Bulletin of the Atomic Scientists, 2017, Doomsday Clock Statement. O *Science and Security Board* decidiu, em 2017, adiantar o relógio até dois minutos e meio até a meia-noite para representar a avaliação atual do conselho da saúde e segurança da terra. Fatores que influenciaram na decisão foram a ameaça de armas nucleares, a mudança climática, futuras inovações tecnológicas em biologia, inteligência artificial e o mundo cibernético, que também podem representar desafios globais.

3. C.G. Jung. *Psicologia do inconsciente*, em *OC* 7/1 (Petrópolis: Editora Vozes, 24ª edição, 2014), p. 10.

4. C.G. Jung. *Tipos psicológicos*, em *OC* 6 (Petrópolis: Editora Vozes, 7ª edição, 2013), § 312.

5. Edward Edinger. *The Creation of Consciousness: Jung's Myth for Modern Man* (Toronto: Inner City Books, 1984), p. 32.

6. John Dourley. "Recalling the Gods: A Millennial Process", em *Psychology and Religion at the Millennium and Beyond* (Tempe, Arizona: New Falcon Publications, 1998), p. 34.

7. C.G. Jung. *O Livro Vermelho: Liber Novus*, org. Sonu Shamdasani, trad. Edgar Orth (Petrópolis: Editora Vozes, 4ª edição, 2015), p. 109.

8. *Ela* se refere à alma/*anima* de Jung.

9. Jung. *O Livro Vermelho*, p. 117.

10. C.G. Jung. "Novos caminhos da psicologia", em *OC* 7 (Petrópolis: Editora Vozes), § 409.

11. Jung. *O Livro Vermelho*, p. 113-114.

12. Ibid., p. 113, n. 17, 18 e 19.

13. Ibid., p. 126-127.

14. Ibid., p. 511.

15. Ibid., p. 437.

16. Ibid.

17. Ibid., fol. Iii(v), p. 133.

18. Ibid., p. 137.

19. Ibid., p. 146, n. 115.

20. Ibid., p. 152, n. 140.

21. Ibid., p. 162.

22. Ibid., p. 162, n. 172.

23. Ibid., p. 162, n. 173.

24. Ibid., p. 164.

25. Ibid., p. 172.

26. *Psicopompo* é um guia para o submundo.

27. C.G. Jung. "O espírito Mercurius", em *OC* 13 (Petrópolis: Editora Vozes, 4ª edição, 2013), § 263.

28. Ibid., § 280.

29. C.G. Jung. *Memories, Dreams, Reflections*, org. Aniela Jaffé (Nova York, NY: Vintage Books, 1963), p. 211. Jung explica que o *filius macrocosmi* é outra expressão do espírito da vida, da *anima mundi*, o *anthropos* que anima todo o cosmo.

30. Jung. "O espírito Mercurius", em *OC* 13, § 295.

31. Jung. *O Livro Vermelho*, p. 176.

32. Jung se refere a Cristo, o arquétipo, não ao ser humano. O arquétipo de Cristo abarca sofrimento, redenção e transformação e também é um símbolo do si-mesmo, o arquétipo de orientação, sentido e inteireza.

33. Jung. *O Livro Vermelho*, p. 184, n. 240.

34. Ibid., p. 283.

35. Ibid. Elias diz a Jung: "Nós somos reais, e não um símbolo" (p. 159). Mais tarde, Jung afirma em relação a Izdubar: "Ele não perecia, mas tornava-se uma fantasia viva, cujo efeito eu experimentei no meu próprio corpo" (p. 263). As figuras no inconsciente não são meramente fantasias interiores, mas são reais porque afetam o mundo real. Em *Memories, Dreams, Reflections*, Jung afirma: "Os conteúdos d experiência psíquica são reais, e reais não só como minha própria experiência pessoal, mas como experiências coletivas que outros também têm" (p. 194).

36. Jung. *O Livro Vermelho*, p. 369.

37. Ibid., p. 382.

38. Ibid., p. 389.

39. Ibid., p. 395.

40. C.G. Jung. "A árvore filosófica", em *OC* 13 (Petrópolis: Editora Vozes, 4ª edição, 2013), § 372.

41. Jung. *Memories, Dreams, Reflections*, p. 176.

42. Jung. *O Livro Vermelho*, p. 205.

12
O *Livro Vermelho* para Dionísio
Uma interpretação literária e transdisciplinar

Susan Rowland

Apesar de não ter sido produzido sob auspícios artísticos, as qualidades distintivas do *Livro Vermelho* de Jung convidam uma abordagem literária além de multidisciplinar. No entanto, a obra é peculiarmente desmembrada se contemplada sob os critérios convencionais da literatura, psicologia, arte ou ciência. Não publicado por seu autor e pintor, *O Livro Vermelho* é uma obra não autorizada, não terminada e não reivindicada pelos cânones de gêneros literários ou pelos objetivos mais racionais da psicologia. Meu capítulo sugerirá que o *Livro Vermelho* é dionisíaco. Ele reflete o Deus em seu dilaceramento cru de normas disciplinares e convenções artísticas.

O Livro Vermelho está fadado a ser lembrado por seu lugar no desmembramento aterrorizador do século XXI, em que normas multinacionais, políticas e institucionais estão sendo destruídas. Por outro lado, Dionísio, o deus da comédia *e* da tragédia, também fornece um caminho para uma memória de conhecer e saber que promete uma consciência renovada em contato com a vida instintual ou *zoe*. Usando a análise de Dionísio em Jung feita por James Hillman, argumento que *O Livro Vermelho* anuncia um futuro transdisciplinar re-membrado. Jung antecipa o paradigma do século XXI que reconcilia uma visão pós-quântica da realidade com seu potencial social para um mundo de realização democratizante e pessoal.

O problema da literatura e *O Livro Vermelho*

O Livro Vermelho com suas pinturas surpreendentes e textos escritos a mão parece uma obra de literatura de uma era passada, dos manuscritos medievais ilustrados. Assim, como demonstram esplendidamente Mathew Spano e John Beebe, ele corresponde a uma inovação artística no tempo de sua composição. O modernismo literário do período 1910 a 1940 fragmentou formas e gêneros tradicionais, manifestou uma preferência pelo mito, desafiou normas estabelecidas de racionalidade e fez questão de retornar ao passado a fim de reconfigurar a arte para a nova era *moderna* industrial e alienada. Nesse sentido, *O Livro Vermelho* é uma obra perdida de modernismo literário pertencente ao legado artístico do início do século XX.

Sabemos, porém, que C.G. Jung, seu autor, estava insatisfeito com sua forma final. Ele não terminou nem publicou a obra, dizendo no livro *Memories, Dreams, Reflections*, postumamente publicado:

> No *Livro Vermelho*, tentei uma elaboração estética das minhas fantasias, mas nunca a completei. Percebi que ainda não tinha encontrado a linguagem certa, que ainda devia traduzi-la para algo diferente [...].[1]

"Elaboração estética" não funciona para Jung, o psicólogo, e assim a *Obra Completa* é o resultado dessa decisão de mudar o estilo de escrita. Escrevi em outro lugar sobre as importantes consequências epistemológicas da literariedade da *Obra Completa* e quero continuar aqui a explorar a liminaridade misteriosa de literatura e psicologia junguiana.[2] Afinal de contas, uma psicologia dedicada a uma psique definida como em posse de arquétipos inerentemente criativos tem algo a dizer à nossa percepção contemporânea segundo a qual literatura é escrita imaginativa, predominantemente ficcional.

Por outro lado, o próprio *Livro Vermelho* indica que definir a literatura dessa forma é um acaso histórico localizado. Para o período medieval, na verdade, desde o início da cultura escrita, "literatura" era a escrita prezada, e seu gênero mais importante, a poesia, era o veículo para história, filosofia, histórias, lendas e a ciência pré-moderna da alquimia. Foi apenas quando o romantismo do século XVIII consolidou a separação da racionalidade do

Esclarecimento ao explorar deliberadamente a fantasia, a poesia extática, o misterioso e buscou novos cânones literários da imaginação que a "literatura" veio a ser associada completamente à imaginação *ficcional*.[3]

O Livro Vermelho, ao mesmo tempo em que oferecia formas estéticas de uma era muito distante das divisões disciplinares atuais entre literatura e psicologia, estava fadado a ser rejeitado por seu autor por não se conformar a elas. Vale a pena, porém, analisar mais de perto o que está em jogo nessas divisões disciplinares, pois elas continuam a assombrar o sucesso da obra como uma publicação do século XXI. Há, por exemplo, uma questão crucial em como a categoria de literatura como o imaginário ficcional veio a ser estudada nas universidades.

Como a psicologia, os "estudos literários" foram inventados no século XIX sob a influência da proliferação de disciplinas apoiadas pela predominância das ciências empíricas. Essas novas disciplinas eram as "ciências sociais", que pretendiam aplicar a objetividade da ciência a questões humanas e culturais. Objetividade significa exatamente o que o *Livro Vermelho* lamenta. Que Jung tinha encontrado a alma humana: "Eu a analisei e fiz dela um objeto da ciência".[4]

Uma "objetividade" semelhante permeava os estudos literários no século XX com a determinação de sua "Nova Crítica", de que o texto era um objeto, suficiente em si mesmo para gerar conhecimento sem participação da personalidade nem do autor nem do leitor. Conhecida como "falácia intencional" ou "falácia afetiva", uma obra literária não devia ser compreendida com referência ao significado *intencional* de seu autor, nem aos *afetos* provocados no leitor.[5] A "leitura atenta [*close reading*]", inaugurada pela nova crítica e ainda em uso hoje em dia, insistia na realidade primária da literatura como objeto.

Aqui vemos a divisão disciplinar como uma ruptura primária de ser. Para a nova psicologia, a realidade a ser estudada é a psique ou alma, e *O Livro Vermelho* evidencia o alto custo da chamada objetividade científica. Para os estudos literários, o texto é a realidade primária. Mesmo que a nova crítica não seja mais a teoria literária dominante nas universidades, sua preocupação central continua sendo ser textual. É fascinante também perceber que essas maneiras agora paralelas e separadas de saber e ser desenvolveram estratégias de pesquisa surpreendentemente semelhantes no início do século XX.

Se compararmos a "imaginação ativa" de Jung, um ingrediente-chave na composição de seu *Livro Vermelho*, com a leitura atenta da nova crítica, é possível ver que ambas trabalham com a autonomia da imagem. Para Jung, a imagem é primariamente psíquica, mas pode se manifestar em palavras. Para os novos críticos, a imagem está nas palavras do texto literário, mas pode inspirar alguma mobilidade psíquica. Na verdade, a leitura atenta combina a imaginação ativa de Jung com a amplificação, como tenho sugerido em outro lugar.[6]

A postura na psicologia de permitir que a imagem assuma sua própria realidade e existência como na imaginação ativa e então amplificá-la através da comparação com fontes coletivas se transforma nos estudos literários na autonomia das imagens na obra literária que apontam para outras obras literárias na prática da nova crítica. Com estratégias paralelas separadas por desmembramento disciplinar, está na hora de analisarmos o mito de tal atomização da existência no conhecimento.

Dionísio nos escritos de Jung

Antes da publicação do *Livro Vermelho*, o ensaio de James Hillman, "Dionysus in Jung's Writings" [Dionísio nos escritos de Jung], observou que C.G. Jung ressalta o "desmembramento" como seu foco primário nos muitos mitos do deus Dionísio. No tratamento de Jung do desmembramento do ser divino, Hillman reconhece um germe de rejuvenescimento psíquico na fragmentação corpórea de um deus que está ficando velho. Ele chama a modernidade cristã excessivamente apolínea, distanciadora, racional e dualista. Assim, na visão de Hillman, a uma era dominada por um deus, definido por racionalidade e desencarnação deve seguir-se o desmembramento, que libertará múltiplas histórias de ser na abordagem politeísta à psique preferida por Hillman. Aqui eu sugiro que *O Livro Vermelho*, em suas relações complexas com a literatura e psicologia, demonstra que o desmembramento de Dionísio por Jung apresenta possibilidades que não foram exploradas por Hillman.

Segundo Hillman, Jung vê um processo de desmembramento de duas fases: primeiro vem a divisão em opostos, tais como a própria noção de apolíneo e dionisíaco, os deuses encarnados. Essa separação é celebrada no amor de Jung por opostos e polaridades. De outro lado, Jung, o psicólogo equilibrador da psique ocidental moderna, tem de ir mais longe para postular algo mais fragmentado. Aqui vislumbramos seu animismo na forma do Dionísio bissexual, encarnado e extático. Na segunda fase do desmembramento de Dionísio por Jung, o deus é despedaçado.

Opostos dualistas se tornam multiplicidade, com uma dispersão mais ampla do divino na matéria, que tanto Jung como Hillman chamam de arquetípica. Para Jung, arquétipos são potenciais psíquicos herdados para determinados tipos de imagens, padrões e significado. Representam a possibilidade de diversidade no funcionamento psíquico ou, como Hillman diz mais tarde, uma psique politeísta em que as deusas e os deuses são estruturas múltiplas de consciência no mundo. É muito importante que Hillman insiste que essa segunda fase do desmembramento dionisíaco muda a psique profundamente. O processo psíquico dionisíaco é uma iniciação num novo cosmo de fragmentos do corpo do deus.[7] A distância da divindade se transforma em interioridade; e a multiplicidade animista no interior, em domínio do deus.

Hillman observa especificamente que *zoe*, a força vital do corpo em Eros, é despertada por esse processo de desmembramento divino.[8] Essa nova consciência, ou *zoe*, é uma intimação de inteireza que não corrói as diferenças. A nova *zoe* vivificadora é animista numa maneira específica de percepção de sua própria consciência *parcial*, ciente de si mesma como *partes*.

> A experiência crucial seria a percepção das partes *como partes* distintas umas das outras, desmembradas, cada uma com sua própria luz, um estado em que o corpo se torna consciente de si mesmo como um composto de diferenças. As centelhas e os olhos de peixes dos quais Jung fala [...] podem ser experimentados como inseridos em expressões físicas. A distribuição de Dionísio pela matéria pode ser comparada à distribuição de consciência por membros, órgãos e zonas.[9]

O re-membrar dionisíaco é re-lembrar uma consciência orientada pelo corpo em contato com a *zoe* como vida instintual sem fim. Essa consciência é múltipla, animista, conectada com o divino em matéria e natureza, mas quão conectada? O que significa existir na esfera de um deus desmembrado, ter a tarefa de re-lembrar a consciência divina a partir de dentro?

A encenação dionisíaca de Jung é a noção do símbolo, não em seu significado inglês comum como um motivo que ocupa o lugar de algum significado comum, mas em sua ênfase como uma imagem que expressa algo que ainda não é ou talvez jamais será conhecido no ego.[10] Na visão de Jung, símbolos expressam algo desconhecido que deseja vir a ser. Seus símbolos são dinâmicos e vivos. Fornecem o que Hillman chama *zoe*, uma experiência de vida instintual em seu rejuvenescimento de consciência.

> Realmente um símbolo só vive quando é a melhor e mais alta expressão de algo percebido, mas ainda não conhecido ao observador. Então compele sua participação inconsciente e tem um efeito doador e melhorador de vida.[11]

O trajeto de um símbolo para o desconhecido invoca as qualidades arquetípicas da psique. Essas capacidades possuem raízes no corpo instintual, ao mesmo tempo em que se estendem à esfera do espírito e do conhecimento racional.

Nesse contexto, até mesmo conceitos acadêmicos disciplinares como aqueles que fundam uma psicologia ou teorias de literatura podem ser símbolos quando eles *não* se esquecem de sua conexão com o "mistério vivo":[12]

> Precisamos reduzir a vida e a história, que se realizam por si mesmas, em imagens, sentido e conceitos, sabendo que, com isso, estamos nos afastando do mistério da vida.[13]

Dionísio é a manifestação mítica de tal "mistério da vida". Segue que, se conhecimento racional e *disciplinado* pode reduzir a vida e os eventos em partes que retêm consciência do mistério da vida, então esse conhecimento, expressado em símbolos, é o desmembramento dionisíaco. Estou sugerindo que, nas muitas disciplinas que compõem a universidade ocidental moderna, nós desmembramos um deus já envelhecido, "ele", o divino masculino do monoteísmo que fundou o dualismo, incluindo o dualismo de corpo e psique. Desmembrado em nossas muitas disciplinas, esse deus é a nossa existência em destroços materialistas.

Dionísio, porém, nos assombra no símbolo junguiano, sobre o qual ele escreveu de modo sugestivo principalmente em termos de palavras que incluíam as palavras da ciência. "Já que cada teoria científica contém uma hipótese [...] ela é um símbolo".[14] Onde as palavras de uma disciplina podem ser imaginadas como símbolos junguianos, elas transformam a carne morta das nossas disciplinas divididas em pedaços do corpo vivificador de Dionísio. Se conseguirmos ver as disciplinas não como eternamente divididas, mas como *partes* que precisam re-lembrar seu *status* como partes de um corpo do conhecimento e da existência divina, então conhecemos *zoe*, consciência renovada e instintual ou, em outras palavras, a visão do *Livro Vermelho*.

O *Livro Vermelho* e transdisciplinaridade

Antes de examinar o *Livro Vermelho* como dionisíaco em sua gama de disciplinas como literatura, arte e psicologia, quero apresentar ainda outra perspectiva sobre a pesquisa acadêmica no século XXI, que tem suas origens na ciência quântica e na teologia.

Inaugurada pelo físico quântico Basarab Nicolescu, transdisciplinaridade significa além da ruptura disciplinar da existência.[15] Transdisciplinaridade rejeita qualquer possibilidade de uma hiperdisciplina, de uma disciplina capaz de subsumir todo conhecimento humano num sistema de conhecimento perfeito ou verdade última. Ao contrário, ele ressalta que realidade, atualmente fragmentada em muitas disciplinas, *é, em si mesma, múltipla*. Nesse sentido, uma visão divina única de conhecimento total é substituída por um politeísmo polivalente de conhecimento. E chega Dionísio.

Ao recusar uma hiperdisciplina, Nicolescu descarta o tradicional tema humano unificado da modernidade ocidental. Depois das descobertas da física quântica, ele postula um novo tema humano para *toda* pesquisa. A pesquisa não deve mais partir da primazia dos critérios de objetividade. A unidade radicalmente "aberta" de Nicolescu significa aceitar que os seres humanos vivem em muitos níveis de realidade simultaneamente. Jamais será possível conhecer racionalmente todas as realidades psicofísicas, também porque algumas não são nem mensuráveis nem estáveis. Portanto, o conhecimento sempre estará num estado de desmembramento.

Nicolesco apresenta três axiomas de transdisciplinaridade para substituir os axiomas da ciência tradicional, que datam dos tempos de Galileu. Até agora, muitas disciplinas científicas aderiam aos seguintes axiomas ou suposições fundamentais:

i) O universo é governado por leis matemáticas.

ii) Essas leis podem ser descobertas pelo experimento científico.

iii) Tais experimentos, se forem válidos, podem ser perfeitamente replicados.

Evidentemente, como ressalta Nicolescu, tal abordagem ao conhecimento exige que o sujeito humano seja transformado em objeto através da remoção de sentimentos e valores. Os princípios fundamentais de Nicolescu, ou os três axiomas para o conhecimento na transdisciplinaridade, são os seguintes:

i) o axioma ontológico: *Existem, na natureza e no nosso conhecimento da natureza, diferentes níveis de realidade e, correspondentemente, diferentes níveis de percepção.*

ii) o axioma lógico: *A passagem de um nível de realidade para outro é garantida pela lógica do terceiro incluído.*

iii) o axioma de complexidade: *A estrutura da totalidade de níveis de realidade ou percepção é uma estrutura complexa: cada nível é o que é porque todos os níveis existem ao mesmo tempo.*[16]

Essa abordagem ao conhecimento equivale a uma mudança de paradigma de disciplinas competidoras com perspectivas separadas para um paradigma que vê o universo como multidimensional. Agora, a realidade é complexa. O mesmo vale para seres humanos. Nenhum órgão sensual ou disciplina acadêmica é capaz de entender todos os outros níveis de realidade. Não importa o que qualquer conhecimento específico alega saber, seu conhecimento é incompleto ou aberto. O deus único que, historicamente, privilegiou a objetividade racional, está despedaçado. "Ele" não pode ser recomposto para produzir um ser perfeito. Aqui e agora, Dionísio é re-membrado em disciplinas que, agora, se conhecem como partes de um todo que não pode ser recomposto para excluir um "outro".

Os axiomas da transdisciplinaridade implicam um *unus mundus*, observa Nicolescu.[17] Nessa cosmodernidade, conhecimento é tanto unificado como múltiplo por causa da nova lógica da transdisciplinaridade. No lugar do modelo científico tradicional dualista de sujeito *versus* objeto, agora temos um sujeito, um objeto e um terceiro oculto, a esfera quântica conectada e invisível. Essa esfera e o entendimento crescente da complexidade quântica sugerem uma interconectividade radical, uma "unidade" que não pode ser mapeada racionalmente. Daí o *unus mundus* da transdisciplinaridade é dionisíaco em disciplinas como partes como *partes*. Entrelaçadas em um só pelo terceiro oculto não racional, elas também estabelecem corretamente os níveis múltiplos da realidade no cosmos. Nas palavras de Nicolesco: "realidade é simultaneamente um Uno único e múltiplo".[18]

Tal realidade transdisciplinar só pode ser estabelecida por uma nova lógica do terceiro incluído para estender a entidade binária de sujeito/objeto a sujeito, terceiro-incluído-que-é-tanto-sujeito-quanto-objeto e objeto. Nessa lógica é revista também a linguagem, que, na transdisciplinaridade, é considerada uma hermenêutica ternária, e não binária.[19] A língua se torna um fenômeno quântico, o estabelecimento material do terceiro oculto como o terceiro incluído. Em outras palavras, *o que Jung chama de símbolo é o que Nicolescu chama de símbolo*: aquela palavra-imagem que abre para o inconsciente tão desconhecido, a realidade não racional.

Em Jung e na transdisciplinaridade, símbolos são pedaços dinâmicos e *vivos* do corpo do Dionísio disperso para que sejam re-membrados na alma (Jung), para serem o terceiro incluído que invoca o terceiro oculto da realidade quântica (Nicolescu). Para ambos, símbolos são ultraprecisos, mas jamais, jamais plenamente determináveis em termos racionais; jamais são verdade absoluta. Aqui em seu maravilhoso livro *Modernity to Cosmodermity*, Nicolesco poderia estar citando Jung.

> Um entendimento literal de um símbolo o transforma num conceito estático e morto sem qualquer função ou valor. [...] O número indefinido de aspectos de um símbolo de forma alguma significa que o símbolo seja impreciso, vago ou ambíguo. Ao contrário, uma definição precisa implica uma falta de precisão de sentido, uma *mutilação* do símbolo. Porém, a acurácia está presente, a invariância está escondida por trás da multidão indefinida de aspectos do símbolo. [...] O símbolo e a lógica do terceiro incluído estão intimamente vinculados.[20]

Ou poderíamos dizer que os símbolos estabelecem o terceiro incluído entre as disciplinas da literatura e psicologia. Está na hora de retornar para *O Livro Vermelho* como obra dionisíaca e transdisciplinar.

O *Livro Vermelho* e transdisciplinaridade dionisíaca

"[...] eu a analisei e fiz dela [da minha alma] um objeto da ciência".[21] *O Livro Vermelho* começa com o problema levantado pela transdisciplinaridade dionisíaca, que, ao privilegiar a ciência material experimental, o paradigma sujeito/objeto transformou a humanidade dos seres humanos em objetos. Escrito na primeira pessoa, *O Livro Vermelho* é uma busca do "eu" pela realidade de sua alma e por um relacionamento com ela. O que ele descobre é que "a riqueza da alma consiste de imagens", ou naquelas manifestações psíquicas que lhe chegam por meio da imaginação ativa, o terceiro incluído transdisciplinar que é tanto "eu" quanto não "eu".[22]

Quase que imediatamente o "eu" sofre um senso aterrorizador de desmembramento ao perder o senso de interior e exterior. Viajar para o inferno nessas visões é existir como inferno numa perda de limites físicos e psíquicos.[23] Como Dionísio, ele é assassinado e assassino. O deus sofreu o desmembramento e o impõe àqueles que não o respeitam, como descobre Penteu, despedaçado por mênades dionisíacas. O episódio mais infame no *Livro Vermelho*, quando "eu" é instruído a comer o fígado de uma criança morta, tanto se parece com a criança desmembrada Dionísio quanto é uma paródia da Eucaristia cristã.

É significativo que *O Livro Vermelho* começa e termina ressaltando a realidade dos símbolos. O "eu" encontra Elias e a Salomé cega, e o profeta insiste em sua realidade *como* símbolos.²⁴ Mais tarde, quando o "eu" afirma ter se fundido parcialmente com símbolos e ter sido transformado por eles, ele poderia estar articulando a ênfase de Nicolescu em símbolos como linguagem que evoca o terceiro oculto, a esfera quântica que conecta tudo de maneiras que não podem ser formuladas racionalmente. É excitante imaginar os personagens do *Livro Vermelho* como formas precisas e radicalmente incompletas de conhecimento. Se o "eu" estiver passando por uma provação em que ele deve fazer a transição de um dualismo dividido e inviável para uma forma ternária de re-membramento dionisíaco, o que *O Livro Vermelho* poderia fazer pelo leitor?

Quando Jung menciona a ciência como também simbólica, ele antecipa a sugestão de Nicolescu de que teorias articuladas em símbolos são *permanentes*, não porque elas nunca são modificadas, mas porque sua natureza simbólica faz delas participantes na realidade e permanentemente abertas a extensão sem fechamento.²⁵ Aqui *O Livro Vermelho* é de seu tempo e também para todo tempo, contanto que o usemos como uma estrutura viva de conhecimento. Ele é *partes como partes* porque símbolos são pedaços de um todo nunca a ser composto racionalmente: são Dionísio. Quando lemos *O Livro Vermelho* hoje, somos convidados a entrar no corpo do Dionísio que está sendo re-membrado.

Num livro publicado em 2014 e assustadoramente relevante para a política de 2017, ele oferece o que *O Livro Vermelho* encarna, que símbolos restauram a *zoe* dionisíaca à linguagem. Onde o entendimento da realidade é fragmentado demais, em disciplinas totalmente separadas ou numa sociedade excessivamente fraturada, a língua perde vida e sentido. Símbolos, por sua vez, ao invocarem níveis múltiplos de realidade e formarem o terceiro incluído entre as disciplinas, restauram gradativamente o sentido.

> A lógica clássica baseada na separação entre os diferentes níveis de realidade implica inevitavelmente a *entropia* gradual da língua. [...] O símbolo provoca uma diminuição gradual na entropia da língua, um aumento em *ordem*, em informação e em compreensão.²⁶

O Livro Vermelho, é claro, dá testemunho da deterioração da língua no sofrimento do eremita Amônio no deserto. De um lado, a entropia é mobilizada ao longo de todo o *Livro Vermelho* no retorno dos mortos. De outro, os mortos têm algo a dizer ao "eu", enquanto o pobre Amônio parece ser o foco do declínio da escrita para apoiar a alma, da perda de símbolos. Após diálogos entre "eu" e Amônio, há um lamento por uma língua agora impossível que ofereceria uma proteção contra o desmembramento através de sentidos únicos e não ambíguos; uma língua que rejeitaria o simbólico.

> Tu gritas pela palavra que tem este único significado e nenhum outro [...]. A palavra será Deus para ti [...]. A palavra é magia protetora contra os demônios do infinito que querem arrancar tua alma e espalhá-la aos quatro ventos.[27]

Recusar o símbolo significa sofrer desmembramento porque o único significado está morto, ele expulsou o sagrado ao sacrificar o "outro" à sua completude racional. Daí, a língua não simbólica arranca a existência e não tem meios de re-membramento. Felizmente, os demônios da interpretação infinita são também a *zoe* do re-membramento. No lugar de uma "palavra" monoteísta de um único significado *versus* os demônios que se tornam demônios (por destruírem significado), os símbolos são partes como partes de um divino encarnado múltiplo e rejuvenescedor.

No *Livro Vermelho*, o re-membramento por meio de símbolos oferece "significado supremo", uma noção utilmente desdobrada por Nicolescu.[28] Ele propõe três níveis de significado: o primeiro é significado horizontal que contempla um nível de realidade, aquilo que a maioria das disciplinas faz. Aqui, psicologia tenta formular uma "psique" discreta; e os estudos literários, a realidade-objeto que é o texto. Um segundo nível de significado traz à existência o símbolo como o terceiro incluído entre as disciplinas porque lida verticalmente com diferentes níveis de realidade.

No fim, Nicolescu oferece o "significado do significado": "interconexões que envolvem o todo da realidade: o sujeito, o objeto e o terceiro oculto."[29] Se o *Livro Vermelho* indica que o "significado supremo" é a divindade, então ele nos traz de volta também para a transdisciplinaridade dionisíaca no papel do sagrado. Aqui o sagrado é nativo à transdisciplinaridade porque é o marcador do real irredutível.[30] Retornamos para o âmago da palavra "sagrado" no sacrifício. A física quântica, a transdisciplinaridade e *O Livro Vermelho* ensinam que ilusões de certeza, significados únicos e hierarquia disciplinar devem ser sacrificados para que não resultem em destruição total. A história de Penteu é instrutiva. Ele se recusou a adorar Dionísio e foi rasgado pela forma feminina do deus desprezado em suas mênades. O sagrado é irredutível, real e provado na linguagem de símbolos que é o re-membramento de Dionísio.

Uma forma do sagrado no *Livro Vermelho* é a alma feminina em Salomé, e também em numerosos personagens femininos e na serpente. Nicolescu sugere que a antiga imagem alquímica da serpente fertilizadora que come seu próprio rabo, o *ouroboros*, é uma visão transmitida pela esfera quântica que cultiva transdisciplinaridade.[31] O universo parece criar e organizar a si mesmo, justamente como o *ouroboros* exige. A serpente do *Livro Vermelho* lembra o "eu" da luta terrível daqueles semelhantes a Penteu que não viveu seu lado animal.[32]

Alguém que vive seu animal no *Livro Vermelho* e não se dá bem ao se deparar com a modernidade desencarnada é Izdubar. Esse homem-deus se horroriza ao ser informado sobre a ciência objetivada pelo "eu". Basta um sopro de ciência com sua tendência de abolir o sagrado e os símbolos para causar seu declínio terminal. No entanto, o "eu" encontra uma solução ao transferir Izdubar para a sua imaginação. Ao contrário do argumento desgastado de que religião é fantasia para desferir um golpe mortal contra a religião, isso, na verdade, mantém Izdubar vivo até ele renascer do ovo como uma serpente.

É evidente que Izdubar, que é apenas outro nome para Gilgamesh, anuncia o nascimento da teoria dos arquétipos de Jung. Consciência divina é algo inato à psique humana em arquétipos e renovará a existência, pois tal fantasia do sagrado é, como diria Nicolescu, um indício do real irredutível. No *Livro Vermelho*, o "eu" instrui Izdubar sobre dois tipos de verdade.

> Nossa verdade é aquilo que nos vem a partir do conhecimento das coisas externas. A verdade de vossos sacerdotes é aquela que vos advém a partir das coisas internas.[33]

Isso não é só uma exposição declarada dos níveis de realidade da transdisciplinaridade como também estabelece aquilo que Nicolescu chama de diálogo de ciência e tradição.[34] Enquanto a ciência se desenvolveu a partir do dualismo cristão que postulava Deus como totalmente imaterial, produzindo assim um modelo de verdade que podia ser abstraído de matéria e oferecia conhecimento na forma de sujeito *versus* objeto, "tradição" é o termo de Nicolescu para um conhecimento tácito, encarnado, intuitivo, xamânico, que é transmitido ao longo de séculos, que possui qualidades culturalmente tanto específicas como universais e que resulta na evolução espiritual da humanidade.[35]

O motivo central da "tradição" – *unidade na diversidade e diversidade através de unidade* – se aplica à própria tradição e, como demonstra Nicolescu, se aplica à visão do cosmo que se desdobra na pesquisa quântica.[36] Mesmo que a ciência moderna que trabalha com objetividade e racionalidade completa possa alegar ter abolido a tradição como conhecimento viável e eliminado o sagrado, na verdade, aquela serpente rejeitada é um *ouroboros* que retorna na medida em que a ciência descobre o domínio quântico.

De um lado, a ciência objetiva moderna nasceu de uma religião em dualismo cristão. Agora, a religião na forma de uma visão dionisíaca de um sagrado disperso, mas irredutível, retorna na medida em que a ciência descobre níveis de realidade que não podem ser condensadas em um ou em unidade. Na verdade, "tradição" fala de modo coerente e urgente e sugere transdisciplinaridade à ciência, pois suas formas de conhecimento em intuição, imaginação e encarnação são necessárias para reconhecer os níveis múltiplos da realidade. Izdubar é real, não é apenas um objeto. A fantasia é real, não é apenas um objeto que pode ser tratado objetivamente.

Izdubar é um ser mítico de 6000 anos atrás. É fascinante que as tábuas que contêm suas histórias foram descobertas pelo Ocidente em grande proximidade temporal com a descoberta das partículas quânticas. "Ele" retorna no *Livro Vermelho* para lembrar como lembrança, para rejuvenescer como um símbolo dionisíaco de uma nova consciência. O "eu" descobre que ele pode salvar seu deus moribundo; ele pode salvar essa encarnação da tradição para a modernidade porque ele é real, só que não no nível de realidade que a ciência existente costuma contemplar. Assim como o projeto da transdisciplinaridade é unir ciência e tradição como uma unidade em diversidade e uma diversidade em unidade, o *Livro Vermelho* também oferece um processo de se conectar com a sabedoria antiga, que não está morta enquanto pudermos lhe oferecer um modelo de realidade que lhe ofereça um lar.

Izdubar e "eu" contam uma história de transformação, aventuras picarescas e formação de um relacionamento. O "eu" aprende sobre a multiplicidade de níveis da realidade. Semelhantemente, ele se vê envolvido na maioria das cenas em que ele se encontra. Amante em potencial da moça na floresta, único sobrevivente do homem humilde que aprecia um cinema e morre sozinho, ele é transferido, talvez em momento oportuno, para o manicômio. Lá, professor baixo e gordo declara o "eu" louco, e ele tem uma conversa com um paciente que alega ser Nietzsche e Cristo.[37]

O "eu" decide que ele deve aceitar o que é "ínfimo", as profundezas dentro dele mesmo, e essa aceitação pode ser, ela mesma, uma semente da qual cresce uma árvore que une o alto e o baixo.[38] Parece haver uma urgência em estender-se para além de um único nível racional. Em certo sentido, todo o *Livro Vermelho* é uma exposição do sofrimento causado pela tentativa de viver em um único nível da realidade quando, na verdade, ela é múltipla, como demonstra a transdisciplinaridade.

Isso não significa cometer um erro ao conjurar as profundezas morais de Jung para os níveis múltiplos da existência de Nicolescu. Não é um erro vê-los como perspectivas diferentes para o mesmo tema de níveis múltiplos da existência. O *Livro Vermelho* explora de forma mais completa do que a transdisciplinaridade tem conseguido até agora os conflitos éticos dionisíacos de uma realidade dispersa e diferenciada. Em outras palavras, onde o *Livro Vermelho* se concentra no indivíduo que passa por um rito dionisíaco de desmembramento e re-membramento, Nicolescu reconhece as implicações sociais da transdisciplinaridade que exige uma nova cultura global transreligiosa e transracional.[39] A sensação que essa nova cultura provoca, o que a transição pode envolver num nível psicológico – esse é o drama do *Livro Vermelho*.

Para uma pessoa e uma sociedade ligadas a uma realidade racional e que constroem a existência psicológica no sentido de sujeito/objeto, o desmembramento de tal separação do "outro" pode, de fato, evocar a sensação de inferno. *É* inferno como submundo, a esfera negada de Izdubar, o manicômio, o mundo também de romances sentimentais, daqueles cuja pobreza lhes nega a razão que enxerga a ilusão cinematográfica, Salomé capciosa, Elias enigmático, e outros. O "eu" descobre que, mesmo que o inferno doa, é possível sobreviver a ele. Aquilo que é banido da sociedade europeia racional e educada da ciência racional do século XX é infernal porque foi tão firmemente reprimido em termos sociais, morais, psicológicos e por uma epistemologia tão carente de conexões que a condena a uma solidão insuportável.

Não surpreende que tantos habitantes do submundo do *Livro Vermelho* procuram no "eu" uma conexão significativa que transformaria seu inferno – o estar preso exclusivamente nesta realidade – em uma conexão com outras realidades, verdades, maneiras de ser. O que se faz necessário, é claro, são símbolos: imagens que abrem espaço para o outro. O símbolo junguiano não precisa ser uma palavra-imagem, mas palavras são símbolos altamente comunicáveis. Elas puxam o submundo para cima.

> Nas palavras puxas para cima o submundo. [...] Na palavra correm juntos o vazio e o cheio.[40]

Nicolescu afirma que apenas símbolos, e não linguagem matemática, podem expressar a simplicidade da interação de todos os níveis da realidade.[41] Isso resulta num imperativo ético de conexão radical em assuntos humanos. "União" é o que a própria realidade exige de nós, pois é assim que o universo é.[42] *O Livro Vermelho* ensina essa ética ao mostrar que todas as permutações da humanidade, fantasia, natureza e deuses têm um papel na criação da existência do "eu". Uma destruição dionisíaca de ilusões de uma única realidade racional é respondida com um re-membramento radical dos níveis múltiplos da transdisciplinaridade.

Transdisciplinaridade significa "além" das disciplinas, não no sentido de descartá-las, mas de remover suas pretensões intrínsecas a uma única realidade e epistemologia cognoscíveis. Transracional e transreligioso são termos que fazem o mesmo trabalho em seus próprios domínios, que também têm o hábito de reclamar validade única e suprema. Assim como as religiões representam diversidade em sua unidade (temas comuns) e unidade em sua diversidade (variedade indígena), assim o fazem também diversas psicologias pós-racionais, generosamente fornecidas no *Livro Vermelho*. É notável que o feminino ressalta a dimensão ética da pós-racionalidade.

Salomé e Elias ocorrem como par, como seres relacionados. Além do mais, as repetidas investidas eróticas de Salomé contra o "eu" reforçam o que, mais tarde, Jung conceitualizaria como conhecimento Eros como companheiro legítimo e até mesmo *necessário* do *Logos* mais racional e espiritualmente inclinado. Vale lembrar (e re-membrar) também a cozinheira corpulenta da "esfera das mães", cuja fé religiosa simples impressiona o "eu".[43] Conhecimento *Eros* e o feminino não estão confinados ao sexual no *Livro Vermelho*. É um modo importante de re-membramento dionisíaco através do símbolo.

O Livro Vermelho não é uma obra deliberada ou planejada de Dionísio ou da transdisciplinaridade. Tamanha é sua potência singular em sua espontaneidade. É uma obra do símbolo, da descoberta daquilo que Nicolescu chama a precisão e validade permanente do símbolo enquanto ele permanecer aberto ao que Jung chamaria de numinoso e à transdisciplinaridade, o sagrado ou terceiro oculto. O velho deus da singularidade como singularidade está morto, e sua morte se manifesta em voz alta nas lamentações dos mortos no *Livro Vermelho*.

Os mortos lamentam porque não viveram seu animal como revela de forma tão eloquente o *Livro Vermelho*.[44] Dionísio está vivendo seu animal, desmembrando e re-membrando para encontrar *zoe*, uma consciência encarnada rejuvenescida por símbolos na vida instintual. Re-membrando partes como partes, disciplinas como partes de uma realidade de níveis múltiplos, *O Livro Vermelho* é uma revelação literária e psicológica para o século XXI.

Notas

1. C.G. Jung. *Memories, Dreams, Reflections*, org. Aniela Jaffé (Nova York, NY: Vintage Books, 1963), p. 213.
2. Susan Rowland. *Jung as a Writer* (Nova York e Londres: Routledge, 2005).
3. Veja Terry Eagleton. *Literary Theory: An Introduction* (Grã-Bretanha: Blackwell, 1983).
4. C.G. Jung. *O Livro Vermelho: Liber Novus* (Petrópolis: Editora Vozes, 4ª edição, 2015), p. 117.

5. W.K. Wimsatt e M.C. Beardsley. *The Verbal Icon: Studies in the Meaning of Poetry* (Kentucky: University of Kentucky Press, 1954), p. 21.

6. Susan Rowland. *Remembering Dionysus* (Nova York e Londres: Routledge, 2017), p. 89-109.

7. James Hillman. "Dionysus in Jung's Writings", em *Mythic Figures: Uniform Edition of the Writings of James Hillman*, volume 6.1 (Putnam, Connecticut: Spring Publications Inc., 2007), p. 26.

8. Ibid., p. 29.

9. Ibid., p. 28.

10. Para a discussão aprofundada de Jung sobre o símbolo, veja C.G. Jung. *Dictionary of Analytical Psychology* (Londres e Nova York: Ark paperbacks, 1987), p. 144-151.

11. Ibid., p. 147.

12. C.G. Jung. "Relação da psicologia analítica com a obra de arte poética", em *OC* 15 (Petrópolis: Editora Vozes, 8ª edição, 2013).

13. Ibid., § 121.

14. Jung. *Dictionary of Analytical Psychology*, p. 146.

15. Basarab Nicolescu. *From Modernity to Cosmodernity: Science, Culture, and Spirituality* (Nova York, NY: SUNY, 2014).

16. Ibid., p. 6.

17. Ibid., p. 208-209.

18. Ibid., p. 209.

19. Ibid., p. 118-119.

20. Ibid., p. 31.

21. Jung. *O Livro Vermelho*, p. 117.

22. Ibid., p. 118.

23. Ibid., p. 133.

24. Ibid., p. 168.

25. Nicolescu. *From Modernity to Cosmodernity*, p. 34.

26. Ibid., p. 31. Grifos no original.

27. Jung. *O Livro Vermelho*, p. 223.

28. Nicolescu. *From Modernity to Cosmodernity*, p. 201.

29. Ibid.

30. Ibid., p. 106.

31. Ibid., p. 109-110.

32. Jung. *O Livro Vermelho*, p. 298.

33. Ibid., p. 250.

34. Nicolescu. *From Modernity to Cosmodernity*, p. 21.

35. Ibid., p. 19-24.

36. Ibid., p. 20.

37. Jung. *O Livro Vermelho*, p. 310.

38. Ibid., p. 316.

39. Nicolescu. *From Modernity to Cosmodernity*, p. 213-215.

40. Jung. *O Livro Vermelho*, p. 92.

41. Nicolescu. *From Modernity to Cosmodernity*, p. 211.
42. Ibid., p. 213.
43. Jung. *O Livro Vermelho*, p. 295ss.
44. Ibid., p. 266ss.

13
Appassionato pela imaginação

Russell A. Lockhart

Introdução

Não foi um sonho com voz, tampouco houve uma imagem visual. Foi um daqueles sonhos dos quais você acorda com um senso de *revelação*, nesse caso, de que aquilo que eu escreveria deveria ser um "*appassionato* pela imaginação".

No dia anterior, Murray Stein tinha me perguntado se eu estaria interessado em contribuir com um ensaio para um livro que seria intitulado de *O Livro Vermelho de Jung para o nosso tempo* – um projeto que se concentrava no *Livro Vermelho* de Jung como uma orientação para indivíduos que tentam navegar as correntes tortuosas do mundo contemporâneo.

Eu ainda não tinha aceitado fazer isso, mas quando acordei desse sonho, senti que era necessário dizer "sim", sentindo-me entusiasmado e também assustado diante da tarefa sugerida pelo sonho.

Eu vivencio sonhos como a intencionalidade de algo *Outro*.[1] Eu prefiro dizer "algo Outro" no lugar de "inconsciente", visto que este segundo termo está vinculado às limitações do ego. Chamo isso também a psique *apresentacional*, pois o sonho se apresenta totalmente formado *ao* ego da consciência desperta. Refiro-me também à psique *convitacional*, porque sonhos têm uma qualidade de "convidar" a participação do ego consciente. Vejo essas qualidades de *outro*, de *apresentação*, de *convite* como caracterizando a *atração gravitacional da imaginação*.[2]

Eu tenho sonhado "títulos" antes, e tenho obedecido e trabalhado em projetos dos quais – antes de tais sonhos – eu não tive conhecimento consciente e nenhuma intenção de realizar. Vivencio esses sonhos como "tarefas", como tarefas imaginadas pelo Outro e apresentadas a mim como um presente. *Appassionato pela imaginação* é um título que eu não teria inventado a partir de meu ponto de vista ou intenções conscientes. Dar crédito e credibilidade ao sonho e privilegiá-lo dessa maneira é uma medida do impacto que a psicologia de Jung – exemplificada por suas experiências registradas no *Livro Vermelho* – teve sobre *mim* pessoalmente e como analista há mais de 40 anos.[3]

Enquanto anotava o sonho, eu estava ciente do *Appassionata* de Beethoven e até ouvi algumas passagens daquela obra pioneira. Beethoven estava perdendo a audição, mas escrevia o que ouvia em sua imaginação, ele o escrevia de forma que ninguém conseguia tocar e nenhum piano suportava. Como observam os comentaristas, Beethoven explorou as profundezas da imaginação mais do que qualquer outro músico a despeito de sua surdez e o grau de suas doenças físicas debilitantes e terríveis.[4] É por isso que tanto de sua música era e é *única*.[5]

Na minha adolescência, minhas habilidades como pianista tinham alcançado o nível de recital. A *Sonata ao Luar* e a *Sonata Patética*, ambas de Beethoven, faziam parte do meu repertório – mas o *Appassionato* estava além das minhas capacidades – um fracasso pessoal. Enquanto ponderava sobre isso, duas imagens se uniram: o Beethoven surdo, mergulhando nas profundezas da imaginação; e Jung mergulhando em profundezas da imaginação, temendo perder a sanidade. Ambos os homens, resistindo aos seus medos e aflições, mergulharam de cabeça, produzindo enormes riquezas pessoais e culturais.

O sonho passava a impressão de que unir Beethoven e Jung fazia parte da intenção do Outro. Com que finalidade? Senti que eu não deveria produzir um artigo acadêmico sobre os paralelos entre os dois homens – apesar de existirem muitos e apesar de isso ser uma tarefa digna. Quanto mais eu ponderava e quanto mais eu permitia que a imaginação também se manifestasse, entendi que eu deveria explorar aquilo que ocupava uma posição central na vida desses dois homens: *arte e imaginação*. Isso constituiria minha resposta a como o *Livro Vermelho* de Jung guiaria os buscadores em quaisquer "pós-futuros" os aguardassem.

"Isto não é arte!" ... "Isto é arte!"

4 de março de 1913. Pouco tempo após sua derrota nas eleições presidenciais de 1912, o ex-presidente Theodore ("Teddy") Roosevelt visitou a Exposição Internacional de Arte Moderna, ou Armory Show como também é conhecida, gesticulando loucamente enquanto passava pelas galerias apontando para pinturas e esculturas e gritando: "Isto não é arte!"[6]

Diferentemente de alguns presidentes, Roosevelt não era um ignorante cultural. Os historiadores observam que ele tinha a mente mais refinada desde Jefferson. Esse presidente ganhador do Prêmio Nobel escrevia, lia e falava cinco línguas. Ele lia dois livros por dia sobre os temas mais variados. Escrevia constantemente. E ele escreveu uma crítica devastadora sobre o Armory Show. Um "alce macho" autodeclarado, ele nunca media palavras. Para ele, esses exemplos de arte moderna – especialmente os da Europa – expressavam uma periferia lunática, algo patológico, sem mérito artístico, algo que não devia ser levado a sério. A visão de Roosevelt expressava a opinião de uma maioria clara dos mais de 250.000 visitantes do Armory Show. A exposição provocava paixões como nenhuma outra até e desde então, e quando foi transferida para o Art Institute de Chicago, ela provocou tumultos.

Ao mesmo tempo em que não é possível identificar o momento exato do nascimento do Modernismo, acredito que seja possível identificar o momento em que nasceu a percepção pública do modernismo como *ameaça* – que foi essa exposição. Roosevelt viu, e sentiu, e articulou a ameaça. Em sua visão, o propósito da arte era servir ao desenvolvimento progressivo da nação. Nenhum outro presidente fez mais pelas artes do que ele para garantir que esse seria o caso na América do Norte. Ele acreditava que poder econômico e militar não bastavam para o triunfo do espírito americano, que poder *cultural* era essencial. Ele acreditava que artes representativas, figurativas e decorativas eram o modo preeminente e necessário para alcançar esse triunfo.[7] O que ele testemunhou foi o possível descarrilamento da máquina cultural necessária para alcançar o destino manifesto da América do Norte, não importa como fosse definido.[8]

O que Roosevelt viu? Nada que expressasse as esperanças e os desejos de uma nação ou de outras nações que imitasse o sucesso da América do Norte. Em vez disso, viu a expressão de mentes individuais e doentes, mentes que tinham se dissociado dos "fatos do mundo", que tinham perdido qualquer conexão com a "realidade" da representação e que glorificavam a patologia de indivíduos extremistas e perigosos. Ele teria concordado com Leila Mechlin, então editora de *Art and Progress*, que chegou a perguntar: "Por que toleramos tão alegremente esses crimes na arte?"[9]

As emoções corriam soltas ao mesmo tempo em que a imprensa atraía multidões cada vez maiores. Nessa cacofonia, outro erudito se manifestou: C.G. Jung.[10] Jung tinha o hábito de visitar galerias de arte, exposições e museus, tanto na Suíça como em suas viagens no exterior. Visitar o Armory Show não teria sido incomum para ele. Jung não era apenas um apreciador de arte. Ele tinha pintado paisagens concretas em óleo e aquarela desde a sua juventude e ainda como adulto e também antes de sua visita ao Armory Show. Ele fazia questão de explorar as tradições artísticas de quase todas as culturas.

A estética de Jung seguia linhas tradicionais e concretas, semelhante à de Roosevelt. Mas em sua juventude, as obras do artista suíço Arnold Böcklin atraíram Jung – também Freud e até mesmo Hitler, que adquiriu 11 pinturas de Böcklin. As pinturas de Böcklin tendem a ser oníricas e sombriamente românticas. Sua série *A Ilha dos Mortos* chamou a atenção de Jung. Em 1900, em Munique, Jung viu a obra de Franz von Stuck, que se inspirou em Böcklin. As pinturas e esculturas simbólicas e altamente eróticas de Stuck estiveram no centro da Secessão de Munique. Jung se impressionou com a obra de Stuck.[11] Como muitos europeus do norte, Jung já tinha sido influenciado por imagens não tradicionais e "estranhas", mesmo que ainda concretas, bem antes de se deparar com a arte moderna em Nova York, em 1913.[12]

A negatividade de Jung referente à arte moderna é conhecida e bem documentada, e talvez ela se expresse com maior força em sua carta de 1947 a Esther Harding. Ela tinha mandado um livro com poemas de T.S. Eliot para ele. Jung escreveu a ela: "Eu não conheço T.S. Eliot. Se você acredita que seu livro merece atenção, eu não me importo nem mesmo com poesia. Só tenho preconceitos contra todas as formas de arte moderna. Ela é, em sua maioria, mórbida e maligna".[13]

Ele expressou seu ódio contra a arte moderna em seus ensaios sobre Joyce e Picasso, publicados em 1932, e em vários seminários e cartas antes e depois daquele tempo.[14]

O que *acionou* esse complexo profundo e de longa data?

Eu acredito que a rejeição da arte moderna por Jung provém de suas experiências no Armory Show. Não existe nada para documentar isso, mas acredito que vale a pena cogitar a possibilidade. Entre 1900 e 1909, durante seu trabalho no hospital psiquiátrico de Burghölzli, Jung foi exposto ao trabalho expressivo em desenho, pintura e escultura de pacientes em vários estágios de doença e degradação mental. Fragmentação, dissolução de limites, perda de representação, incoerência, perda de perspectiva e distorção extrema eram algumas das características sobressalentes da "arte de pacientes".

Jung olhava para a "arte de pacientes" com um olho científico, visando a um entendimento psiquiátrico do distúrbio mental do paciente. Nesse sentido, aquilo que ele viu na exposição lhe era "familiar". Todas as *características* da expressão esquizofrênica estavam à mostra aqui. Ele pôde absorver tudo como um médico e cientista.

Mas *algo* inquietou Jung. Eu acredito que foi o fato de que aquilo que ele estava vendo era o trabalho de *artistas*, não de pacientes – numa exposição mundial importante, organizada e realizada *por* artistas. Posso imaginar que Jung experimentou algo semelhante ao medo que Roosevelt sentiu – não na forma de uma preocupação pelo destino manifesto da América do Norte, nem como uma preocupação pelo destino da cultura europeia, mas mais no sentido de que a própria arte moderna era patológica e de que os artistas modernos eram analógicos aos esquizofrênicos ou até mesmo esquizofrênicos, propriamente dito.[15] Essa atitude se tornou uma fixação, que só mudou pouco antes da morte de Jung. Como demonstrarei, essa mudança foi enantiodrômica e levou àquilo que eu considero as ideias mais importantes de Jung referentes ao futuro e, mais precisamente, ao sentido em que o *Livro Vermelho* pode ser considerado um guia. Mas na época, em 1913, ciente da projeção e também da alusão recente à instabilidade de Jung feita por Freud, temos razões para suspeitar que Jung estava preocupado com sua volatilidade emocional e com a possiblidade de que ela estaria anunciando uma crise.

Em janeiro de 1913, três meses antes de Jung ir a Nova York, Freud sugeriu que eles rompessem seu relacionamento pessoal, e Jung concordou. Jung tinha escrito a Freud pouco antes, alegando que "eu não sou nem um pouco neurótico – bata em madeira! Eu me submeti [...] à análise e estou muito melhor graças a isso".[16] Essa troca de cartas revela também o grau de agitação *emocional* em que esses dois homens se encontravam. Jung ainda sofria com a rejeição por Freud de *Wandlungen und Symbole der Libido*, publicado em 1912 e posteriormente traduzido como *Símbolos da transformação*. Lembre-se de que o subtítulo dessa obra era "Uma análise do prelúdio a um caso de esquizofrenia". Certamente, Jung se encontrava num estado emocional mais intenso por causa do colapso de seu relacionamento quando ele foi confrontado com as imagens de arte moderna pela primeira vez, não como material de *pacientes*, mas como a expressão de *artistas*.

Quando ele retornou para a Europa, ele começou a expressar uma preocupação séria em relação à sua estabilidade mental, e ela foi aumentando até o fim de 1913. Ele se demitiu de empregos, rompeu temporariamente a conexão com sua confidente Toni Wolff, começou a brincar diariamente às margens do lago construindo pequenas estruturas e interrompeu sua leitura séria.[17] Já quase no fim do ano, Jung começou a vivenciar visões e vozes espontâneas e autônomas e sentiu que poderia estar "fazendo uma esquizofrenia".[18] Jung anotou tudo em detalhe, mas tinha dificuldades de entender e interpretar aquilo que estava experimentando.[19] Um tanto frustrado, ele começou a pintar. Em outubro de 1913, ele teve uma visão de uma enchente na Europa, e ela se repetiu uma segunda vez. Aplicando essas imagens à si mesmo, ele se sentiu ameaçado por um colapso. Escreveu que acreditava que sua mente tinha enlouquecido. Provavelmente, em novembro, ele perguntou a uma figura interior feminina o que ele estava fazendo. Sem dar margens à dúvida, ela respondeu: "É arte". Numa segunda conversa, ela disse de novo a Jung: "Isto é arte". Ele se irritou e anunciou, igual a Roosevelt: "Não, isto não é arte!" Jung diz: "ela então fez uma longa declaração" depois dessa segunda afirmação.[20] Essa declaração não foi registrada.

Em 12 de dezembro de 1913, ele teve uma visão que iniciou sua "descida" ao mundo imaginário que se tornaria a matéria-prima para seu *Livro Vermelho*.[21] Jung diz que ele reconheceu a mulher interior como "uma paciente, uma psicopata talentosa que tinha uma forte transferência para mim".[22] Segundo Shamdasani, a mulher em questão era Maria Moltzer.[23] Jung diz: "Ela tinha se tornado uma figura viva em minha mente".[24] O que Jung não diz é que Maria Moltzer se mudou para Zurique em 1910 para ser treinada como psiquiatra por Jung. Ela se tornou enfermeira no Burghölzli e foi assistente de Jung no hospital em análise infantil. Há indícios de que Jung teve um caso com ela, e ele estivera em análise com ela.[25] Ela se tornou analista, assistente de Jung e uma colega muito importante e de grande influência.[26] Ela exerceu papéis importantes na comunidade junguiana. Ela era uma artista talentosa e desenvolveu o que chamou de sua "Bíblia" e registrou nela escritos e imagens de suas experiências psíquicas, encorajando seus pacientes a fazer o mesmo.[27] Ela exerceu uma influência primária sobre o analista Franz Riklin ao encorajá-lo a abandonar a análise e a tornar-se um pintor abstrato.[28] Jung esteve ciente disso em 1913, quando Riklin se tornou aluno do pintor impressionista Augusto Giacometti. Mais tarde, Jung diria que queria evitar o destino de Riklin a qualquer custo.[29]

Após visitar o Armory Show e observar o declínio de Riklin, Jung passou a ver a arte como caminho para a ruína e como razão pela qual deveria evitar o destino de Riklin. Devia também negar qualquer incentivo de Maria Moltzer – interior e exterior – nessa direção. Portanto, devia negar que aquilo que estava fazendo era arte.

Qualquer pessoa que é apresentada ao *Livro Vermelho* de Jung o experimenta *como* arte, não importando o que mais possa ser. Se aquilo que Jung estava fazendo *não* era arte, como ele sustentou pela maior parte de sua vida, o que então ele *estava* fazendo? Ou era arte, no final das contas? E caso tenha sido, em que sentido? E isso faz qualquer diferença quando discernimos a natureza do *Livro Vermelho* como um guia para o tempo vindouro?

O que Jung fez?

A Secessão de Munique de jovens artistas em 1892 é considerada a primeira grande ruptura com a tradição da arte concreta e figurativa do mundo exterior que sempre dominou a cultura da arte. Esses artistas se revoltaram não só contra tradições prezadas, mas também contra a autoridade das forças industriais, mecanistas e econômicas que mantinham a arte cativa. Eles se deleitavam com formas artísticas de culturas mais primitivas, da arte oriental, da arte do período medieval e da arte folclórica e mítica. Munique era o centro desses "experimentos" em derrubar a hegemonia da "academia" e concentrar a origem da arte no *mundo interior como recurso*. Foi essa a cena em 1900 que Jung absorveu pouco antes de iniciar seu trabalho com pacientes no Burghölzli aos 25 anos de idade.

Os desenvolvimentos no mundo da arte europeia na primeira década do novo século eram rápidos e furiosos e resultaram em muitos novos "movimentos" e "secessões" rápidas. Uma das figuras mais influentes que emergiu nesse período foi o aluno de Stuck, Wassily Kandinsky. Não foi apenas por causa de sua arte – ele é reconhecido como "pai" da pintura abstrata – mas também por causa de sua escrita sobre sua concepção da "nova" arte.[30] Ele escreveu: "Prezo apenas aqueles artistas que realmente são artistas, ou seja, aqueles que consciente ou inconscientemente, em forma totalmente original, representam a expressão de sua vida interior, que trabalham apenas para esse fim e não conseguem trabalhar de outra forma".[31] O grupo que se formou em torno do objetivo de Kandinsky era chamado "O cavaleiro azul", segundo uma pintura de 1903 de Kandinsky. "Vida interior" significava para Kandinsky a *vida espiritual* do artista. Em 1911, no ano de sua primeira pintura abstrata, ele publicou *Sobre o espiritual na arte*. Essa obra influente e seminal se tornou o manifesto da arte moderna e continua sendo, até hoje, o texto fundacional. Ele trabalhava para separar a arte de sua dependência do mundo "real", para concentrar a arte num mundo "novo", o mundo *interior*.

Kandinsky chamava isso a "necessidade interior" do artista de trabalhar a partir de sugestões da alma humana. Em 1912, *Sobre o espiritual na arte* já era amplamente conhecido na Europa e nos Estados Unidos.

Kandinsky escreveu que uma arte genuína que expressa a alma humana é "profética". E sua alma estava realmente expressando imagens apocalípticas antes da Primeira Guerra Mundial que apontavam para a catástrofe vindoura. Começando em 1911, ele processou essas "necessidades interiores" na forma de uma série de pinturas chamada "Composições". A alusão à música era deliberada, pois Kandinsky desejava criar uma arte que era tão "abstrata" quanto a música, ou seja, livre de qualquer dependência de representar o mundo externo, livre para expressar mais plenamente as realidades do mundo interior, alcançando as profundezas da alma humana.

Em sua introdução detalhada ao *Livro Vermelho*, Shamdasani descreve como a imagística apocalíptica era difundida na virada do século. Ele se refere à descrição de Kandinsky, em 1912, da "catástrofe universal vindoura". Jung não se refere a Kandinsky em nenhum de seus escritos, cartas e seminários e nem mesmo no *Livro Vermelho*.

Enquanto Kandinsky se conectava com suas imagens apocalípticas pintando-as e criando uma nova forma de arte (a arte abstrata), Jung entendeu suas visões apocalípticas como apontando para uma possível loucura. No entanto, para ambos os homens, a irrupção da Primeira Guerra Mundial em agosto de 1914 serviu para confirmar a "validade" dessas experiências sombrias, mas de formas bastante diferentes. Para Kandinsky, essa confirmação de suas experiências apocalípticas interiores levou ao aprofundamento de sua teoria *já* desenvolvida da natureza profética da arte moderna, que resulta da necessidade interior do artista, de sua alma. No caso de Jung, a confirmação de suas experiências apocalípticas levou à percepção de que ele *não* estava louco e de que ele não estava enlouquecendo, mas de que suas experiências estavam dando à luz o desenvolvimento de toda uma nova psicologia da alma e do espírito humano, uma psicologia bem diferente da psicanálise de Freud.[32]

Jung pode ter visto a pintura de Kandinsky no Armory Show ("Improvisação nº 27: Jardim do amor II"). Ele pode até tê-la considerado evidência da loucura que ele via enquanto absorvia as pinturas e esculturas. Aquilo que Jung viu o colocou contra a arte por muito tempo e o levou a rejeitar *como* arte aquilo que ele faria em relação às suas experiências interiores. Os exemplos de Kandinsky e Hilma af Klint (entre *muitos* outros) deixam claro que os artistas que tiveram experiências interiores semelhantes às de Jung *não* viam essas experiências como arautos de loucura. Como artistas, eles se relacionaram com essas experiências através da *expressão*, concebendo novas formas de arte, contribuições essenciais para a formação da arte moderna.

O que podemos dizer, creio eu, é que a experiência da psique profunda pode ser a base para muitas formas de expressão, descoberta, desenvolvimento e criatividade. O impulso modernista consistia em ilustrar isso em *todos* os aspectos da cultura humana, na arte, literatura e música, como também nas ciências.

Sob a perspectiva da ruptura de Jung com o *dogma* de Freud, de seu favorecimento da experiência interior frente à experiência exterior como raiz "fonte", de seu desenvolvimento de "novos" meios, modos e métodos de descoberta, Jung foi absolutamente "moderno" a despeito de sua rejeição autoproclamada da arte moderna.

Quando Jung "caiu" no inconsciente com sua consciência profundamente abalada, mas intacta, ele entendeu aquilo que ele experimentou como *real*, como tão real quanto o mundo externo que chamamos realidade. Essa é a chave singular para explorar a psique da maneira como Jung a registra no *Livro Vermelho*. É a essência daquilo que artistas e escritores e muitos outros descobriram no mesmo período. Jung vivenciou a *autonomia* das figuras que encontrava, das geografias que explorava, das cronologias em que mergulhava. Rapidamente, ele abriu mão de qualquer "agenda" do mundo exterior e aprendeu que *ele* seria o objeto da agenda do mundo interior, da agenda do Outro. Ele percebeu já cedo que era a experiência imersiva *em si* que era necessária, o passo crucial que não podia ser evitado. Mesmo assim, o cientista e psicólogo nele acreditava que tudo precisava ser entendido, explicado, interpretado e explorado. Ele percebeu também que esse trabalho era algo *separado*, mas não a coisa primária.

Aquilo pelo qual ele passou, aquilo que ele registrou em diálogos, reflexões, escritos imagens no *Livro Vermelho*, é, acredito eu, o melhor exemplo psicológico individual daquilo que o grande poeta Wallace Stevens entendeu: "Não ideias sobre a coisa, mas a coisa em si".[33] *Este é o grande presente de Jung para o mundo.*

Mas como podemos entender o mundo interior como real, como fizeram Jung e outros, sem que isso seja ou se transforme em loucura? Não existe uma resposta única ou simples a isso. Quando o professor de matemática da Harvard, George Mackay, perguntou ao paciente: "Como você pôde, como você, um matemático, um homem dedicado à razão e à prova lógica... como você pôde acreditar que extraterrestres estavam lhe enviando mensagens? Como você pôde acreditar que está sendo recrutado por alienígenas do espaço para salvar o mundo?" John Nash, uma das maiores mentes matemáticas do século XX, responsável por mudanças fundamentais em muitos campos, respondeu: "Porque as ideias que eu tinha sobre seres sobrenaturais me vieram da mesma maneira como faziam as ideias matemáticas. Então eu as levei a sério".[34]

O ganhador do Prêmio Nobel Nash está proclamando que suas alucinações esquizofrênicas vinham do mesmo lugar como suas ideias matemáticas. Ele descreve como suas ideias lhe vinham como totalmente semeadas e que seu trabalho consistia em extrair os potenciais de crescimento daquilo que então se tornaria sua contribuição totalmente florescida. Foi o que Jung fez. Ele levou suas visões e vozes interiores a sério. Mas Nash acabou internado na ala psiquiátrica, Jung não. Existem algumas pessoas que, como Jung, conseguem, por conta própria, se levantar após uma crise quando ameaçadas pela loucura. E no mundo de hoje, qualquer irrupção da psique autônoma é "tratada" imediatamente na forma de medicação para contê-la. John Nash, após sua recuperação (após interromper a medicação psicotrópica), percebeu que a medicação era superestimada e que ela tinha interferido em sua recuperação. Mas no mundo de hoje é considerado pelo consenso geral como não ético e não profissional tratar tais experiências de outra forma, um fundamento que John Nash considerou intolerável em relação à realidade e à mente.[35]

Como então, e de que maneira, o *Livro Vermelho* pode ser um guia?

A abundância imaginária de Jung

Lembrando suas experiências relatadas no *Livro Vermelho*, Jung concluiu: "Todo meu trabalho, toda a minha atividade criativa, partiu daqueles sonhos e fantasias iniciais que começaram em 1912. [...] Tudo que realizei posteriormente na vida já estava contido neles, mesmo que, inicialmente, apenas na forma de emoções e imagens".[36]

Os estudiosos precisarão de muitos anos para traçar as linhas de desenvolvimento das experiências do *Livro Vermelho* para as obras principais completadas. Como argumentam Hillman e Shamdasani em *The Lament of the Dead*, quase tudo de importância para um entendimento verdadeiro da obra de Jung precisará ser processado novamente. Esse trabalho já está sendo feito, mas não importa quão grande seja a riqueza das obras principais de Jung, não creio que essa seja a maneira de apreciar o *Livro Vermelho* como guia para os tempos vindouros. Precisamos perceber que aquilo que Jung estava dizendo e fazendo – que a fonte de suas grandes ideias e sua criatividade em relação a elas – foi gerado dentro de suas experiências imaginárias do Outro. Foi *isso* que forneceu o material para suas maiores obras, *isso* foi a fonte e origem de suas ideias.

Se as experiências do outro conterem as sementes do desenvolvimento futuro como afirma Jung, então seria crucial que *cada* pessoa entrasse no território imaginário e desenvolvesse um relacionamento com o Outro. Não podemos prever o que serão essas experiências, o que será exigido para oferecer-lhes abrigo e para interagir com aquilo que o Outro apresentar, pois isso será único para cada pessoa. O *Livro Vermelho* conta a história incrível daquilo que aconteceu quando Jung realizou *seu* "experimento". Seus *conteúdos* como também o fruto dessas experiências não devem ser objeto de imitação. Cada um deve buscar os seus.

Jung diz: "Minha ciência era a única maneira que eu tinha para libertar-me daquele caos. Caso contrário, o material teria me prendido em seu matagal, teria me estrangulado como as trepadeiras da selva".[37] Poucos teriam a ciência que Jung teve para lidar com as experiências do Outro. Mas minha leitura do *Livro Vermelho* me leva a descartar a noção de Jung de que foi sua ciência que o capacitou a lidar com a experiência. Antes creio que foi a prontidão e a entrada persistente de Jung no espaço imaginário em que o Outro se apresentava, convidando Jung a participar da *realidade* do Outro, a acolher, dia após dia, aquilo que se manifestava. O *eros* de Jung *age* envolvendo-se em diálogos e obras expressivas do imagístico que eu chamo o "*Eros da alteridade*", o *fazer* literal. Para mim, esse é o fator crítico. Quando a consciência assume essa forma em relação ao Outro, o Outro produzirá o que não pode ser previsto, mas, invariavelmente e como sonhos, produzirá as sementes do futuro.

O Livro Vermelho, mais do que qualquer outro documento psicológico, revela a qualidade de *história* dos encontros com o Outro, seja em sonhos, visões, fantasias ou imaginações ativas, incluindo a expressão de imagens (que são histórias paradas no tempo). A importância disso é ignorada, pois quase todos querem transformar essas experiências em "outras" histórias, em histórias chamadas explicações, interpretações, entendimentos. Essas também são histórias, mas vesti-las com trajes científicos esconde sua natureza. Quando isso acontece, deixamos de interagir com as histórias singulares da psique. Isso só pode ser feito dando continuação à história, tornando-se participantes (personagens) nas histórias, seguindo ao que vem a seguir. Essa continuidade e imersão nas histórias são evidentes no *Livro Vermelho* e são um aspecto importante do "poder" e da "atração dramática" do *Livro Vermelho*. Essa é a arte não só do próprio *Livro Vermelho*, mas a arte de que Jung se envolveu com a presença viva do Outro. Como diz Robert Olen Butler: "Arte não vem de ideias. Arte não vem da mente. Arte vem do lugar onde você sonha".[38]

A *enantiodromia* de Jung e o hóspede vindouro

Em 1982, sugeri que uma das chaves principais para entender o significado e propósito da obra de Jung se encontra em sua carta de 2 de setembro de 1960 a Sir Herbert Read.[39] Agora que o *Livro Vermelho* está disponível, sugiro que essa carta seja também uma chave essencial para entender as implicações do *Livro Vermelho* e para entender como ele pode ser um guia para navegar o futuro.

A ocasião da carta de Jung a Read foi o ensaio de Read "The Art of Art Criticism", publicado juntamente com outros tributos para celebrar o 85º aniversário de Jung.[40] A carta é longa e complexa – complexa porque Jung parece estar escrevendo em vozes diferentes na carta. Os quatro primeiros parágrafos são uma repetição do ataque familiar de Jung contra a arte moderna, com uma ênfase em Joyce e Picasso. No quinto parágrafo, Jung assume um tom mais reflexivo, encerrando o parágrafo com uma pergunta crucial.

> O grande problema do nosso tempo é que não entendemos o que está acontecendo com o mundo. Somos confrontados com a escuridão da alma, o inconsciente. Ele traz à tona seus impulsos sombrios e irreconhecíveis. Ele esvazia e despedaça as formas da nossa cultura e seus dominantes históricos. Não temos mais dominantes, eles estão no futuro. Nossos valores estão mudando, tudo perde sua certeza, até mesmo a *sanctisima causalitas* desceu do trono do axioma e se tornou um mero campo de probabilidade. Quem é o hóspede assombroso que bate à nossa porta de modo tão agourento?[41]

Jung retorna para o seu antagonismo contra a arte moderna dizendo que "o artista criativo não confiará nele", ou seja, naquilo que o hóspede assombroso apresentar. Não acredito que isso seja verdade, mas é um exemplo do complexo de Jung que continua a falar. O restante do parágrafo continua nessa linha. O parágrafo seguinte leva Jung a expressar aquilo que considero ser a chave central para a obra publicada de Jung, incluindo o *Livro Vermelho*:

> Devemos simplesmente ouvir o que a psique nos diz espontaneamente. O que o sonho, que não é manufaturado por nós, diz *simplesmente é assim*. [...] É o grande sonho que sempre tem falado através do artista como seu porta-voz. Todo seu amor e paixão (seus "valores") fluem em direção do hóspede vindouro para proclamar a sua chegada.[42]

Temos aqui uma concepção extraordinária do artista como porta-voz do grande sonho que acolhe o "hóspede vindouro". Está claro que Jung usa o "hóspede vindouro" como uma metáfora para a natureza essencial daquilo que o visitou tantos anos atrás, a começar em 1912. E aqui Jung diz que é *o artista* que acolhe o hóspede vindouro. Para mim, isso aponta para a *enantiodromia* do complexo de Jung contra a arte moderna. Está implícito que Jung se autodeclara artista e sua arte como acolhendo a chegada do hóspede vindouro.

O parágrafo seguinte revela talvez o último vestígio do ataque de Jung contra os aspectos negativos da arte moderna como revelando "a intensidade do nosso preconceito contra o futuro". Isso caracteriza de modo equivocado a própria natureza da arte moderna – especialmente seus aspectos proféticos descritos por Kandinsky e outros.[43]

O parágrafo seguinte articula a "nova" voz de Jung sobre o que está em jogo:

> Qual é o grande Sonho? Ele consiste nos muitos sonhos pequenos e nos muitos atos de humildade e submissão às suas dicas. É o futuro e a imagem do novo mundo, que ainda não entendemos. Não podemos saber melhor do que o inconsciente e suas intimações. Existe uma boa chance de encontrarmos aquilo que buscamos em vão em nosso mundo consciente. Onde mais poderia estar?[44]

Na minha opinião, essa é a melhor descrição de Jung não só do propósito principal de sua obra, mas também da natureza daquilo que ele estivera fazendo naqueles anos iniciais e que se tornou a origem de seu trabalho posterior e mais profundo. Isso indica também o que *cada* pessoa pode fazer para acolher o hóspede vindouro. É uma tarefa *individual*. Essa tarefa individual de acolher o hóspede vindouro é a chave para entender como o *Livro Vermelho* pode ser considerado um guia nos tempos vindouros. Ele mostra como Jung acolheu o hóspede vindouro e serve como lembrete daquilo que é possível. Cada pessoa, ao acolher o hóspede vindouro, terá uma experiência diferente e singular. É assim que precisa e deve ser. O ponto crucial de Jung é formulado de maneira inequívoca por Harold Rosenberg:

> Arte consiste nas crenças de uma pessoa, nas culturas de uma psique. Ela se direciona a uma sociedade em que as experiências de cada um serão o solo de uma forma única e inimitável – em suma, uma sociedade em que cada pessoa será um artista. A arte em nosso tempo não pode ter outro objetivo social – um objetivo sonhado por poetas modernos, desde Laturéamont até Whitman, Joyce e os surrealistas e que se en-

carna na essência da revolta continuada contra a dominação pela tradição.[45]

Sim, o artista em *cada* um de nós.

Alguns meses antes de Jung morrer, ele recebeu um presente de um jovem artista como expressão de gratidão pelo trabalho de Jung. Era uma pintura *abstrata*. Jung escreveu ao artista e disse: "[...] a visão religiosa do mundo, expulsa pela porta da frente, sorrateiramente volta e entra pelos fundos, mas em forma estranhamente alterada – tão alterada que, até agora, ninguém percebeu. Assim a arte moderna celebra o grande carnaval de Deus".[46] A batalha interna de Jung com a arte moderna tinha terminado, sua *enantiodromia* estava completa.

Faça *agora* o que você puder para acolher o hóspede vindouro.

Notas

1. Durante certo período, os psiquiatras eram chamados "alienistas" porque trabalhavam com as experiências psíquicas "alienígenas" à consciência normal. O termo mais moderno, e pós-moderno, "outro" tem tido uma longa e variada história na psicanálise e também nas artes, na literatura e na crítica. Aqui, uso o termo não no sentido técnico de Lacan ou Bion, mas no sentido mais simples de *não construído ou constituído pela consciência do ego*. Eu escrevo o termo com letra inicial maiúscula para ressaltar o sentido *sentimental* de "presença" e sua miríade de "personificações". Esse uso de Outro enfraquece também as pretensões proprietárias do ego.

2. Essas maneiras de ver o sonho (e também outras manifestações de experiência que têm suas origens fora da consciência) são descritas em maior detalhe em meu livro *Psyche Speaks* (1987; republicado em 2015). A gravitação à qual me refiro atrai o ego para se envolver *imaginariamente* com as ofertas do Outro. Isso contrasta com o ego que puxa essas ofertas para a interpretação, explicação, compreensão e outras narrativas mais familiares, favorecidas e proprietárias. Na maioria dos casos, a primeira é fraca e o segundo é todo-consumidor.

3. Eu tive o privilégio de contemplar parte do texto e das imagens do *Livro Vermelho* no início da minha análise com James e Hilde Kirsch na década de 1960. Assim, o impacto do material tem trabalhado em mim por muito tempo. Como observa Shamdasani em sua *Introdução* ao *Livro Vermelho*: "Jung deixou os seguintes indivíduos ler e/ou examinar o *Liber Novus*: Richard Hull, Tina Keller, James Kirsch, Ximena Roelli de Angulo (quando criança) e Kurt Wolff". Ele comenta também que "Parece que permitiu que lessem o *Liber Novus* aquelas pessoas em quem confiava plenamente e que ele reconhecia terem uma plena compreensão de suas ideias. Um bom número de seus alunos não se encaixava nessa categoria" (C.G. Jung. *O Livro Vermelho: Liber Novus*, org. Sonu Shamdasani, trad. Edgar Orth (Petrópolis: Editora Vozes, 2015), p. 66). Eu aprecio a confiança que o casal Kirsch expressou ao permitir que eu tivesse acesso. Após ver todo o texto publicado e ver todas as imagens, certamente se tratava de uma parte pequena, mas ela fez toda a diferença.

4. Em *Beethoven's Hair*, Russell Martin conta a história dramática de como Beethoven "usou" suas doenças como meio para estimular as profundezas de sua imaginação. Veja Russell Martin. *Beethoven's Hair* (Nova York, NY: Random House, 2002).

5. A obra mais importante e esclarecedora sobre a singularidade de Beethoven e seu desenvolvimento espiritual se encontra em J.W.N. Sullivan. *Beethoven: His Spiritual Development* (Nova York, NY: Alfred A. Knoff, 1954).

6. Para um relato excelente da cena e uma perspectiva valiosa sobre a importância do Armory Show, veja a retrospectiva de Rosenberg, de 1963, por ocasião do 50º aniversário, em Harold Rosenberg. "The Armory Show: Revolution Reenacted". *New Yorker* (1963), 6 de abril: p. 99-115.

7. O tipo de arte que Roosevelt defendia pode ser visto em "American Progress" (1872), de John Gast. Uma boa referência com comentário e imagem está disponível no *Archive for Research in Archetypal Symbolism* em https://aras.org/sites/default/files/docs/00043AmericanProgress_0.pdf

8. O termo "destino manifesto" passou por muitas mudanças em seu significado desde seu primeiro emprego em 1845. A raiz da expressão é a ideia de que a América do Norte é "especial", não só entre as nações, mas também aos "olhos de Deus". Atualmente, essa visão está novamente em alta e afeta tudo. O melhor resumo das oscilações e da força do "destino manifesto" se encontra em Ronald Schenk. *American Soul: A Cultural Narrative* (Nova Orleans: Spring Journal, 2012). Para uma resenha desse livro importante, veja Russell Lockhart. "Review of *American Soul: A Cultural Narrative* by Ronald Schenk", *Psychological Perspectives* (2014) 57 (4): p. 454-459.

9. Leila Mechlin. "Lawless Art", *Art and Progress* 4, 1913: p. 840-841.

10. Não existe uma documentação absolutamente clara de que Jung tenha visitado o Armory Show. Shamdasani examinou as evidências existentes e concluiu que ele "provavelmente foi ao Armory Show" (C.G. Jung. *O Livro Vermelho*, p. 31), acrescentando que Jung discute a arte de Duchamp e Picasso no seminário de 1925. Jung teria visto a arte de Duchamp e Picasso juntos no Armory e essa experiência *direta* é a fonte provável, visto que há pouquíssimo material de referência sobre arte moderna na biblioteca de Jung.

11. Jung comentou sobre a pintura de Stuck em *Wandlungen und Symbole der Libido*, publicado em 1912. Mencionando as muitas variações de conteúdo onírico de natureza sexual, ele se refere às "variações de Franz Stuck, cujas pinturas de cobras trazem os significativos títulos: 'O sacrilégio', 'O pecado', e 'A sensualidade'. A atmosfera dos quadros exprime incomparavelmente um misto de prazer e medo". Veja C.G. Jung. *Símbolos da Transformação*, em *OC* 5 (Petrópolis: Editora Vozes, 9ª edição, 2013), § 8.

12. Do ponto de vista da arte, a personalidade diurna de Jung se sentia à vontade com os conteúdos concretos e figurativos gerais da arte. Mas desde cedo, sua personalidade noturna era atraída por algo "mais sombrio", por algo que estava "por trás" o "por baixo", no mínimo, por algo "diferente". Daí sua atração pelo trabalho de Böcklin e Stuck e também sua atração pelo oculto. O mesmo senso de diferença se aplica a Hitler, cuja personalidade diurna era atraída principalmente por Vermeer, mas cuja personalidade noturna se sentia atraída por Böcklin e Stuck. Este era o artista favorito de Hitler, já em sua infância. Veja https://en.wikipedia.org/wiki/Franz_Stuck.

13. 8 de julho de 1947. Gerhard Adler. *C.G. Jung Letters*. Trad. R.F.C. Hull. Vol. 1, 1906-1950 (Princeton, NJ: Princeton University Press, 1973), p. 469.

14. Já quase no final de sua vida, sua avaliação mudou profundamente sob a influência de Sir Herbert Read. Eu exploro a importância disso mais abaixo.

15. Inicialmente, Jung chamou a arte de Joyce e Picasso de "esquizofrênica" (David Cohen. "Herbert Read and Psychoanalysis", em *Art Criticism since 1900*. Org. Malcolm Gee (Manchester: Manchester University Press, 1993), p. 174), mas usou a expressão "analógicas a" em versões revisadas.

16. Jung estava insistindo que ser analisado por outra pessoa era mais crucial do que fazer uma mera autoanálise, como no caso de Freud. Freud zombou da noção de que sua própria autoanálise seria inferior ao fato de Jung estar em análise com Maria Moltzer (veja a anotação 23 para maiores detalhes).

271

17. Veja Deirdre Bair, *Jung: A Biography* (Boston: Little, Brown and Company, 2003), especialmente seu relato detalhado desse período no capítulo 7, "My Self/Myself".

18. Essa caracterização do final de 1913 provém de uma entrevista com Jung realizada por Mircea Eliade na Eranos Conference de 1952. A entrevista, intitulada de "Recontre avec Jung", foi publicada em *Combat: de la Résistance à la Révolution*, em Paris, em 9 de outubro de 1952. Uma versão abreviada dessa entrevista está disponível em *C.G. Jung Speaking: Interviews and Encounters*. Org. William McGuire e R.F.C. Hull (Princeton, NJ: Princeton University Press, 1977). Nessa entrevista, Jung lembra seu estado perturbado em 1914 e fala também sobre sua palestra sobre esquizofrenia que ele faria na Escócia, e diz: "Estarei falando sobre mim mesmo! Eu enlouquecerei depois de apresentar esse artigo" (p. 233). Depois da palestra, Jung soube que a guerra tinha irrompido e ele percebeu que seus sonhos e visões se referiam ao estado do mundo e não à sua mente. Jung afirma que o aprofundamento, a validação e o processamento dessa relação entre o inconsciente coletivo e a realidade manifesta passou a ocupá-lo a partir de então.

19. A dificuldade de interpretar e entender foi essencial para levar Jung ao passo decisivo de desenvolver uma base completamente *diferente* para lidar com o fluxo interior de sonhos, visões, vozes e outras manifestações do tipo. A capacidade de Jung de aguentar a tensão e sustentar as dúvidas e incertezas de "não saber" é um exemplo extraordinário da "capacidade negativa" de Keats. Para um dos melhores estudos sobre essa ideia essencial, veja Andrés Rodrigues, *Book of the Heart: The Poetics, Letters, and Life of John Keats* (Hudson: Lindisfarne Press, 1993), especialmente o capítulo "The Penetralium of Mystery".

20. Veja C.G. Jung. *Memories, Dreams, Reflections* (Nova York, NY: Vintage Books, 1963), p. 186.

21. Para a visão e a pintura, veja "Descida ao inferno no futuro", em C.G. Jung. *O Livro Vermelho*, capítulo 5.

22. Jung. *Memories, Dreams, Reflections*, p. 185. Por que Jung a chama de psicopata não está documentado.

23. Para a identificação de Maria Moltzer como a voz por Shamdasani, veja sua *Introdução* ao *Livro Vermelho*, p. 20, e seu artigo "Memories, Dreams, Omissions", também *Jung in Context: A Reader*, org. Paul Bishop (Londres: Routledge, 1999), p. 129. Ele diz que Jung a conheceu de 1912 a 1918. Mas Jung a conheceu também no Burghölzli. Moltzer, uma holandesa de uma rica família dona de cervejarias, se tornou enfermeira para combater os efeitos destrutivos do álcool. Em 1910, Jung escreveu a Freud, contando-lhe que "entre as duas mulheres há um ciúme naturalmente amoroso por minha causa" (Sigmund Freud; C.G. Jung. *The Freud/Jung Letters*, org. William McGuire, trad. Ralph Manheim e R.F.C. Hull (Princeton, NJ: Princeton University Press, 1974), p. 351-352). Jung estava se referindo a Maria Moltzer e à Fräulein Boeddinghaus (veja p. 351, n. 2, e p. 352, n. 3). Alguns meses depois, Jung escreveu a Freud: "Parece-me que o pré-requisito para um bom casamento é a licença para ser infiel" (ibid., p. 289).

24. Foi a partir dessa experiência com ela que Jung desenvolveu o conceito da anima e a ideia de que é através da *anima* que o homem experimenta sua alma. Moltzer foi também a origem da ideia da função intuitiva, o que Jung reconheceu (veja Jung. *Tipos Psicológicos*, em OC 6 (Petrópolis: Editora Vozes, 2013), § 773, n. 68).

25. Numa carta de 26 de dezembro de 1912 a Ernest Jones, Freud escreveu que Jung "está se comportando como o sujeito florido que é. O mestre que o analisou só pode ter sido a Fräulein Moltzer, e ele é tolo ao ponto de se orgulhar desse trabalho de uma mulher com a qual ele está tendo um caso". Veja Sonu Shamdasani. *Jung and the Making of Modern Psychology: The Dream of a Science* (Cambridge: Cambridge University Press, 2003), p. 52. Jolande Jacobi, em sua entrevista com Gene Nameche (entrevistador para os Jung Oral Archives), disse o seguinte sobre o caso: "Ouvi de terceiros, no tempo antes de ele [Jung] conhecer Toni Wolff, que ele teve um caso amoroso com uma moça no Burghölzli – qual era seu nome? Moltzer". Para uma discussão mais completa, veja

Sonu Shamdasani. *Cult Fictions: C.G. Jung and the Founding of Analytical Psychology* (Londres: Routledge, 1998), p. 57.

26. Moltzer era considerada um dos "elementos femininos [...] de Zurique" (Sigmund Freud, C.G. Jung. *The Freud/Jung Letters,* p. 440). Ela pode ser vista com outros na fotografia dos participantes do Congresso de Weimar de 1911 (Sigmund Freud; C.G. Jung. *The Freud/Jung Letters,* foto entre as páginas 444-445).

27. C.G. Jung. *O Livro Vermelho*, p. 32, n. 111. Shamdasani cita os diários de Fannie Bodwitz Katz, que contêm registros detalhados de sua análise com Moltzer e observações sobre muitos aspectos da cena analítica.

28. Riklin trabalhou com Jung nos experimentos de associação de palavras no Burghölzli e se casou com a prima de Jung, Sophie Fiechter (veja Deirdre Bair. *Jung: A Biography*, p. 222). Shamdasani observa que Moltzer tinha defendido que o inconsciente é arte e tinha convencido Riklin que ele era um artista e o afastou da ideia de ser um analista (veja Shamdasani. "Introdução", *O Livro Vermelho*, p. 20. Mary Foote foi uma das modernistas norte-americanas que expôs no Armory Show. Anos depois, Jung se mostrou impressionado com suas pinturas de índios norte-americanos e com a maneira em que ela capturou seu espírito interior. Em 1927, ele aceitou "a pequena pintora parda" para análise, e logo ela passou a transcrever os seminários de Jung. Para uma apreciação generosa de Mary Foote, veja Deirdre Bair. *Jung: A Biography*, p. 360-363.

29. Numa seção omitida na edição inglesa de *Memories, Dreams, Reflections*, de Jung, Jung fala da mulher cuja voz lhe disse que sua própria obra era arte e como essa *mesma* mulher "exerceu uma influência desastrosa sobre os homens. Ela conseguiu convencer um colega meu a acreditar que ele era um artista incompreendido. Ele acreditou nela e foi destruído" (Sonu Shamdasani. *Cult Fictions: C.G. Jung and the Founding of Analytical Psychology*, p. 16). O colega é, quase que com certeza absoluta, Riklin, e a mulher em questão é Moltzer. Creio que seja essa característica dela que forma a base para Jung chamá-la de psicopata, no sentido de decidir a vida de outro. Jung se referiu a Sabina Spielrein como histérica, nunca como psicopata. Isso é mais uma evidência de que a voz da *anima* não era Spielrein, como se costuma supor, mas Maria Moltzer.

30. Se Kandinsky foi o "pai" da pintura abstrata, então Hilma af Klint foi a "mãe", que precedeu Kandinsky em cinco anos. Klint ouviu vozes que anunciaram: "Você deve proclamar uma nova filosofia de vida e você mesma deve ser parte do novo reino. Seus esforços darão fruto" (veja https://en.wikipedia.org/wiki/Hilma_af_Klint). Esse tipo de impulso interior resultou em sua primeira série de pinturas abstratas em 1906, intitulada de "Caos primordial". Ela registrou suas experiências minuciosamente e chegou a encher mais de 150 cadernos e produziu mais de 1200 pinturas. Ela foi treinada na Academia Sueca de Belas Artes, mas seus mestres verdadeiros foram as figuras que ela vivenciou em seu mundo interior que, segundo ela, pintavam "através" dela.

31. Veja Richard Stratton. "Preface o the Dover Edition", em Wassily Kandinsky. *Concerning the Spiritual in Art* (Nova York, NY: Dover Publications, 1977), p. vii.

32. Enquanto a maioria das caracterizações das diferenças entre a psicanálise de Freud e a Psicologia Analítica de Jung se concentra em suas teorias e conceitos, o que exige mais atenção é a diferença crucial entre como alguém se relaciona às experiências da psique profunda. Isso se torna claro com a publicação do *Livro Vermelho*.

33. Wallace Stevens. *The Collected Poems of Wallace Stevens* (Nova York, NY: Alfred A. Knoff, 1954), p. 534.

34. Sylvia Nasar. *A Beautiful Mind* (Nova York, NY: Simon & Schuster, 1998), p. 11.

35. As crianças vêm com uma vida interior rica, e grande parte dela se torna imaginária. Isso tende a ser cada vez mais negligenciado e reprimido à medida que a criança cresce e a hegemonia da vida externa praticamente extingue o mundo interior. Essencial à vida da criança é a *história*. Isso ocorre também quando a vida interior irrompe em experiências esmagadoras como as que ocor-

rem na psicose. Para uma abordagem "narrativa" à psicose e outras manifestações importantes da mente perturbada, veja George Mecouch. *While Psychiatry Slept* (Santa Fe: Belly Song Press, 2017).

36. Jung. *Memories, Dreams, Reflections*, p. 192.

37. Ibid.

38. Robert Olen Butler. *From Where You Dream: The Process of Writing Fiction* (Nova York, NY: Grove Press, 2005), p. 13.

39. Carta de Jung a Read (Gerhard Adler. *C.G. Jung Letters*. Trad. R.F.C. Hull. Vol. 2, 1951-1960 (Princeton, NJ: Princeton University Press, 1975), p. 586-592), é uma de apenas duas cartas ilustradas nos dois volumes das cartas de Jung. Não está claro por que a carta de Jung a Karl Abraham em 1908 foi escolhida (Gerhard Adler. *C.G. Jung Letters*, Vol. 1, foto inserida entre p. 4 e 5). Mas a carta a Read é de grande importância histórica, e eu acredito que os organizadores (Adler e Jaffé) reconheceram isso. Existe também uma fotografia da visita de Read a Küsnacht em 1949 (ilustração III). Em Eranos, em 1952, Read fez uma palestra intitulada de "A dinâmica da arte", em que ele defendeu a arte moderna e confrontou Jung com suas visões equivocadas sobre a arte moderna. Jung abandonou a palestra, e isso quase pôs um fim à sua amizade. A ruptura curou. Read, que recebeu o título de cavaleiro em 1953, se tornou o editor-chefe da *Obra Completa* de Jung juntamente com Gerhard Adler, Michael Fordham e William McGuire, com R.F.C. Hull como tradutor. É interessante, para dizer o mínimo, que alguém que não era analista ocupasse essa posição. Sir Herbert Read era poeta, novelista, crítico literário e historiador da arte e um defensor ávido dos movimentos da arte simbolista e modernista e de sua importância na educação.

40. Adler, *C.G. Jung Letters*, Vol. 2, p. 586, n. 1.

41. Ibid., p. 590. Adler cita o primeiro sonho infantil de Jung (o sonho do falo como devorador de homens) e uma figura "paralela" ("o peregrino da eternidade") descrita pelo poeta irlandês George Russell (conhecido também como Æ) em seu *The Candle of Vision*. Adler afirma que esse livro teve um efeito profundo sobre Jung, apesar de Jung não mencionar Æ em nenhum de seus escritos ou cartas. Æ é importante porque ele descobriu a imaginação ativa em 1884 e transformou suas conversas em sonhos e experimentos imaginários em poesias e pinturas. Para uma análise detalhada das contribuições de Æ, veja Russell Lockhart, *Psyche Speaks: A Jungian Approach to Self and World* (Wilmette: Chiron Publications, 1987; republicado por Everett: The Lockhart Press, 2015), especialmente o capítulo intitulado de "Æ's Augury".

42. Adler. *C.G. Jung Letters*, Vol. 2, p. 591.

43. Ibid. Read respondeu à carta de Jung em 19 de outubro de 1960: "Todo o processo de fragmentação, como você o chama corretamente, não é, em minha opinião, intencionalmente destrutivo: o motivo sempre tem sido (desde o início do século) destruir a imagem consciente da perfeição (o ideal clássico da objetividade) a fim de liberar novas forças do inconsciente. Esse 'voltar-se para dentro' [...] é precisamente um anseio de entrar em contato com o Sonho, ou seja (como você diz), o futuro. Mas na tentativa o artista tem seus 'impulsos escuros e irreconhecíveis', e eles o esmagam. Ele luta como um homem derrubado por uma enchente. Ele se agarra a fragmentos, a lixo flutuante de todos os tipos. Mas ele precisa liberar a enchente a fim de se aproximar mais do Sonho. Minha defesa da arte moderna sempre tem se baseado nessa percepção: que a arte deve morrer para viver, que uma nova fonte de vida deve ser encontrada sob a crosta da tradição" (Adler. *C.G. Jung Letters*. Vol. 2, p. 591, n. 8). Read deixa claro que a arte moderna não pode se basear apenas no "espírito dessa época", como Jung alegava, mas, em seus vários modos, estava expressando "o espírito das profundezas".

44. Adler. *C.G. Jung Letters*. Vol. 2, p. 591-592.

45. Harold Rosenberg. "Metaphysical Feelings in Modern Art", *Critical Inquiry* 2 (1975), p. 217-232.

46. Adler. *C.G. Jung Letters*. Vol. 2, p. 604.

14
"A questão incandescente"
Tremor, brilho, gaguejo, solidão

Josephine Evetts-Secker

Este artigo tenta ser o mais atento possível à linguagem de Jung a fim de explorar seu impacto como uma maneira de sentir a integridade do "conteúdo" e de permitir que seja registrado, pois isso afetará minha recepção das imagens e também o argumento. Tal sintonização com o texto estabelece uma confiança essencial entre leitor e autor.

Liber Novus, que Jung alegava ser o "núcleo" de seu trabalho posterior, era conhecido aos junguianos informados apenas através de "alguns poucos vislumbres atormentadores" até ser disponibilizado ao público em 2009.[1] Tendo pouco conhecimento de sua existência e nenhum conhecimento de sua publicação iminente, em setembro daquele mesmo ano, sonhei:

> Estamos numa sala superior, acima de uma grande igreja antiga. Num púlpito grande há um livro enorme, aberto. Eu suponho que deve ser uma Bíblia, mas ele se parecia mais com *Grande Heures*, de Duc de Berry. Quando nos reunimos em torno dele e nos aproximamos do púlpito, o volume se inflama. As palavras oníricas foram: "ele se autoimola!" Estou perplexa, maravilhada.

Na noite seguinte:

> Tenho a sensação de estar passando por prédios enormes, nos térreos. Alcanço o fim. Chego a uma porta. Eu a abro e me vejo diante de uma paisagem ampla. Tenho a sensação de alcançar o fim de "algo" e de vivenciar vistas totalmente novas.

Reconheci a sala como a biblioteca de uma igreja em Londres onde realizávamos o ensaio do nosso coro e onde cantei música polifônica pela primeira vez. Na primavera seguinte, em 2010, quando vi o tomo recém-publicado de Jung pela primeira vez, ele me pareceu familiar, uma apresentação estranha e sincrônica ao "todo belo e enigmático" que estava prestes a me desafiar.[2] A energia residual daquele sonho me ajudou a moldar minha reação ao grande opus de Jung.

Ulrich Hoernli supôs corretamente que "interpretações competentes serão feitas na literatura secundária futura".[3] Os ensaios neste volume são testemunho disso. Meu objetivo é simplesmente documentar reações pessoais à "matéria incandescente" de Jung.[4] Essa incandescência me abalou e ainda me agita. Escrito em tempos voláteis de crise cultural, o objetivo de Jung era desenvolver uma "nova visão do mundo e imagem de Deus" nos espasmos e tal crise.[5] Enquanto Nietzsche pregava a morte de Deus, Jung ansiava por um Deus reconcebido, renovado, reimaginado. Ele "queria continuar vivendo com um novo deus".[6] Sua imaginação labutou diante dessa tarefa. A sua inflamou a minha, pois esta também é a minha tarefa.

Como sempre, à minha reação à psique subjaz o dito de Adam Philips de que não devemos transformar o trabalho psicanalítico em uma "ciência das paixões sensíveis, como se o objetivo da psicanálise fosse tornar as pessoas mais cientes de si mesmas em vez de fazê-las perceber o quanto são estranhas".[7] Jung revela a estranheza assombrosa de seu próprio mundo interior ao longo de toda essa obra monumental que ele decidiu não publicar enquanto vivo. Assombrosos são os mundos tanto de Jung quanto de Freud.

Na literatura que, segundo a predição de Hoernli, seguiria à publicação, *O Livro Vermelho* tem provocado reações intensas. É uma "meditação poética";[8] um "desafio hermenêutico assustador";[9] um "trabalho de consciência";[10] uma "gnose para a modernidade";[11] uma "monstruosidade, magnífica e grotesca";[12] "existencial e pós-moderno".[13] Apesar de experiente e alarmantemente impressionante, poucos têm concordado com Giegerich de que o *Livro Vermelho* fracassa, sendo "absolutamente esotérico".[14]

Reações tão diversas nos lembram talvez de uma verdade articulada em relação às *Notas do subterrâneo*, de Dostoiévski: "é o destino de todos os grandes textos serem tanto mutáveis como multifacetados o suficiente para que cada geração de leitores possa buscar sua própria imagem neles".[15]

Como universitária, recebi como tema de redação um poema que eu gostava, mas fui instruída a justificar a objeção de que esse poema não provoca nenhuma reação, por ser linguística e contextualmente local e idiossincrático e por ignorar a Tradição. Considerei isso equivocado como principal critério de valor; pois provocava muitas reações alusivas, possivelmente alimentadas por ricos complexos pessoais a serviço da arte. Com essa abordagem crítica ainda em mente, décadas mais tarde adentrei na busca épica de Jung por seu "caminho do que há de vir". Página após página, experimentei um verdadeiro tinido alusivo! A linguagem crítica padrão se mostra inadequada para descrever a densidade de referência; Jung vai muito além das formas típicas de eco intercultural e intertextual. Se Hermes é o deus da preposição "entre", suas pegadas e digitais estão por toda parte, apontando em todas as direções imagináveis, às vezes simultaneamente! Como diz Paul Bishop, ele vai muito "além da mera alusão".[16] Mesmo assim, essas ressonâncias são especialmente satisfatórias, incluindo-nos culturalmente ao mesmo tempo em que nos tiram do conforto de nossa crença.

A convenção organizadora central da *nekyia* já está bem documentada. Existem tantas narrativas de descidas ao submundo: Orfeu, Odisseu, Inanna etc. Na nossa prática diária, encontramos tais *katabases* pessoais, talvez mais humildes, em sonhos. Tipicamente, há algum guia... Anúbis e Caronte, até mesmo cachorros e golfinhos, escoltas angelicais de vários tipos. Claramente familiarizado com o Virgílio de Dante, Jung desenvolveu Filêmon a partir de fontes arcaicas. Ele já era um companheiro da alma familiar. Muitos escritores junguianos têm amplificado isso.

Leitores anglófonos sintam talvez de vez em quando também a energia do Evangelista de Bunyan, que conduz seu Peregrino até a cidade celestial. Ao chegar, o Peregrino "viu que havia um caminho para o Inferno, até mesmo dos Portões do Céu e também da Cidade da Destruição". O Peregrino parte em seu progresso fantástico: "Enquanto andava pelo deserto deste mundo, eu repousei em determinado lugar, onde havia uma toca, e eu me deitei naquele lugar para dormir; e enquanto dormia, sonhei um sonho. Sonhei, e eis que vi um homem vestido em trapos". Isso deu cores à minha investida no "deserto seco e quente" de Jung.[17] O homem em trapos de Bunyan busca a salvação que Jung é levado a desafiar.

Uma leitura como eu, exposta a uma literatura inglesa provavelmente desconhecida a Jung, pode reconhecer também figuras como o guia da alma de Alice, o Coelho Branco. Como o Cristão, Alice também desperta do subterrâneo de seu sonho. Um romance, em versos, recente e inovador oferece o próprio Sigmund Freud como psicopompo para o homem do século XXI num predicamento muito atual.

> Quando eu tinha percorrido a metade da minha vida
> (sempre um momento feliz) eu perdi minha esposa
> para outro homem, e, segundo o rumo natural,
> quando uma mulher deixa seu homem do passado,
> ela fica com nosso filho;
> [...] assim, de uma só vez,
> eu me vi um homem solteiro e solitário [...]
> Ao perder família e lar, ele leva seu filho para
> algum parque de diversões, não para a grande floresta de Dante!
> A entrada do parque é um portão alto
> enfeitado com bandeiras e feito para imitar
> um portal bruto de pedra rústica,
> apesar de ter sido feito de concreto.
> Acima do lintel maciço se erguem
> três palavras em perfil contra o céu:
> "Viva o Sonho".[18]

Eles entram num mundo falso de "figuras mecânicas", "hologramas", figuras de cera, todo tipo de simulações, AstroTurf, pedras de plástico, luas de neon. Freud o convida a "caminhar comigo" e lhe mostra assombrações mitológicas artificias, como a ilha de Circe. O *homo denarius* é anunciado a cada passo. É uma narrativa engenhosamente séria, perturbadoramente engraçada, caprichosamente satírica daquilo que o autor chama "imaginamento". Isso ilumina de modo convincente a integridade da imaginação de Jung além desse submundo disneyificado, como aquele que tememos habitar, o mundo falso de Trump, em que categorias sensatas de verdade e autenticidade são derrubadas. Como é pré-fabricado o espírito dessa época! A distinção entre imaginação autêntica e imaginamento artificial é provocante.

A necessidade impulsionadora de Jung era validar a experiência interior, anunciando no início de "O caminho do que há de vir": "Quando falo em espírito dessa época, preciso dizer: ninguém e nada pode justificar o que vos devo anunciar. Justificação para mim é algo supérfluo, pois não tenho escolha, mas eu devo".[19] Isso nos lembra percepção de John Milton de sua tarefa solene. Partindo das alturas e profundezas sublimes, o poeta se reaproxima da terra, mudando o registro para introduzir sua narrativa épica da queda humana:

> Não mais falar de quando Deus ou Anjo visitava
> O Homem, como costumava com seu amigo, familiar
> Sentar-se indulgente e compartilhar com ele
> Uma refeição rural... Agora preciso trocar aquelas
> Notas pela tragédia –
> Iluminar o que está escuro dentro de mim,
> Elevar e apoiar o que está baixo,
> Para que, à altura desse grande Argumento,
> Eu possa afirma providência eterna
> E justificar diante dos homens os caminhos de Deus.[20]

O tom e a missão solenes de Jung soam às vezes assim, e é possível ouvi-las também em Nietzsche, quando ele fala de sua grandiosa tarefa "de preparar um momento de supremo 'vir a si mesmo' por parte da humanidade".[21]

Paul Bishop observa a onipresença de Nietzsche na experiência e nos escritos de Jung. Em tantas passagens, não só quando ele invoca Zaratustra, mas implicitamente por toda parte, esse pano de fundo é o que pode ser vivenciado como o *ecce homo* pessoal de Jung. Ocasionalmente, a sombra persistente do *Homem subterrâneo* de Dostoiévski (um livro que Jung deve ter conhecido) modera a apologia de Jung. A autoabnegação vívida do russo é compensada pela grandiosidade. Como no caso de Nietzsche, ela coloca as autoavaliações psicológicas de Jung em relevo. Sua grandiosidade quase messiânica era claramente compreendida por Jung.

Seria tedioso continuar seguindo essas alusões de tão longo alcance. O que impressiona é que, no contexto de cada cultura ou língua em que o *Livro Vermelho* é lido, alusões específicas àquela cultura virão à tona, colorindo e intensificando a experiência individual. Tudo poderia ser rastreado arquetipicamente.

Relacionado a essas correntes globais, podemos considerar a mistura experimental de estilos e gêneros, inovações técnicas impulsionadas por outras explorações contemporâneas da realidade interior no rastro da "descoberta do inconsciente", até mesmo fora do trabalho estritamente psicanalítico. Kierkegaard desenvolveu sua "poesia lírica dialética" sob a mesma pressão em *Temor e tremor*.[22] Hillman fala do *Livro Vermelho* mais em termos de "psicodrama do que psicodinâmica".[23] Mistura de estilos, mistura de gêneros, mistura de categorias. Evocando constantemente as mudanças: picaresco, autobiografia, memórias poéticas, alegoria, prosa poética e poesia puramente lírica, autobiografia, solilóquio, exame inaciano de consciência, confissão, diálogo clássico entre alma e corpo, passagens explícitas de exegese filosófica, teológica e psicológica, energias ditirâmbicas que remetem a Nietzsche.[24]

A escrita ultrapassa em muito as convenções de alusão, de modo que poderíamos invocar o *amphiballein* do grego do Novo Testamento, postulando uma técnica anfilética em combinação com a dialética. *Symballein* une duas partes; *diaballein* as separa; *amphiballein* atrai tudo para a rede circundante de vozes, dialetos e imagens. Essa multiplicidade ilustra o "pandemônio de imagens" que Hillman identifica no trabalho autoanalítico de Jung.[25] Foi assim que Jung lidou com seu próprio processo, voltando-se para dentro e permitindo que as tempestades se "traduzissem em imagens", defendendo a realidade da psique, dando ao fato e à ficção validade igual. Shamdasani relata a percepção de Jung de que "Eu andava de lá para cá com todas essas figuras fantásticas: centauros, ninfas, sátiros, deuses e deusas como se fossem pacientes e eu os estivesse analisando".[26] Essa vivacidade é convincente criando um relacionamento entre os personagens e o leitor como que num romance. Eu me senti presente no local, muitas vezes resistindo ao que via e ouvia, ao mesmo tempo em que registrava uma profunda satisfação e epifanias perturbadoras; testemunhando e passando por experiências internas periodicamente. Capítulos são considerados aventuras e, como Dom Quixote, eu me via compelida por cada coisa que acontece em seguida com a mesma abertura inevitável.

Os classicistas rígidos teriam deplorado tal mistura de gêneros. Mas no início do século XX os artistas já tinham ido muito além das condenações iniciais de composição em tais modos como "tragicomédia", o "histórico trágico" etc. que Shakespeare, como psicólogo profundo que era, tinha reconhecido como psiquicamente válido.[27] Teóricos críticos contemporâneos defendem agora a "teoria da fusão conceitual", talvez em decorrência dos estudos de Joyce. A transformação e mistura de estilos e registros estilísticos do *Livro Vermelho* me falam da "diversidade incondicional" do mundo,[28] na qual Jung busca reconciliação e união, sem prejudicar a integridade da contradição e do paradoxo. Em tudo isso ouço a polifonia de vozes, uma música do contraponto e do contrário.

Tudo mencionado acima servia como trilha sonora para a minha leitura, às vezes baixa, às vezes assertiva, dependendo das minhas frequências particulares. O que segue é mais significativo e urgente. A questão da incandescência. Desde o início do *Liber Novus*, somos desafiados por experiências de ultimidade, por trajetórias para a profundeza e para a altura. Somos apresentados ao extraordinário na declaração de Jung de 1957, que reflete sobre os anos durante os quais ele ousou elaborar fielmente as "imagens interiores"; aquilo que "jorrava do meu inconsciente e me inundou como um rio enigmático e ameaçava quebrar-me". O excesso o invadiu e, com alguma trepidação, até chegou a questionar sua própria sanidade, admitindo a Mircea Eliade que, como psiquiatra, ele estava preocupado por estar arriscando uma "esquizofrenia" dando ouvidos a sonhos e visões que "vieram até mim do subsolo do inconsciente coletivo".[29] Descreveu que tinha sido atingido por uma "corrente de lava".[30] Mesmo assim, decidiu persistir, aprofundar e validar suas descobertas.

Isso lhe trouxe à mente o problema de Nietzsche que, sentia ele, finalmente tinha escapado da angústia da tensão e das oposições interiores entregando-se à loucura. Em seu artigo sobre criptomnésia, Jung depreciou o panegírico de Nietzsche sobre a inspiração[31] como uma descrição da "impotência da consciência diante da força do automatismo que emerge do inconsciente. Na pessoa com pleno gozo de seus sentidos, somente esta força elementar consegue arrancar do esquecimento os vestígios mais antigos e mais sutis da memória".[32] Para Jung, foi vital adjudicar tal avaliação do humor, de se encontrar num estado de inspiração, "completamente fora de si", como Nietzsche dizia, "inundado de ideias alheias", um "fogo que consome", pois ele também experimentaria a força indomável de sua própria imaginação fantástica durante aqueles anos em que compôs e ilustrou seus livros negros e vermelho. Ele conclui que "o trabalho do gênio é diferente; ele apanha esses fragmentos distintos para inseri-los com sentido numa estrutura nova". Enquanto Jung lidava com sua própria incandescência, ele precisava das formulações equilibradas do final da década de 1950, quando contemplou o Zaratustra sob uma perspectiva psicológica, supondo que estava preso entre forças contrárias, incapaz de se beneficiar de sua tensão, reprimindo a função reguladora da psique. Ele afirma a importância da

> confrontação com o inconsciente. O ego deve receber o mesmo valor no processo que o inconsciente, e vice-versa. [...] um inconsciente novamente descoberto age perigosamente sobre o eu. [...] um inconsciente libertado pode pôr de lado o eu e dominá-lo. O perigo está em "perder a serenidade", isto é, em não poder mais defender sua existência contra a pressão dos fatores afetivos – situação esta que encontramos frequentemente no início da esquizofrenia. Não haveria este perigo – ou não existiria de maneira tão aguda – se a confrontação com o inconsciente pudesse desfazer-se da dinâmica dos afetos. E de fato isto acontece, em geral, quando se estetiza ou se intelectualiza a posição contrária. Ora, a confrontação com o inconsciente deve ser multilateral, pois a função transcendente não é um processo parcial que poderia desenvolver-se de maneira condicional, mas um acontecimento integral em que se acham incluídos ou – melhor – em que deveriam ser incluídos todos os aspectos em questão.[33]

Ele próprio precisou desse alerta durante aqueles anos intensamente criativos e perturbadores de composição, sujeitando-se a seu próprio conselho para "lidar com o inconsciente". Falando com Salomé sobre "lágrimas e sorriso", ele conclui que "o excesso de sua tensão parece significar o último e máximo de possibilidade sentimental".[34] Salomé o traz de volta para a terra, respondendo que ele simplesmente se apaixonou. Assim, Jung questiona constantemente o seu próprio exagero.

Durante a leitura dessa apologia visionária a "serviço do inexplicável", o leitor também pode se sentir esmagado pela linguagem extrema, muitas vezes dramática e espetacular.[35] O verbo "roubar" é usado como fuga com inúmeras variações. Alma e vontade são "roubadas" e "cativadas" por emoção, anseio ou medo intensos. Ao mesmo tempo, as palavras se estendem para além do sentimento comum; encontramos o insuportável, insondável, indizível, imensurável, infinito, ilimitado, a infinidade. Os horizontes são infindáveis, encontros são tremendos. Muitas vezes, há um senso do sublime.

O vocabulário de luz e fogo arde por toda parte; imagens são carregadas de radiação. Objetos como vestimentas reluzem e brilham. Isso se evidencia da forma mais potente nos interlúdios líricos, onde "torrentes de fogo irrompiam de meu corpo brilhoso" quando ele "flutuava em chamas vivas".[36] Ele é exposto à "luz atuante e força [do sol] que queima".[37] Ele cambaleia "embriagado de fogo", onde se une o imagístico de intoxicação, calor e luz. O "terrível" está sempre próximo. Tal intensidade culmina na inflação última: "Eu era sol, todo sol. Eu sou o sol",[38] lembrando sua experiência no Rigi:

> Eu já não sabia mais o que era maior, eu ou a montanha [...] alturas vertiginosas, onde abismos e panoramas constantemente renovados se abriam diante do meu olhar, até, finalmente, eu me encontrar no pico em ar estranhamente fino, olhando para distâncias inimagináveis. "Sim", pensei, "é isso, meu mundo, o mundo real, o segredo onde não há mestres, não há escolas, nenhuma pergunta sem resposta, onde é possível *ser* sem ter que perguntar qualquer coisa". Eu segui cuidadosamente as trilhas, pois havia precipícios tremendos por toda parte. Tudo era muito solene, e senti que era preciso ser bem-educado e silencioso aqui em cima, pois estava no mundo de Deus. Aqui ele estava fisicamente presente.[39]

Em sua juventude, como também em suas fantasias mais maduras, seu entusiasmo se expressou em maravilha, sua sobrecarga era psiquicamente impossível de administrar sem recurso à hipérbole. Na descrição de suas buscas diárias, a metáfora é aplicada ao extremo, remetendo aos *concetti* do Renascimento e ao conceito metafísico. "Eu comia a terra e bebia o sol".[40] No fim, tudo isso serve à necessidade psicológica da "luz que entende as trevas".[41] Um desafio ousado. Mas em meio à exaltação, há muitos "mas" equilibradores. A despeito do brilho, há uma "luz atuante":

> Quem traz em si as trevas, a este está próxima a luz. Quem desce para dentro de suas trevas, este chega ao nascer da luz atuante, do Hélio que atrai o sol.[42]

Ele implora por apoio em seu gaguejar.

> Dá-me tua mão, uma mão humana, para que me mantenha preso à terra, pois rodas girantes de fogo me levantam e desejo jubiloso me arrebata até o zênite.

Como pedinte humano, ele então implora, esquecendo que bebeu o sol. Ele faz o que acreditava que Nietzsche foi incapaz de fazer.

O que se destaca é a linguagem de intoxicação, desejo, anseio, surpresa, exaltação. O "eu" falível de Jung é repetidamente arrebatado e encantado. O ser humano se adapta à escala, mesmo em seu excesso mais aparente! A entrega de Jung às suas experiências visionárias é qualitativamente diferente de seu diagnóstico do relato de Nietzsche sobre seu estado de inspiração. Jung permite que os "deves" e "precisas" da necessidade psíquica o guiem. Ele é conduzido às imagens. "Encontrei-me" se torna uma fórmula de abertura para muitos episódios, uma introdução à ação. "Na noite seguinte [...] fui conduzido a uma segunda imagem".[43] "Na noite seguinte encontrei-me de novo andando [...]".[44] A cada passo, ele justifica a linguagem transbordante. "Devo dizê-lo [...] porque eu assim o experimentei. [...] Não posso negar que ela se apossou de mim acima de todas as medidas".[45] É bem possível que Jung, o profeta nele, tenha perguntado: "Quem acreditou em seu relato?"

Tais alturas positivas são, é claro, equilibradas pela escuridão e profundeza. Mesmo que a alma experimente uma medida pleromática, "todo luz, todo desejo, todo eternidade",[46] a experiência negativa é igualmente absoluta, encontros com as profundezas absolutas, assombrado pelo "horrivelmente repugnante" e pelo banal e feio. Ele encontra e conhece o desespero extremo. "O pavor me paralisou", e ele descobre que o "poder abissal do maligno [...] a violência bruta te acomete".[47] Ele não planeja seu itinerário; ele se depara com aquilo que deve encontrar. "Na noite seguinte, fui para a terra do Norte e encontrei-me sob céu cinzento", onde ele encontra o "Escuro", "no último canto do mundo". Aqui, a alma é desafiada: "Por que querias entender a escuridão? Mas tu precisavas entendê-la, senão ela te agarraria. Feliz daquele que se antecipa a este agarramento". Essa mesma alma jeremiana lamenta: "Morro num monte de esterco", e "um cachorro passa e levanta sua perna na minha direção", e ele "amaldiçoa a hora de meu nascimento", "cercaram-me os horrores", nascido entre fezes e urina, uma admissão agostiniana e yeatsiana. Mas ele recorre ao entendimento hebraico do homem feliz, o *beatus vir* do salmista, que sabe que ele "não pode de forma alguma viver sem o mal",[48] ele reconhece, porém, que "feliz daquele que pode estar só em seu deserto",[49] um destino final para a alma que busca.

Como muitos contemporâneos, após a racionalidade moderadora do esclarecimento supostamente ter acalmado as almas febris, Jung se sentiu faminto e com frio. Repetidas vezes, ele afirma sua insatisfação com o meramente científico, com o exclusivamente intelectual, ele não quer ser escravo da explicação, utilidade e significado. Ele diz que tinha se tornado "vítima de meu pensar", eu me aforo "[...] no próprio saber".[50] Para ele, a fé no "Logos [...] a palavra salvadora [...] a razão" estava destruída.[51] No entanto, ele estava profundamente incomodado com a exigência de "aprender no sem sentido",[52] de terem roubado dele "a alegria da explicação".[53] Mais do que a maioria, ele reconheceu o anseio que fazia os humanos "se esforçarem por dar a um ordenamento de palavras apenas um único sentido, isto é, por ter uma linguagem inequívoca",[54] que são obrigados a encontrar satisfação nas "palavras que oscilam entre a tolice e o sentido supremo",[55] para "confiar-me a esta confusão".[56] Ao mesmo tempo, deve obedecer também à "necessidade de saber proibido".[57] Nessa condição epistemológica desorientadora, ele é convidado a esperar, no entanto, "eu espero, sem saber o que eu espero",[58] fadado a, paradoxalmente, "olhar para o desconhecido"[59] e a ser fiel aos "símbolos não desvendáveis e indizíveis".[60] Nos *Aprofundamentos* finais, após os perigos que suportou, Jung reconhece "que não é tão difícil estabelecer uma teoria que explique suficientemente minha experiência e a adicione a coisas já conhecidas".[61] Mas estar satisfeito em termos intelectuais não satisfaz nem elimina "a mínima parte da certeza de um ter experimentado o Deus. Nessa certeza da experiência reconheci o Deus. Não posso reconhecer nisso outra coisa senão ele". Ainda assim ele resiste: "Não quero crê-lo [...]". É uma doença "da qual precisamos nos curar". A culminação de todas as suas provações interiores é a percepção de que Deus "é nossa pior ferida".[62]

Isso nos leva à condição da alma que evoca o "estremecer", uma palavra e experiência com que vários dos contemporâneos de Jung, como Nietzsche e Kierkegaard, também lutaram. Quero introduzir essa reflexão com a admissão de Jung: "não quis mais procurar-me fora de mim, mas dentro de mim. Quis então segurar a mim mesmo, e quis de novo ir adiante, sem saber o que queria, e assim caí no mistério".[63] Ele já tinha permitido que a energia de um espírito diferente do espírito dessa época agisse em sua alma, o espírito que "governa a profundeza de todo o presente".[64] Em entregar-se às profundezas, ele não teve escolha. Essa é a fonte da inadequação final do conhecimento que Jung considerara tão precioso. O que o "espírito da profundeza" lhe daria, não "se pode aprender", só pode se desenvolver em você.[65] Nesse estado vulnerável, ele caiu no mistério. Ele não teve escolha, pois uma certeza imutável para Jung era que "Eu queria meu Deus incondicionalmente".[66] O custo foi alto, como testifica o *Liber Novus*.

Jung foi profundamente afetado pela formulação do sagrado por Rudolph Otto, introduzindo o termo que Jung levou a sério com coração, alma e mente – o numinoso. A elaboração de Otto do numinoso, do *ganz Andere*, como o *mysterium tremendum et fascinans* assombra o *Liber Novus* de Jung. Esse é o estremecer do êxtase e/ou o terror que acompanha a incandescência: "um pavor me invadiu. [...] Fiquei parado e me horrorizei". Mas então, numa modalidade mais suave, "minha alma me sussurrou".[67]

Tremer e estremecer afasta qualquer dúvida da realidade do acontecimento psíquico. *Phrike*, em grego, o tremor da excitação, maravilha, pavor. Jung considerava isso uma reação humana necessária ao verdadeiro encontro religioso, relacionando-a ao seu presente. Até mesmo os heróis de contos de fada precisavam sair para o mundo para descobrir o que era o medo, para aprender a estremecer.[68] Nos registros bíblicos, temor e tremor são as reações essenciais ao infinito ou à presença divina, o *Furcht und Zittern* de Lutero. A imersão de Jung no Livro de Jó o familiarizou com a exclamação de Jó: "Ao pensar nisso fico consternado e um arrepio se apodera de meu corpo".[69] Kierkegaard também foi compelido por seu *Frygt og Baeven*. Como o salmista, todos defendem o fato de que isso é uma reação física involuntária: "Temor e tremor me invadiram..."[70] Nietzsche invoca constantemente a sensação de ser abalado e entregue às suas profundezas.[71] Maravilha após maravilha vinham ao encontro do corajoso "eu" de Jung, e ele "viu e estremeceu", incapaz de "captar o monstruoso".[72] Apesar de desejar consolo, ele se "arrepia diante do – maior".[73] Tremer em êxtase é, muitas vezes, a reação ao "brilho" que ilumina tantas experiências da profundeza, mas o desejo humano pelo brilho pode enganar e trair a verdade da alma. É significativo que Filêmon se retira para "a névoa tremeluzente da inconsciência",[74] inevitavelmente evocando a *Nuvem do Desconhecido* dos místicos. Tal desconhecimento tem tanta validade para a alma quanto a clareza da transfiguração.

Paul Bishop reflete sobre as experiências de Nietzsche de "tremores sem precedentes", que expressam intensidades interiores, mas ele aceita a necessidade de se calar sobre eles.[75] Essa parece ser, também, a experiência de Jung. Agindo como o porta-voz, advogado e dramaturgo da psique com surpreendente fidelidade, Jung, porém, termina semelhante ao coro de Milton que registra o fim de Sansão: "Paz de espírito, toda paixão gasta".[76]

Após tanta eloquência e poder retórico, quando entramos nos *Aprofundamentos*, nós nos deparamos com uma fala diferente, com um novo "gaguejar". Talvez Jung tenha alcançado um lugar semelhante ao de T.S. Eliot, em sua metáfora do tempo de guerra que captura sua "luta intolerável/com palavras e significados" por meio de um ataque ao "não articulado" quando ele tenta ficar quieto, permitir que a escuridão o invada, "que será a escuridão de Deus".[77] Nenhuma mudez. A tentativa de encontrar palavras continua.

O esforço e a energia exigidos para escrever o *Liber Novus* são notáveis. Ouvimos repetidas vezes comentários como "Estou cansado, não só cansado de estar dependurado, mas da luta pelas imensidades",[78] constantemente apossado "acima de todas as medidas".[79] Mas ele persiste, mesmo quando reconhece que "aqui não cabem palavras. [...] Recuso-me a entender algo assim. Não posso falar disso sem ficar irritado".[80] Tal experiência o leva ao lugar bíblico do *tremens et stupens*, essencialmente falta de palavras, tremor e perplexidade.[81]

Acusação sobre o complexo messiânico de Jung podem encontrar combustível no *Livro Vermelho*, mas seriam equivocadas. Certamente existe algum senso de chamado, um senso de eleição, tendo se sentido bastante "sozinho perante Deus" desde a sua juventude.[82] Mas a responsabilidade que ele sentia ser seu destino inescapável era muito mais a de um profeta do que de um messias. Sua regressão para o gaguejo comunica um senso do numinoso que palavras não conseguem articular, supondo talvez também o estado de Moisés, o gago, que precisou que seu irmão Arão falasse por ele. George Steiner sugere que o grande crítico se "antecipa", ele se "debruça sobre o horizonte e prepara o contexto do reconhecimento futuro".[83] Com perspicácia, ele comenta que "o inefável se encontra além das fronteiras da palavra". Jung teve que "quebrar as paredes da linguagem" para fazer jus à sua experiência visionária.[84] A tarefa diante de Jung era exigente, era traduzir a realidade interior imediata. Steiner afirma que a poesia é tentada pelo silêncio. E, às vezes, falar significa dizer menos. Jung percebeu que, como Moisés, ele estava conduzindo seus seguidores para um território totalmente novo da alma. *O Livro Vermelho* é uma tentativa corajosa de criar uma linguagem para o empreendimento.

O gaguejar no campo da incandescência, sua própria sarça ardente, como poderíamos dizer, o levou à mais profunda solidão. O solitário se tornou uma figura-chave em seu drama, estar a sós consigo mesmo. Já no início, ele tinha anunciado: "Eu vos preparo para a solidão",[85] pois sua alma tinha predito a necessidade de "solidão".[86] Estar sozinho precisava vir antes de ele poder ser o homem feliz "que pode estar só em seu próprio deserto".[87] Ele deve cultivar "com denodo a solidão e sem resmungar", pois seu "caminho vai para a profundeza".[88] Aqui, "cultivar" é um verbo ativo. Nessa profundeza, a solidão não vem sem ser buscada. É trabalho da alma. A verdade revelada em *Aprofundamentos* é que, mesmo que ele "soluce como uma criança",[89] isso faz parte de aprender a ser uma alma, o que deve acontecer no mundo dos homens.

Estar só, porém, também torna problemática qualquer forma de discipulado. Nesse ponto Jung segue o protesto de Nietzsche: "Agora parto sozinho, meus discípulos! Parti vós também e ficais sozinhos! [...] Ainda não tínheis procurado a vós mesmos quando me encontrastes. Assim fazem todos os crentes; portanto toda crença é de tão pouca importância. Agora peço que me perdeis e encontreis a vós mesmos".[90] Jung também diz: "tua obra estaria acabada se o ser humano carregasse sua própria vida sem imitação".[91] Sua proibição de imitação é especialmente vital, mas problemática, vinda do fundador de uma "escola" de psicologia. Mesmo assim, diante daqueles que pretendem adotar suas ideias, ele insiste que descubram "seu próprio caminho".[92] Ele até invoca a metáfora da virgindade: "Meu segredo permanece virginal e meus mistérios são invioláveis, pertencem a mim e não podem jamais pertencer-vos. Vós tendes os vossos".[93] Essa é uma cobrança desafiadora que muitos junguianos ignoram. A injunção de que devemos encontrar nossa própria salvação com temor e tremor é estabelecida aqui como uma reflexão orientadora associada a sua figura de sabedoria, Elias: "Quem entra no que é seu precisa tatear pelo próximo, precisa apalpar seu caminho pedra por pedra".[94] Mas há também ambiguidade nisso, pois, ao mesmo tempo em que ele insiste que não existe caminho senão seu próprio, ele deve aceitar também que ele deve viver "como se fosses a humanidade inteira".[95]

Solidão e silêncio. Assim Jung, típica e profusamente, vocal e vociferante, postula o fim da fala em solidão e silêncio, alegando que aquilo que ele diz é indizível e incompreensível. Com ou sem entendimento, sua tarefa é ser um defensor pioneiro extraordinário da realidade da psique. Alice e o Peregrino de Bunyan podem acordar de suas aventuras e imagens subterrâneas: "E eis que era um sonho". Quando Alice se vê ameaçada pela Dama de Copas, ela se defende com uma afirmação da instabilidade da ação inconsciente: "Você não é nada além de um jogo de cartas!" Jung não tem essa opção. Jung é obrigado a continuar levando a sério seus muitos si-mesmos, ouvindo-os em plena consciência. São suas figuras interiores que se defendem, como quando Elias e Salomé revidam: "Nós somos reais, e não um símbolo".[96]

Em defesa de seu "método" em *Memories, Dreams, Reflections*, ele fala de Filêmon como um fenômeno psíquico e como personalidade real: "Há coisas na psique que eu não produzo, mas que produzem a si mesmas e têm sua própria vida [...]. Foi ele quem falou, não eu. Foi ele que me ensinou objetividade psíquica, a realidade da psique".[97] *O Livro Vermelho* dá a todas as figuras a liberdade imaginária para ser e se tornar o que devem ser. Se a alma vive através da imaginação, então devemos tratar "seriamente aqueles livres-errantes desconhecidos, que habitam o mundo interior".[98] "Quando pergunto: 'Onde está minha alma, como a encontro, o que ela quer agora?' a resposta é: 'Volta-te para tuas imagens' [...] Cada processo psíquico é uma imagem e uma 'imaginação'".[99] Este é o legado da serpente: "Eu te dou o pagamento na ilustração", seguido pela visão: "Vê".[100]

Numa interação comovente entre o "eu" de Jung, Salomé e Elias, ele percebe seu anseio pela "alegria das pessoas, sua saciedade e satisfação". Agora ele ganhou da serpente "solidez, sabedoria e força mágica",[101] e, sentindo que "tudo havia terminado em mim", ele também fala de dar e dádiva. Ele encoraja uma Salomé demasiadamente submissa: "não me dês de teu desejo, mas de tua plenitude".[102] Ele a encoraja a não se esquecer de dançar. Através da luta pelo imensurável, após a solidão do deserto, a serpente lhe conta que ela pode agora "mergulhar no mar da luz", Jung deve retornar para seu si-mesmo, uma "figura insegura e lastimável",[103] sujeita ao escrutínio implacável. Em tudo que é vivenciado através de seus erros, Jung percebe a verdade surpreendente de que é na terra dos homens que ele "aprendeu a ser uma alma".

O termo personificação tem sido muito usado para descrever a multidão de figuras que invade e habita o inconsciente de Jung. O tropo retórico grego, a prosopopeia, vai mais fundo e mais longe. Para os meus propósitos, o guia retórico de Sonnino cita Quintiliano apropriadamente:

> Efeitos de sublimidade extraordinária são produzidos quando o tema é exaltado por uma metáfora ousada e objetos inanimados recebem vida e ação [...]

> Revelamos os pensamentos íntimos de nossos adversários como se estivessem conversando conosco [...] ou [...] podemos introduzir conversas entre nós e outros [...] podemos até usar essa maneira de falar para trazer para a terra os deuses do céu e levantar os mortos, enquanto cidades e povos também podem encontrar uma voz [...] não podemos imaginar uma fala sem imaginação e uma pessoa para proferi-la.[104]

Este ensaio é uma reação pessoal a uma experiência textual de leitura, não uma tentativa de interpretação. Apenas após atender à linguagem mitopoética multivalente de Jung, eu pude começar a digerir sua iluminação da individuação *in extremis*, em toda a sua beleza e inteireza transformadora e, às vezes, banal. Para mim, *O Livro Vermelho* oferece à alma algum descanso numa cultura global em que fantasias falsas nos confrontam na superficialidade imaginativa dos tempos e a alma anseia pelas profundezas verdadeiras da imaginação.

Na nossa cultura atual, não há nem suspeita daquilo que Jung chamaria o "numinoso", onde, muitas vezes, ele é aliado à categoria dúbia do "romântico". Os físicos quânticos costumam saber melhor, confirmando muitas vezes o que um cientista quântico descreve como "momentos especialmente transparentes de encontro" com o divino.[105] Polkinghorne fala da metáfora como "uma estratégia de desespero, não de decoração", transportando-nos para "regimes de pensamento que, de outra forma, seriam inacessíveis".[106] Torrance sugere ainda que, "não importa se falamos do caráter metafórico da metafísica ou do caráter metafísico da metáfora, o que precisamos entender é o movimento que nos leva para além do *meta*".[107] Essa é a energia com que o *Livro Vermelho* de Jung se apossa de nós e o território para o qual o *Livro Vermelho* nos transporta.

O tempo que gastei caminhando com Jung nessas trilhas assombrosas que nos preparam para aquilo que há de vir me deixa refletindo sobre o que é que deve ser sério na busca pela alma nos campos da psicologia, teologia, arte e poesia. Reconheço agora, em todas essas esferas, não um ateísmo rígido, mas uma suspeita hermenêutica valiosa à disposição da psique. Encerro com tal sentimento, com tal impulso, confessado por um poeta que se encontrou em lugares sagrados: "Agrada-me permanecer em silêncio aqui; [...] Uma casa séria em terra séria", onde ele se surpreende com "uma fome em si mesmo como sendo mais séria/e gravitando com ela para este solo".

Após as intensidades e hipérboles convincentes, mas causticantes da incandescência interior de Jung, vejo-me valorizando de maneira nova e dando uma nova carga ao adjetivo "sério". Tal estado de humor prevalece no fim também para Jung, que retorna para um si-mesmo mais humilde, "uma figura insegura e lastimável", que faz uma declaração solene: "resolvi fazer o que tinha obrigação de fazer".[108] Isso toca um lado sensível na psique contemporânea, nas almas alienadas daqueles que também "querem continuar vivendo com um novo deus".

Notas

1. Sonu Shamdasani. "Introdução", em C.G. Jung. *O Livro Vermelho: Liber Novus: Edição sem ilustrações* (Petrópolis: Editora Vozes, 2015), p. 1.

2. C.G. Jung. *O Livro Vermelho: Liber Novus*, org. Sonu Shamdasani, trad. Edgar Orth (Petrópolis: Editora Vozes, 2015), p. 223.

3. Ulrich Hoernli. "The genesis of *The Red Book* and its publication", em Thomas Kirsch e George Hogenson (orgs.). *The Red Book: Reflections on C.G. Jung's "Liber Novus"* (Londres e Nova York: Routledge, 2014), p. 8.

4. C.G. Jung. *Memories, Dreams, Reflections* (Nova York, NY: Vintage Books, 1963), p. 199.

5. Murray Stein e Thomas Arzt; nota aos colaboradores sobre o propósito desta série, veja "Introdução".

6. Jung. *O Livro Vermelho*, p. 148.

7. Adam Philips. *Terrors and Experts* (Londres: Faber, 1995), p. 87.

8. Christine Maillard. "Jung's 'Seven Sermons to the Dead': A gnosis for modernity – a multicultural vision of spirituality", em Thomas Kirsch e George Hogenson (orgs.). *The Red Book: Reflections on C. G. Jung's "Liber Novus"* (Londres e Nova York: Routledge, 2014), p. 86.

9. George Hogenson. "'The wealth of the soul exists in images': from medieval icons to modern science", em Thomas Kirsch e George Hogenson (orgs.). *The Red Book: Reflections on C.G. Jung's "Liber Novus"* (Londres e Nova York: Routledge, 2014), p. 94.

10. John Beebe. "The Red Book as a work of Literature", em Thomas Kirsch e George Hogenson (orgs.). *The Red Book: Reflections on C.G. Jung's "Liber Novus"* (Londres e Nova York: Routledge, 2014), p. 114.

11. Maillard. "Jung's 'Seven Sermons to the Dead'", p. 84.

12. Sanford Drob. *Reading the Red Book: An Interpretative Guide do Jung's "Liber Novus"* (Nova Orleans: Spring Journal Books, 2012), p. xvii.

13. Ibid., p. 6.

14. Wolfgang Giegerich. citado por Drob, p. 11.

15. Will Self. "Foreword", em Fyodor Dostoyevsky. *Notes from the Underground*, trad. Hugh Aplin (Londres: Hesperos Classics, 2016), p. vii.

16. Paul Bishop. "Jung and the Quest for Beauty", em Thomas Kirsch e George Hogenson (orgs.). *The Red Book: Reflections on C.G. Jung's "Liber Novus"* (Londres e Nova York: Routledge, 2014), p. 12.

17. Jung. *O Livro Vermelho*, p. 128.

18. Constantine Phipps. *What You Want: The Pursuit of Happiness* (Londres: Quercus Books, 2014), p. 2.

19. Jung. *O Livro Vermelho*, p. 109.
20. John Milton. *Paradise Lost*, Livro 9, linhas 1-6, e livro 1, linhas 22-26.
21. Friedrich Nietzsche. *Ecce Homo*, trad. R.J. Hollingdale (Harmondsworth: Penguin Classics, 1979), p. 96.
22. Soren Kierkegaard. *Fear and Trembling*, trad. A . Hannay (Londres: Penguin Classics, 1985).
23. James Hillman; Sonu Shamdasani. *Lament of the Dead: Psychology After Jung's "Red Book"* (Nova York, NY: W. W. Norton, 2009), p. 33.
24. Nietzsche. *Ecce Homo*, p. 49.
25. James Hillman. *Healing Fiction: On Jung, Freud, and Adler* (Dallas, TX: Spring Publications, 1983/2004), p. 53.
26. Shamdasani. "Introdução", p. 11.
27. Veja, por exemplo, *Hamlet*, ato 2, cena 2.
28. Jung. *O Livro Vermelho*, p. 162.
29. Shamdasani. "Introdução", p. 25.
30. Ibid., p. 79.
31. Nietzsche. *Ecce Homo*, p. 102.
32. C.G. Jung. "Criptomnésia", em OC 1 (Petrópolis: Editora Vozes, 2013), § 184.
33. C.G. Jung. "A função transcendente", em OC 8/2 (Petrópolis: Editora Vozes, 2013), § 183.
34. Jung. *O Livro Vermelho*, p. 367.
35. Ibid., p. 109.
36. Ibid., p. 273.
37. Ibid., p. 231.
38. Ibid., p. 274.
39. Jung. *Memories, Dreams, Reflections*, p. 77-78.
40. Jung. *O Livro Vermelho*, p. 233.
41. Ibid., p. 224.
42. Ibid., p. 231.
43. Ibid., p. 165.
44. Ibid., p. 208.
45. Ibid., p. 423.
46. Ibid., p. 273.
47. Ibid., p. 281.
48. Ibid., p. 277.
49. Ibid., p. 395.
50. Ibid., p. 134-135.
51. Ibid., p. 255.
52. Ibid., p. 126.
53. Ibid., p. 109.
54. Ibid., p. 218.
55. Ibid., p. 130.
56. Ibid., p. 133.

57. Ibid., p. 166.
58. Ibid., p. 190.
59. Ibid.
60. Ibid., p. 419, n. 24.
61. Ibid., p. 423-424.
62. Ibid., p. 424.
63. Ibid., p. 181.
64. Ibid., p. 109.
65. Ibid., p. 360.
66. Ibid., p. 281.
67. Ibid., p. 334.
68. Grimm. "Story of a Boy Who Went Forth to Learn Fear".
69. Jó 21,6: "Wenn ich daran denke, so erschrecke ich, und Zittern kommt meinen Leib an".
70. Sl 55,6.
71. Nietzsche. *Ecce Homo*, p. 102.
72. Jung. *O Livro Vermelho*, p. 332.
73. Ibid., p. 338.
74. Ibid., p. 420.
75. Paul Bishop. *On the Blissful Islands with Nietzsche and Jung* (Londres: Routledge, 2017), p. 198.
76. John Milton. "Samson Agonistes", linha 1758.
77. T.S. Eliot. "East Coker, V", em *Four Quartets* (Londres: Faber & Faber, 1964), p. 31.
78. Jung. *O Livro Vermelho*, p. 392.
79. Ibid., p. 423.
80. Ibid., p. 285.
81. At 9,6.
82. Shamdasani. "Introdução", p. 4.
83. George Steiner. *Language and Silence* (Londres: Faber & Faber, 1968), p. 26.
84. Ibid., p. 30.
85. Jung. *O Livro Vermelho*, p. 112.
86. Ibid., p. 416.
87. Ibid., p. 395.
88. Ibid., p. 417.
89. Ibid., p. 249.
90. Nietzsche. *Ecce Homo*, p. 36.
91. Jung. *O Livro Vermelho*, p. 478.
92. Ibid., p. 137.
93. Ibid., p. 160.
94. Ibid.
95. Ibid., p. 179.
96. Ibid., p. 159.

97. Jung. *Memories, Dreams, Reflections*, p. 183.

98. Jung. *O Livro Vermelho*, p. 195.

99. C.G. Jung. "Prefácio à obra de Suzuki", em *OC* 11/5 (Petrópolis: Editora Vozes, 2013), § 889.

100. Jung. *O Livro Vermelho*, p. 384.

101. Ibid., p. 387.

102. Ibid.

103. Ibid., p. 404.

104. Lee Sonnino. *Handbook to Sixteenth Century Rhetoric* (Londres: Routledge and Kegan Paul, 1968), p. 54.

105. John Polkinghorne. *Reason and Reality* (Londres: SPCK, 1991), p. 2.

106. Ibid., p. 30.

107. A.J. Leggett. citado em Polinghorne, p. 10.

108. Jung. *O Livro* Vermelho, p. 479.

15
"O tempora! O mores!"

Ann Casement

Prefácio

Este ensaio deve seu título às *Catalinárias*, de Marco Túlio Cícero, o estadista, advogado, filósofo, orador, historiador e linguista romano. Essas palavras, que podem ser traduzidas como "Ai de nosso tempo! Ai de nossos costumes!" foram uma expressão do nojo de Cícero diante daquilo que ele viu como ação do mal na *Conspiração Catalinária* na Roma do século I a.C.[1] Este ensaio fará referência a esse incidente e citará outros eventos significativos do tempo de Cícero, pois apresentam paralelos com a Modernidade. Como muitos outros, meu primeiro encontro com Cícero ocorreu durante os estudos de latim na escola, e desde então tenho continuado a ler seus escritos e também outras obras sobre ele. Além disso, tive conversas agradáveis sobre Cícero e outros romanos famosos da Antiguidade com meu amigo, o poeta e classicista Robert Graves, e sua esposa Beryl, em Canneluñ, em sua casa em Mallorca.[2] Com sua aparência romana, seu serviço militar durante a Primeira Guerra Mundial e seus conhecimentos de latim, Graves facilmente poderia ter passado por um romano antigo, e a segunda parte deste ensaio é em memória a ele. Tanto Graves como Jung nasceram sob o signo astrológico de Leão, fazendo de seus *orgulhos* leoninos de esposa, família, musas e seguidores seus domínios em lugares de montanhas e água. Graves ostentou uma juba de leão até a idade avançada.

Primeira parte – Cícero e Jung

Nessa (breve) pesquisa das sobreposições entre a Roma do século I a.C. e a Modernidade, eu me concentrarei nas semelhanças e diferenças entre Cícero e Carl Gustav Jung. Eles compartilham diversas características, e Jung cita Cícero em sua *Obra Completa*. Sua censura mútua dos tempos em que viveram é exemplificada pela citação acima de Cícero e pela avaliação crítica de Jung daquilo que ele chamava o "espírito dessa época".[3] Para ele, o "espírito dessa época" se opunha negativamente ao "espírito da profundeza".[4] A despeito do fato de não terem sido homens de sangue e ferro, sendo estes aqueles que moldaram a história de seu tempo, Cícero e Jung realizaram muitas conquistas no mundo. Ambos eram essencialmente pensadores reflexivos. Através de seus escritos filosóficos, Cícero esperava fornecer aos romanos comuns um código moral para a vida. A lei ocupava o centro de seu pensamento. Numa veia um tanto semelhante, as preocupações de Jung diziam respeito a uma moralidade coletiva após a proclamação da morte de Deus na segunda metade do século XIX. O *Livro Vermelho*, iniciado em 1914, retrata a busca de Jung por um novo espírito orientador para a era em que ele vivia.

Visto que viveram separados por milênios, existem, é claro, diferenças entre Cícero e Jung, uma das principais sendo a supervalorização das propriedades da *razão* pelo primeiro; enquanto o segundo ressaltava a necessidade urgente de reconhecer o papel crucial exercido pela *irracionalidade* na vida humana. Em seu *Livro Vermelho*, Jung desenvolveu sua noção do si-mesmo, da sombra, do trapaceiro, de *persona*, de *anima/animus* e da personalidade mana. Acima de tudo, o livro representa um relato de seu *processo de individuação* e de sua cosmologia. Ambos se apoiam fortemente na mitologia; o livro é nada menos do que a busca de Jung pela sua *alma*, o que, segundo ele, só podia ser feito através da descoberta de seu próprio mito.[5] Visto que o livro contém uma abundância de material, este ensaio se concentrará na busca de Jung impulsionada pela "intoxicação da mitologia"; uma elaboração dos mitos de Jung e Cícero será feita mais adiante. Estes serão relacionados à noção do *trapaceiro* ambíguo, uma figura-chave na vida de Jung e na crise mais grave de Cícero.

Os escritos de Cícero nos permitem vislumbrar as *mores* romanas e fornecem a base a partir da qual podemos explorar, em retrospectiva, a antiga Roma num ponto crucial de sua história que a vincula à Modernidade. Mesmo que mais de dois mil anos a separem dos anos iniciais dos séculos XX e XXI, esses três momentos históricos representam períodos de enormes turbulências e mudanças na civilização ocidental. O espírito orientador dessas épocas se baseava no pensar prévio racional, mas uma análise mais aprofundada revela que era, em grande parte, motivado por forças irracionais subjacentes. Numa miríade de maneiras, a Roma antiga representa a fundação da civilização ocidental. Basta pensar no latim, revisado pelo próprio Cícero, que representa a base de muitas "línguas latinas"; no calendário revisado; nas estradas romanas que, ainda hoje, são usadas diariamente em muitas partes da Europa; a administração democrática baseada em pesos e contrapesos; e até mesmo no cristianismo, no qual o papa é uma recriação do *Pontifex Maximus*, o cabeça da religião estatal.

O ciberespaço

O desenvolvimento de especialização tecnológica superior como a espada mortal de dois gumes e outra tecnologia militar e não militar ajudou a estabelecer e manter Roma como a superpotência do mundo ocidental durante séculos. Só podemos imaginar o entusiasmo com que os romanos teriam adotado o fenômeno que está colonizando e remoldando o mundo de hoje – o ciberespaço. Redes e mídias sociais são o resultado do desenvolvimento científico e tecnológico da cultura ocidental que, cada vez mais, fogem a qualquer tipo de controle. A presença da figura ambígua do *trapaceiro* é onipresente no ciberespaço.

Obviamente, Facebook e Twitter não estavam à disposição de Cícero ou Jung (imaginamos Cícero tuitando "O *tempora*! O *mores*!" ou Jung fazendo o mesmo com "O espírito das profundezas"). É a *mensagem* sucinta que tem e sempre teve um impacto sobre o público geral. Outros chavões memoráveis da história ocidental são o "*Veni, vidi, vici*" de César, o "Todos os homens são criados iguais" de Jefferson e Lincoln no discurso de Gettysburg, e o recente

"Yes, we can" de Obama, o "Retome o controle" da campanha do Brexit e o "Make America Great Again" de Trump. Estes são exemplos daquilo que o biólogo evolucionário Richard Dawkins chama *complexos de meme*, processos de evolução cultural de comportamento imitável como palavras que exercem uma influência sobre o público geral à medida que são disseminados ao decorrer do tempo. No jargão de Dawkins, os *complexos de meme* de César, Cícero, Lincoln e Jung continuam fortes.

Os terremotos que vêm remoldando o mundo nos últimos dez anos são o resultado de vários fatores que incluem uma globalização crescente; a grande recessão de 2008; a desintegração de estados fracos na África e no Oriente Médio que resultou na emergência de bandos como o Estado Islâmico, acompanhada de um fluxo de refugiados para a Europa; ataques terroristas; pirataria no Oceano Índico; e a rápida expansão das redes sociais, estas sendo tanto construtivas como destrutivas. Há anos de destaque na história, como, por exemplo, 2007, o ano em que Steve Jobs introduziu o iPhone, "uma encruzilhada decisiva na história da tecnologia – e do mundo".[6] Isso, como também as outras inovações tecnológicas que tomaram o palco mundial naquele mesmo ano, estão dramaticamente remoldando tudo de maneira mais rápida do que "nós temos sido capazes de remodelar a nós mesmos, nossa liderança, nossas instituições, nossas sociedades e nossas escolhas éticas".[7] O monstro, i.e., a ciência, mencionado pelo deus enfermo Izdubar no *Livro Vermelho* é exemplificado pela propagação incontrolável de desinformação tóxica (*fake news*) que se dissemina em alta velocidade através da nova tecnologia, que se desenvolve rapidamente. À medida que o crescimento exponencial dessa tecnologia aumenta, a capacidade da humanidade de se adaptar a ela, já ultrapassada, é o monstro Frankenstein que ameaça o bem-estar e a própria existência da humanidade.

Uma das consequências dos fatores acima mencionados, juntamente com a velocidade crescente da comunicação, tem sido a ascensão meteórica de movimentos populistas encabeçados por líderes fortes que está transformando a paisagem política e social no mundo inteiro. De todos os lados ouvimos gritos desesperados diante dessa reconfiguração do mundo, embora isso, fora a velocidade atual com que isso está acontecendo, não seja, em si, um fenômeno novo. Jung estava ciente de como a história do mundo se repete e deixou isso claro nas primeiras páginas do *Livro Vermelho*:

> Cheio de vaidade humana e cego pelo ousado espírito dessa época, procurei por muito tempo manter afastado de mim aquele outro espírito. Mas não me dei conta de que o espírito da profundeza possui, desde sempre e pelo futuro afora, maior poder do que o espírito dessa época que muda com as gerações. [...] *Mas o sentido supremo é o trilho, o caminho e a ponte para o porvir. É o Deus que vem.*[8]

O caminho do que há de vir

Na época em que Jung estava compilando seu *Livro Vermelho*, o "espírito dessa época" dominante era preparação e a irrupção subsequente da Primeira Guerra Mundial, seguido pelos horrores cometidos ao longo de toda a guerra.[9] Jung era um visionário, como mostram sua visão em 1913 da enchente em que flutuam os corpos de inúmeros milhares de mortos e a visão subsequente do mar de sangue.[10] Jung teve essas experiências no ano anterior à Grande Guerra, juntamente com o sonho em que ele mata o herói Siegfried. Sobre este, Jung diz o seguinte: "Devo dizer que o Deus não podia vir a ser antes que o herói tivesse sido assassinado. O herói, como nós o entendemos, tornou-se inimigo de Deus, pois o herói é perfeição. [...] O herói tem de sucumbir por causa de nossa redenção".[11] O herói nesse contexto representa a razão e a consciência idealizada da época. Siegfried (o nome também do filho de Richard Wagner) era o herói germânico louro de olhos azuis que representava tudo que Jung prezava em si mesmo – poder, coragem, orgulho – que não podia ser morto em combate, visto que o próprio Jung teria sido derrotado: "só me restava, pois, o assassinato à traição. Se eu quisesse continuar vivendo, só poderia ser através de astúcia e maldade".[12] Jung percebeu que sua identificação com o herói louro não servia mais. Ele diz: "Quando o Deus fica velho, ele se torna sombra [...] vai para baixo".[13] Na segunda parte deste ensaio, discutirei o assassinato de herói louro, Júlio César, que anunciou a queda dos deuses velhos representados pelos ideais desgastados da República Romana e a aurora de uma nova consciência, i.e., da *Pax Romana*. De modo semelhante, o assassinato do arquiduque austríaco Franz Ferdinand em Sarajevo, em 1914, sinalizou o início da Primeira Guerra Mundial.

No *Livro Vermelho*, Jung dá importância especial ao reconhecimento do irracional, i.e., daquilo que está *além da razão*, como algo de importância vital para a humanidade. Para ilustrar isso, a cura do deus doente, representado por Izdubar (um nome mais antigo para o Gilgamesh sumério), é descrita nas seguintes citações do *Livro Vermelho*: "Ó Izdubar, poderoso, é a ciência que tu chamas de veneno. Em nossa terra somos alimentados com isso desde a juventude, e isto pode ser um dos motivos de não nos desenvolvermos tão bem e permanecermos pequenos como anões".[14] E Izdubar responde: "Nenhum forte jamais me derrubou, nenhum monstro resistiu à minha força. Mas teu veneno, verme, que tu puseste em meu caminho, paralisou-me na medula".[15]

No final dos séculos XVII e XVIII, o *Esclarecimento* defendeu muitas causas como, por exemplo, razão, ciência, liberdades pessoais, fé em Deus juntamente com a denúncia de religiões organizadas (especialmente o cristianismo) e oposição aos governos abusivos encontrados por toda a Europa. No lugar destes, pedia-se um sistema de pesos e contrapesos. Muitos pensadores do *Esclarecimento*, inicialmente apoiadores da Revolução Francesa de 1789, se voltaram contra ela por causa de sua crescente barbaridade. Após a revolução e a repressão do fervor revolucionário de 1848 que inundou a Europa, houve uma supressão da irracionalidade como a encontrada nas ideias contidas no movimento conhecido como *Romantismo*, este mesmo sendo, em grande parte, uma reação às ideias contidas na racionalidade do *Esclarecimento* e à Revolução Industrial. Visto que o *Romantismo* tinha falhado, os meados do século XIX testemunharam mais uma vez a ascensão dos processos gêmeos da razão e da ciência. O *Livro Vermelho* retrata o abandono de Jung das ideias contidas na razão e na ciência em apoio de sua afirmação de que os principais determinantes da selvageria da Primeira Guerra Mundial se concentravam em torno do fato de que o "espírito dessa época" tinha surgido a partir da repressão do lado irracional da vida e da subsequente identificação com a racionalidade. Como resultado, houve uma irrupção dos conteúdos irracionais e mitológicos no inconsciente coletivo. "O espírito das profundezas" foi uma expressão da percepção profunda por Jung da necessidade de reconhecer o irracional como um fator *psicológico*.

Segunda parte – O mito de Rômulo e Remo

A segunda parte se concentra num período histórico especialmente turbulento da República Romana tardia – uma das eras mais estreladas da história ocidental, incluindo nomes lendários como Júlio César, Cleópatra, César Augusto, Marco Antônio, Brutus, Cássio, Espártaco, Pompeu, Crasso e, é claro, o próprio Cícero. Representou também uma transição enorme da República, que surgiu com a queda da monarquia antiga em 510 a.C. e durou até a fundação do Império em 27 a.C. sob Otávio, sobrinho-neto e filho adotado de Júlio César, e que, mais tarde, se tornou conhecido como César Augusto. Sua famosa *Pax Romana* anunciou a emergência do velho mito do fratricídio e a aurora de uma nova consciência de paz relativa e prosperidade, que durou mais de 200 anos. Antes disso, as últimas décadas da República eram marcadas por guerras civis, resultado de enormes lutas pelo poder que envolviam todos os protagonistas acima citados.

No *Livro Vermelho*, a consciência do ego é identificada com o "espírito dessa época" que precisa descer para a esfera mitológica do inconsciente coletivo. Essa percepção de Jung tem relevância especial para as origens míticas de Roma antes de sua fundação em 753 a.C. O mito de Rômulo e Remo é associado ao signo astrológico dos Gêmeos, o signo natal dos presidentes John Kennedy e Donald Trump, o líder atual da *Pax Americana*.[16] O mito gira em torno da decisão dos gêmeos de estabelecer uma cidade, o que provoca uma luta pelo poder entre os dois sobre a pergunta de que parte deve representar seu local de fundação. Remo, que estava no Aventino, uma das sete colinas de Roma, viu seis abutres no céu e decidiu que aquele era o lugar; Rômulo, por sua vez, estava no Palatino e viu doze abutres no céu e assim decidiu que aquele seria o local de fundação. A luta entre os dois terminou quando Rômulo matou Remo, tornando-se assim o primeiro rei da cidade--estado de Roma e dando-lhe seu nome. O Palatino se tornou a parte mais cobiçada da cidade, onde os mais ricos e poderosos, os *patrícios*, tinham suas casas luxuosas. O Aventino, em frente ao Palatino e tendo o *Circus Maximus* entre eles, era onde moravam os pobres. "Sucesso e fracasso, prestígio e vergonha – bem ali, expressados na própria geografia da cidade, estavam os dois polos gêmeos em torno dos quais girava a vida romana".[17] O tema dos opostos ocupou o pensamento criativo de Jung no *Livro Vermelho*, onde eles são articulados como o "espírito dessa época" em oposição ao "espírito das profundezas".

O fratricídio retratado nesse mito ficou gravado na psique romana durante toda a longa história da República. Em seus dias finais no século I a.C., seu mito fundador ressurgiu com uma vingança no assassinato de Júlio César. Isso, por sua vez, levou à Grande Guerra Civil da República entre os seguidores de César, de um lado, e seus assassinos, de outro, liderados por Bruto e Cássio. Essas forças opostas finalmente irromperam dentro do próprio campo de César entre Marco Antônio e Otávio. Em sua obra intitulada de *Sobre os deveres*, Cícero criticou a ambição depravada de César e o citou como um dos autocratas mais cruéis da história. Nos meses agitados após o assassinato de César, foi Cícero que, por mera força de caráter, assumiu o Estado e "veio a representar para futuras gerações um modelo de desafio à tirania – uma inspiração primeiro para a Revolução Norte-Americana e depois para a Francesa".[18] O presidente John Adams, um dos arquitetos da Constituição dos Estados Unidos, tinha Cícero em alta estima e incorporou nela as ideias dele sobre governança e lei.

O mito de Rômulo e Remo prenuncia também a origem da dependência supersticiosa dos romanos em presságios e augúrios, de modo que o pragmatismo, a disciplina e a racionalidade pelos quais eles eram famosos durante toda a sua longa história de dominação eram sustentados por crenças irracionais. A ambiguidade de viver seu mito se evidencia aqui em obediência à *vontade* de Schopenhauer que, cegamente, segue seu curso tanto individual como coletivamente, no *caminho do que há de vir*.

A República de Roma

A supremacia de Roma foi estabelecida no século II a.C., quando, finalmente, esmagou Cartago, seu único grande rival no mundo mediterrâneo.

Esse foi o desfecho fatídico das duas Guerras Púnicas, em decorrência das quais Roma se tornou a superpotência no mundo ocidental. Apesar de existir ampla documentação sobre a República Romana no século I a.C., ela foi escrita em grande parte por homens poderosos como Júlio César e Cícero, descendentes de aristocratas ou *équites*, cavaleiros que eram, em sua maioria, comerciantes e homens de negócios. Outro grupo significativo era o dos *legionários*, que travavam as guerras de conquista de Roma, sobre os quais temos relatos escritos, inclusive os registros de César sobre suas campanhas vitoriosas na Gália e Helvécia. As informações relativamente escassas disponíveis sobre a vida do povo ordinário, os *plebeus*, indica que a maioria vivia na própria cidade-estado, tentando sobreviver nas ruas estreitas e traiçoeiras sem saneamento público, iluminação ou polícia para manter a ordem. Ainda mais miserável era a existência dos *escravos*, o que os levou a se rebelar de vez em quando, o levante mais famoso sendo aquele que foi liderado por Espártaco, o escravo e gladiador da Trácia. Ele era um revolucionário e, segundo alguns relatos, um homem de princípios, que chegou a desafiar o poder de Roma. A rebelião foi extinguida por Crasso em 71 a.C.

Visto que as condições na cidade-estado eram perigosas, nem os romanos prósperos andavam nela após escurecer por medo de serem atacados. As únicas certezas para a maioria da população eram morte e impostos, cuja coleta era vendida pelo senado, o corpo governante de Roma. As orgias romanas infames, que têm atraído tanta atenção, se limitavam, naquela época, aos jovens das mais ou menos 20 ricas famílias aristocráticas. Eram essas as famílias que detinham poder em Roma e que eram donas da maior parte de sua riqueza. Mudanças eram praticamente impossíveis no sistema de governança romano, visto que havia muitos pesos e contrapesos em vigência.

Um dos resultados dessa paralisia foi uma carência aguda de terra na própria cidade e na região próxima por causa do acúmulo de terras nas mãos das mesmas famílias aristocráticas ricas e poderosas. Isso, em combinação com as dificuldades sérias resultantes da irrupção de hostilidades frequentes entre os homens poderosos à frente de legiões, problemas associados a condições de vida duras, o fluxo periódico de refugiados e a violência de bandos, fez com que a República estivesse constantemente ameaçada por tumultos internos. Externamente, sofria a ameaça de levantes frequentes de populações indígenas em seu vasto império e de pirataria em alto-mar. O espírito da época da Roma do século I a.C. lembra muito o espírito do mundo moderno.

Cícero

Politicamente, os homens das famílias patrícias mencionadas anteriormente detinham o poder na Roma republicana em virtude de seu lugar no senado. No entanto, de tempos em tempos, um homem brilhante de fora conseguia conquistar uma vaga no senado, e uma dessas figuras extraordinárias foi o filho de um *équite*, Marco Túlio Cícero, "o garoto do campo", uma origem que ele compartilha com Jung. Antes ainda de completar 30 anos de idade, ele já tinha conquistado fama como um advogado e orador excepcionalmente talentoso. A partir daí, ele se tornou senador e, eventualmente, um dos dois cônsules que governaram Roma por um ano. O costume de eleger dois cônsules a cada ano era um componente-chave dos pesos e contrapesos que impediam qualquer indivíduo de acumular um poder excessivo e de querer ser rei de Roma.

Durante toda a sua vida, Cícero foi identificado com a prioridade suprema da razão e com a defesa de ideais representados pela República, ou seja, justiça, boa-fé, harmonia, disciplina, prudência e frugalidade, entre outros. Seu livro *Sobre a lei*, inspirado por Platão, afirma: "Lei é a mais alta razão implantada na natureza, que ordena o que deve ser feito [...] cuja função natural é orientar a conduta certa e proibir a injustiça".[19] Seu resumo declara: "Virtude é a razão completamente desenvolvida".[20] *A lei do pai* está contida no mito associado ao signo natal de Cícero, Capricórnio, o signo regido pelo princípio do pai disciplinador. Sua sombra era que ele era vaidoso, tornando-o vulnerável às maquinações do *trapaceiro*, que levou à sua queda. A despeito dessas falhas humanas, a reputação de Cícero como um conselheiro sábio e inspiração para personagens tão diversas como Agostinho, a rainha Elisabete I, Hume e Voltaire, conseguiu se manter ao longo de toda a história. Visto nessa luz, Cícero apresenta alguma semelhança com a figura de Filêmon no *Livro Vermelho*, que se apresenta como um velho sábio arquetípico e guia de Jung.

A conspiração catilinária

A maior crise de Cícero surgiu quando ele colidiu com aquilo que a astróloga e analista junguiana Liz Greene, ao escrever sobre Capricórnio, descreve como a "vingança das regras estritas e estruturadas de vida do legislador".[21] Isso ocorreu no tempo da conspiração catilinária liderada por um "patrício decadente chamado Lúcio Sérgio Catilina".[22]

No auge do poder político de Cícero como cônsul em 62 a.C., um levante populista para derrubar o senado e assumir o controle sobre Roma foi instigado por Catilina, um arqui-*trapaceiro*. Ele e seus jovens coconspiradores aristocráticos tinham agitado a população já descontente com a recessão que ocorria na época através de notícias falsas que inflamaram Roma com fervor revolucionário. Correndo grande risco pessoal, Cícero conseguiu expor essa revolução e alguns conspiradores foram presos e levados até o senado. Catilina escapou, mas foi morto mais tarde em batalha, enquanto os conspiradores presos foram condenados à morte sem julgamento – com o consentimento de Cícero. Esse procedimento rápido lhe permitiu "derrotar a maior conspiração de todas com tão pouca perturbação, dificuldade e comoção".[23] Como resultado, ele foi "publicamente declarado Pai de seu país".[24]

"Cheio de orgulho humano", Cícero não se cansou de se gabar desse triunfo em seus escritos e discursos, mas a vingadora Lei do Pai, o motivo central do seu mito natal, não permitiu que ele escapasse.[25] Em 58 a.C., um dos seus inimigos, o *trapaceiro* patrício Clódio, secretamente apoiado pelo Triunvirato de César, Crasso e Pompeu, passou um decreto no senado, que declarava que "qualquer oficial público que executava ou *tinha executado* um cidadão sem o devido processo jurídico" seria exilado "negando-lhe os tradicionais símbolos de hospitalidade do fogo e da água".[26] Isso se voltava claramente contra Cícero, que, para salvar sua vida, teve que fugir vergonhosamente para Tessalônica, onde sofreu uma crise que quase o derrubou antes de ser repatriado para a Roma.

A proeza heroica de Cícero de salvar Roma se voltou contra ele, prenunciado no signo de Capricórnio como as forças opostas do filho heroico ambicioso se chocam contra o legislador rígido o pai. "Moralidade e vergonha, lei e injustiça, parecem compor alguns dos opostos de Capricórnio".[27] Encontramos outro exemplo na década de 1970 de outro indivíduo que transgrediu a Lei do Pai: Richard Nixon. Ele era, igual a Cícero, advogado, estadista e capricorniano. No mundo de hoje, o pai legislador beneficente, personificado por Cícero, foi corrompido na imagem do "líder forte", o lado *trapaceiro/sombra* daquela figura arquetípica. No fim, a despeito de toda sua excelência em questões mundanas, Cícero e Nixon se viram no lado errado da história. No caso de Cícero, isso aconteceu devido ao seu apego conservador à tradição – outra característica de Capricórnio. Vemos isso em sua lealdade a *ideia* da República, mas uma República que era uma versão corrompida de seus ideais tradicionais, enquanto César, "com a percepção fria do gênio, entendeu que a constituição com seus infinitos pesos e contrapesos impedia um governo eficiente".[28] A República Romana espelha o que está acontecendo hoje no grande poder do mundo atual, ecoando a percepção profunda de Jung do deus que envelhece e se transforma em sombra.

Terceira parte – A busca de Jung pela sua alma

O signo astrológico do Leão, "uma das bestas que acompanham a Mãe", representa o lado instintual feroz de todos que nascem sob este signo.[29] Semelhante a Capricórnio, "o simbolismo de Leão também gira em torno do tema [...] do herói e de seu pai", mas aqui no sentido da busca do herói por seu pai espiritual".[30] Num momento de outra grande crise na vida de Cícero, causada pela morte de sua amada filha única Túlia, que morreu ao dar à luz, ele se voltou para o estudo da natureza dos deuses, "o mais nobre dos estudos para a mente humana".[31] De maneira tipicamente ciceriana, ele explorou isso através de um debate socrático (imaginário) entre as filosofias gregas dos estoicos, epicureus e peripatéticos. Jung, por sua vez, num momento de grande crise pessoal e coletiva, voltou sua atenção para o mesmo tema no *Livro Vermelho*, mas fez isso mergulhando na esfera irracional do inconsciente coletivo.

Meu interesse pela astrologia foi despertado pelo encontro com Liz Greene, que me passou uma noção de sua acuidade psicológica. Como afirma Jung: "Não tenho dúvidas de levar em conta os fenômenos da sincronicidade que servem de base à astrologia. A alquimia tem uma eminente razão de ser psicológica, como provei fartamente, assim também a astrologia".[32] A rejeição da alquimia e astrologia como irracional no mundo de hoje coexiste com uma falta de consciência de sua própria irracionalidade impulsionada pela *vontade* cega.

O ano de 1914 foi o arauto de uma nova consciência no Ocidente, uma confiança ainda maior na ciência e tecnologia. Jung escolheu esse mesmo ano para transcrever sua própria odisseia para o *Livro Vermelho*, viajando por terras estranhas onde encontrou uma miríade de figuras míticas. Como já mencionei na primeira parte, ele recorreu a ser um *trapaceiro* como único caminho possível para se livrar da identificação com o herói louro. Em vista disso, parece irônico que Jung critica a astúcia de Odisseu na seguinte declaração: "Ele navegou no erro quando astuciosamente sentiu prazer em Troia".[33] Como sabemos, o "truque" de Odisseu de criar o cavalo troiano pôs um fim à Guerra de Troia de dez anos, após a qual ele embarcou em sua odisseia. A viagem de descoberta interior de Jung também teve uma guerra epocal como pano de fundo.

A *Odisseia* de Homero é um de vários mitos que aparecem no *Livro Vermelho*, mas o *leitmotif* do livro é o mito que rege Leão, o signo natal de Jung, a Busca do Graal. Isso se manifesta abertamente no texto como uma peça de teatro em que Jung é público e personagens ao mesmo tempo. Essa retratação reveladora da ambiguidade inerente à mitologia de ser pessoalmente relevante e, simultaneamente, impessoal em termos de conteúdo é ilustrado pelas seguintes citações: "Klingsor me parece tão familiar".[34] "O público está deslumbrado e se reconhece a si mesmo em *Parsifal*. Ele é eu".[35] "[...] traz sobre os ombros a pele do leão de Héracles, e na mão, a clava".[36] "Levantei a mim mesmo do chão e tornei-me um comigo mesmo".[37] A Busca pelo Graal, realizada inconscientemente por Parsifal, está presente desde o início do *Livro Vermelho* e se expressa como busca de Jung por sua alma.

A ópera *Parsifal*, de Richard Wagner, é a retratação suprema de lendas celtas que, em tempos medievais, se misturaram com o cristianismo quando a Busca pelo Graal foi incluída na lenda de Artur. Tanto Wagner como Jung foram transformados pela leitura da filosofia de Schopenhauer, principalmente por sua afirmação de que o mundo externo da apresentação é ilusório ou, na linguagem de Jung, o "espírito dessa época". O movedor primário irracional na vida é a *vontade* cega no "espírito das profundezas". A dívida de Wagner com Schopenhauer durou até a sua morte, e ele a expressou assim: "Como posso agradecê-lo?"[38]

Parsifal foi a última ópera na obra de Wagner, cujos temas principais resumo aqui a partir de um relato no livro erudito de Bryan Magee, *Wagner and Philosophy*. A Ordem dos Cavaleiros do Graal, jurando castidade vitalícia, são guardiões dos objetos mais numinosos de todos, o cálice do qual Cristo bebeu na Última Ceia e a lança que perfurou o lado de Cristo na cruz. Os Cavaleiros encenam regularmente o ritual da Última Ceia. Klingsor, outro cavaleiro, incapaz de controlar sua sexualidade, se castra e não é aceito pela Ordem. Ele se transforma em mágico e toma posse da lança, que ele leva para o seu castelo, que se encontra num jardim mágico. Essa perda tem como consequência que o ritual se transforma em uma representação em jejum. Amfortas, rei dos Cavaleiros, parte para recuperar a lança, mas sucumbe a Kundry, a sedutora erótica, e Amfortas é ferido pela lança por Klingsor. Kundry, a figura feminina na história, é a criada humilde da Ordem e também a sedutora sob poder de Klingsor. Parsifal é o tolo puro que mata pássaros com seu arco e flechas, que tropeça na Ordem; e Gurnemanz, o mais sábio dos cavaleiros, permite que ele fique. Mas Parsifal nunca se desenvolve, permanecendo infantilmente inconsciente, de modo que é banido da Ordem. A partir daí, ele tem muitos encontros com monstros e gigantes antes de se deparar com o domínio de Klingsor, matando muitos de seus cavaleiros e finalmente recuperando a lança após resistir às tentativas de sedução de Kundry. Embora a sexualidade de Parsifal seja finalmente despertada, ele consegue superar seu poder (a *vontade* de Schopenhauer) quando ele se rende ao poder da compaixão pelo sofrimento de Amfortas. Na Sexta-Feira Santa, quando o mundo é renovado através de arrependimento e transformação, Parsifal batiza Kundry, libertando-a da maldição de Klingsor e cura a ferida de Amfortas com a lança recuperada.

Conclusão

Parsifal e o *Livro Vermelho* se sobrepõem, seu tema maior da Busca pelo Graal ecoa na busca de Jung por sua alma. As figuras representadas em *Parsifal* aparecem muitas vezes no *Livro Vermelho*, por exemplo, a inocência do tolo puro/da criança divina,[39] a ambiguidade da figura da *anima*, Kundry/Salomé, como sedutora/destruidora e mãe amorosa/nutridora,[40] o medo de que Salomé quer sua cabeça, uma cabeça degolada que representa também a castração, vinculando-a à castração de Klingsor,[41] alguma complementaridade entre a díade Elias/Salomé e a díade Klingsor/Kundry,[42] o *trapaceiro* mago, o jardim mágico de Klingsor com seus vínculos com o Jardim de Éden, o cenário da queda da humanidade, que inclui a serpente e com o Jardim Getsêmani, o cenário da redenção da humanidade,[43] Filêmon como a personalidade mana e o guia interior de Jung, combina características de Gurnemanz e do mágico sábio, uma transformação do Klingsor maligno,[44] a Sexta-Feira Santa, o momento da redenção de todas as almas,[45] a Última Ceia,[46] Jung pendurado na cruz como Cristo,[47] e noções-chave de cumprimento e redenção, expressadas no conceito de individuação de Jung, que ocorre através do sentimento e não de meios intelectuais, que espelha a compaixão de Parsifal por Amfortas, sendo que este apresenta alguma semelhança com o Izdubar ferido, mencionado na primeira parte.

Já na parte final do *Livro Vermelho*, as seguintes palavras de Jung parecem uma conclusão apropriada para este ensaio: "Um Deus vivo [...] nos enche de caos oscilante [...] que arrasta consigo o si-mesmo para o ilimitado, para a dissolução".[48] Com presciência extraordinária, o *Livro Vermelho* retrata a *vontade* cega nas profundezas do inconsciente coletivo que agora corre solta no ciberespaço. Quando vinculamos isso à citação de Jung, parece pertinente sugerir que o *Livro Vermelho* representa um texto-chave a partir do qual poderíamos explorar os mistérios da existência de Deus no ciberespaço.

Notas

1. Marcus Tullius Cicero. *Cicero's Orations Against Catiline* Oxford: Oxford City Press, 2010), p. 2.
2. Robert Graves escreveu dois livros sobre o imperador Cláudio, um descendente de Augusto César, intitulados de *I, Claudius* (1934) e *Claudius the God and his Wife Messalina* (1935), publicados

por Hammondsworth: Penguin. São relatos semiautobiográficos disfarçados do relacionamento de Graves com a poeta Laura Riding – daí o título *I, Claudius*. Graves falava sobre Cláudio como se ele o conhecesse bem pessoalmente. Uma vez, ele me disse: "Cláudio é meu melhor amigo". Uma trilogia excelente de ficção histórica sobre Cícero escrita por Robert Harris, intitulada de *Imperium* (2006), *Lustrum* (2009) e *Dictator* (2015), foi publicada pela Hutchinson, em Londres.

3. C.G. Jung. *O Livro Vermelho: Liber Novus*, org. Sonu Shamdasani, trad. Edgar Orth (Petrópolis: Editora Vozes, 2015), p. 109.

4. Ibid., p. 127.

5. Wolfgang Giegerich, um psicanalista junguiano, produziu várias obras bem argumentadas em que ele critica a base religiosa e mítica de Jung para sua psicologia. Estas obras foram publicadas sob o título geral de "Collected English Papers" pela Spring Journal Books, Nova Orleans. Apesar de ser uma seguidora da abordagem de Giegerich, eu me atenho ao pensamento original de Jung neste texto, visto que é pertinente ao conteúdo deste artigo.

6. Thomas L. Friedman. *Thank You for Being Late* (Londres: Allen Lane, 2016), p. 20.

7. Ibid., p. 28.

8. Jung. *O Livro Vermelho*, p. 109.

9. Esse é o título da seção em *Liber Secundus* que ilustra como o filósofo Schopenhauer influenciou o pensamento de Jung desde seu tempo na universidade. *O caminho daquilo que virá* é um eco "*daquilo que ainda está por vir*. Assim o pássaro constrói um ninho para a cria que ainda não conhece" (grifos meus, Arthur Schopenhauer. *The World as Will and Presentation*, vol. 1 (Londres: Pearson Longman, 2008), § 191). Schopenhauer se inspirou no Oriente, especialmente na *Bhagavad Gita* e nos *Upanixades* do hinduísmo e em textos do budismo mahayana que também tiveram um impacto sobre o pensamento de Jung, por exemplo, sobre seu uso do termo hindu *maya*, que pode ser traduzido como ilusão. Ambos os pensadores reconhecem a miséria e o sofrimento da existência mundana, enquanto Schopenhauer iguala a *vontade* à *coisa em si* (ibid., § 131), semelhante ao *inconsciente coletivo* de Jung, ou seja, àquilo que motiva cegamente a vida. Um retrato do filósofo adornava a escrivaninha de Jung. Veja Sonu Shamdasani. *C.G. Jung: A Biography in Books* (Nova York, NY: W.W. Norton, 2012), p. 49. Em associação com a The Martin Bodmer Foundation.

10. Jung. *O Livro Vermelho*, p. 147.

11. Ibid., 154 e 156.

12. Ibid., p. 147.

13. Ibid.

14. Ibid., p. 248.

15. Ibid., p. 249.

16. A coluna *Lexington* do *The Economist*, de 3-9 de junho de 2017, disse o seguinte sobre a *Pax Americana*: "Na opinião dos internacionalistas, a América do Norte desfruta de privilégios especiais como criadora de muitas organizações multilaterais. Nenhum país possui os mesmos direitos a veto como os Estados Unidos no Fundo Monetário Internacional e no Banco Mundial. Nenhum país possui tanto poder para decidir que lidera a OTAN [...]. É difícil comunicar o ímpeto com que essa visão expansiva do mundo é rejeitada pela Casa Branca de Trump".

17. Tom Holland. *Rubicon: The Triumph and Tragedy of the Roman Republic* (Londres: Little, Brown, 2003), p. 19.

18. Anthony Everitt. *The Life and Times of Rome's Greatest Politician: Cicero* (Nova York, NY: Random House, 2003), p. viii.

19. Holland. *Rubicon*, p. 182.

20. Ibid., p. 183.

21. Liz Greene. *The Astrology of Fate* (Londres: George Allen & Unwin, 1984), p. 245.
22. Holland. *Rubicon*, p. 196.
23. Lucius Metrius Plutarchus. *Plutarch's Lives: The Life of Cicero* (Nova York, NY: Palatine Press, 2015), sem paginação.
24. Ibid.
25. Jung. *O Livro Vermelho*, p. 146.
26. Everitt. *The Life and Times of Rome's Greatest Politician: Cicero*, p. 142.
27. Greene. *The Astrology of Fate*, p. 284.
28. Everitt. *The Life and Times of Rome's Greatest Politician: Cicero*, p. 322.
29. Greene. *The Astrology of Fate*, p. 204.
30. Ibid.
31. Marcus Tullius Cicero. *The Nature of the Gods* (Oxford: Oxford University Press, 1998), p. 3.
32. C.G. Jung. *Os arquétipos e o inconsciente coletivo*, em OC 9/1 (Petrópolis: Editora Vozes, 2014), § 608, n. 179.
33. Jung. *O Livro Vermelho*, p. 163.
34. Ibid., p. 322.
35. Ibid., p. 322.
36. Ibid.
37. Ibid.
38. Cosima Wagner. *Diaries*, vol. 1, p. 618.
39. Jung. *O Livro Vermelho*, p. 194.
40. Ibid., p. 322.
41. Ibid., p. 440.
42. Ibid., p. 322.
43. Ibid.
44. Ibid.
45. Ibid.
46. Ibid., p. 475.
47. Ibid., p. 513.
48. Ibid., p. 424.

16
O Livro Vermelho de Jung: Uma imagem compensatória para a nossa cultura contemporânea
Uma perspectiva hindu

Ashok Bedi

Sempre que a consciência de um indivíduo está desequilibrada, o si-mesmo encarna num sonho compensatório para restaurar o equilíbrio. Quando a consciência de uma cultura ou de uma era está desequilibrada, artistas, escritores e xamãs levam o si-mesmo do coletivo a encarnar uma perspectiva compensatória em palavra ou imagem. O *Fausto* de Goethe e o *Livro Vermelho* de Jung são exemplos recentes de um *magnum opus* em que o si-mesmo do coletivo encarnou através da imaginação ativa desses indivíduos criativos para guiar o *telos* da nossa *matrix*. A prescrição do *Livro Vermelho* como um GPS para o nosso tempo será amplificada a partir de uma perspectiva hindu. Este ensaio é uma reflexão hermenêutica sobre o *Livro Vermelho* de Jung.

O *Livro Vermelho* de Jung – Uma odisseia pessoal ou uma visão coletiva?

A fim de realmente entender as dádivas do *Livro Vermelho* de Jung, o leitor precisa tirar o ego do caminho para se envolver com ele.

> A primeira coisa que qualquer obra de arte exige de nós é entrega. Olhe. Ouça. Saia do caminho. Não há como perguntar primeiro se a obra diante de você merece tal entrega, pois não há como descobrir isso sem se entregar antes.[1]

Jung comenta que existem dois tipos de obras de arte – o tipo psicológico e o tipo visionário:

> O modo psicológico tem como tema os conteúdos que se movem nos limites da consciência humana; assim, por exemplo, uma experiência de vida, uma comoção, uma vivência passional; enfim, um destino humano que a consciência genérica conhece, ou pelo menos pode pressentir. Esse tema, captado pela alma do poeta, é elevado [...] à altura de sua vivência interior [...]. Se chamo tal criação artística de "psicológica" é pelo fato de ela mover-se sempre nos limites do que é psicologicamente compreensível e assimilável. [...]
>
> O abismo entre o primeiro e o segundo *Fausto* também separa o modo *psicológico* do modo *visionário* da criação artística. Neste segundo modo, tudo se inverte: o tema ou a vivência que se torna conteúdo da elaboração artística é-nos desconhecido. Sua essência, estranha, de natureza profunda, parece provir de abismos de uma época arcaica, ou de mundos de sombra e de luz sobre-humanos. Esse tema constitui uma vivência originária que ameaça a natureza, ferindo-a em sua fragilidade e incapacidade de compreensão. O valor e o choque emotivo são acionados pela terribilidade da vivência, a qual emerge do fundo das idades, de modo frio e estranho ou sublime e significativo. Ora a manifestação é demoníaca, grotesca e desarmônica, destruindo valores humanos e formas consagradas, como uma sequência angustiosa do eterno caos [...] ora irrompe como uma [...] beleza que seria em vão tentar apreender com palavras [...]. A forma visionária [...] rasga de alto a baixo a cortina na qual estão pintadas as imagens cósmicas, permitindo uma visão das profundezas incompreensíveis daquilo que ainda não se formou [...]. O criador desse tipo de arte não é o único a estar em contato com o lado noturno da vida, profetas e videntes também são nutridos por ele.[2]

A segunda parte do *Fausto* de Goethe e o *Livro Vermelho* de Jung pertencem à categoria da arte visionária. São compensações arquetípicas pelas atitudes desequilibradas de seu tempo – e de nosso tempo. O *Fausto* de Goethe e o *Livro Vermelho* de Jung compensam as atitudes heroicas e guerreiras do nosso tempo, especialmente do Ocidente contemporâneo. Exploremos a dimensão visionária do *Livro Vermelho* de Jung e suas prescrições compensatórias para os males do nosso tempo.

O "espírito dessa época" e o "espírito das profundezas"

A odisseia de Jung começa com o envolvimento equilibrador com a dualidade entre as dimensões contemporânea e atemporal da condição humana. No *Livro Vermelho*, ele diz sobre essa divisão:

> Eu aprendi que, além do espírito dessa época, ainda está em ação outro espírito, isto é, aquele que governa a profundeza de todo o presente.[3]

Essa reflexão é uma das doutrinas centrais da filosofia hindu. Vivemos no Ahamkara (ego), que é guiado pelo Atman (si-mesmo). O Atman é um fractal do Brahman (coletivo) e seu fluxo atemporal. Os capítulos 10 e 11 da *Bhagavad Gita* são as descrições mais lúcidas da consciência Brahman. Seguem alguns excertos:

> Senhor Krishna disse: Ó Arjuna, ouça novamente minha palavra suprema [...]. Eu sou a origem dos controladores celestiais e também dos grandes sábios. Quem me conhece como o não nascido, como aquele que não tem começo, como o Senhor Supremo do universo, é considerado sábio entre os mortais e se liberta da escravidão do Karma.

> [...] veja então Minhas opulências, constituídas de centenas de milhares de variadas formas divinas e multicoloridas. Veja todos os seres celestiais e muitas maravilhas que ninguém jamais viu antes. Veja também toda a criação – animada, inanimada e tudo o que você deseja ver – tudo num lugar só em Meu corpo.[4]

A prescrição central do processo de individuação hindu é alinhar sua vida com a percepção da consciência Brahman, cumprindo, ao mesmo tempo, suas responsabilidades no presente. Isso é semelhante ao *opus* de Jung que se entrega ao "espírito das profundezas" ao mesmo tempo em que permanece empenhado com o "espírito dessa época". Essa prescrição da Gita de equilibrar a existência no "espírito dessa época" orientado pelo "espírito das profundezas" é uma importante instrução teleológica para os humanos modernos presos no Maya do aqui e agora, sem o contexto da sabedoria atemporal da consciência humana cumulativa, seus cuidados e bênçãos.

O método de engajar o "espírito das profundezas" é retratado num diálogo entre Jung e seu guru, o velho e sábio Filêmon, na seção *Aprofundamen-*

tos, e também com outras encarnações interiores do si-mesmo emergente no *Livro Vermelho*. O *Fausto*, de Goethe, também é o protótipo alemão desse processo de imaginação ativa entre o protagonista Fausto e suas figuras interiores, incluindo a Sombra – Mefistófeles. Essas obras recapitulam o diálogo maravilhoso entre o guerreiro Arjuna e seu Cocheiro e guia Senhor Krishna na *Bhagavad Gita*, que é o protótipo hindu do processo da imaginação ativa.

Philemonis Sacrum – Fausti Poenitentia

"Santuário de Filêmon – penitência de Fausto" é a inscrição gravada por Jung acima da entrada para a sua torre em Bollingen.

> Nos dias em que li o *Fausto* pela primeira vez, eu não podia imaginar a extensão em que o estranho mito heroico de Goethe era uma experiência coletiva e que ele previa profeticamente o destino dos alemães. Por isso, senti-me pessoalmente implicado, e quando Fausto, em sua *húbris* e autoinflação, causou o assassinato de Filêmon e Baucis, eu me senti culpado, como se, no passado, eu mesmo tivesse ajudado a cometer o assassinato das duas pessoas idosas. A ideia estranha era alarmante, e eu considerei responsabilidade minha expiar esse crime ou impedir sua repetição.[5]

Aqui, Jung capta o espírito e o dilema de seu tempo. É uma divisão entre *húbris* e humildade, materialismo *versus* altruísmo, herói *versus* o velho sábio. Esse dilema e separação se desdobrou na psique alemã e levou ao flagelo do movimento nazista. É um assunto não resolvido na psique ocidental e continua a atormentar o Ocidente e os Estados Unidos contemporâneos em suas tendências agressivas, isolacionistas, nacionalistas e narcisistas. No *Livro Vermelho*, Jung luta com essa divisão. Ele deve matar a atitude heroica – a posição de seu ego e, através de sua função transcendente, encontrar um caminho que o leve para o seu velho sábio interior, Filêmon, e processar a separação entre o Vermelho e o Eremita.

Trata-se de serviço

O que define o arquétipo de Filêmon, o velho sábio? O eremita é o arquétipo do serviço. Jung reflete sobre essa questão com uma orientação útil:

> Considero o dever de cada um que se isola seguindo seu próprio caminho (da individuação) contar aos outros o que ele encontrou ou descobriu, seja uma fonte refrescante para os sedentos, seja um deserto arenoso de erro estéril. O primeiro ajuda, o segundo alerta.[6]

A instrução teleológica aqui é que a sociedade contemporânea passe da cultura de narcisismo para o *ethos* do altruísmo e serviço. Isso é exemplificado na vida de indivíduos como Bill Gates e Warren Buffet, que dominaram a esfera do sucesso material e então dedicaram sua vida e riqueza ao serviço da humanidade.

Enquanto o pensamento analítico e ocidental vê serviço como expiação de culpa por desviar recursos pessoais e coletivos para o processo da individuação, a perspectiva hindu sobre o serviço é a do Dharma, do sacrifício divino. Uma vez que temos um senso de nosso *telos* ou destino através do GPS da nossa individuação, não é a partir de culpa, mas de devoção ao divino e ao coletivo que nos tornamos um raio disposto e útil na roda cósmica – o *unus mundus*. Krishna esboça a natureza de tal serviço na *Bhagavad Gita*:

> Cumpra seu dever dedicando todas as obras a Deus num estado de mente espiritual livre de desejo, apego e luto mental.
>
> Aqueles que sempre praticam esse Meu ensinamento com fé e que estão livres de ardil se libertam da escravidão do Karma.[7]

O caminho hindu da individuação – De herói a eremita

Na filosofia hindu, a transição entre diferentes fases da vida é mediada por ativações arquetípicas. Estas são iniciadas pelo arquétipo dos avatares de Vishnu. Esses avatares podem ser considerados ativações arquetípicas que reiniciam nosso mito pessoal emergente durante nódulos de crise, trauma, transições de desenvolvimento para uma nova fase da vida, novas iniciações e durante possibilidades sincrônicas para o empreendimento criativo.

> Sempre que ocorre um declínio de Dharma (justiça) e uma predominância de Adharma (injustiça), ó Arjuna, eu Me manifesto. Apareço de tempos em tempos para proteger o bem, para transformar os ímpios e para estabelecer a ordem do mundo (Dharma).[8]

Assim, na tradição hindu, a transição do herói para o eremita seria mediada pelo arquétipo das encarnações de Vishnu. Ele ajuda o hindu a fazer a transição entre as quatro fases da vida. A vida humana é dividida em quatro Āshramas (fases). São eles Brahmacharya, Grihastha, Vānaprastha e Sanyāsa.

A primeira fase da vida, Brahmacharya ("meditação ou estudo do Brahman") se passa em contemplação celibatária, controlada, sóbria e pura sob a orientação de um guru, edificando a mente para a percepção da verdade. Grihastha é a fase do dono de casa, conhecida também como samsara, em que a pessoa casa e satisfaz Kama (Eros) e Artha (posses) em sua vida conjugal e profissional. Vānaprastha é desapego gradual do mundo material, entregando as responsabilidades aos filhos, passando mais tempo em contemplação do divino e fazendo peregrinações sagradas. Finalmente, em Sanyāsa, o indivíduo busca a reclusão, muitas vezes imaginada como renúncia, para encontrar o divino através do desapego da vida mundana e despir-se pacificamente do corpo para a próxima vida (ou para a libertação).

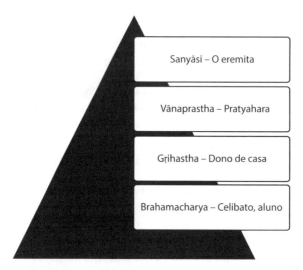

Esquema de desenvolvimento hindu – os estágios de vida

O Ocidente não possui um paradigma para renunciar ao arquétipo do herói e assumir o arquétipo do eremita. O Ocidente precisava compensar essa lacuna. O *Fausto* de Goethe e o *Livro Vermelho* de Jung oferecem esse paradigma. O Oriente possui uma tradição de longa data para as quatro fases da vida para realizar essa culminação crucial do processo de individuação, o

Sanyasa. Isso ajuda o hindu a renunciar à posição heroica do ego e entrar na alma por via da transcendência para o modo de eremita. Para o bem do coletivo, Jung precisava de um mito para compensar a inserção do Ocidente nas tentações de poder, prestígio e dinheiro (as três tentações de Cristo) de sua posição de herói. O Ocidente fez um acordo faustiano para sustentar essa posição. Os xamãs do Ocidente, como Jung, Dante e Goethe, imaginaram uma saída desse lodo de seu acordo faustiano para entrar no modo do eremita.

A discussão de Edward Edinger sobre o *Fausto* trata de como manter a posição da nossa alma em face dessas tentações, citando a prescrição cristã das três tentações de Cristo.[9] A perspectiva hindu tem suas quatro fases da vida para lidar com a tensão dos opostos entre o "Vermelho" e o "Eremita" na psique hindu. O paradigma hindu é Pratyahara, ou a retirada da consciência do mundano para o sagrado, do exterior para o interior, de Maya e Karma para Dharma ou intencionalidade espiritual. Trata-se de abandonar a posição heroica do ego em sua inserção em Samsara, como apresentado no personagem do "Vermelho" no *Livro Vermelho* de Jung, para Sunyata, o vazio sagrado que, por meio da transcendência, conduz à posição do Eremita.

O "Comentário sobre *O livro tibetano dos mortos*"[10] apresenta essa mesma luta, evidenciando a mesma tensão entre *Chika Bardo* (Nirvana) e *Sidpa Bardo* (renascimento) e culminando na terceira posição, *Chonyid Bardo*. Isso exige que o sujeito processe a tensão entre os modos de ser e fazer do herói e do eremita. Em seu *Livro Vermelho*, Jung luta com essa tensão dos opostos na psique ocidental entre o herói e o eremita. Ao longo do processo, ele oferece um mito compensatório para o nosso tempo para aposentar o acordo faustiano. *O Livro Vermelho* oferece um caminho para aposentar os pecados de Fausto e restaurar de Filêmon, o eremita, o Sanyasa, ao seu lugar legítimo em nossa consciência emergente por meio de Dharma, do serviço informado pelo propósito espiritual.

Liber Quintus – O quinto livro

Sonu Shamdasani retrata as camadas do trabalho de Jung no *Livro Vermelho* da seguinte maneira:[11]

Liber Primus: O caminho do que há de vir

Liber Secundus: As imagens do errante

Liber Tertius: *Aprofundamentos*

Liber Quartus: "O santuário de Filêmon – a penitência de Fausto" na torre de Jung em Bollingen, inscrito em pedra. (Sonu Shamdasani postulou: "A torre pode ser considerada uma continuação tridimensional do *Liber Novus*: seu "*Liber Quartus*".) [12]

Isso desdobra os componentes do processo de Jung. A essência desse processo inclui um diálogo entre o ego e o inconsciente, aproximando-se gradativamente de um diálogo com o si-mesmo, e a transformação do si-mesmo na imagem de Filêmon. Esse diálogo é ainda amplificado por meio de imagens e mandalas. Finalmente, há um diálogo entre Filêmon e os ancestrais mortos para compensar e complementar as últimas peças do quebra-cabeça em nosso paradigma ancestral e, então, para materializar essas percepções centrais na pedra em sua torre – um arrependimento pelos pecados de sua cultura guerreira e seu acordo com o diabo e para honrar o velho sábio emergente, o guru Filêmon, como um mito emergente para o nosso coletivo. Em seu trabalho interior, o mito de Filêmon, especialmente seu assassinato por Mefistófeles a mando de Fausto, e o arrependimento por esse assassinato se tornou a tarefa do nosso coletivo, representada na inscrição na pedra na torre de Jung em Bollingen: *Philemonis Sacrum – Fausti Poenitentia* ("O santuário de Filêmon – o arrependimento de Fausto").[13]

Existe, porém, um quinto passo nesse processo. Este inclui viver nosso mito pessoal. Isso pode ser considerado a quinta camada do processo de Jung, que insiste na materialização dessas percepções no trabalho da vida, o *Liber Quintus*. Para abrir espaço para a nossa individuação, emprestamos tempo e recursos do coletivo. Essa dívida, contudo, deve ser quitada através do serviço ao coletivo na forma e maneira que o coletivo exige. Jung meditou sobre essa questão em suas reflexões sobre o serviço como culminação do processo de individuação.

> Um homem só pode e deve se individuar à medida que ele criar valores objetivos. Cada passo adicional da individuação (sobriedade) gera nova culpa e exige expiação. Daí a indivi-

> duação só é possível enquanto valores substitutos forem produzidos. Individuação é adaptação exclusiva à realidade interior (ser si mesmo) e, portanto, um processo supostamente "místico". A expiação é adaptação ao mundo exterior. Ela deve ser oferecida ao mundo exterior, com a petição de que o mundo exterior a aceite.[14]

O mito pessoal emergente de Jung era Filêmon, que é a encarnação do serviço. A história de Filêmon e Baucis, sua esposa, é instrutiva nesse ponto em nossa jornada.[15] Baucis e Filêmon ofereceram hospitalidade aos deuses e foram recompensados. Segundo o mito grego, os deuses Zeus e Hermes assumiram forma humana e visitaram a terra disfarçados de viajantes pobres. Quando chegaram à Frígia, procuraram abrigo, mas todos os mandaram embora, exceto Filêmon e Baucis. Generosamente, o velho casal compartilhou o pouco vinho e comida que tinham com os estranhos. Baucis e Filêmon perceberam que seus hóspedes eram deuses quando viram que o jarro de vinho nunca ficava vazio e que seu vinho ruim havia sido substituído pelo vinho da melhor qualidade. Zeus e Hermes conduziram o casal para uma colina acima de Frígia e enviaram uma enchente para destruir a terra e punir o povo que tinha lhes recusado abrigo. Esse é o conto de serviço altruísta, até mesmo a estranhos. Na maioria das tradições, incluindo a hindu, um hóspede é considerado a encarnação dos deuses (*Atithi Devo Bhava* – hóspede é Deus). Quando honramos um hóspede, mesmo quando se trata de um estranho, honramos o divino. A saudação hindu tradicional é "*Namaste*", que significa "Honro o divino em você".

Viver seu mito pessoal, seu Dharma, constitui o ensinamento central do Karma ioga na filosofia hindu. Uma vida vivida de acordo com o código de sua alma é a recomendação seminal da *Bhagavad Gita*.

> Aquele que faz todo trabalho como sacrifício a Deus – abandonando o apego a resultados – permanece intocado pela reação cármica ou pecado, assim como a folha do lótus nunca é tocada pela água.[16]

Os hindus reconhecem que Dharma é vida vivida quando a alma está alinhada com as intenções do Espírito primordial.[17] Aqui o si-mesmo Atman está alinhado com Brahman, o coletivo. Dharma é a intencionalidade coletiva. Existem quatro níveis de Dharma. Sva Dharma, ou si-mesmo Darma, é cultivar nossos potenciais pessoais de acordo com Atman e Brahman. Isso nos prepara para Ashram Dharma, onde colocamos nossos talentos pessoais a serviço da nossa família. Após aposentarmos nosso Dharma família, alcançamos Varana Dharma, onde colocamos nossos dons e potenciais a serviço da nossa comunidade. Quando cumprimos esses três Dharmas, podemos vislumbrar os mistérios do transcendente, do divino, a consciência Brahman no crepúsculo da vida em Reta Dharma, o caminho que leva à percepção da nossa *coniunctio* mais elevada com o coletivo, aquilo que Jung teria chamado o *unus mundus*. Uma prescrição teleológica do *Livro Vermelho* de Jung é que nosso coletivo avance do consumismo para o altruísmo, do foco em si mesmo para a devoção ao serviço. Nossa sobrevivência como comunidade humana pode depender disso.

Engajamento do feminino no *Livro Vermelho*

No *Livro Vermelho*, o engajamento de Jung com o feminino é mediado pela figura imaginária de Salomé. Ela gera ambivalência no léxico cristão como uma sendo justa; e a outra, injusta. A Salomé justa era a esposa de Zebedeu (Mt 27,56), mãe dos discípulos *Tiago e João*, uma seguidora de Jesus. Essa era a Salomé que procurou Jesus com o pedido de que seus filhos se sentassem nos lugares de honra no reino (Mt 20,20-21). Era também uma das mulheres que observou de longe quando Jesus foi crucificado, juntamente com Maria Madalena e Maria, mãe de José e Tiago (Mc 15,40). Essas mesmas mulheres estavam juntas no terceiro dia após a crucificação, levando condimentos para o túmulo de Jesus para ungi-lo. Quando encontraram o anjo, que lhes disse que Jesus tinha ressuscitado, elas correram para contar as boas novas aos discípulos (Mc 16,1-8). O Evangelho de Marcos é o único que menciona o nome de Salomé.

O nome da outra, da Salomé injusta, não é mencionado na Bíblia, mas lemos o que ela fez em Marcos 6. O destino de João Batista foi decidido quando a filha de Herodíade (Salomé) dançou para Herodes em seu banquete de aniversário. Satisfeito com a apresentação da garota, Herodes lhe concedeu um pedido. Salomé perguntou a Herodíade o que ela deveria pedir, e Herodíade a instruiu a pedir a cabeça de João Batista numa bandeja. Salomé obedeceu e fez esse pedido terrível e, apesar de a Bíblia contar que Herodes se entristeceu, ele cumpriu a sua promessa. João foi degolado na prisão, e sua cabeça foi entregue à filha de Herodíade, que a levou para a sua mãe (Mc 6,21-28).

É interessante que Salomé se torna a encarnação da *anima* na imaginação ativa de Jung. Qual poderia ser a importância teleológica dessa escolha? Talvez entendamos isso melhor no contexto de Kali, a escura deusa hindu. Kali é a destruidora da sombra em nossa personalidade e comunidade.[18] Ela então assimila essa escuridão em seu próprio ser para que o mundo possa viver na luz do Espírito. Kali é a feroz deusa escura, que amputa a escuridão da nossa alma e abre espaço para a luz. Sempre que uma vida perde o equilíbrio, os aspectos sombra do indivíduo ou da cultura assumem a direção. Então o arquétipo da escura deusa Kali encarna na nossa vida para destruir a escuridão da personalidade e cultura para abrir espaço para que uma nova consciência possa emergir. Parece que Jung tinha intuído com precisão a emergência do arquétipo de Kali em nosso coletivo através de seu protótipo ocidental em Salomé. Ela se manifestará na cultura contemporânea para restaurar o equilíbrio da nossa inserção em nossa sombra globalmente. Minha especulação é que o arquétipo de Kali se manifesta em nossas catástrofes ambientais, nas guerras de rua entre bandos que saqueiam nossas cidades, conflitos entre grupos raciais, no Armagedon nuclear, no colapso do nosso sistema de saúde e nos massacres que ocorrem em escolas e ruas. Num mundo pós-apocalíptico, emergirá uma nova e justa ordem mundial. O Livro de Apocalipse, de João, indica essa teleologia na Bíblia:

> Vi então um novo céu e uma nova terra, porque o primeiro céu e a primeira terra haviam desaparecido, e o mar já não existia.
>
> Vi a cidade santa, a nova Jerusalém, que descia do céu, de junto de Deus, formosa como a esposa que se enfeitou para o esposo.[19]

Talvez esta seja também a chave para o diálogo de Jung com os mortos em *Aprofundamentos* – os mortos que voltaram de Jerusalém, ainda à procura de respostas. Talvez a transição pela fase Kali de Salomé seja um desvio necessário antes que a nossa civilização possa emergir como a cidade santa da Nova Jerusalém. A Nova Jerusalém honrará o empoderamento político feminino e a subjugação da ordem mundial estática masculina.[20] Essa subjugação de Shiva por Kali já pode ter começado. Esse trabalho fundamental foi realizado por líderes como Golda Meir de Israel, Indira Gandhi da Índia, Margaret Thatcher da Grã-Bretanha, Angela Merkel da Alemanha, Theresa May da Grã-Bretanha, a quase-presidência de Hillary Clinton nos Estados Unidos, que ganhou o voto popular e talvez tenha liderado a liderança feminina emergente nos Estados Unidos com candidatas promissoras como Michelle Obama, Elizabeth Warren e outras. Essa encarnação do arquétipo de Kali se manifestou em 21 de janeiro de 2017, o primeiro dia de Donald Trump como presidente, quando milhões de mulheres no mundo inteiro e homens que as apoiavam se levantaram em solidariedade com essa irmandade para protestar contra o patriarcado opressivo.

O movimento feminista global se encontra no processo de iniciação em sua própria autoridade. O mito que melhor representa esse processo é retratado de maneira excelente por Sylvia Perera em sua obra *Descent to the Goddess* [Descida à deusa].[21] Ela postula que Inanna, a deusa inocente do mundo superior, precisa descer para a esfera de sua irmã escura, Erizkegal. Isso inclui entrega ao seu sofrimento e sacrifício, mas também retorno para o mundo superior temperado pela experiência do lado sombrio e empoderada para reivindicar sua inteireza e igualdade com os homens. Assim, Erizkegal e suas contrapartes hindus, Kali e Durga, são os mitos orientadores para o nosso coletivo atual. Essa é a encruzilhada que Jung alcançou em seu *Livro Vermelho* em sua interação com Salomé *versus* Filêmon, seus mitos emergentes concorrentes, mas resta a nós fazermos nossa própria escolha nesse ponto da história da nossa civilização. Minha convicção é que Filêmon é o arquétipo transicional que preparará o palco para a acolhida de Kali (a destruidora) e Durga (a guerreira protetora) no centro do palco na consciência global emergente. A autoridade feminina montará a ordem masculina assim como Kali monta Shiva, que se entrega à sua autoridade nessa imagem.[22]

Jung amplifica ainda mais essa emergência da mulher sábia:

Kali (Museu de Arte Walters, Baltimore)

> [...] trata-se de quatro estágios do eros heterossexual, ou seja, da imagem da *anima* e, consequentemente, de quatro estágios culturais do Eros. O primeiro grau da Chawwa, Eva, Terra é apenas biológico, em que a mulher=mãe não passa daquilo que pode ser fecundado. O segundo grau [Helena de Troia] ainda diz respeito a um Eros predominantemente sexual, mas em nível estético e romântico, em que a mulher já possui certos valores individuais. O terceiro grau eleva o Eros ao respeito máximo e à devoção religiosa, espiritualizando-o. Contrariamente a Chawwa, trata-se da maternidade espiritual. O quarto grau explicita algo que contraria as expectativas e ainda supera esse terceiro grau dificílimo de ser ultrapassado: é a *sapientia*. Mas como a sabedoria consegue sobrepujar o que há de mais santo e puro? A resposta pode estar na verdade elementar de que não raro algo que é menos significa mais. Este grau representa a espiritualização de Helena, portanto, do próprio Eros.[23]

Essa formulação do engajamento com o feminino deriva da amplificação do *Fausto* de Goethe por Jung. No entanto, na estrutura hindu oriental, existe uma trajetória diferente do envolvimento com o feminino. Isso é amplificado no sistema da ioga Kundalini, que é um paradigma para a união misteriosa, do *hieros gamos*, entre o masculino e o feminino, das energias Shiva e Shakti da psique. Na ioga Kundalini, há sete estágios de envolvimento com o feminino como mãe, representada nas imagens de Durga. A isso, segue-se a mãe como lugar de descanso do mundo do pai como Parvati. No terceiro chakra, ela é representada como uma musa inspiradora do guerreiro, que se manifesta no arquétipo de Radha, que inspirou Krishna. Esse processo culmina com o feminino como amante, Uma, cônjuge de Shiva no quarto chakra – o chakra do coração. Depois, há o estágio da espiritualização da *anima* quando ela se torna uma inspiração de Brahma para sua voz e sua música no quinto chakra, o chakra da garganta, como a deusa Sarasvati. No sexto chakra, do olho, Laxmi se torna guia do ego dando a Vishnu um terceiro olho para "percepção", e, finalmente, no nível mais alto da integração entre o masculino e o feminino no sétimo chakra, ela se torna guia da alma de Shiva como Bhagwati, a grande mãe universal e Aditi, a deusa bisavó do vazio e novas criações. Discuto alguns desses arquétipos de deusas em uma publicação anterior.[24]

O papel da mãe como Durga e Parvati como descanso seria semelhante ao estágio de Chawwa ou Eva. No terceiro chakra, o feminino é percebido como musa, Radha, e, no quarto, como amante Uma, uma figura mais estética e um envolvimento romântico com o feminino como Helena. Nos chakras cinco e seis, ela é percebida como figura espiritual, Sarasvati e Laxmi, uma inspiração e guia do ego como a Virgem Maria. No entanto, no sétimo chakra do nível mais alto de envolvimento, ela é vista como guia da alma, a grande mãe universal Bhagwati e Aditi, semelhante à formulação junguiana da *sapientia*.

Esquema do desenvolvimento feminino – Perspectiva do Yoga Kundalini

No *Livro Vermelho*, o envolvimento de Jung com o feminino começa com a mãe como escuridão que conduz para a luz. Isso é semelhante à prescrição de Goethe para descer às esferas das mães para encontrar um caminho para reivindicar a conexão com a *anima* perdida de Helena. Jung afirma:

> As trevas são tua mãe, convém a elas ter respeito, pois a mãe é perigosa. Ela tem poder sobre ti, pois é tua genitora. Honra as trevas como a luz, assim iluminas tuas trevas.[25]

Isso pode corresponder à Mãe como um lugar escuro de origens, a Durga/Parvati dos chakras inferiores na ioga Kundalini. Então Jung passa a se relacionar com a mãe como um lugar de descanso, semelhante a Parvati como lugar de descanso para o cansado Ganesha no segundo chakra da ioga Kundalini.

Fearless Girl [Menina destemida] (fotografia de Mitali Kamdar)

Ó mãe pedra, eu te amo, aconchegado a teu corpo quente, estou deitado, teu filho tardio. Bendita sejas, mãe primitiva. Teus são meu coração, toda a glória e força. Amém.[26]

A emergência dos arquétipos femininos de Kali e Durga é representada na estátua de bronze da garota destemida voltada para o touro do Wall Street em Manhattan, na cidade de Nova York. "Fearless Girl" é uma escultura em bronze da artista norte-americana nascida no Uruguai Kristen Visbal, que representa uma garota desafiadora encarando o famoso Touro de Wall Street, um símbolo da ordem masculina estática e negativa. Essa estátua foi instalada em 7 de março de 2017, às vésperas do Dia Internacional das Mulheres.[27]

O *Livro Vermelho* – A perspectiva teleológica

O momento da publicação do *Livro Vermelho* tem implicações interessantes. Por que esse relato do encontro interior de Jung permaneceu inédito durante cem anos? Minha especulação é que o "espírito dessa época" ainda não estava totalmente preparado para atender ao "espírito das profundezas". Talvez, vemos a ação de Hermes nesse momento da introdução do "espírito das profundezas" implícito ao *opus* de Jung. Foram necessários mais ou menos cem anos para, aos poucos, preparar a cultura para receber as dádivas da profundeza e sua sabedoria atemporal. Há sincronicidade no momento da publicação também no sentido de que a tecnologia alcançou agora a maturidade para reproduzir o material em sua forma estética original.

Na Índia, dizemos que almas antigas têm tendências xamânicas. Elas se conectam prontamente com o fluxo do coletivo e sonham para seus clãs e culturas. Jesus, Moisés, Maomé e Buda tiveram tais habilidades. Eu acredito que Goethe e Jung também tinham tendências xamânicas. Jung teve sonhos proféticos que anunciaram a irrupção da Primeira Guerra Mundial. Seu trabalho interior em seu próprio *opus* de individuação também aponta nessa direção. Seus escritos apresentam uma dimensão tanto psicológica como visionária. Seu *Livro Vermelho* em especial é uma peça arquetípica e visionária de literatura que serve como canal para a ativação compensatória da psique coletiva – a necessidade da morte da cultura do herói, a integração de sua sombra em alinhamento com as funções da *anima* e do feminino e a emergência do arquétipo de Rishi – o eremita, o velho sábio – o guru, que serve, sacrifica e guia outros através do exemplo de sua vida vivida de serviço e sacrifício representada na imagem de Filêmon. Filêmon não é apenas a encarnação da personalidade número dois de Jung, seu si-mesmo, mas o mito orientador do nosso tempo – uma dádiva do "espírito da profundeza" que nos oferece um GPS para navegarmos o espírito dessa época. Isso inclui uma *enantiodromia* de uma cultura do si-mesmo para um *ethos* de serviço, do consumo para o altruísmo.

A minha conclusão é que Filêmon seja um arquétipo transicional que pode preparar o caminho para a ativação do arquétipo de Kali, que fará a limpeza necessária das dimensões da sombra na nossa cultura atual para abrir espaço para novos começos, a Nova Jerusalém que os mortos procuravam nos *Aprofundamentos* do *Liber Novus* de Jung. Em sua *persona* democrática e liberal, o Ocidente tem reprimido seus anseios de Wotan, que têm ressurgido no clima político atual. Esses complexos culturais reprimidos retornaram com uma vingança e devem ser reconhecidos e transformados sob a agência dos arquétipos de Filêmon e Kali-*Sophia*, para que nós possamos ser remidos como cultura. Como Fausto, nossa cultura heroica deve retornar para a esfera das mães. Isso é exemplificado na deusa Inanna do mundo superior, que precisa descer ao submundo de sua irmã gêmea Erizkegal – a Kali escura, para ser assassinada e ficar apodrecendo no gancho de carne antes de ser reavivada e restaurada a seu potencial de inteireza.[28] Destarte empoderada, o feminino assumirá sua liderança legítima na ordem global. Uma vez que aposentamos esse acordo faustiano com Wotan, estamos prontos para sermos salvos pela graça do feminino divino do *Fausto* de Goethe, tão citado por Jung:

> Olha para encontrar o olhar salvador,
> Todo contrito e tenro,
> Para um destino bem-aventurado
> Entrega teus caminhos com gratidão.
> Que toda mente nobre seja vista
> Disposta para Teu serviço;
> Santa Virgem, Mãe, Rainha,
> Deusa, derrama Tuas misericórdias![29]

Notas

1. C.S. Lewis. *Na Experiment in Criticism* (Cambridge: Cambridge University Press, 1961), p. 19.
2. C.G. Jung. "Psicologia e poesia", em *OC* 15 (Petrópolis: Editora Vozes, 2013), § 133-162.

3. C.G. Jung. *O Livro Vermelho: Liber Novus*, org. Sonu Shamdasani, trad. Edgar Orth (Petrópolis: Editora Vozes, 2015), p. 109.

4. "American/International Gita Society Bhagavad Gita", http://www.sacred-texts.com/hin/gita/agsgita.htm, cap. 3, §§ 5-7.

5. C.G. Jung. *Memories, Dreams, Reflections*, org. Aniela Jaffé (Nova York, NY: Vintage Books, 1963), p. 234.

6. C.G. Jung. *Collected Papers on Analytical Psychology*, org. Constance E. Long, 2ª edição (Kessinger Publishing, 2007), p. 443-444.

7. "American/International Gita Society Bhagavad Gita", cap. 3, §§ 30-32.

8. Ibid., cap. 4, §§ 7-8.

9. Edward F. Edinger. *Goethe's Faust* (Toronto, Canadá: Inner City Books, 1990), p. 77-78.

10. Walter Evans-Wentz. *The Tibetan Book of the Dead* (*with a Psychological Commentary by C.G. Jung*) (Oxford: Oxford University Press, 1960).

11. C.G. Jung. *O Livro Vermelho*, p. 41.

12. Sonu Shamdasani, org. *Introduction to Jungian Psychology. Notes of the Seminar on Analytical Psychology given in 1925* (Princeton, NJ: Princeton University Press, 2012), Introduction, p. XIII.

13. C.G. Jung e Aniela Jaffé. *C.G. Jung: Word and Image* (Princeton, NJ: Princeton University Press, 1983), p. 188.

14. C.G. Jung. "A vida simbólica", em *OC* 18/2, § 1095.

15. Baucis e Filêmon: http://www.mythencyclopedia.com/Ar-Be/Baucis-and-Philemon.html

16. "American/International Gita Society Bhagavad Gita", http://www.sacred-texts.com/hin/gita/agsgita.htm, cap. 5, §§ 10-12.

17. Ashok Bedi. *Path to the Soul* (York Beach, ME: S. Weiser, 2000), p. 257.

18. Ashok Bedi. *Awaken the Slumbering Goddess – The Latent Code of the Hindu Goddess Archetypes* (BookSurge, 2007), p. 115.

19. Ap 21,1-2

20. Gareth S. Hill. *Masculine and Feminine: The Natural Flow of Opposites in the Psyche* (Boston, MA: Shambala Publications, 1992), p. 45-46.

21. Sylvia B. Perera. *Descent to the Goddess: A Way of Initiation for Women* (Toronto, Canadá: Inner City Books, 1989).

22. Agradeço ao Walter Museum, em Baltimore, por permitir a reprodução da imagem de Kali.

23. C.G. Jung. "A psicologia da transferência", em *OC* 16/2 (Petrópolis: Editora Vozes, 2012), § 361.

24. Ashok Bedi. *Awaken the Slumbering Goddess – the Latent Code of the Hindu Goddess Archetypes*.

25. Jung. *O Livro Vermelho*, p. 224.

26. Ibid., p. 227.

27. Minha gratidão a Mitali Kamdar pela permissão para usar sua fotografia da "Fearless Girl".

28. Sylvia B. Perera. *Descent to the Goddess: A Way of Initiation for Women*, p. 9.

29. Johann Wolfgang von Goethe. *Faust: A Tragedy* (Nova York, NY: W.W. Norton, 1998), p. 344.

17
Por que o *Livro Vermelho* é "vermelho"?
Reflexões de um leitor chinês

Heyong Shen

O *Liber Novus* de Jung é vermelho e, para mim, uma pessoa chinesa, essa cor é tão comovente. Quando segurei o *Livro Vermelho* em minhas mãos pela primeira vez em 2009, meu primeiro pensamento foi: por que ele é vermelho? E também dentro do livro, quando o abre e olha a primeira página de *Liber Primus*, você encontra um desenho vibrante da letra "D" num tom de vermelho especial para introduzir o capítulo "O caminho do que há de vir". Depois disso, quase cada letra no início de orações ou parágrafos apresenta algum tom de vermelho. Então, conhecemos Izdubar, a figura mítica vestida de vermelho (com armadura azul, imagem 36); o Vermelho é vermelho, é claro; e a imagem de Filêmon juntamente com suas roupas e asas (imagem 154) e a atmosfera ao redor dele são quase totalmente pintados em vermelho. Então, vermelho não é apenas a cor da capa do livro; é, também, a cor de conteúdos importantes dentro do livro. O que isso significa?

Na "Introdução" de Sonu Shamdasani, encontramos uma dica referente ao significado dessa cor onipresente. Cary Baynes, encarregada por Jung com uma transcrição do texto do *Livro Vermelho* no início da década de 1920, mantinha um caderno na forma de cartas (não enviadas) a Jung. Numa delas, ela escreve:

> Num outro livro, o "Dominicano branco" de Meyrink, você disse que ele usou exatamente o mesmo simbolismo que ocorrera a você na primeira visão que apareceu ao seu inconsciente. Além disso você disse que ele falara de um "Livro Vermelho" que continha certos mistérios, e o livro que você está escrevendo sobre o inconsciente, você o chamou de "Livro Vermelho".[1]

Jung conhecia as obras de Meyrink, entre elas *Der Golem, Das grüne Gesicht* e *Der weisse Dominikaner*. Na nota de rodapé de Shamdasani à carta não enviada de Cary Baynes, encontramos a seguinte informação importante sobre o romance místico de Meyrink:

> O "pai fundador" informa ao herói do romance, Christopher, de que "quem possuir o livro vermelho de cinábrio, a planta da imortalidade, o despertar do sopro espiritual e o segredo de trazer à vida a mão direita dissolver-se-á com o cadáver... Chama-se livro de cinábrio porque, de acordo com uma antiga crença da China, o vermelho é a cor das vestes dos que alcançaram o mais alto estágio da perfeição e haviam permanecido para trás na terra para salvar a humanidade".[2]

O dominicano branco é o romance mais esotérico de Meyrink e se baseia na sabedoria de várias tradições místicas, das quais a mais importante é o taoismo chinês. Ao seguir o Caminho, o Tao, Christopher, o herói do romance, se une à "corrente viva" que se estende ao infinito. Para os taoistas chineses, o vermelho de cinábrio é a cor da vida e da eternidade.

O vermelho de cinábrio também é chamado de "vermelho chinês". Na China, o primeiro uso documentado do mineral cinábrio como pigmento de cor ocorreu na cultura Yangshao, entre 5000 e 4000 a.C.: foi usado para pintar vasos de cerâmica para cerimônias rituais. Deste a Antiguidade, o cinábrio era considerado a cor do sangue e, portanto, a cor da vida, do coração e da alma. Quando objetos chineses pintados com cinábrio foram exportados para a Europa no século XVII, o cinábrio era um dos pigmentos mais caros, quase tão valioso quanto folha de ouro. Na época, era usado apenas para as decorações mais importantes em manuscritos iluminados. Em seu epílogo ao *Livro Vermelho*, Jung escreveu: "Soube sempre que essas experiências continham algo precioso e por isso não sabia fazer coisa melhor do que lançá-las num livro "precioso", isto é, valioso, e desenhar as imagens que me apareciam na revivescência – tão bem quanto possível".[3]

Decoração de peixe com rosto humano em tigela vermelho-cinábrio. Cultura Yangshao, estilo Bampo (4800-4300 a.C.) (Domínio Público)

Os caracteres chineses para o vermelho de cinábrio são "Zhu-Hong". O primeiro é "Zhu", que se refere a uma árvore especial com um coração vermelho. Essa é sua forma original nos oráculos antigos: 朱. O "ponto" no centro indica "o coração vermelho" da árvore. Em tempos antigos, as canetas usadas por imperadores e os grandes taoistas eram feitas dessa madeira. O segundo caractere, que significa "vermelho", é "Hong": 紅. Esse caractere é uma combinação de "seda fina" (*mi*: 糸) e "habilidade" (*gong*: 工). A imagem de "seda fina" está associada ao bicho-da-seda e à amoreira. O antigo povo chinês cultuava a amoreira, pois a prezava como árvore da vida ou árvore-mãe, simbolizando o feminino arquetípico. O caractere chinês para "habilidade" é o símbolo original de "xamã" (⛨). Segundo o significado do símbolo original e atestado pelo dicionário do chinês clássico, o xamã é aquele capaz de comunicar entre céu e terra, de servir ao reino invisível (inconsciente) e de dançar para convidar o espiritual (deus), ou a alma, para estar presente.

Outro nome para o vermelho de cinábrio em chinês é "*Dan*", cujo caractere original nos oráculos era 丹. O significado de *Dan* em chinês está relacionado à alquimia e à prática taoista. É chamado de "o campo de cinábrio", onde essência e espírito são armazenados. Ou, como o expressam algumas traduções, é o "campo do elixir" ou "o centro de energia". Para a ioga taoísta, esse é o ponto focal para a transmutação dos três tesouros: *Jing* (essência), *Qi* (energia) e *Shen* (espírito). *Dan* é também um símbolo ou uma palavra para "o coração". Também, como vermelho de cinábrio, *Dan* é um nome para o sangue do dragão e é um ingrediente especial na medicina tradicional. Na verdade, trata-se de um mineral tóxico (sulfeto de mercúrio, HgS), mas ele possui uma função curadora quando combinado com outras ervas, como mostra a teoria dos cinco elementos. De acordo com o Clássico Herbal de Shennong, cinábrio é visto como jade no mundo dos deuses e tem a função de preservar e nutrir o espírito e de satisfazer e proteger o Hun-Po, a alma.

Assim os caracteres e símbolos relacionados ao nome chinês para o vermelho de cinábrio transmitem significados simbólicos importantes de grande relevância. C.G. Jung, que estudou o *I Ching* e os caracteres chineses, expressou sua sensibilidade especial pelos caracteres chineses como "arquétipos legíveis".[4]

Traduzido literalmente para o chinês, *O Livro Vermelho* é "Livro Vermelho" ("*Hong Shu*"), e *Liber Novus* é "Livro Novo". O símbolo original para "novo" em chinês é 新, que significa "catar lenha" (talvez a lenha da árvore especial de coração vermelho, o primeiro caractere para o mineral de vermelho cinábrio em chinês). Sincronicamente, em chinês, "novo (*Xin*) tem a mesma pronúncia da palavra para "coração" (*Xin*). Assim, o *Liber Novus*, o Livro Novo, no contexto cultural chinês, também significa o "Livro do coração". A imagem e o significado do coração ocupam um significado central na cultura e língua chinesas, como também na filosofia chinesa tal como encontrada no *I Ching*, confucionismo, taoismo e budismo. Com base nisso, inauguramos a "psicologia do coração" para a nossa prática junguiana na China.[5]

Vermelho é a cor do coração e do sangue, e é, também, a cor do fígado. No capítulo 13 de *Liber Secundus*, intitulado de "O assassinato sacrificial", o protagonista descreve seu encontro com o "fígado". Uma mulher velada lhe diz: "Conheces a importância e o significado do fígado e deves com ele cumprir o rito sagrado".[6] Após comer o fígado, Jung encontra sua alma.[7] Em 2 de janeiro de 1927, Jung teve seu sonho de "Liverpool". No centro, havia uma piscina, e nele se erguia uma única árvore, uma magnólia, numa chuva de flores avermelhadas. Era como se a árvore estivesse na luz do sol e, ao mesmo tempo, fosse a fonte da luz".[8] Quando Jung falou desse sonho, ele disse: "Eu tive uma visão de beleza sobrenatural, e foi por isso que eu era capaz de viver. Liverpool é o 'poço da vida'. O 'fígado', segundo uma visão antiga, é a sede da vida, aquilo que faz viver".[9]

O fígado é a sede da vida! – exatamente como na medicina chinesa tradicional, no Yin-Yang e na teoria dos Cinco Elementos. O fígado, cuja natureza é a madeira, alimenta o coração, cuja natureza é o fogo, e assim permite que uma pessoa viva. Ao mesmo tempo, segundo a tradição chinesa, o fígado é o lugar do "*hun*" ("nuvem-fantasma"), da alma ou da *anima* na terminologia de Jung. (Liverpool, a cidade real, contém a primeira, mais antiga e maior população chinesa na Europa – outra sincronicidade.)

Para Jung, esse sonho de Liverpool é muito importante para o seu entendimento do si-mesmo, para o processo de individuação e para sua vida. Em *Memories, Dreams, Reflections*, ele escreve: "Esse sonho trouxe consigo uma sensação de finalidade. Vi que ali o objetivo havia sido revelado. Não existe ponto além do centro. O centro é o objetivo, e tudo está voltado para esse centro. Por meio desse sonho, entendi que o si-mesmo é um princípio e arquétipo de orientação e significado. É nisso que está sua função curadora". Então continua: "Para mim, essa percepção significou uma aproximação ao centro e, portanto, ao objetivo. Dele emergiu uma primeira noção do meu mito pessoal. Depois desse sonho, parei de desenhar ou pintar mandalas. O sonho retratava o clímax de todo o processo de desenvolvimento".[10]

Em *O segredo da flor de ouro*, encontramos o "mapa da cidade", que retrata a cena do sonho de "Liverpool". Como observa Sonu Shamdasani: "Esse esboço é a base da ilustração 159, ligando o sonho ao mandala".[11] Essa imagem é intitulada de "Janela para a eternidade": em seu comentário ao *Segredo da flor de ouro*, Jung oferece uma descrição dessa imagem: "Uma flor luminosa no centro, com estrelas que giram em torno dela. Ao redor da flor, muros com oito portões. O todo é concebido como uma janela transparente".[12] Jung menciona a imagem do mandala e o sonho de Liverpool em muitos de seus escritos e seminários, como, por exemplo, em *A psicologia do Kundalini Yoga*, onde ele diz: "Eu tinha uma opinião muito boa de mim mesmo por ser capaz de me expressar desta maneira: meu centro maravilhoso aqui e eu diretamente no meu coração [...]. Agora Liverpool é o centro da vida – o fígado é o centro da vida – e eu não sou o centro..."[13] Em *Memories, Dreams and Reflections*, Jung lembra que, após seu sonho de Liverpool, ele "pintou uma segunda imagem, semelhante a um mandala, com um castelo dourado no centro".[14]

"Janela para a eternidade" (de *O Livro Vermelho*, de C.G. Jung, org. Sonu Shamdasani, trad. Edgar Orth. Usado com a permissão de W.W. Norton & Company, Inc.).

Referindo-se a esse mandala, Jung se lembra: "Quando terminei, perguntei-me: 'Por que isso é tão chinês?' Fiquei tão impressionado com a forma e a escolha de cores, que me pareciam chineses, embora, por fora, não houvesse nada de chinês nisso. Mas foi assim que me afetou.

337

"Castelo dourado fortificado" (de *O Livro Vermelho*, de C.G. Jung, org. Sonu Shamdasani, trad. Edgar Orth. Usado com a permissão de W.W. Norton & Company, Inc.).

Foi uma coincidência curiosa que, logo depois, recebi uma carta de Richard Wilhelm que incluía o manuscrito de um tratado taoísta-alquímico chamado *O segredo da flor de ouro*, com o pedido que eu escrevesse um comentário sobre ele".[15] Sabemos que, como também o sonho de Liverpool, o *Segredo da flor de ouro* foi muito importante para ele. Jung diz: "Eu devorei o manuscrito de uma só vez, pois o texto me deu uma confirmação jamais imaginada de minhas ideias sobre o mandala e a circum-ambulação do centro. Esse foi o primeiro evento que rompeu meu isolamento. Conscientizei-me de uma afinidade; eu podia estabelecer vínculos com algo e alguém".[16] Jung julgou seu encontro com Wilhelm um dos eventos mais significativos de sua vida. Para Jung, Wilhelm, por meio de sua tradução de textos chineses clássicos, tinha inoculado no Ocidente o germe vivo do espírito chinês. Em *Memories, Dreams, Reflections*, Jung diz: "Em memória dessa coincidência, dessa 'sincronicidade', eu escrevi sob a imagem que tinha deixado uma impressão tão chinesa em mim: 'Em 1928, quando estava pintando esta imagem, que mostra o castelo dourado fortificado, Richard Wilhelm de Frankfurt me enviou o texto chinês com mil anos de idade sobre o castelo amarelo, o germe do corpo imortal".[17] No *Livro Vermelho*, podemos ver o detalhe da imagem com a anotação de Jung: "Por que isso é tão chinês?"[18] Ainda hoje podemos fazer a mesma pergunta sobre a cor do *Livro Vermelho*.

"Chinês" não é apenas um nome para algumas pessoas ou um país, da mesma forma como "medicina chinesa" não pode ser simplesmente entendida como "medicina da China". O núcleo ou segredo do significado de "chinês" está no caractere "*Zhong*" (equilíbrio).

A forma original do caractere "*Zhong*" para "chinês" ou "China" é ⌽. O significado básico de *Zhong* é "núcleo", o centro, o coração, o tempo certo, o estado de equilíbrio e harmonia. É, também, o símbolo para o meio-dia. O nome da cor vermelho do *Livro Vermelho* em chinês é "*Zhu-hong*", que, além de estar associado ao vermelho de cinábrio ou vermelhão e à árvore com coração vermelho, é associado também à cor do sol em seu ápice.

Zhong (equilíbrio) é o princípio principal do *I Ching*. Como a segunda e quinta linhas de cada hexagrama, é o centro das trigramas interior e exterior. Assim, *Zhong* transmite o significado do terceiro, o equilíbrio de Yin e Yang, e a função transcendente. Esse é exatamente o significado de *Zhong-Yi*, medicina chinesa, que usa o princípio do equilíbrio para o tratamento. A imagem do caractere para o Grande Comentário do *I Ching* (*Xici*) está soltamente relacionado ao lado direito da imagem para a cor vermelha (*Hong*): 丞. Essa imagem transmite o significado simbólico de "ponto nodoso", o núcleo e os números intermediários das trigramas.

A cultura chinesa é a cultura de *Zhong*, do equilíbrio, e a palavra *Shou-Zhong* é um termo para o princípio taoista básico. Como diz Lao-tzu: "Todas as coisas portam Yin e têm Yang, sendo harmonia por equilíbrio de vacância".[19] *Zhong* (equilíbrio) é o fundamento da tradição de Confúcio, assim como *Zhong-yong* é o fundamento da Doutrina do Mediano: "Quando alegria, raiva, tristeza e felicidade não são reveladas, elas são *Zhong*, no mediano. Quando são reveladas, são *He*, em harmonia. *Zhong* é a base de tudo e *He* é o caminho certo para revelar tudo. Se *Zhong* e *He* fossem alcançados, o mundo correria sem impedimentos".[20] No budismo, o caminho do meio (*madhyama-marga*), como Buda descreve o Nobre Caminho Óctuplo, que leva à liberação, também usa *Zhong* e *Tao* em chinês.

O Livro Vermelho mostra a busca diligente de Jung pelo coração e pela alma, pelo caminho do meio e o Tao, o si-mesmo e a individuação. Em 24 de junho de 1914, por exemplo, Jung escreve: "Durante a noite, minha alma me disse: 'O maior torna-se o menor'".[21] Após um ano de silêncio depois disso, Jung viu uma águia-pesqueira pegar um peixe e elevar-se ao céu e, mais uma vez, ele ouviu a voz: "Isto é um sinal de que o inferior será trazido para cima".[22] A imagem e o significado do caractere chinês *Zhong* (equilíbrio) e o lado direito do caractere *Hong* (vermelho) remetem precisamente à união do inferior e do superior. Quando lemos as "Sete instruções para os mortos" apresentados por Filêmon, percebemos o significado do Tao ou do budismo, como no ensinamento: "Eu começo no nada. O nada é o mesmo que a plenitude. Na infinitude há tanto o cheio quanto o vazio. O nada é cheio e vazio".[23]

Em *Dois escritos sobre psicologia analítica*, Jung diz: "[...] Eu poderia invocar Lao-Tsé, apropriando-me do seu conceito do Tao, o caminho do meio, o centro criador de todas as coisas".[24] Em *Tipos psicológicos*, Jung cita várias passagens de Lao-tzu para explicar o "símbolo unificador", como, por exemplo:

> Havia algo informe, porém completo,
> Que existia antes do céu e da terra;
> Sem som, sem substância,
> Dependente de nada, imutável.
> Tudo permeia, sem erro.
> Podemos imaginá-lo como a mãe de todas as coisas sob o céu.
> Seu verdadeiro nome não conhecemos;
> "Caminho" é o nome que lhe damos.[25]

Jung diz a respeito disso: "Infelizmente, o espírito ocidental, desprovido de cultura em relação ao problema que nos ocupa, jamais concebeu um conceito para *a união dos contrários no caminho do meio*. Esta pedra de toque fundamental da experiência interior não tem, entre nós, nem mesmo um nome para figurar ao lado do conceito chinês do Tao. Esta realidade é ao mesmo tempo a mais individual e a mais universal, o cumprimento legítimo do significado da existência humana".[26] Para Jung, "*Tao* é o caminho certo, o reino da lei, o caminho do meio entre opostos, liberto deles, mas unindo-os em si mesmo. O propósito da vida é percorrer esse caminho do meio e nunca se desviar em direção dos opostos".[27] O objetivo da ética taoista é encontrar a libertação da tensão cósmica dos opostos por meio de um retorno ao Tao.

Na última página do *Livro Vermelho*, no *Epílogo* que Jung escreveu em 1959, ele menciona Richard Wilhelm e a *Flor de ouro*. Jung escreve: "Trabalhei neste livro por 16 anos. O conhecimento da alquimia, em 1930, afastou-me dele. O começo do fim veio em 1928, quando Wilhelm me enviou o texto da 'Flor de ouro', um tratado alquimista. Então o conteúdo deste livro encontrou o caminho da realidade e eu não consegui mais continuar o trabalho".[28] Em seu discurso "Em memória a Richard Wilhelm", Jung escreve: "A missão de Wilhelm foi realizada em seu mais amplo sentido. Não só nos tornou acessíveis os tesouros da cultura oriental, como plantou em solo europeu as raízes do espírito chinês, que permaneceram vivas durante milênios. [...] Segundo a lei da *enantiodromia,* dos fluxos contrários, tão bem interpretada pelos chineses, com o final de um ciclo dá-se o início de seu oposto".[29] Embora o *Livro Vermelho* tenha se fechado, seu espírito continuou, pois as pessoas acreditam que Bollingen é a continuação do *Livro Vermelho*, o *Liber Quartus*. A familiaridade de Jung com a alquimia e o confronto com o mundo também representam a continuação. Todos eles são representações do processo da individuação, que transmitem uma revelação ao mundo de hoje.

"O Tao é o caminho". Richard Wilhelm traduziu o caractere chinês do Tao para a língua europeia como "sentido", o que Jung apreciou muito. Jung disse: "Se quisermos ser discípulos dignos do mestre, precisamos continuar o trabalho de Wilhelm, em seu sentido mais amplo. Assim como ele traduziu os tesouros do Oriente para uma visão ocidental, devemos transpor este sentido para a vida. Como sabemos, Wilhelm traduziu o termo *Tao* por *sentido*. Transpor para a vida este *sentido*, ou seja, realizar o Tao, constitui a tarefa dos discípulos".[30]

Em Delfi, há o *omphalos*. Esse símbolo transmite o significado de buscar pelo centro de todas as coisas, inclusive a união dos opostos. Segundo a lenda, Delfi, como *temenos* para o *omphalos*, contém os meios para a comunicação com Deus ou o espírito das profundezas. Se ainda tivermos a chance de nos comunicarmos com as profundezas, como fez Jung, talvez devêssemos lembrar a imagem e o significado da cor vermelha, o princípio de *Zhong* e "equilíbrio". Ou, como Meyrink o descreveu, a planta da imortalidade, o despertar do sopro espiritual e o segredo de trazer à vida a mão direita e daqueles que alcançaram o estágio mais elevado da perfeição e permaneceram na terra para a salvação da humanidade. Como o expressa de forma tão modesta a última frase de Jung no *Livro Vermelho*: "Sei que foi tremendamente inadequado este empreendimento, mas apesar do muito trabalho e desvios, fiquei fiel, mesmo que nunca outra/possibilidade".[31] Assim, *O Livro Vermelho*, o *Liber Novus*, com a capa em vermelho de cinábrio e um livro do coração em chinês, pode servir como um guia para o nosso mundo de hoje.

Notas

1. C.G. Jung. *O Livro Vermelho: Liber Novus*, org. Sonu Shamdasani, trad. Edgar Orth (Petrópolis: Editora Vozes, 2015), p. 58.

2. Ibid, n. 180.

3. Ibid., p. 489

4. Numa carta a W.P. Witcutt, Jung escreveu: "Como você descobriu por conta própria, o *I Ching* consiste em arquétipos legíveis e, muitas vezes, ele apresenta não só uma imagem da situação atual, mas também do futuro, exatamente como sonhos". Veja Gerhard Adler. *C.G. Jung Letters*, trad. R.F.C. Hull, vol. 2, 1951-1961 (Princeton, NJ: Princeton University Press, 1975), p. 584. Em seu prefácio à tradução do *I Ching* por Richard Wilhelm, Jung também falou dos símbolos chineses como arquétipos "legíveis".

5. Veja Heyong Shen. "Psychology of the Heart and Jungian Practice in China", baseado nas preleções acadêmicas de Fulbright (1996-1997), e nas duas palestras na Eranos Roundtable Conference, "Psychology of the Heart, the Chinese Cultural Psychology" (Eranos Yearbook 66, 1997) e "Psychology of the Heart, Oriental Perspective of Modernity of East and West" (Eranos Yearbook 69, 2007). Veja também Heyong Shen. *Psychology of the Heart* (Beijing: People's Publishing House, 2001).

6. Jung. *O Livro Vermelho*, p. 286.

7. Ibid. "Ajoelhei-me nas pedras, separo um pedaço do fígado e o enfio na boca". A mulher retira seu véu, e ela é uma linda donzela ruiva. Ela lhe diz: "Eu sou tua alma".

8. C.G. Jung. *Memories, Dreams, Reflections* (Nova York, NY: Vintage Books, 1963), p. 198.

9. Ibid.

10. Ibid.

11. Jung. *O Livro Vermelho*, p. 495.

12. C.G. Jung. "Comentário a 'O segredo da flor de ouro'" (1938), em *OC*, vol. 13 (Petrópolis, RJ: Vozes, 2013), par. 84.

13. C.G. Jung. *The Psychology of Kundalini Yoga: Notes of the Seminar Given in 1932* (Princeton, NJ: Princeton University Press, 1996), p. 100.

14. Jung. *Memories, Dreams, Reflections*, p. 197.

15. Ibid.

16. Ibid.

17. Ibid.

18. Jung. *O Livro Vermelho*.

19. Lao-tzu. *Tao te Ching*, capítulo 42 (Chuansha: Hunan People's Publishing House, 1999), p. 86-87.

20. *The Doctrine of the Mean* (Beijing: Sinolingua, 2006), p. 4-5.

21. Jung. *O Livro Vermelho*, p. 418.

22. Ibid., p. 419.

23. Ibid., p. 449.

24. C.G. Jung. *O eu e o inconsciente* (1938), em *OC* vol. 7/2 (Petrópolis: Vozes, 2015), par. 365.

25. C.G. Jung. *Tipos psicológicos* (1938), em *OC* vol. 6 (Petrópolis: Vozes, 2013), par. 359.

26. Jung. *O eu e o inconsciente* (1938), em *OC* vol. 7/2, par. 327.

27. Jung. *Tipos psicológicos* (1938), em *OC* vol. 6, par. 192.

28. Jung. *O Livro Vermelho*, p. 489.

29. C.G. Jung. "Em memória a Richard Wilhelm" (1931), em *OC*, vol. 15 (Petrópolis: Vozes, 2013), par. 94.

30. Ibid., par. 89.

31. Jung. *O Livro Vermelho*, p. 489.

18
O Livro Vermelho e o pós-humano

John C. Woodcock

> Vou pôr mãos à obra. Mas tu deves construir o lugar do derretimento. Coisa velha, quebrada, gasta pelo uso, imprestável e destruída
> joga no tacho do derretimento, para que se renove e sirva para novo uso.[1]
>
> *C.G. Jung*

Tanto Jung como Nietzsche fizeram uma grande descoberta de uma realidade que "supera" os opostos. Nietzsche, o linguista e filósofo, se referiu a essa realidade como língua apresentacional, enquanto Jung, o psicólogo, a designa como psique objetiva. Ambos concordam que essa realidade está "viva" e possui sua própria intencionalidade. Para os propósitos deste ensaio, eu a chamarei *língua viva*. As descobertas de ambos os pioneiros inauguraram um florescimento de práticas culturais fundamentadas em interpretações incompletas do *telos* dessa língua viva, que articulam a emergência de uma variedade de mundos possíveis, entre eles os mundos da inteligência artificial, a realidade virtual, a biotecnologia, a nanotecnologia etc. Este ensaio tenta descrever uma prática cultural que poderia emergir de um entendimento mais completo do *telos* da psique, ou língua viva, uma prática capaz de articular e manifestar o mundo possível do *pós-humano*.

A emergência do pós-humano

Slavoj Žižek nos leva num *tour* surpreendente pelo lixão de uma cidade enquanto fala sobre a psicologia da nossa crise ecológica atual:

> Parte da nossa percepção diária da realidade é que isso [o lixo – inserção minha] desaparece do nosso mundo [...] você *sabe* que está aí [...] mas, num certo nível da nossa experiência mais elementar, ele desaparece do seu mundo. [...] Estou pensando em certo paradoxo evidente. [...] Acredito que isso seja um bom exemplo daquilo que, na psicanálise, chamamos de negação. Eu *sei* muito bem, mas ajo como se não soubesse. [...] Eu sei muito bem que pode existir um aquecimento global etc. [...], mas, após ler um tratado sobre isso, o que eu faço? Eu me desligo. Eu vejo não as montanhas de lixo que vejo atrás de mim, vejo pássaros lindos cantando e assim em diante, e mesmo *sabendo* racionalmente que a catástrofe é um perigo, eu simplesmente não acredito que este mundo possa ser destruído.[2]

Žižek está nos apontando para o estilo dominante da consciência dissociada com a qual existimos hoje! Fabricamos um mundo tecnológico fundamentado na lógica da língua abstrata, que "pensa" em totalidades, "integralidades", "sistemas" etc. Žižek usa tais conceitos globais e totalizantes para nos atrair para este mundo de aquecimento global, catástrofe mundial, desastres ecológicos, crises ambientais, mudança climática, superpopulação, fome global etc. Essa língua abstrata gerou suas manifestações correspondentes, ou "coisas" – representações que surgem de medidas e cálculos de um mundo matemático ou físico. A língua abstrata de "integralidades" ou totalidades, juntamente com suas manifestações correspondentes, constitui um mundo que reflete um estilo específico de consciência que pode ser descrito como "alienígena" – um mundo que, segundo Žižek, é "um novo materialismo abstrato aterrorizador; um tipo de universo matemático onde não há nada; há apenas fórmulas, formas técnicas e assim em diante".

Essa forma de consciência "alienígena" percebe assuntos terrenos como que do "espaço sideral", e nós participamos desse estilo de consciência e de suas manifestações quando *pensamos* sua língua de totalidades abstratas.

Ao mesmo tempo, Žižek observa que habitamos um mundo totalmente diferente, um mundo empírico *pessoal*, i.e., o mundo que encontramos quando desligamos a TV e saímos pela porta – um mundo dos sentidos, nosso mundo normal e incorporado.

Žižek está nos dizendo que o conhecimento abstrato adquirido a partir do mundo fabricado, onde reina o estilo de consciência que eu chamo de "alienígena", simplesmente não se estende para tocar nossa consciência empírica "pé no chão". Nós simplesmente cuidamos da nossa vida comum, enquanto, simultaneamente, nos assustamos com as notícias mais recentes sobre alertas de catástrofes inseridos em conceitos abstratos globais ou imagens midiáticas. Uma forma de consciência está dissociada da outra.

No entanto, agora, a análise de Žižek parece ultrapassada. Indícios de mudanças adicionais nas manifestações estão começando a chamar nossa atenção, como nossa arte contemporânea está nos mostrando. A *Sydney Biennale Art Exhibition* (2016), por exemplo, foi concebida para tratar dessa pergunta:

> Se cada era tem uma visão diferente da realidade, qual é a nossa? Em vista de nossa dependência crescente do mundo virtual da internet, a distinção entre aquele mundo e o mundo físico está ficando cada vez mais indefinida. Muitos artistas estão tentando acessar o espaço intermediário – o lugar onde o virtual e o físico se sobrepõem um ao outro.[3]

Meu caminho me levou a uma obra do artista Grayson Perry: "The Annunciation of the Virgin Deal" [A Anunciação do Acordo Virginal].[4] Essa obra de arte nos mostra uma nova realidade emergente. Dois mundos, o virtual e o físico, estão colidindo, se fundindo, interpenetrando ou unindo de forma caótica. Na obra de arte de Perry, podemos ver todos os itens comuns ou pessoais que usamos de forma inteligente para viver no estilo habitual da nossa cultura moderna: xícaras, cafeteira, revistas, almofadas, toalhas, aparelhos tecnológicos etc. Se olharmos esses itens mais de perto, outro aspecto que, normalmente, vemos como garantidos começa a se destacar – a onipresença de rótulos: "burguês e orgulhoso", "orgânico", "regional", "plástico"; "faça chá, não faça guerra" nas xícaras etc. O corpo do anjo é retratado como figura de papel recortada. Ele está apontando para retratos de Bill Gates e Steve Jobs pendurados na parede. O iPad na mesma mostra uma manchete: "Bakewell é vendida para a Virgin por 270 milhões de dólares".

Qual é o modo de ser de tal equipamento? Itens pessoais comuns se fundem agora com mensagens totalmente alheias a qualquer coisa pessoal ou individual. Perry mostra uma concatenação do virtual e do físico em toda a sua pintura e, ao fazê-lo, nos revela um mundo – um mundo normalmente oculto para nós. Essa estrutura de consciência "alienígena", agora fundida com uma consciência tradicional e pessoal, constitui um novo tipo de ser e mundo que podemos chamar de pós-humano. E, como já disse, a arte contemporânea nos mostra esse mundo.

Pouco tempo após minha visita à obra de Grayson Perry, visitei uma exposição de arte moderna aqui em Sydney (julho de 2016), cujo tema era explicitamente o pós-humano. A introdução dos curadores descreve os artistas cujas obras nos encorajavam a perguntar o que significa ser humano nos dias de hoje e qual poderia ser seu significado no futuro. Buscando inspiração em ficção científica, robótica, biotecnologia, produtos de consumidores e mídias sociais, eles oferecem experiências que levantavam perguntas em torno da ideia do pós-humano, um conceito que sinaliza novos entendimentos de humanidade e uma derrubada de fronteiras entre aquilo que consideramos natural e artificial.[5]

Algumas dessas obras combinam partes do corpo humano real e máquinas a fim de "falar" desse novo modo de ser.[6] Na verdade, essa arte anuncia um passo adicional no desenvolvimento cultural que está ocorrendo em resposta a uma transformação psíquica nos bastidores, que sempre já aconteceu. Žižek chama nossa atenção para uma dissociação cultural entre uma consciência pessoal ligada à terra e um estilo de consciência alienígena "lá fora no espaço", sendo que o mundo de uma consciência nada tem a ver com o mundo da outra. A arte contemporânea, por sua vez, está apontando para a possibilidade de que a forma "alienígena" de consciência não deve mais ser vista metafisicamente como "fora" ou além da experiência terrena, mas como "encarnada" e interpenetrando o estilo pessoal terreno, ao mesmo tempo em que permanece *alienígena*. Esse novo entendimento traz à existência um mundo completamente novo de manifestações e uma explosão de práticas culturais correspondentes, i.e., o mundo do pós-humano!

A fim de explorar a essência do *ser* pós-humano, devemos voltar nossa atenção primeiro para o pano de fundo "significador" que informa todas as manifestações, práticas culturais e suas crenças correspondentes. Esse pano de fundo significador é, evidentemente, a psique objetiva. Portanto, podemos abordar a essência do pós-humano apelando àqueles sonhos e visões que aludem a transformações no pano de fundo psíquico. Veja, por exemplo, o seguinte sonho:

> Um homem está em nosso meio; ele parece bastante normal, mas, na verdade, é alienígena. Ele é amigável, ele quer e precisa viver entre nós e é acolhido calorosamente. Muitos terapeutas entusiasmados e animados com o brilho de seus presentes, que incluem naves espaciais que podem voar velocidade vertiginosa. Por um tempo, eu participo dessa loucura, mas perco o interesse e, em vez disso, fico cada vez mais alarmado. Tento alertar os outros. Decido agir. Quero queimá-lo e corro por aí à procura de um lançador de chamas. Em vez disso, fico pegando extintores e o molho com eles. Eles são inúteis. Ele tenta me impedir, e parecemos perceber que não há nada de pessoal nisso. Ele quer simplesmente viver aqui, e eu sinto um perigo incrível para nós. Eu digo: "É que a nossa espécie não sobreviverá se você ficar. Também precisamos sobreviver!" Então retomo minha busca frenética. Ele diz, respondendo alarmado: "Você quer dizer: se eu cuspir no tapete ou nas pessoas?" E então ele o faz, revelando assim pelo menos o perigo. Havia um veneno terrível em sua saliva; ela dissolve carne deixando formas terríveis, como uma mosca dissolve sua comida. [...][7]

Esse sonho, juntamente com muitos outros na época (década de 1990), era de caráter incipiente e me abriu para o novo pensamento e à exposição a novas manifestações. Mostra um "alienígena" que, ao mesmo tempo, é humano, cuja saliva derrete formas terrenas concretas. A lógica dessa imagem informa a análise de Žižek em seu passeio pelo lixão da cidade, demonstrando como a língua "alienígena" da globalização, totalização, do pensamento em sistemas etc. – todos eles abstrações – *age* sobre as coisas ou formas empíricas individuais. Nossa cultura tecnológica moderna prefere totalidades abstratas a coisas empíricas, de modo que, dentro do mundo tecnológico, objetos empíricos individuais, inclusive cada um de nós, são logicamente rebaixados.

Coisas empíricas individuais se tornam coletivamente lixo ("matéria inútil ou absurda"), obsoletas antes mesmo de saírem da fábrica – tudo é substituível, dispensável.

Sob condições de estabilidade cultural, pares materializados de opostos tais como interior/exterior, espírito/matéria, mente/corpo, sujeito/objeto, verdade/falsidade etc. são preservados nas muitas práticas culturais e instituições fundadas com base nelas. Os tumultos atuais e a instabilidade de formas culturais baseados na materialização desses pares de opostos são um reflexo de sempre ter ocorrida uma autotransformação no pano de fundo psíquico, como sugere meu sonho.

O gênio moderno que deu expressão eloquente a essa reconfiguração enorme e profunda da psique foi, é claro, Nietzsche.

A descoberta do "alienígena" por Nietzsche

Interpretei meu sonho em termos de ele ser (uma memória de) uma autoapresentação da psique (como refletida na língua viva) em meio a um processo transformacional. Sob essa perspectiva, o "alienígena" é uma forma de língua que é o fundamento lógico de todo o nosso mundo tecnológico, que "fala" em totalidades abstratas e "dissolve" a individualidade de entidades linguísticas, que então se tornam meramente partes de um todo que "está fora" da existência terrena (daí "alienígena"). Antes dessa língua "alienígena" se tornar reificada como um conjunto totalmente novo de manifestações (tecnológicas) e práticas, crenças etc., ela tinha emergido ou irrompido de dentro do caos de um colapso de hábitos de pensamento habituados e ossificados – aquelas estruturas lógicas (pares de opostos) que constituem o fundamento linguístico de todo um jeito de ser cultural, filosoficamente conhecido como o mundo metafísico.

Nietzsche foi o grande pioneiro linguístico que descobriu essa língua "alienígena" viva! Ele nos conta explicitamente, por exemplo, de sua experiência com seu poder e sua essência numinosa ao escrever seu *Assim falava Zaratustra* ditirâmbico:

> [Um] é mera encarnação, *porta-voz* [grifo meu] ou médium de um poder onipotente. [...] Ouve-se – não se procura; toma-se – não se pede a quem dá: de repente, um pensamento reluz como relâmpago, vem com necessidade, sem hesitar – eu nunca tive nenhuma escolha na questão. [...] Tudo acontece de modo bastante involuntário, como que numa explosão tempestuosa de liberdade, do absoluto, de poder e divindade. *A obrigatoriedade das figuras e dos símiles é a coisa mais notável; perde-se qualquer percepção daquilo que constitui a figura e daquilo que constitui o símile; tudo parece apresentar-se como os meios de expressão mais prestativos, mais corretos e mais simples* [grifo meu].[8]

A participação de Nietzsche nas chamas da língua viva abriu seus olhos para o evento fatídico como sempre já ter ocorrido no pano de fundo psíquico das manifestações:

> Mais cedo em sua carreira, ele já tinha entendido e articulado a natureza essencial da língua como retórica e não representacional ou expressiva de um significado referencial próprio. [...] Isso demarca uma inversão completa das prioridades estabelecidas que, tradicionalmente, arraigam a autoridade da língua em sua adequação ao referente ou significado extralinguístico.[9]

Um entendimento das obras de Nietzsche por De Man aqui nos dá uma dica sobre a transformação no pano de fundo psíquico na época das descobertas de Nietzsche (e, mais tarde, de Jung, como veremos). Nietzsche descobriu que a essência da língua é retórica! Outra maneira de expressar essa alegação enorme é que a língua consiste essencialmente em figuras de fala *vivas* autorrepresentacionais sem referentes externos![10]

A essência da língua se encontra, portanto, além da polaridade de sujeito/objeto, como Nietzsche sabia. Owen Barfield, seguindo Coleridge, chama esse caráter essencial da língua "inspiração transformada". Quando realizada ou intuída como tal, ela gera "novos significados para antigos e dá à luz um futuro que se originou na criatividade atual, em vez de ser uma cópia impotente das formas externamente observadas do passado".[11]

A descoberta surpreendente de Nietzsche anuncia o encerramento de uma realidade estável (o mundo metafísico), fundamentado em pares de opostos tais como interior/exterior, espírito/matéria, verdade/falsidade etc.

Se tropos forem a natureza mais verdadeira da língua, então, sob um ponto de vista psicológico, Nietzsche, ao encontrar a língua viva, também descobriu a psique objetiva como figuras de fala vivas autorrepresentacionais. Como Nietzsche observou, ele é assim nosso primeiro psicólogo!

A descoberta do "alienígena" por Jung

Durante a experiência de Jung registrada no *Livro Vermelho*, ele também se tornou "porta-voz de um poder onipotente", como Nietzsche antes dele – o poder onipotente da língua viva:

> No início do *Liber Novus*, Jung experimenta uma crise de língua. O espírito das profundezas, que imediatamente desafia o uso da língua feito por Jung junto com o espírito da época, informa a Jung que no terreno de sua alma a língua por ele conseguida não servirá mais. Sua própria capacidade de saber e falar já não pode mais explicar por que ele profere o que diz ou movido por qual compulsão ele fala.[12]

Jung descreve sua experiência em termos de fogo e tempestades, explicitamente comparando suas experiências com as de Nietzsche e Hölderlin:

> Uma tempestade seguiu à outra. Suportar essas tempestades era uma questão de força bruta. Outros foram esmagados por elas – Nietzsche, Hölderlin e muitos outros. [...] Eu fui instigado tantas vezes [...] era como se eu estivesse ouvindo com meus ouvidos; às vezes, sentia com minha boca [...] embaixo [...] tudo fervia de vida. [...] Uma mensagem havia vindo a mim com força esmagadora. [...] Eu me deparei com essa corrente de lava, e o calor de seu fogo reconfigurou minha vida. [...] A matéria primordial [...] essa matéria incandescente [...] material que irrompia [...] e, inicialmente, me inundava.[13]

Essa descrição da experiência de Jung, juntamente com o entendimento dos tradutores citado acima, mostra que, do início ao fim, a experiência de Jung consistia num colapso em língua "alcançada", i.e., formas de língua tradicionais ou habituadas que estabilizam as manifestações reais do mundo, como aconteceu também com Nietzsche.

Do ponto de vista humano comum, língua "alcançada" ou "morta" é usada como ferramenta pragmática para os nossos propósitos. Língua alcançada é coletivamente interpretada como tendo referências externas confiáveis, constituindo assim o que costumamos chamar de "realidade". Tais interpretações estabilizam a cultura. Normalmente, sabemos o que fazer ou como reagir quando falamos de maneiras tão pragmáticas. Mas, quando a psique passa por uma transformação, as interpretações da língua como referencial ou como tendo significado externo simplesmente sofrem um colapso, e a língua viva, i.e., a língua incipiente, que fala em figuras de fala autorrepresentacionais, se liberta e irrompe.

Essa língua viva tem um caráter "alienígena", às vezes, até de modo assustador, quando uma fúria de poder espiritual destrutivo é liberada, encerrando todas as formas reificadas e habituais da língua alcançada. Como Nietzsche antes dele, Jung participou do colapso das estruturas linguísticas tradicionais (língua alcançada) e se lançou no caos ardente que segue. Ao fazê-lo, ele fez a descoberta muito importante da língua viva – da língua incipiente que pode renovar e transformar o "ermo".

Era o destino de Jung descobrir a realidade da psique objetiva, que se encontra "*além*" da disjunção interior/exterior. A realidade da língua viva só pode ser alcançada quando a língua "alcançada" ou "tradicional" e suas formas lógicas estáveis, como interior/exterior, espírito/matéria, sujeito/objeto, são destruídas. A imensa dificuldade de Jung em trazer essa realidade emergente para a língua é compartilhada por outros investigadores da língua viva ou incipiente.

Owen Barsfield, por exemplo, ao falar sobre o avanço da imaginação para a inspiração transformada (língua viva), sugere que "ela será acompanhada de algo como uma transição da metáfora para a personificação transformada e do mito e símbolo para a alegoria transformada".[14] Barfield fez uma tentativa literária de retratar o caráter incipiente da inspiração transformada em seu livro incomum *Unancestral Voice* [Voz não ancestral] – cujo gênero permanece incerto. O livro abarca uma série de "diálogos" com um ser espiritual chamado "Meggid". Como Jung antes dele, Barfield luta subsequentemente para descrever sua participação com a inspiração transformada nos termos prosaicos da língua alcançada, i.e., a língua que a participação deixa para trás:

> O que, afinal de contas, foi o "algo" que aconteceu? Já que ele nunca tinha contado a ninguém, ele ainda não tinha feito nenhuma tentativa de revesti-lo em palavras. Era, porém, algo desse tipo. Ele *não* ouviu uma voz. Mas uma sequência de pensamentos começou a se apresentar a ele no mesmo modo em que pensamentos se apresentam quando os ouvimos vindo da boca de outro. Incluíam pensamentos que ele mesmo não estava ciente de já ter tido anteriormente. A maioria desses pensamentos "dados" dessa forma eram despidos de palavras. Ele mesmo precisava encontrar as palavras antes de se esquecer dos pensamentos.[15]

Também podemos recorrer a Heidegger e seu livro enigmático *Contribuições à filosofia*, sobre o qual dizem:

> Existe menos consenso sobre esse livro do que sobre qualquer outro texto filosófico do século XX. É a "obra principal de Heidegger" ou "dadaísmo metafísico"? Uma proeza de dimensão sísmica ou bobagem risível? [...] Como um relato do "acontecer essencial do ser", o texto se parece com um tratado; com uma investigação das raízes de conceitos, ele parece história da filosofia; como análise de uma crise, parece crítica cultural; como invocação de um momento de decisão, parece profecia; como emprego autoconsciente de língua, parece poesia. [...] Esse novo pensamento é marcado por sua atenção ao oculto e possível *como tal*, por sua desconfiança em relação a todos os esforços para *representar* [grifo meu] o evento incipiente e por sua ambição de *participar* no evento e não de simplesmente observá-lo.[16]

O Livro Vermelho, *Contribuições à filosofia*, *Assim falava Zaratustra* e *Unancestral Voice* possuem o poder literário de nos atrair para uma experiência no mínimo vicária da *realidade* da língua viva – uma língua incipiente que é "alienígena" às formas da língua alcançada ou tradicional.

Jung diz que, na época do *Livro Vermelho*, ele sentia "o abismo entre o mundo externo e o mundo interno de imagens em sua forma mais dolorosa". Ele não conseguia encontrar uma maneira de *trazer para a língua* aquilo que ele tinha experimentado. Ele não conseguia *dizer* a vinda à existência de um novo mundo de manifestações que "vão além" dos pares de opostos tradicionais, mas permanecem *como* empíricos.[17]

Segundo Polt, Heidegger também não conseguiu.[18]

Era uma tarefa que deveria ser realizada no futuro, talvez agora, em *nosso* tempo pós-humano!

A "descida do alienígena" e o pós-humano

Agora, estamos prontos para explorar a relevância inestimável do *Livro Vermelho* para o nosso tempo atual (2017).

Comecei meu ensaio com Slavoj Žižek, que mostra como a estabilidade da nossa cultura está tensionada ao ponto de ruptura enquanto tentamos, por meio das nossas práticas e crenças culturais antiquadas, manter uma dissociação entre um mundo tecnológico alienígena, fundamentado numa língua global abstrata, e um mundo empírico ou pessoal "pé no chão" de preocupações locais. Essa estrutura de dissociação está fundamentada numa interpretação metafísica do *telos* da psique como descoberta por Nietzsche e Jung.[19]

Então apresentei alguns exemplos da arte contemporânea, juntamente com um dos meus sonhos, sugerindo uma nova interpretação do *telos* da psique, retratada agora como o "alienígena" que encarna no terreno, gerando um conjunto totalmente novo de manifestações e práticas culturais.

Jung (e Nietzsche antes dele) descobriram uma língua viva "alienígena", i.e., uma língua incipiente como "liberta" da língua alcançada reificada. Em sua natureza, essa língua viva se encontra "além" de todos os opostos reificados (interior/exterior; espírito/matéria; mente/corpo etc.) e também da lei da contradição e de noções lineares de passado, presente e futuro – todas aquelas estruturas linguísticas que "fundamentam" uma realidade estável (o mundo metafísico) e práticas e crenças culturais correspondentes.

Como resultado dessa descoberta, Jung sentiu uma dolorosa dicotomia entre a realidade autônoma da psique e a realidade da vida externa ou empírica, baseada em seus pares de opostos estáveis e tradicionais. Por meio de uma interpretação metafísica da língua viva ou da psique objetiva, ele privilegiou a primeira e rebaixou logicamente a segunda.[20] Essas práticas culturais (tecnológicas) fundamentadas *somente* nessa língua "alienígena", privilegiada pela mente moderna, vem a existir à custo da vida empírica normal, que, por isso, deve ser logicamente rebaixada a favor do mundo tecnológico emergente e de suas manifestações.

A descoberta de Jung da psique autônoma *como tal* aponta o caminho que nos permite começar a "dizer" o *telos* da psique – uma tarefa que Jung não conseguiu completar – em nosso tempo do pós-humano.

Quero começar essa exploração com um sonho:

> Estou acima da terra, próximo ao limite do espaço e estou tentando descer para a terra de maneira nova, sem paraquedas. Começo a descer; o ar começa a sussurrar à medida que ganho velocidade. Estou tentando vestir uma jaqueta quente, mas meu polegar fica preso na manga, e agora estou voando em direção da terra. A perspectiva muda para o nível do chão, onde observo como um homem transparente pousa com segurança, como um gato. Ele é praticamente invisível, mas consigo vê-lo. Aparentemente, devo participar da descida desse ser maravilhoso e, ao mesmo tempo, testemunhar sua encarnação terrena.

Como já no meu sonho anterior relatado acima, esse sonho parece falar da descida do "alienígena" para a terra, agora com a minha participação nessa descida. Simultaneamente, estou testemunhando o novo *ser transparente* na terra.

Até o fim, Jung enfrentou o "problema espinhento da relação entre o homem eterno, o si-mesmo e o homem terreno em tempo e espaço". Ele nos conta um sonho frequentemente citado que, para ele, ilumina o problema. O sonho mostra um OVNI ("alienígena") olhando para ele do alto do céu. O sonho de Jung e a discussão subsequente mostram seu entendimento *teórico* claro da necessidade do humano empírico se relacionar com o eterno de acordo com o *telos* da psique, i.e., "experimentar-nos *simultaneamente* [grifo meu] como limitados e eternos".[21]

Ao mesmo tempo, o "problema espinhento" de *dizer* essa "simultaneidade" na língua (assim trazendo-a para a existência) permaneceu para o futuro. As formulações teóricas de Jung dessa "simultaneidade" são, todas elas, fundamentadas linguisticamente na disjunção metafísica entre língua alcançada e língua viva. Em outras palavras, Jung foi capaz de *teorizar* a necessidade de uma simultaneidade ou interpretação do humano e do eterno, de acordo com o *telos* da psique, mas ele não conseguiu *dizer o mundo pós-humano para a existência* por meio da língua incipiente.

Meu sonho mostra um "momento" no desenvolvimento cultural ao continuarmos sincronizando com o *telos* da psique, no nosso tempo – o tempo do pós-humano – como também meu sonho anterior sugere (uma "descida para a terra" e uma manifestação da "transparência").[22]

Como devemos entender esse movimento posterior?[23]

A língua viva, que Jung entendeu ser "eterna", i.e., "alienígena", em relação à nossa língua alcançada (terrena) ou tradicional, deve agora ser interpretada ou pensada como "no nosso meio", "na terra", i.e., como *empírica*, ao mesmo tempo em que permanece *alienígena* e *além*. Essa "descida" é intuída também pela arte contemporânea, como descrevi acima. No nosso mundo pós-humano, essa língua viva "alienígena" não deve mais ser imaginada como uma realidade *separada* do mundo externo comum ou empírico, como pressupõem as formulações de Jung.[24] Ao contrário, deve ser imaginada como a língua de coisas comuns que aparecem no mundo real, ao mesmo tempo em que permanece "alienígena" e *além*. A imagem da transparência é essencial para esse novo pensamento.

O que está acontecendo é uma transformação no nosso entendimento de língua (e, portanto, de todas as futuras formas culturais fundamentadas nessa língua), ao mesmo tempo em que essa transformação "diz" as coisas deste mundo terreno como coisas comuns e, simultaneamente, oferece a possibilidade de cada coisa linguística se tornar transparente para um mundo vivo de infinitas profundezas de significado – um mundo "alienígena" que pode voltar a falar conosco vindo do "além" e nos ensinar um novo modo (pós-humano) de ser que está mais alinhado com as reivindicações da vida – um mundo "alienígena" que é, ao mesmo tempo, já sempre *nós*!

Em *Rediscovery of Meaning*, Owen Barfield trata dessa possibilidade de "inspiração transformada", que será "dita" para a existência pelas palavras que iriam

> transmitir significados identificáveis e repetíveis [....] significados de foco suave [...] todo um novo jeito de usar a língua. [...]

a declaração verdadeira de "visão dupla", consciência [...] simultânea de ambos os lados opostos do limiar.[25]

Como forma literária, o *Livro Vermelho* representa a luta de Jung ao trazer para a língua (e, portanto, para a existência) a simultaneidade da "inspiração transformada" *e* da percepção empírica comum. Barfield descreve a inspiração interiorizada ou transformada como envolvendo "a noção de alguma comunicação com entidades individuais, seres individuais do outro lado do limiar".[26] As experiências de Jung no *Livro Vermelho* são um exemplo de tal inspiração transformada, ao mesmo tempo em que ele invoca a língua comum com seus "significados identificáveis e repetíveis", como diz Barfield. Os diversos estilos dentro do *Liber Novus* demonstram, juntos, a luta de Jung para encontrar essa língua polissêmica:

> A linguagem do *Liber Novus* segue três grandes registros estilísticos [...]. Um primeiro registro relata fielmente as fantasias e diálogos interiores dos encontros imaginais de Jung, enquanto um segundo permanece firme e criteriosamente conceitual. Um terceiro registro escreve num estilo mântico e profético, ou romântico e ditirâmbico.[27]

A luta de Jung apontou um caminho para o futuro. Ele mostrou o caminho para a realidade da língua viva – aquilo que ele chama de psique objetiva. Ele nos mostrou que tal realidade *existe*! Podemos até nos aventurar a dizer que ele a invocou de modo incipiente! Ele também demonstrou que essa realidade, por mais alienígena que seja em relação às formas tradicionais da língua, *quer* algo de nós. Como Jung disse: "'A mulher em mim' não tinha os centros linguísticos que eu tinha. E assim sugeri que ela usasse os meus. Ela o fez e se manifestou com uma longa declaração".[28]

A iniciação de Jung na realidade da língua viva mostra que ela possui sua própria inteligência e consciência e que ela deseja "falar". Isso exige um ato de serviço por parte do porta-voz pós-humano, como Nietzsche também entendeu. Todos nós devemos entregar nossos "centros linguísticos" (ou as mãos do artista etc.) para esse propósito. O caminho para tal entrega se encontra dentro da definição do pós-humano – desse ser "humano-alienígena" que possui a capacidade de, como afirma Barfield, participar nessa inspiração transformada.

O alienígena "fala"

Para concluir, quero contar um sonho que pode nos mostrar como a fala do *outro*, agora em seu *status* lógico como humano-alienígena, pode ser recebido e "dito", i.e., quando a língua alcançada se torna *transparente* para a língua viva:

> Estou andando pelas ruas, sozinho. Encontro-me num saguão em que algum tipo de ritual, conduzido por um homem mais velho, está acontecendo. Cada um dos participantes passa por um ritual superficial, i.e., eles estão apenas executando alguns gestos. Parece ser algo cristão-maçônico. Estamos todos sentados de joelhos em tapetes. Quando ele me vê, de repente ele fica interessado, mais vivo, e pede que eu execute o ritual, que agora se torna vivo. Há uma linha no chão. Devo tocar essa linha com minha cabeça, i.e., devo me submeter. Eu o faço enquanto ele entoa o ritual das confissões. Quando toco o chão com minha cabeça, ele sorri e me diz calorosamente: fostes perdoado, tudo te foi perdoado. Então ele vem até onde estou, se agacha e sussurra em meu ouvido direito por algum tempo. Eu ouço a voz do *outro*, em tom mais agudo, não terreno, i.e., o anjo está falando comigo por meio dele. Tenho dificuldades de entender a maior parte, mas o anjo fala durante um bom tempo. Depois eu me levanto, mas não consigo falar. Minha mão direita começa a escrever automaticamente. Eu escrevo "interlocutor".[29]

Esse sonho sugere que, agora, na nossa era pós-humana, a língua alcançada comum pode ser tornar transparente para a língua viva ou a fala do *outro* alienígena, i.e., no mínimo "para aquele que tem ouvidos". De acordo com a lógica do pós-humano, como mostra meu sonho, um gesto de submissão total é exigido a fim de "ouvir" a fala desse "alienígena".[30]

Esse sonho, juntamente com muitos outros ao longo dos anos, me empurrou em direção ao desenvolvimento de uma prática cultural fundamentada nessa nova interpretação pós-humana do *telos* da psique. No sonho, "eu me levanto, mas não consigo falar. Minha mão direita começa a escrever automaticamente. Eu escrevo 'interlocutor'". Venho escrevendo há décadas – sou autor de 15 livros e muitos ensaios. Durante todo esse tempo, eu tenho sido incapaz de identificar o gênero da minha escrita. Essa possivelmente nova forma de literatura é gerada quando abro mão de minhas ambições obstinadas, registrando autorrepresentações psíquicas à medida que surgem, passando de lembranças para sonho, reflexões, o estudo etimológico de uma palavra ou a recordação de palavras de outro autor, até que a separação normal entre o interior e o exterior se dissolve. Escrevi vários livros que expressam esse estilo, e agora começo a suspeitar de que minha tarefa é encontrar um gênero literário como uma possível prática cultural fundamentada na interpretação da nossa nova essência como seres pós-humanos.

A configuração do pós-humano é o fundamento de um novo modo de ser, se práticas culturais ressoantes podem ser produzidas para articulá-lo e sustentá-lo. A meu ver, nossa sobrevivência depende desse esforço. Nosso zelo louco e obsessivo para descobrir vida alienígena em planetas no espaço sideral, com a qual não podemos nos comunicar, é uma tentativa lamentável de encerrar nosso isolamento niilista moderno com suas práticas correlativas de destruição ambiental. Esquecemos que o "alienígena" é a voz perdida do Ser ou da Vida refletida (i.e., da psique), que nossos ancestrais conheciam tão bem e aos quais ela "falava" como o *outro*, vindo "lá de fora" como o mundo *vivo*, inspirando-nos, oferecendo orientação e anunciando o nosso destino. O *Livro Vermelho* é um registro dos encontros de Jung com essa voz "perdida" ou esquecida do Ser, que também o inspirou e guiou e lhe expôs *seu* destino. Como ele disse mais tarde, "foram necessários quarenta e cinco anos para elaborar e inscrever no quadro de minha obra científica os elementos que vivi e anotei nessa época de minha vida".[31]

A diferença crucial entre o encontro de Jung e o dos nossos ancestrais está na descoberta da realidade da psique (ou língua viva) *como tal*, i.e., não mais somente como refletida no mundo natural. Podemos começar a entender a lógica diferente (i.e., diferente da lógica dos nossos ancestrais) subjacente às experiências de Jung a partir de dicas fenomenológicas contidas em passagens como a seguinte:

> Ele lembra que por baixo do limiar da consciência, tudo é animado. Às vezes, era como se ele ouvisse coisas. Em outros momentos, percebia que estava sussurrando para si mesmo.[32]

Assim, Jung encontrou a voz do Ser como "interior", mas, mesmo assim, como "objetiva" ("eu" e, ao mesmo tempo, "não eu"), a mesma lógica subjacente à inspiração *transformada* de Barfield. A grande descoberta de Jung inaugurou um esforço vitalício de pensar a "simultaneidade" da psique objetiva *como tal* e da realidade empírica – um "problema espinhento" que o acompanhou durante toda a sua vida, como mencionei acima.[33] Esse "problema espinhento" ocupa o núcleo das tentativas de Jung e de todas as tentativas subsequentes de reanimar a natureza, já que o fator animador ou doador de significado, segundo seu *telos*, se "despediu" da natureza e sempre já emergiu como *realidade psíquica*, que pode ser descoberta como tal! A questão de *pensar* a "simultaneidade" da realidade psíquica e empírica depende totalmente de como interpretamos o *telos* da psique em seu *status* alcançado daquilo que "partiu".[34] Espero ter mostrado aqui que, desde a descoberta de Jung da realidade psíquica *como tal*, a cultura ocidental continuou seus gestos interpretativos, principalmente através da arte, até alcançar o nosso entendimento atual do *telos* da psique em termos do pós-humano.

O *modo de ser* pós-humano entende nosso mundo como linguisticamente configurado, mas objetivo. Esse entendimento nos dá a capacidade potencial de perceber o mundo normalmente como configurado pela língua alcançada (realidade empírica), ao mesmo tempo em que oferece a possibilidade que esse mundo linguístico "superficial" se torne transparente, abrindo suas próprias profundezas psíquicas de significado. Precisamos desenvolver um conjunto totalmente novo de práticas culturais que consiga articular e sustentar essa nova realidade pós-humana.

Notas

1. C.G. Jung. *O Livro Vermelho,* org. Sonu Shamdasani, trad. Edgar Orth (Petrópolis: Vozes, 2015), p. 445.
2. Slavoj Žižek. "Slavoj Zizek Speaking on Love and Search for Meaning When None Exists", em *Examined Life*, https://www.youtube.com/watch?v=iGCfiv1xtoU.
3. Stephanie Rosenthal, diretora artística da 20ª bienal, Sydney. Citação de um cartaz na exposição de arte.
4. Grayson Perry. "The Annunciation of the Virgin Deal," http://www.mca.com.au/exhibition/grayson-perry/.
5. Anna Davis and Houngcheol Choi, http://www.mca.com.au/exhibition/new-romance/.
6. Por exemplo, a gordura do corpo de um artista usada como combustível para um motor. Veja Stelarc e Nina Sellars. *Blender* (2005/2016), http://www.mca.com.au/exhibition/new-romance/.

7. Esta passagem é um excerto. O sonho completo pode ser encontrado em meu livro. Veja John Woodcock. *Mouthpiece* (CreateSpace, 2015), p. 8-9.

8. Friedrich Nietzsche. "Introduction", em *Thus Spake Zarathustra* (Londres: T.N. Foulis, 1909).

9. Paul de Man. "Rhetoric of Tropes (Nietzsche)", em *Allegories of Reading* (New Haven: Yale University Press, 1979), p. 106.

10. Isso, é claro, é ao que Jung se refere com "psique objetiva". Também para Heidegger, a essência da língua é *falar como mostrar*! Veja Martin Heidegger. "The Nature of Language", em *On the Way to Language* (New York, NY: Harper & Row, 1971), p. 37ss.

11. Owen Barfield. "Imagination and Inspiration", em *The Rediscovery of Meaning* (San Rafael: Barfield Press, 1977), p. 127.

12. Jung. *O Livro Vermelho*, p. 87.

13. C.G. Jung. *Memories, Dreams, Reflections* (Nova York, NY: Vintage Books, 1963). Todas as citações do capítulo VI: "Confronto com o inconsciente". Veja também Mark Kyburz, John Peck e Sonu Shamdasani. "Nota dos tradutores da edição inglesa" em Jung. *O Livro Vermelho*, p. 87 para outros exemplos.

14. Barfield. "Imagination and Inspiration", em *The Rediscovery of Meaning*, p. 128-129.

15. Owen Barfield. *Unancestral Voice* (Middletown: Wesleyan University Press, 1965), p. 16. Veja anotação 31 para uma comparação com as experiências de Jung no *Livro Vermelho*.

16. Richard Polt. *The Emergency of Being: On Heidegger's Contributions to Philosophy* (Ithaca: Cornell University Press, 2006), p. 1-2 e 104.

17. Para uma discussão mais aprofundada dos esforços de Jung de dizer a nova realidade, veja meu ensaio "The Hidden Legacy of The Red Book", em Thomas Arzt, org. *Das Rote Buch: C.G. Jungs Reise zum "anderen Pol der Welt." Studienreihe zur Analytischen Psychologie, Bd. 5* (Wurzburg: Konigshausen & Neumann, 2015), p. 161-194.

18. "Platão poderia sugerir [...] que aquilo que falta em *Contribuições* é uma descida do último para o cotidiano [...] devemos [...] [encontrar] conexões entre o tempo-espaço primordial e o tempo linear comum". Veja Polt. "Afterthoughts", em *The Emergency of Being*, p. 214. Observe que essa conexão continuou sendo um "problema" para Jung até o fim. Veja Jung. *Memories, Dreams, Reflections*, p. 322.

19. A dissociação é mantida por meio de um hábito de pensamento que interpreta metafisicamente a língua viva como localizada espacialmente no além, i.e., "lá no alto".

20. Veja, por exemplo, C.G. Jung. *A vida simbólica,* em *CW* 18/1 (Petrópolis: Vozes, 2015), par. 630, e Jung. *Memories, Dreams, Reflections*, p. 225.

21. Jung. *Memories, Dreams, Reflections*, p. 323ss.
Meu sonho anterior também apresenta uma imagem de transparência como algo "redentor". Veja anotação 7.

22. Meu sonho anterior também apresenta uma imagem de transparência como sendo "redentora". Veja anotação 7.

23. James Hillman entende a transparência em termos de atributos humanistas empíricos, como foi também o entendimento de Jung quando sugeriu que o humano representa o *essencial*. Minha interpretação do telos da psique entende a transparência como um atributo da *língua*! Veja James Hillman. *The Myth of Analysis* (Nova York, NY: Harper TorchBooks, 1972), p. 92.

24. I.e., "lá fora no espaço" ou metafisicamente transcendente.

25. Barfield. "Imagination and Inspiration", em *The Rediscovery of Meaning*, p. 129.

26. Barfield. "Imagination and Inspiration", em *The Rediscovery of Meaning*, p. 128.

27. John Peck, Mark Kyburz e Sonu Shamdasani, "Nota dos tradutores da edição inglesa", em Jung. *O Livro Vermelho*, p. 87.

28. Jung. *Memories, Dreams, Reflections*, p. 186. Veja também par. 1, p. 178.

29. Esse sonho e minha discussão foram publicados em John Woodcock. "An Example of the New Art Form", em *The Coming Guest and the New Art Form*, (Bloomington: iUniverse, 2014), p. 48.

30. Jung demonstra essa "submissão" quando entrega seus centros linguísticos ao outro "no interior".

31. Citado por Sonu Shamdasani. "Introdução", em Jung. *O Livro Vermelho*, p. 79.

32. Sonu Shamdasani. "Introdução", em Jung. *O Livro Vermelho*, 80. Veja também a anotação 15.

33. Veja a anotação 18.

34. *Pensar a simultaneidade das realidades psíquica e empírica é o* a priori *para perceber as "coisas" do mundo pós-humano.*

Bibliografia

Adler, Gerhard. *C.G. Jung Letters*. Trad. R.F.C. Hull. Vol. 1, 1906-1950. Princeton, NJ: Princeton University Press, 1973.

Adler, Gerhard. *C.G. Jung Letters*. Trad. R.F.C. Hull. Vol. 2, 1951-1961. Princeton, NJ: Princeton University Press, 1975.

Adorno, Theodor W. e Max Horkheimer. *Dialectic of Enlightenment: Philosophical Fragments*, org. Gunzelin Schmid Noerr. Stanford, CA: Stanford University Press, 2002.

Aeschylus. *The Seven Against Thebes*, org. e trad. David Grene, Richmond Lattimore, Mark Griffith, and Glenn W. Most. Chicago, IL: University of Chicago Press, 2013.

"American/International Gita Society Bhagavad Gita": http://www.sacred-texts.com/hin/gita/agsgita htm. Acessado em 7 de abril de 2013.

Arendt, Hannah. *The Origins of Totalitarianism*. Nova York, NY: Harcourt, 1976.

Aristotle. *Complete Works*, org. Jonathan Barnes. Princeton, NJ: Princeton University Press, 1984.

Arzt, Thomas, org. *Das Rote Buch: C.G. Jungs Reise zum "anderen Pol der Welt". Studienreihe zur Analytischen Psychologie*, Bd. 5. Wurzburg: Konigshausen & Neumann, 2015.

Bair, Deirdre. *Jung: A Biography*. Boston, MA: Little, Brown and Company, 2003.

Barfield, Owen. *The Rediscovery of Meaning and Other Essays*. San Rafael, CA: Barfield Press, 1977.

Barfield, Owen. *Unancestral Voice*. Middletown, CT: Wesleyan University Press, 1965.

Barker, Margaret. *The Great Angel: A Study of Israel's Second God*. Louisville, Kentucky: Westminster/ John Knox, 1992.

Baucis and Philemon: http://www.mythencyclopedia.com/Ar-Be/Baucis-and-Philemon.html.

Bailly, Jean Sylvain. *Histoire de l'astronomie ancienne, depuis son origine jusqu'à l'établissement de l'école d'Alexandrie*. Paris: Debure, 1775.

Bailly, Jean Sylvain. *Traite de l'astronomie indienne et orientale*. Paris: Debure, 1787.

Beck, Roger. *Planetary Gods and Planetary Orders in the Mysteries of Mithras*. Leiden: Brill, 1988.

Beck, Roger. *The Religion of the Mithras Cult in the Roman Empire*. Oxford, Inglaterra: Oxford University Press, 2006.

Bedi, Ashok. *Awaken the Slumbering Goddess – The Latent Code of the Hindu Goddess Archetypes*. BookSurge, 2007.

Bedi, Ashok. *Path to the Soul*. York Beach, ME: S. Weiser, 2000.

Beebe, John. "*The Red Book* as a Work of Conscience; Notes from a seminar given for the 35th Annual Jungian Conference, C.G. Jung Club of Orange County, April 10th 2010", *Quadrant*, XXXX:2 (Summer 2010): p. 41-58.

Beebe, John e Ernst Falzeder, orgs. *The Question of Psychological Types: The Correspondence of C.G. Jung and Hans Schmid-Guisan. 1915-1916*. Princeton e Oxford: Princeton University Press, Philemon Series, 2013.

Benjamin, Walter. "Central Park", trad. Lloyd Spencer e Mark Harrington. *New German Critique* 34 (Winter 1985): p. 32-58.

Benjamin, Walter. "The Work of Art in the Age of Mechanical Reproduction". Em *Illuminations*, trad. Harry Zorn, Londres: Cape, 1970.

Betz, Hans Dieter (org. e trad.). *The "Mithras Liturgy": Text, Translation and Commentary*. Tubingen: Mohr Siebeck, 2003.

Biegel, Rebekka Aleida. *Zur Astrognosie der alten Ägypter*. Gottingen: Dieterichsche Universitats-Buchdruckerei, 1921.

Bishop, Paul. "Jung and the Quest for Beauty". Em (orgs.) Thomas Kirsch e George Hogenson. *The Red Book: Reflections on C.G. Jung's Liber Novus*. Londres: Routledge, 2013.

Bishop, Paul. *On the Blissful Islands with Nietzsche and Jung*. Londres/Nova York: Routledge, 2017.

Blavatsky, H.P. *Isis Unveiled: A Master-Key to the Mysteries of Ancient and Modern Science and Theology*, 2 volumes. Londres: Theosophical Publishing Co., 1877.

Blavatsky, H.P. *The Secret Doctrine: The Synthesis of Science, Religion, and Philosophy*, 2 volumes. Londres: Theosophical Publishing Co., 1888.

Blom, Philipp. *The Vertigo Years: Change and Culture in the West 1900-1914*. Londres: Orion Publishing Co., 2009.

Boechat, Walter. *The Red Book of C.G. Jung: a Journey into Unknown Depths*. Londres: Karnac Books, 2016.

Bousset, Wilhelm. *Hauptprobleme der Gnosis*. Gottingen: Van den Hoeck & Ruprecht, 1907.

Brude-Firnau, Gisela. "From *Faust* to Harry Potter: Discourses of the Centaurs". Em Hans Schulte, John Noyes e Pia Kleber (orgs.). *Goethe's "Faust": Theatre of Modernity*. Nova York, NY: Cambridge University Press, 2011.

Bude, Heinz. *Gesellschaft der Angst*. Hamburg: Verlag des Hamburger Instituts für Sozialforschung, 2014.

Bunyan, John. *The Pilgrim's Progress*. Londres: Penguin Classics, 1987.

Burwick, Frederick. *Poetic Madness and the Romantic Imagination*. University Park, PA: Pennsylvania State University Press, 1996.

Butler, Robert Olen. *From Where You Dream: The Process of Writing Fiction*. Nova York, NY: Grove Press, 2005.

Campion, Nicholas. *What Do Astrologers Believe?* Londres: Granta Publications, 2006.

Campion, Nicholas. *Astrology and Cosmology in the World's Religions*. Nova York, NY: NYU Press, 2012.

Campion, Nicholas. *Astrology and Popular Religion in the Modern West*. Farnham: Ashgate, 2012.

Carroll, Lewis. *Alice in Wonderland*. Any Edition. Cicero, Marcus Tullius. *The Nature of the Gods*. Trad. P.G. Walsh. Oxford, Inglaterra: Oxford University Press, 1998.

Cicero, Marcus Tullius. *Cicero's Orations Against Catiline*. Tradução literal de Rev. Dr. Fraser Giles. Oxford City Press, 2010.

Coleman, William Emmette. "The Sources of Madame Blavatsky's Writings". Em Vsevolod Sergyeevich Solovyoff. *A Modern Priestess of Isis*. Londres: Longmans, Green, and Co., 1895.

Copenhaver, Brian P. (org. e trad.). *Hermetica: The Greek Corpus Hermeticum and the Latin Asclepius in a New English Translation*. Cambridge, Inglaterra: Cambridge University Press, 1992.

Cumont, Franz. *Textes et monuments figurés relatifs aux mysteres de Mythra*. Bruxelas: Lamertin, 1896.

Cumont, Franz. *The Mysteries of Mithra*, trad. Thomas J. McCormack. Chicago, IL: Open Court, 1903.

Cutner, Herbert. *Jesus*. Nova York, NY: The Truth Seeker Co., 1950.

D'Ailly, Pierre. *Tractatus de imagine mundi Petri de Aliaco*. Louvain: Johannes Paderborn de Westfalia, 1483.

De l'Aulnaye, Francois-Henri-Stanislas. *L'histoire générale et particuliere des religions et du cultes*. Paris: J.B. Fournier, 1791.

De Man, Paul. *Allegories of Reading: Figural Language in Rousseau, Nietzsche, and Proust*. New Haven, CT: Yale University Press, 1979.

Demosthenes. *On the Crown*, trad. A.W. Pickard-Cambridge. Em A.W. Pickard-Cambridge (org. e trad.). *Public Orations of Demosthenes*, 2 volumes. Oxford, Inglaterra: Clarendon Press, 1912.

Dieterich, Albrecht. *Eine Mithrasliturgie*. Leipzig: Teubner, 1903.

Dilthey, Wilhelm. "Dichterische Einbildungskraft und Wahnsinn". Em *Die geistige Welt: Einleitung in die Philosophie des Lebens*, vol. 2 [*Gesammelte Werke*, vol. 6]. Stuttgart; Gottingen: Teubner; Vandenhoeck & Ruprecht, 1994. p. 90-102.

Dostoyevsky, Fyodor. Trad. Hugh Aplin. *Notes from the Underground*. Londres: Hesperus Classics. 2006.

Dourley, John. "Recalling the Gods: A Millennial Process". Em Spiegelman, J.M. (org.). *Psychology and Religion at the Millennium and Beyond*. Tempe, Arizona: New Falcon Publications, 1998.

Drob, Sanford. *Reading the Red Book. An Interpretive Guide to C.G. Jung's Liber Novus*. Nova Orleans, LA: Spring Journal Books, 2012.

Dupuis, Charles. *Origine de tous les cultes, ou religion universelle*. Paris: H. Agasse, 1795.

Dupuis, Charles. *Planches de l'origine de tous les cultes*. Paris: H. Agasse, 1795.

Eagleton, Terry. *Literary Theory: An Introduction* (Grã Bretanha: Blackwell, 1983).

Edinger, Edward. *The Creation of Consciousness. Jung's Myth for Modern Man*. Toronto: Inner City Books, 1984.

Edinger, Edward. *The Aion Lectures. Exploring the Self in C.G. Jung's Aion*. Toronto: Inner City Books, 1996.

Edinger, Edward. *The New God-Image*. Wilmette, IL: Chiron Publications, 1996.

Edinger, Edward. *Goethe's Faust: Notes for a Jungian Commentary (Studies in Jungian Psychology by Jungian Analysts)*. Toronto: Inner City Books, 1990.

Edwards, M.J. "Gnostic Eros and Orphic Themes". Em *Zeitschrift für Papyrologie und Epigraphik* 88, 1991.

Enzensberger, Hans Magnus. *Mittelmaß und Wahn: Gesammelte Zerstreuungen*. Frankfurt/Main: Suhrkamp, 1991.

Euripides. *Heracleidae*. Trad. Ralph Gladstone. Chicago, IL: University of Chicago Press, 1955.

Everitt, Anthony. *The Life and Times of Rome's Greatest Politician: Cicero*. Nova York, NY: Random House, 2003.

Evans-Wentz, Walter, org. *The Tibetan Book of the Dead* (with a psychological commentary by C.G. Jung). Oxford, Inglaterra: Oxford University Press, 1960.

Faracovi, Ornella Pompeo. *Gli oroscopi di Cristo*. Veneza: Marsilio Editori, 1999.

Fideler, David. *Jesus Christ, Sun of God: Ancient Cosmology and Early Christian Symbolism*. Wheaton, IL: Quest Books/Theosophical Publishing House, 1993.

Forshaw, Peter. "Curious Knowledge and Wonder-Working Wisdom in the Occult Works of Heinrich Khunrath", em R.J.W. Evans e Alexander Marr (orgs.). *Curiosity and Wonder from the Renaissance to the Enlightenment*. Farnham: Ashgate, 2006.

Freud, Sigmund. "Group Psychology and the Analysis of the Ego" [1922]. SE 18. Strachey, James et al. (orgs.). *The Standard Edition of the Complete Works of Sigmund Freud*. Londres: The Hogarth Press and the Institute of Psychoanalysis, 1953-74.

Freud, Sigmund. *Civilization and its Discontents*, trad. e org. James Strachey. Nova York, NY: W.W. Norton, 1961.

Freud, Sigmund e C.G. Jung. *The Freud/Jung Letters*. Org. William McGuire e trad. Ralph Manheim e R.F.C. Hull. Princeton, NJ: Princeton University Press, 1974.

Friedman, Thomas L. *Thank You for Being Late: An Optimist's Guide to Thriving in the Age of Accelerations*. Londres: Allen Lane, 2016.

Gerhardt, Oswald. *Der Stern des Messias*. Leipzig: Deichert, 1922.

Giegerich, Wolfgang. "*Liber Novus*, That is, The New Bible: A First Analysis of C.G. Jung's *The Red Book*". Em *Spring: A Journal of Archetype and Culture* 83 (primavera de 2010).

Gieser, Suzanne. *The Innermost Kernel: Depth Psychology and Quantum Physics – Wolfgang Pauli's Dialogue with C.G. Jung*. Berlim: Springer, 2005.

Godwin, Joscelyn. *The Theosophical Enlightenment*. Albany, NY: SUNY Press, 1994.

Goethe, Johann Wolfgang. *Faust: A Tragedy* (Norton Critical Editions). Trad. Walter Arndt, org. Hamlin, Cyrus. Second Edition. Nova York, NY: W.W. Norton, 1998.

Graf Durckheim, Karlfried. *Alltag als Übung*. Berna: Huber, 2012.

Greene, Liz. *The Astrology of Fate*. London: George Allen & Unwin, 1984.

Greene, Liz. *Jung's Studies in Astrology: Prophecy, Magic, and the Qualities of Time*. Abingdon: Routledge, 2018.

Greene, Liz. *The Astrological World of Jung's Liber Novus: Daimons, Gods, and the Planetary Journey*. Abingdon: Routledge, 2018.

Greisman, Harvey C. e George Ritzer. "Max Weber, Critical Theory, and the Administered World". Em *Qualitative Sociology* 4, no. 1 (primavera de 1981): p. 34-55.

Guggenbuhl-Craig, Adolf. *Eros on Crutches. Reflections on Amorality and Psychopathy*. Dallas, TX: Spring, 1980.

Gurdjieff, G.I. *Meetings With Remarkable Men*. Londres: E.P. Dutton, 1964.

Haggard, H. Rider. *She: A History of Adventure*. Londres: Longmans, 1887.

Hammer, Olav. *Claiming Knowledge: Strategies of Epistemology from Theosophy to the New Age*. Leiden: Brill, 2004.

Hanegraaff, Wouter J. *New Age Religion and Western Culture: Esotericism in the Mirror of Secular Thought*. Leiden: Brill, 1996.

Hanegraaff, Wouter J. "Reconstructing 'Religion' from the Bottom Up". Em *Numen: International Review for the History of Religions,* 63 (2016), p. 577–606.

Heelas, Paul. *The New Age Movement*. Oxford: Blackwell, 1996.

Heidegger, Martin. *Einführung in die Metaphysik*. Gesamtausgabe, Bd. 40. Frankfurt/Main: Vittorio Klostermann, 1983.

Heidegger, Martin. "The Question Concerning Technology". Em *Basic Writings*, org. David Farrell Krell. Londres: Routledge & Kegan and Paul, 1978.

Heidegger, Martin. *Off the Beaten Track*. Cambridge, Inglaterra: Cambridge University Press, 2002.

Heidegger, Martin. *On the Way to Language*. Nova York, NY: Harper and Row, 1971.

Heindel, Max. *The Rosicrucian Cosmo-Conception, or Mystic Christianity*. Oceanside, CA: Rosicrucian Fellowship, 1909.

Heindel, Max. *The Rosicrucian Mysteries*. Oceanside, CA: Rosicrucian Fellowship, 1911.

Heindel, Max. *The Message of the Stars: An Esoteric Exposition of Medical and Natal Astrology Explaining the Arts of Prediction and Diagnosis of Disease*. Oceanside, CA: Rosicrucian Fellowship, 1918.

Hill, Gareth S. *Masculine and Feminine: The Natural Flow of Opposites in the Psyche*. Boston, MA: Shambala Publications, 1992.

Hillman, James. *Anima*. Dallas, TX: Spring Publications, 1985.

Hillman, James. *Healing Fiction. On Jung, Freud and Adler*. Dallas, TX: Spring Publications, 1983 & 2004.

Hillman, James. *The Dream and the Underworld*. Nova York, NY: Harper and Row, 1979.

Hillman, James. *The Myth of Analysis*. Nova York, NY: Harper TorchBooks, 1978.

Hillman, James. "Dionysus in Jung's Writings". Em *Mythic Figures: Uniform Edition of the Writings of James Hillman*, vol. 6.1. Putnam, CT: Spring Publications, 2007.

Hillman, James e Shamdasani, Sonu. *Lament of the Dead: Psychology after Jung's Red Book*. Nova York, NY: W.W. Norton, 2013.

Higgins, Godfrey. *Anacalypsis*, 2 volumes. Londres: Longman, Rees, Orme, Brown, Green, and Longman, 1836.

Hodges, Horace Jeffery. "Gnostic Liberation from Astrological Determinism", *Vigiliae Christianae* 51:4, 1997.

Hoeller, Stephan A. *The Gnostic Jung and the Seven Sermons to the Dead*. Wheaton, IL: Quest, 1982.

Hoeller, Stephan A. *Jung and the Lost Gospels: Insights into the Dead Sea Scrolls and the Nag Hammadi Library*. Wheaton, IL: Quest, 1989.

Holden, James H. "Early Horoscopes of Jesus". Em *American Federation of Astrologers Journal of Research* 12:1, 2001.

Holland, Tom. *Rubicon: The Triumph and Tragedy of the Roman Republic*. Londres: Little, Brown, 2003.

Huang, Taoist Master Alfred. *The Complete I Ching*. Rochester, VT: Inner Traditions, 1998.

Irenaeus. *Irenaei episcopi lugdunensis contra omnes haereses*. Oxford, Inglaterra: Thomas Bennett, 1702.

Jaffe, Aniela. *From the Life and Work of C.G. Jung*. Einsiedeln: Daimon Verlag, 1989.

Jaffe, Aniela. *Was C.G. Jung a Mystic?* Einsiedeln: Daimon Verlag, 1989.

Jaffe, Aniela. *C.G. Jung: Word and Image*. Princeton/Bollingen Paperbacks. Princeton, NJ: Princeton University Press, 1983.

Jenkins, Sylvia P. "The Depiction of Mental Disorder in *Die Leiden des jungen Werthers* and *Torquato Tasso* and its Place in the Thematic Structure of the Works", *Publications of the English Goethe Society*, NS 62 (1991-1992): p. 96-118.

Jung, C.G. *Aion. Estudo sobre o simbolismo do si-mesmo*. Em *OC*, vol. 9/II. Petrópolis: Vozes, 2013.

Jung, C.G. *Analytical Psychology: Its Theory and Practice*. Londres: Routledge & Kegan Paul, 1968.

Jung, C.G. *Resposta a Jó*. Em *OC*, vol. 11/4. Petrópolis: Vozes, 2012.

Jung, C.G. "Interpretação psicológica do dogma da Trindade". Em *OC*, vol. 11/2. Petrópolis: Vozes, 2013.

Jung, C.G. "Estudo empírico do processo de individuação". Em *OC*, vol. 9/I. Petrópolis: Vozes, 2014.

Jung, C.G. "Sobre os arquétipos do inconsciente coletivo". Em *OC*, vol. 9/I. Petrópolis: Vozes, 2014.

Jung, C.G. "O arquétipo com referência especial ao conceito de anima". Em *OC*, vol. 9/I. Petrópolis: Vozes, 2014.

Jung, C.G. "Comentário a 'O segredo da flor de ouro'". Em *OC*, vol. 13. Petrópolis: Vozes, 2013.

Jung, C.G. *Dictionary of Analytical Psychology*. Londres e Nova York, NY: Ark, 1987.

Jung, C.G. *Erinnerungen, Träume, Gedanken von C.G. Jung*. Zurique: Ex Libris, 1962.

Jung, C.G. "Um mito sobre coisas vistas no céu". Em *OC*, vol. 10. Petrópolis: Vozes, 2013.

Jung, C.G. "Prefácio à obra de Suzuki: A Grande Libertação". Em *OC*, vol. 11/5. Petrópolis: Vozes, 2013.

Jung, C.G. "O bem e o mal na psicologia analítica". Em *OC*, vol. 10/3. Petrópolis: Vozes, 2013.

Jung, C.G. *Jung Speaking: Interviews and Encounters*. Org. William McGuire e R.F.C. Hull. Princeton, NJ: Princeton University Press, 1977.

Jung, C.G. *Jung on Astrology*, selecionado e introduzido por Keiron le Grice e Safron Rossi. Abingdon: Routledge, 2017.

Jung, C.G. "Criptomnésia". Em *OC*, vol. 1. Petrópolis: Vozes, 2013.

Jung, C.G., org. *Man and His Symbols*. Nova York, NY: Dell, 1964.

Jung, C.G. *Memories, Dreams, Reflections*, org. Aniela Jaffe. Nova York, NY: Vintage Books, 1963.

Jung, C.G. *Modern Psychology: Notes on Lectures Given at the Eidgenössische Technische Hochschule, Zürich by Prof. Dr. C.G. Jung, October 1933-July 1941*, 3 volumes, trad. e org. Elizabeth Welsh e Barbara Hannah. Zurique: K. Schippert & Co., 1959-1960.

Jung, C.G. *Mysterium Coniunctionis*. Em *OC*, vol. 14. Petrópolis: Vozes, 2012.

Jung, C.G. "Novos caminhos da psicologia". Em *OC*, vol. 7/1. Petrópolis: Vozes, 2014.

Jung, C.G. "O eu e o inconsciente". Em *OC*, vol. 7/2. Petrópolis: Vozes, 2015.

Jung, C.G. "A natureza da psique". Em *OC*, vol. 8/2. Petrópolis: Vozes, 2013.

Jung, C.G. *Psicologia e alquimia*. Em *OC*, vol. 12. Petrópolis: Vozes, 2012.

Jung, C.G. *Tipos psicológicos*. Em *OC*, vol. 6. Petrópolis: Vozes, 2013.

Jung, C.G. *Psychology of the Unconscious*, trad. Beatrice M. Hinkle. Nova York, NY: Moffat, Yard & Co., 1916.

Jung, C.G. "Comentário psicológico sobre o Livro Tibetano da Grande Libertação". Em *OC*, vol. 11/5. Petrópolis: Vozes, 2013.

Jung, C.G. "Relação da psicologia analítica com a obra de arte poética". Em *OC*, vol. 15. Petrópolis: Vozes, 2013.

Jung, C.G. "On the Psychology and Pathology of So-Called Occult Phenomena". Em *Psychology and the Occult*. Londres: Ark, 1987.

Jung, C.G. "Em memória de Richard Wilhelm". Em *OC*, vol. 15. Petrópolis: Vozes, 2013.

Jung, C.G. *Símbolos da transformação*. Em *OC*, vol. 5. Petrópolis: Vozes, 2013.

Jung, C.G. "O desenvolvimento da personalidade". Em *OC*, vol. 17. Petrópolis: Vozes, 2013.

Jung, C.G. *O Livro Vermelho*. Org. Sonu Shamdasani, trad. Edgar Orth. Petrópolis: Vozes, 2015.

Jung, C.G. "A árvore filosófica". Em *OC*, vol. 13. Petrópolis: Vozes, 2013.

Jung, C.G. "Aspectos psicológicos da Core". Em *OC*, vol. 9/I. Petrópolis: Vozes, 2014.

Jung, C.G. *The Psychology of Kundalini Yoga: Notes of the Seminar Given in 1932*. Princeton, NJ: Princeton University Press, 1996.

Jung, C.G. "Psicologia e poesia". Em *OC*, vol. 15. Petrópolis: Vozes, 2013.

Jung, C.G. "O problema psíquico do homem moderno". Em *OC*, vol. 10/3. Petrópolis: Vozes, 2013.

Jung, C.G. "A psicologia da transferência". Em *OC*, vol. 16/2. Petrópolis: Vozes, 2012.

Jung, C.G. "Psicologia do inconsciente". Em *OC*, vol. 7/1. Petrópolis: Vozes, 2014.

Jung, C.G. *O espírito na arte e na ciência*. Em *OC*, vol. 15. Petrópolis: Vozes, 2013.

Jung, C.G. "O espírito Mercurius". Em *OC*, vol. 13. Petrópolis: Vozes, 2013.

Jung, C.G. "A estrutura do inconsciente". Em *OC*, vol. 7/1. Petrópolis: Vozes, 2015.

Jung, C.G. "Fundamentos da Psicologia Analítica (The Tavistock Lectures)". Em *OC*, vol. 18/1. Petrópolis: Vozes, 2013.

Jung, C.G. "O problema psíquico do homem moderno". Em *OC*, vol. 10/3. Petrópolis: Vozes, 2013.

Jung, C.G. "A função transcendente". Em *OC*, vol. 8/2. Petrópolis: Vozes, 2013.

Jung, C.G. *Dois escritos sobre psicologia analítica*. Em *OC*, vol. 7. Petrópolis: Vozes, 2014.

Jung, Emma. *Animus and Anima*. Dallas, TX: Spring Publications, 1985.

Junger, Ernst. *Typus, Name, Gestalt*. Sämtliche Werke, Bd. 13. Stuttgart: Klett-Cotta, 1981.

Junger, Ernst. *An der Zeitmauer*. Sämtliche Werke, Bd. 18. Stuttgart: Klett-Cotta, 1981.

Kandinsky, Wassily. *Concerning the Spiritual in Art*. Nova York, NY: Dover Publications, 1977.

Kant, Immanuel. "An Answer to the Question: What is Enlightenment?" Fonte: Immanuel Kant. Practical Philosophy, Cambridge University Press, trad. e org. Mary J. Gregor, 1996.

Kerenyi, Karl. "Prolegomena", em *C.G. Jung and Karl Kerényi, Essays on a Science of Mythology*, trad. R.F.C. Hull. Princeton, NJ: Princeton University Press, 1969.

Kierkegaard, Soren. *Fear and Trembling*. Trad. A. Hannay. Londres: Penguin Classics, 1985.

Kirsch, Thomas e George Hogenson, orgs. *The Red Book: Reflections of C.G. Jung's Liber Novus*. Londres & Nova York: Routledge, 2013.

Khunrath, Heinrich. *Von hylealischen, das ist, pri-materialischen catholischen, oder allgemeinem natürlichen Chaos, der naturgemessen Alchymiae und Alchemisten.* Magdeburg, 1597.

Lammers, Ann Conrad e Adrian Cunningham, orgs. *The Jung-White Letters*. Londres: Routledge, 2007.

Larkin, Phillip. *Collected Poems*. Londres: Faber and Faber, 2003.

Lao-tzu. *Tao te Ching*. Chuansha: Hunan People's Publishing House, 1999.

Leo, Alan. *Astrology for All*. London: Modern Astrology Office, 1910.

Leo, Alan. "The Age of Aquarius", *Modern Astrology* 8:7, 1911.

Leo, Alan. *Esoteric Astrology*. Londres: Modern Astrology Office, 1913.

Leo, Alan. *Dictionary of Astrology*, org. Vivian Robson. Londres: Modern Astrology Offices/L.N. Fowler, 1929.

Levinas, Emmanuel. *Otherwise than Being or Beyond Essence*. Pittsburgh, PA: Duquesne University Press, 1998.

Lewis, Clive Staples. *An Experiment in Criticism*. Cambridge, Inglaterra: Cambridge University Press, 1961.

Lockhart, Russell. *Psyche Speaks: A Jungian Approach to Self and World*. C.G. Jung Lectures, Inaugural Series. C.G. Jung Foundation of New York, 1982.

Lockhart, Russell. *Psyche Speaks: A Jungian Approach to Self and World*. Wilmette, IL: Chiron Publications, 1987 (Reissued Everett: The Lockhart Press, 2015).

Lockhart, Russell. Review of *American Soul: A Cultural Narrative* by Ronald Schenk. *Psychological Perspectives* (2014) 57 (4): p. 454-459.

Long, A.A. *From Epicurus to Epictetus*. Oxford, Inglaterra: Oxford University Press, 2006.

Lyotard, J.F. *The Postmodern Condition: A Report on Knowledge*. Minneapolis, MN: University of Minnesota Press, 1984.

Magee, Bryan. *Wagner and Philosophy*. Londres: Penguin Books, 2000.

Main, Roderick. "New Age Thinking in the Light of C.G. Jung's Theory of Synchronicity", *Journal of Alternative Spiritualities and New Age Studies* 2, 2006.

Malinowski, Bronisław. "Myth in Primitive Psychology" [1926], em *Magic, Science and Religion and other Essays*. Garden City, NY: Doubleday, 1948. p. 72-123.

Martin, Russell. *Beethoven's Hair*. Nova York, NY: Random House, 2002.

Massey, Gerald. *The Natural Genesis*, 2 volumes. Londres: Williams & Norgate, 1883.

Massey, Gerald. "The Hebrew and Other Creations, Fundamentally Explained", em *Gerald Massey's Lectures*. Londres: publicação privada, 1887.

Massey, Gerald. "The Historical Jesus and Mythical Christ". Em *Gerald Massey's Lectures*. Londres: publicação privada, 1887.

Mathiesen, Thomas J. *Apollo's Lyre: Greek Music and Music Theory in Antiquity and the Middle Ages*. Lincoln e Londres: University of Nebraska Press, 1999.

May, Rollo. *Power and Innocence. A Search for the Sources of Violence*. Nova York, NY: W.W. Norton, 1972.

McGuire, William e R.F.C. Hull (orgs.). *C.G. Jung Speaking: Interviews and Encounters*. Princeton, NJ: Princeton University Press, 1977.

Mead, G.R.S. *Pistis Sophia: A Gnostic Miscellany: Being for the Most Part Extracts from the Book of the Saviour, to Which are Added Excerpts from a Cognate Literature*. Londres: Theosophical Publishing Society, 1896.

Mead, G.R.S. *Echoes from the Gnosis*. Londres: Theosophical Publishing Society, 1906-1908.

Mead, G.R.S. *The Mysteries of Mithra*, Volume 5 of *Echoes from the Gnosis*. Londres: Theosophical Publishing Society, 1907).

Mead, G.R.S. *A Mithraic Ritual*, Volume 6 of *Echoes from the Gnosis*. Londres: Theosophical Publishing Society, 1907.

Mechilin, Leila. "Lawless Art". *Art and Progress* (1913) 4: p. 840-841.

Mecklin, John. "2017 Doomsday Clock Statement", *Science and Security Board: Bulletin of the Atomic Scientists*, www.thebulletin.org (acessado em 7 de março de 2017).

Mecouch, G. *While Psychiatry Slept*. Santa Fe, NM: Belly Song Press, 2017.

Meister Eckehart. *Schriften und Predigten*, org. Herman Buttner. Jena: Diederichs, 1921.

Melville, Herman. *Billy Bud*. Nova York, NY: Tom Doherty Associates, 1988.

"Memories Protocols", Carl G. Jung Protocols, Library of Congress.

Meyer, Marvin, org. *The Nag Hammadi Scriptures: The International* Edition. San Francisco, CA: Harper, 2007.

Milton, John. *Paradise Lost*. Livro 9. Qualquer edição.

Nasar, Sylvia. *A Beautiful Mind*. Nova York, NY: Simon & Schuster. 1998.

Nicolescu, Basarab. *From Modernity to Cosmodernity: Science, Culture, and Spirituality*. Nova York, NY: SUNY, 2014.

Nietzsche, Friedrich. *Nachlaß 1880-1882* [*Kritische Studienausgabe*, vol. 9], org. Giorgio Colli e Mazzino Montinari. Munique; Berlim e Nova York, NY: dtv; de Gruyter, 1999.

Nietzsche, Friedrich. *Basic Writings*, org. Walter Kaufmann. Nova York, NY: Modern Library, 1968.

Nietzsche, Friedrich. *Daybreak*, trad. R.J. Hollingdale. Cambridge, Inglaterra: Cambridge University Press, 1982.

Nietzsche, Friedrich. *Nachlaß 1882-1884* [*Kritische Studienausgabe*, vol. 10], org. Giorgio Colli e Mazzino Montinari, Munique; Berlim e Nova York, NY: dtv; de Gruyter, 1999.

Nietzsche, Friedrich. *The Portable Nietzsche*, org. Walter Kaufmann. Nova York, NY: Viking Penguin, 1968.

Nietzsche, Friedrich. *Thus Spoke Zarathustra*. Harmondsworth, Inglaterra: Penguin, 1969.

Nietzsche, Friedrich. *Thus Spake Zarathusta: A Book for All and None*. Trad. Thomas Common. Londres: T. N. Foulis, 1909.

Nietzsche, Friedrich. *Also sprach Zarathustra*. Chemnitz: Ernst Schmeitzner, 1883-1884.

Nietzsche, Friedrich. *Ecce Homo*. Trad. R.J. Hollingdale. Harmondsworth, Inglaterra: Penguin Classics, 1979.

Nietzsche, Friedrich. *Human All Too Human*. Trad. Marion Faber. Londres: Penguin Classics. 1994.

Noll, Richard. *The Jung Cult: Origins of a Charismatic Movement*. Princeton, NJ: Princeton University Press, 1994.

Noll, Richard. "Jung the Leontocephalus". Em Paul Bishop (org.). *Jung in Contexts: A Reader*. Londres: Routledge, 1999.

North, J.D. *Stars, Mind, and Fate*. Londres: Continuum, 1989.

Origen. *Contra Celsum*, trad. Henry Chadwick. Cambridge, Inglaterra: Cambridge University Press, 1953.

Ouspensky, P.D. *In Search of the Miraculous*. Nova York, NY: Harcourt, Brace, 1949.

Owen, Alex. "Occultism and the 'Modern Self' in Fin-de-Siecle Britain". Em Martin Daunton e Bernhard Rieger (orgs.). *Meanings of Modernity*. Oxford, Inglaterra: Berg, 2001.

Owens, Lance S. "Foreword". Em Alfred Ribi. *The Search for Roots: C.G. Jung and the Tradition of Gnosis*. Los Angeles, CA: Gnosis Archive Books, 2013.

Owens, Lance S. "The Hermeneutics of Vision: C.G. Jung and Liber Novus". Em *The Gnostic: A Journal of Gnosticism, Western Esotericism and Spirituality*, Issue 3 (julho de 2010), p. 23-46.

Owens, Lance S. *Jung in Love: The Mysterium in Liber Novus*. Gnosis Archive Books, 2015.

Owens, Lance S. "Jung and *Aion*: Time, Vision and a Wayfaring Man". Em *Psychological Perspectives*, 2011, 54:253-89.

Perera, Sylvia Britton. *Descent to the Goddess: A Way of Initiation for Women*. Toronto: Inner City Books, 1989.

Phillips, Adam. *Terrors and Experts*. Londres: Faber & Faber, 1995.

Phipps, Constantine.*What You Want: The Pursuit of Happiness*. Londres: Quercus Books, 2014.

Plato. *Collected Dialogues*, org. Edith Hamilton e Huntington Cairns. Princeton, NJ: Princeton University Press, 1989.

Plato. *Timaeus*, in *The Collected Dialogues of Plato*, org. Edith Hamilton e Huntington Cairns. Princeton, NJ: Princeton University Press, 1961.

Plotinus. *The Enneads*, trad. Stephen MacKenna, 6 volumes. Londres: Medici Society, 1917-30; reimpressão. Londres: Faber & Faber, 1956.

Plutarch, *Lives*, vol. 1, trad. Bernadotte Perrin. Londres; Nova York, NY: Heinemann; Macmillan, 1914.

Plutarchus, Lucius Metrius. *Plutarch's Lives: Life of Cicero*. Nova York, NY: Palatine Press, 2015.

Polkinghorne, John. *Reason and Reality: The Relationship Between Science and Theology*. Londres: SPCK, 1991.

Polt, Richard. *The Emergency of Being: On Heidegger's "Contributions to Philosophy."* Ithaca, NY: Cornell University Press, 2006.

Porphyry. *De antro nympharum*, em Thomas Taylor (org. e trad.). Select Works of Porphyry. Londres: Thomas Rodd, 1823.

Radkau, Joachim. *Das Zeitalter der Nervosität. Deutschland zwischen Bismarck und Hitler*. Munique: Propylaen, 1998.

Reitzenstein, Richard. *Poimandres: ein paganisiertes Evangelium: Studien zur griechisch-ägyptischen und frühchristlichen Literatur*. Leipzig: Teubner, 1904.

Reitzenstein, Richard. *Die hellenistiche Mysterienreligionen*. Leipzig: Teubner, 1910.

Reitzenstein, Richard. *Mysterienreligionen nach ihren Grundgedanken und Wirkungen*. Leipzig: Teubner, 1910.

Rilke, Rainer Maria. "The Ninth Elegy". Em *Selected Poems*, trad. J.B. Leishman. Londres: Penguin, 1988.

Rodriguez, Andres. *Book of the Heart: The Poetics, Letters, and Life of John Keats*. Hudson: Lindisfarne Press, 1993.

Rolfe, Eugene. *Encounter with Jung*. Boston, MA: Sigo Press, 1989.

Roosevelt, Theodore. "A Layman's Views of an Art Exhibition". Em *Outlook* (1913) 103: p. 718-720.

Rosa, Hartmut. *Beschleunigung. Die Veränderung der Zeitstrukturen in der Moderne.* Frankfurt/Main: Suhrkamp, 2005.

Rosenberg, Harold. "The Armory Show: Revolution Reenacted". *New Yorker* (1963) 6 de abril: p. 99-115.

Rosenberg, Harold. "Metaphysical Feelings in Modern Art". Em *Critical Inquiry* (1975) 2: p. 217-232.

Rowland, Susan. *Jung as a Writer.* Nova York e Londres: Routledge, 2005.

Rowland, Susan. *Remembering Dionysus: Revisioning Psychology in C.G. Jung and James Hillman,* Londres e Nova York, NY: Routledge, 2017.

Rudhyar, Dane. *Astrological Timing.* Nova York, NY: Harper & Row, 1969.

Rumke, A.C. e Sarah de Rijcke. *Rebekka Aleida Biegel (1886-1943): Een Vrouw in de Psycholoie.* Eelde: Barkhuism, 2006.

Samuels, Andrew. BBC Radio 4, *Today* (transmitido em 28 de outubro de 2009).

Schelling, F.W.J. *Idealism and the Endgame of Theory: Three Essays,* org. Thomas Pfau. Albany, NY: State University of New York Press, 1994.

Schelling, F.W.J. *The Ages of the World,* trad. Frederick de Wolfe Bolman, Jr. Nova York, NY: Columbia University Press, 1942.

Schenk, Ronald. *American Soul: A Cultural Narrative.* New Orleans, LA: Spring Journal, 2012.

Schmidt, Jochen e Sebastian Kaufmann. *Kommentar zu Nietzsches "Morgenröthe"; Kommentar zu Nietzsches "Idyllen aus Messina"* [Nietzsche-Kommentar, vol. 3/1]. Berlim e Boston, MA: de Gruyter, 2015.

Schopenhauer, Arthur. *The World as Will and Presentation.* Volume One. Trad. Richard E. Aquila em colaboração com David Carus. Londres: Pearson Longman, 2008.

Schultz, Wolfgang. *Dokumente der Gnosis.* Jena: Diederichs, 1910.

Schweizer, Andreas. "The Book of the Play of the Opposites". Em Andreas Schweizer e Regine Schweizer-Vullers (orgs.). *Stone by Stone.* Einsiedeln: Daimon, 2017.

Sellars, John. *Stoicism.* Berkeley, CA: University of California Press, 2006.

Shamdasani, Sonu. "Memories, Dreams, Omissions". Em *Spring Journal of Archetype and Culture* 57, 1995.

Shamdasani, Sonu. *Cult Fictions: C.G. Jung and the Founding of Analytical Psychology.* Londres: Routledge, 1998.

Shamdasani, Sonu. *Jung and the Making of Modern Psychology: The Dream of A Science.* Cambridge, Inglaterra: Cambridge University Press, 2003.

Shamdasani, Sonu. *C.G. Jung: A Biography in Books.* Nova York, NY: W.W. Norton, 2012.

Shamdasani, Sonu. org. *Introduction to Jungian Psychology. Notes of the Seminar on Analytical Psychology given in 1925.* Princeton, NJ: Princeton University Press, 2012.

Shen, Hyong. *Psychology of the Heart.* Beijing, People's Publishing House, 2001.

Siegel, Daniel. *The Developing Mind.* Nova York e Londres: The Guilford Press, 1999.

Silk, M.S. e J.P. Stern. *Nietzsche on Tragedy.* Cambridge, Inglaterra: Cambridge University Press, 1981.

Sloterdijk, Peter. *Die schrecklichen Kinder der Neuzeit.* Berlim: Suhrkamp, 2014.

Sloterdijk, Peter. *Eurotaoismus. Zur Kritik der politischen Kinetik.* Frankfurt/Main: Suhrkamp, 1989.

Smith, E.M. *The Zodia, or The Cherubim in the Bible and the Cherubim in the Sky.* Londres: Elliot Stock, 1906.

Sonnino, Lee A. *Handbook of Sixteenth Century Rhetoric.* Londres: Routledge & Kegan Paul, 1968.

Spano, M.V. "Modern(-ist) Man in Search of a Soul: Jung's Red Book as Modernist Visionary Literature" (2010), cgjungpage: http://www.cgjungpage.org/index.php?option=com_content&task =view&id=934&Itemid=1, acessado em 27 de setembro de 2012.

Spiegelman, J. Marvin.*The Tree: Tales in Psycho-mythology.* Phoenix, AZ: Falcon Press, 1982.

Spiegelman, J. Marvin. *The Quest: Further Tales in Psycho-Mythology.* Phoenix, AZ: Falcon Press, 1984.

Spiegelman, J. Marvin. *Jungian Psychology and the Passions of the Soul.* Las Vegas, NV: Falcon Press, 1989.

Spiegelman, J. Marvin. *Reich, Jung, Regardie and Me: The Unhealed Healer.* Las Vegas, NV: New Falcon Publications, 1992.

Spiegelman, J. Marvin. *Rider Haggard, Henry Miller and I: The Unpublished Writer.* Las Vegas, NV: New Falcon Publications, 1997.

Spiegelman, J. Marvin. "C.G. Jung's Answer to Job: A Half Century Later". Em *Journal of Jungian Theory and Practice* 8/1, 1999.

Spiegelman, J. Marvin. *The Divine WABA (Within, Among, Between, Around): A Jungian Exploration of Spiritual Paths.* Portland, Maine: Nicolas Hays, 2003.

Stein, Murray. "Introduction". Em (org.) Murray Stein. *Jung on Evil.* Princeton, NJ: Princeton University Press, 1995.

Steiner, George. *Language and Silence.* Londres: Faber & Faber, 1967.

Steiner, Rudolf. *Friedrich Nietzsche. Ein Kämpfer gegen seine Zeit.* Weimar: E. Felber, 1895.

Steiner, Rudolf. *The Reappearance of Christ in the Etheric*. Spring Valley, NY: Anthroposophic Press, 1983.

Steiner, Rudolf. *Evil*, org. Michael Kalisch. Forest Row: Rudolf Steiner Press, 1997.

Stevens, Wallace. *The Collected Poems of Wallace Stevens*. Nova York, NY: Alfred A. Knopf, 1954.

Sullivan, J.W.N. *Beethoven: His Spiritual Development*. Nova York, NY: Random House, 1960.

Tacey, David. *The Darkening Spirit. Jung, Spirituality, Religion*. Londres/Nova York, NY: Routledge, 2013.

Tacey, David. *Jung and the New Age*. Hove: Brunner-Routledge, 2001.

Tarnas, Richard. *The Passion of the Western Mind: Understanding the Ideas that Have Shaped Our World View*. Nova York, NY: Random House, 1991.

Taylor, Thomas, (trad.). *Ocellus Lucanus, On the Nature of the Universe; Taurus, the Platonic Philosopher, On the Eternity of the World; Julius Firmicus Maternus, Of the Thema Mundi; Select Theorems on the Perpetuity of Time, by Proclus*. Londres: John Bohn, 1831.

The Economist. 3 a 9 de junho de 2017. "Lexington: Like a wrecking ball", United States Section.

Theierl, Herbert. *Nietzsche – Mystik als Selbstversuch*. Wurzburg: Konigshausen & Neumann, 2000.

The I Ching or Book of Changes. The Richard Wilhelm Translation rendered into English by Cary F. Baynes, 3ª ed. Princeton, NJ: Princeton University Press, 1967.

The Doctrine of the Mean. Beijing: Sinolingua, 2006.

The Zohar. Trad. Sperling, H. e Simon, M. Londres: Soncino Press, 1933.

Ulansey, David. *The Origins of the Mithraic Mysteries*. Oxford, Inglaterra: Oxford University Press, 1991.

Urs Sommer, Andreas. *Kommentar zu Nietzsches "Jenseits von Gut und Böse"* [*Nietzsche-Kommentar*, vol. 5/1]. Berlim e Boston, MA: de Gruyter, 2016.

von der Heydt, Vera. *The Psychology and Care of Souls*. Londres: Guild of Pastoral Psychology, 1954.

von Franz, Marie-Louise. "The Unknown Visitor". Em *Archetypal Dimension of the Psyche*. Londres: Shambhala, 1999.

Wagner, Cosima. *Diaries, Vol. 1. 1869-1877*. Trad. Geoffrey Skelton. Nova York, NY: Harcourt. 1978.

Wimsatt, W.K. e M.C. Beardsley. *The Verbal Icon: Studies in the Meaning of Poetry*. Lexington, KT: University of Kentucky Press, 1954.

Wuest, Patricia Viale. *Precession of the Equinoxes*. Atlanta, GA: Georgia Southern University, 1998.

Woodcock, John. *The Coming Guest and the New Art Form*. Bloomington, IN: iUniverse, 2014.

Woodcock, John. *Mouthpiece*. CreateSpace, 2015.

Yeats, William Butler. *The Second Coming* (1919). Em *Collected Poems of William Butler Yeats*. Londres: Macmillan, 1933.

Zambelli, Paola. *The Speculum astronomiae and its Enigma*. Dordrecht: Kluwer Academic, 1992.

Žižek, Slavoj. *The Abyss of Freedom; Ages of the World*. Ann Arbor, MI: University of Michigan Press, 1997.

Sobre os colaboradores

Thomas Arzt, Ph.D., formou-se em Física e Matemática na Universidade de Giessen (Alemanha). Assistente de pesquisa na Universidade de Princeton (Estados Unidos) com foco especial em física atômica, nuclear e de plasma. 1988 Treinamento e certificação em Terapia Iniciática na "Schule fur Initiatische Therapie" de Karlfried Graf Durckheim e Maria Hippus-Gräfin Durckheim em Todtmoos-Rutte (Floresta Negra, Alemanha). 2016 Programa de treinamento continuando sua educação em psicologia analítica no ISAP em Zurique. Desde 1999, presidente e diretor administrativo da *Strategic Advisors for Transformation GmbH*, uma companhia de consultoria internacional para tecnologia de simulação, gerenciamento de complexidade e "Strategic Foresight under Deep Uncertainty" em Freiburg, Alemanha. Ele mora em Lenzkirch (Floresta Negra, Alemanha). Principais publicações: diversas publicações sobre filosofia da natureza no contexto de Wolfgang Pauli e C.G. Jung: *Unus Mundus: Kosmos und Sympathie* (org., 1992), *Philosophia Naturalis* (org., 1996), *Wolfgang Pauli und der Geist der Materie* (org., 2002). Editor da série alemã *Studienreihe zur Analytischen Psychologie*. Site: www.thomasarzt.de; e-mail de contato: thomasdrarzt@gmail.com

Ashok Bedi, médico, é psicanalista junguiano e psiquiatra certificado. É membro do Royal College of Psychiatrists of Great Britain, formado em medicina psicológica no Royal College of Physicians and Surgeons of England, é Distinguished Life Fellow of the American Psychiatric Association. É professor de psiquiatria clínica no Medical College of Wisconsin, no estado de Milwaukee, e analista em treinamento no C.G. Jung Institute of Chicago. Suas publicações incluem *Crossing the Healing Zone* (2013), *Awaken the Slumbering Goddess: The Latent Code of the Hindu Goddess Archetypes* (2007), *Retire*

Your Family Karma: Decode Your Family Pattern (2003) e *Path to the Soul* (2000). É intermediário do IAAP para o desenvolvimento de programas de treinamentos junguianos na Índia e lidera o grupo de estudos "A Jungian Encounter with the Soul of India" em diversos centros na Índia sob os auspícios da New York
Jung Foundation. Site: www.pathtothesoul.com; e-mail de contato: ashokbedi @sbcglobal.net

Paul Bishop, D.Phil., estudou no Magdalen College, Oxford (1985-1989, 1990-1994), e passou um ano como Lady Julia Henry Fellow em Harvard (1992-1993). Publicou amplamente sobre psicologia analítica e sua relação com a cultura alemã, incluindo *On the Blissful Islands: With Nietzsche & Jung in the Shadow of the Superman* (2017), *Carl Jung* (2014), *Reading Goethe at Midlife: Ancient Wisdom, German Classicism, and Jung* (2011), e *Analytical Psychology and German Classical Aesthetics: Goethe, Schiller, and Jung* (2 vols., 2007-2008). Ele ocupa a cátedra William Jacks em Línguas Modernas na Universidade de Glasgow. E-mail de contato: Paul.Bishop@glasgow.ac.uk

Ann Casement, psicóloga licenciada, é membro sênior da British Jungian Analytic Association, membro associado da Jungian Psychoanalytic Association, membro do British Psychoanalytic Council, psicanalista licenciada pelo estado de Nova York, que, durante vários anos, trabalhou em psiquiatria a partir do final da década de 1970. Ela presidiu o UK Council for Psychotherapy (1998-2001), serviu no Comitê Executivo do IAAP (2001-2007) e no Comitê de Ética (2007-2016), tornando-se sua presidente em 2010. Ela tem feito palestras no mundo inteiro, publicou vários livros e contribui com artigos e resenhas para o *The Economist* e também para revistas psicanalíticas internacionais. Principais publicações: *Carl Gustav Jung* (2001), *Who Owns Psychoanalysis?* (2004, nominado para o Gradiva Award 2005), *Who Owns Jung?* (2007), e *The Blazing Sublime* (em gráfica). Ela serviu no Comitê dos Gradiva Awards em Nova York (2013) e é Fellow of The Royal Anthropological Institute e da The Royal Society of Medicine. Seu consultório privado se encontra em Londres. E-mail de contato: adecasement@gmail.com

Josephine Evetts-Secker, M.Phil., formada pela Universidade de Londres 1963 e 1966 pelo Instituto C.G. Jung, Zurique (1989). Foi professora na Universidade de Calgary (Departamento de Inglês) e se aposentou com *status* de emérita para retornar para a Inglaterra em 1997. Atualmente, é copresidente da AGAP (Zurique) e é ativa no grupo de treinamento de Londres IGAP. Ela faz palestras para ISAP Zurique, IGAP e a Guild of Pastoral Psychology e o Jung Club de Londres, como também nos Estados Unidos. Ela foi uma das forças fundadoras da Calgary Jung Society, onde ainda faz palestras. Ela organizou volumes de contos de fada e publicou vários artigos sobre literatura e psicologia e poesia. Principais publicações: *Tales of Mothers and Sons* (1998), *Tales of Fathers and Sons* (1998), *Tales of Fathers and Daughters* (1997), *Tales of Mothers and Daughters* (1996). Em colaboração com Spring Journal Books, ela fez as Jung Lectures em Zurique, em 2011, acompanhando o livro: *At Home in the Language of the Soul: Exploring Jungian Discourse and Psyche's Grammar of Transformation* (2012). Ela é também uma pastora anglicana aposentada ativa das paróquias de Mulgrave perto de York. Ela tem um consultório junguiano em Whitby, Yorkshire. E-mail de contato: revj@evetts-secker.co.uk

Nancy Swift Furlotti, Ph.D., analista junguiana, recebeu seu treinamento analítico no C.G. Jung Institute de Los Angeles, onde serviu como presidente, e no M.-L. von Franz Zentrum na Suíça. Foi cofundadora e president da Philemon Foundation. Atualmente, faz parte do conselho do Pacifica Graduate Institute, é cofundadora da Kairos Film Foundation recentemente estabelecida, que supervisiona os filmes *A Matter of Heart* e *The World Within*, a série de vídeos Remembering Jung e projetos atuais, e é copresidente do C.G. Jung Professorial Endowment na UCLA. Ela publicou numerosos artigos e capítulos em livros sobre diversos temas, incluindo mitologia mesoamericana, ambiente, narcisismo e *O Livro Vermelho*. Com Erel Shalit, ela organizou *The Dream and its Amplification*. Por meio de sua editora Recollections, LLC, ela leva à gráfica obras inéditas de junguianos da primeira geração, como, por exemplo, Erich Neumann. Site: www.nancyfurlotti.weebly.com; e-mail de contato: nfurlotti@mac.com

Liz Greene, Ph.D. em Psicologia e Hipnoterapia, Universidade de Los Angeles/Hypnosis Motivation Institute (1971), diploma psicoterapia transpessoal, Centre for Transpersonal Psychology, Londres (1978), diploma em psicologia analítica, Association of Jungian Analysts, Londres (1983), Ph.D. em história, Universidade de Bristol (2010). Astróloga profissional desde 1967 até hoje; Diretora do Centre for Psychological Astrology, Londres, 1982 até hoje; psicóloga analítica 1983-2013 (agora aposentada); M.A. em Astronomia e Astrologia Cultural, Universidade de Bath Spa e Universidade de Gales, 2007-2014; tutora no curso de treinamento para a ISAP (International School of Analytical Psychology, Zurique), 2014; tutora no curso de treinamento para o Instituto Jung, Zurique, 1996; tutora de M.A. em Psicologia Humanística, Antioch College, Yellow Springs, Ohio/Londres, 1985-1987; tutora no programa de treinamento da Association of Jungian Analysts, Londres, 1983-2014. Principais publicações: *The Horoscope in Manifestation: Psychology and Prediction* (2001*), The Dark of the Soul: Psychopathology in the Horoscope* (2003), *Jung's Studies in Astrology: Magic, Prophecy, and the Qualities of Time* (2018). Site: www.cpalondon.com; e-mail de contato: juliet@cpalondon.com

John Hill, M.A., nasceu em Dublin, Irlanda. Formou-se em filosofia na Universidade de Dublin e na Catholic University of America, Washington, D.C. Recebeu treinamento no Instituto C.G. Jung, em Zurique, e praticou como analista junguiano desde 1973. Tornou-se analista treinador do Instituto C.G. Jung em 1981 e foi membro do comitê de seleção durante 20 anos. Em 2003, tornou-se membro da International School for Analytical Psychology (ISAP) em Zurique. Durante sete anos, foi diretor acadêmico da conferência anual da ISAP, *The Jungian Odyssey*. É intermediário do IAAP em Georgia e, recentemente, começou a atuar como protagonista em apresentações de *The Jung/White Letters*, *The Jung/Neumann Letters* e *The Red Book*. Publicações importantes tratam do Experimento de Associação, mito celta, James Joyce, sonhos, contos de fada e misticismo cristão. Em 2010, publicou seu primeiro livro: *At Home in the World: Sounds and Symmetries of Belonging*. Site: www.johnhill.ch; e-mail de contato: johnrayhill@mac.com

Stephan A. Hoeller se formou num seminário na Hungria e na Universidade de Innsbruck, na Áustria. Após se mudar para os Estados Unidos, ele se tornou professor assistente de estudos religiosos no College of Oriental Studies em Los Angeles, na Califórnia. Ele é bispo na Igreja Gnóstica e autor de cinco livros, dois dos quais tratam de C.G. Jung: *The Gnostic Jung and the Seven Sermons to the Dead* (1982) e *Jung and the Lost Gospels* (1989).

Russell Lockhart, Ph.D., é analista junguiano em consultório privado em Everett, Washington. É autor de *Words as Eggs* (1983/2012), *Psyche Speaks* (2014), *Dreams, Bones, and the Future* (com Paco Mitchell), *The Final Interlude: Advancing Age and Life's End* (com Lee Roloff, 2016) e de muitos artigos no campo da psicologia profunda. Ele se formou no C.G. Jung Institute de Los Angeles (1974), onde serviu como diretor de treinamento (1978-1980). Ele recebeu sua formação na University of Southern California (B.A. 1960, M.A. 1962, Ph.D. 1965). Ele tem ocupado cátedras e posições de pesquisa na University of California, Santa Barbara, Los Angeles Berkeley, e no Instituto Neuropsiquiátrico da UCLA, e também monitorou alunos avançados no International College, no Union Graduate Institute e no Pacifica Graduate Institute. Ele é coeditor da Owl & Heron Press (com Paco Mitchell), editor na The Lockhart Press e presidente da of RAL Consulting, Inc., que opera uma sala internacional de educação em psicologia dos mercados financeiros e economias globais. Seu trabalho atual se concentra no propósito fictício de sonhos, a comodificação de desejo e um romance intitulado de "*Dreams: The Final Heresy*". E-mail de contato: ral@ralockhart.com

Lance S. Owens, M.D., é médico clínico e historiador com foco em C.G. Jung e tradições gnósticas. Desde a publicação do *Livro Vermelho: Liber Novus* em 2009, Dr. Owens publicou vários estudos históricos com foco na relação íntima entre as obras completas de Jung e a experiência visionária registrada no *Livro Vermelho* e nos *Livros Negros*. Principais publicações: "The Hermeneutics of Vision: C.G. Jung and Liber Novus" (*The Gnostic: A Journal of Gnosticism, Western Esotericism and Spirituality* (2010)), "Jung and Aion: Time, Vision and a Wayfaring Man" (*Psychological Perspectives* (2011)) e *Jung* *in Love: The Mysterium in Liber Novus* (2015). Ele é criador e editor de The Gnosis Archive, gnosis.org, o arquivo primário na internet de fontes gnósticas clássicas, incluindo os textos de Nag Hammadi. E-mail de contato: lance.owens@comcast.net

Dariane Pictet, M.A., é originalmente de Genebra, na Suíça. Ela é formada em Religião Comparativa pela Columbia University e treinada em psicologia analítica pelo C.G. Jung Institute, em Zurique. Ela também recebeu treinamento em psicoterapia existencial no Regents College, em Londres. Ela é analista de treinamento na International School of Analytical Psychology em Zurich e na Guild of Analytical Psychology em Londres. Ela gosta de poesia e ioga e faz palestras no Reino Unido e no exterior. Principais publicações: "Rumi: Poet of the Heart" (Jungian Odyssey Series Vol. I), "Kali – The Protective Mother and the Destroyer" (Jungian Odyssey Series Vol. II), "Compassion in Buddhism" (Jungian Odyssey Series Vol. V) e "An Exploration of Silence in Christian Mysticism" (Jungian Odyssey Series Vol. VI). Site: www.dariane.info; e-mail de contato: darianep@btinternet.com

Susan Rowland, Ph.D., estudou na Oxford University, University of London e University of Newcastle (Ph.D.). Ela é presidente de M.A. Engaged Humanities e de Creative Life no Pacifica Graduate Institute, e leciona no programa de doutorado em psicologia junguiana e estudos arquetípicos. Autora de *The Sleuth and the Goddess in Women's Detective Fiction* (2015), ela também escreveu livros sobre teoria literária, gêneros e Jung, incluindo *Jung as a Writer* (2005), *Jung: A Feminist Revision* (2002), *C.G. Jung in the Humanities* (2010) e *The Ecocritical Psyche: Literature, Evolutionary Complexity and Jung* (2012). Seu novo livro é *Remembering Dionysus: Revisioning Psychology and Literature in C.G. Jung and James Hillman* (2017). Site: www.susanarowland.com; e-mail de contato: srowland@pacifica.edu

Andreas Schweizer, Dr. theol., estudou teologia e religião comparativa em Zurique e também egiptologia com o professor Erik Hornung em Basileia. Ele tem sido analista de treinamento desde 1986, primeiro no C.G. Jung Institute em Küsnacht e, atualmente, na ISAP, em Zurique. Ele é presidente do Psychology Club, fundado em 1916 por C.G. Jung, e, durante 14 anos, foi presidente da Eranos Conference em Ascona. Principais publicações: *The Sungod's Journey through the Nether world* (2010) e *Bausteine: Reflexionen zur Psychologie von C.G. Jung* (org., 2016). E-mail de contato: anschweizer@bluewin.ch

Heyong Shen, Ph.D., professor de psicologia na South China Normal University e na City University of Macao; analista junguiano/IAAP, e terapeuta Sandplay/ISST, presidente fundador da Federação Chinesa de Psicologia Analítica e Terapia Sandplay, principal organizador da International Conference of Analytical Psychology and Chinese Culture (1998-2015), porta-voz das Eranos Conferences (1997/2007) para Psicologia do Coração, e estudioso Fulbright em residência (1996-1997). Heyong Shen publicou 60 artigos e 12 livros. Ele é editor-chefe da tradução chinesa das *Obras Reunidas* de C.G. Jung e editor-chefe do Chinese Journal of Analytical Psychology. Ele e seu grupo instalaram 70 estações de trabalho para órfãos (e em zonas de terremoto) na China continental para ajuda psicológica. O projeto se chama Garden of the Heart & Soul. E-mail de contato: shenheyong@hotmail.com

J. Marvin Spiegelman, Ph.D., fez seu doutorado em psicologia na University of California, Los Angeles em 1952 e seu diploma como analista no C.G. Jung Institute, em Zurique, em 1959. Ele tem praticado em Los Angeles desde então, servindo na Society como primeiro diretor de treinamento e agora é analista sênior. Ele lecionou na UCLA por sete anos, na USC por dez anos, no Pacifica por cinco anos e na Hebrew University. É autor de dez livros e editor de outros seis. Publicou mais de 100 artigos em revistas. Um arquivo na UCLA recebeu seu nome em 2014. Dr. Spiegelman faleceu em 22 de setembro de 2017, aos 92 anos de idade.

Murray Stein, Ph.D., estudou na Yale University (B.A. em Inglês) e frequentou a escola de pós-graduação na Yale Divinity School (M.Div.) e na University of Chicago (Ph.D. em religião e estudos psicológicos). Foi treinado como psicanalista junguiano no C.G. Jung Institute de Zurique. De 1976 a 2003, ele foi analista de treinamento no C.G. Jung Institute de Chicago, que ele ajudou a fundar e do qual foi presidente de 1980 a 1985. Em 1989, ele se juntou ao Comitê Executivo do IAAP como secretário honorário para o Dr. Thomas Kirsch como presidente (1989-1995) e serviu como presidente do IAAP de 2001 a 2004. Foi presidente da ISAP Zurique de 2008 a 2012 e é atualmente um analista de treinamento e supervisão nessa escola. Ele vive em Goldiwil (Thun), na Suíça. Interesses especiais são psicoterapia e espiritualidade, métodos de tratamento psicanalítico junguiano e o processo de individuação. Principais publicações: *In Midlife, Jung's Map of the Soul, Minding the Self, Soul: Retrieval and Treatment, Transformation: Emergence of the Self*, e *Outside, Inside and All Around*. Site: www.murraystein.com; e-mail de contato: murraywstein@gmail.com

Liliana Liviano Wahba, Ph.D., psicologia clínica e pós-doutorado na Faculdade de Medicina da Universidade de São Paulo. Ela é psicóloga, professor do Centro de Estudos Junguianos na Universidade Católica de São Paulo e coordenadora do programa de pós-graduação em psicologia clínica. Ela é analista junguiana e ex-presidente da Sociedade Brasileira de Psicologia Analítica (SBrPA). Seu foco de pesquisa principal é criatividade, cultura e desenvolvimento psicológico. Ela publicou o livro *Camille Claudel: Criação e Loucura* e contribuiu com muitos artigos e capítulos para revistas e livros. Ela também é diretora de psicologia da OSCIP – Organização da sociedade civil de interesse público – "Ser em Cena: Theatre for Aphasics". Site: http://www.pucsp.br/pos-graduacao/mestrado-e-doutorado/psicologia-psicologia-clinica; e-mail de contato: lilwah@uol.com.br

John Woodcock, Ph.D. Formação: 1999 Ph.D. em Estudos de Consciência, Union Institute & University, Cincinnati, OH; 1983 M.A., Psicologia de Aconselhamento, CSUN, Northridge, CA. John é autor de 15 livros escritos numa variedade de estilos na tentativa de descrever e mostrar um tipo de forma de arte para "falar" para a existência uma nova estrutura de consciência que parece estar surgindo como reação da psique ao nosso "caos" atual. John viajou para os Estados Unidos em 1979, onde passou os 24 anos seguintes. Agora, vive com sua esposa em Sydney, após voltar para a Austrália em 2003. Ele continua trabalhando como psicoterapeuta junguiano e se concentra em sua pesquisa sobre a pergunta que tem orientado sua vida e seu trabalho por mais de 20 anos: como o futuro desconhecido pode ser falado para a atualidade a partir de dentro do caos do nosso tempo? Principais publicações: *The Peril in Thinking* (2015), *Oblivion of Being* (2015), *The Coming Guest and the New Art Form* (2014). Site: www.johnwoodcock.com.au; e-mail de contato: jcw@johnwoodcock.com.au

CULTURAL
- Administração
- Antropologia
- Biografias
- Comunicação
- Dinâmicas e Jogos
- Ecologia e Meio Ambiente
- Educação e Pedagogia
- Filosofia
- História
- Letras e Literatura
- Obras de referência
- Política
- Psicologia
- Saúde e Nutrição
- Serviço Social e Trabalho
- Sociologia

CATEQUÉTICO PASTORAL
Catequese
- Geral
- Crisma
- Primeira Eucaristia

Pastoral
- Geral
- Sacramental
- Familiar
- Social
- Ensino Religioso Escolar

TEOLÓGICO ESPIRITUAL
- Biografias
- Devocionários
- Espiritualidade e Mística
- Espiritualidade Mariana
- Franciscanismo
- Autoconhecimento
- Liturgia
- Obras de referência
- Sagrada Escritura e Livros Apócrifos

Teologia
- Bíblica
- Histórica
- Prática
- Sistemática

REVISTAS
- Concilium
- Estudos Bíblicos
- Grande Sinal
- REB (Revista Eclesiástica Brasileira)

VOZES NOBILIS
Uma linha editorial especial, com importantes autores, alto valor agregado e qualidade superior.

VOZES DE BOLSO
Obras clássicas de Ciências Humanas em formato de bolso.

PRODUTOS SAZONAIS
- Folhinha do Sagrado Coração de Jesus
- Calendário de mesa do Sagrado Coração de Jesus
- Almanaque Santo Antônio
- Agendinha
- Diário Vozes
- Meditações para o dia a dia
- Encontro diário com Deus
- Guia Litúrgico

CADASTRE-SE
www.vozes.com.br

EDITORA VOZES LTDA.
Rua Frei Luís, 100 – Centro – Cep 25689-900 – Petrópolis, RJ
Tel.: (24) 2233-9000 – Fax: (24) 2231-4676 – E-mail: vendas@vozes.com.br

UNIDADES NO BRASIL: Belo Horizonte, MG – Brasília, DF – Campinas, SP – Cuiabá, MT
Curitiba, PR – Fortaleza, CE – Juiz de Fora, MG – Petrópolis, RJ – Recife, PE – São Paulo, SP